U0526048

中华当代学术著作辑要

# 居民资产与消费选择行为分析

臧旭恒等 著

商务印书馆

图书在版编目(CIP)数据

居民资产与消费选择行为分析/臧旭恒等著.—北京：商务印书馆,2023
（中华当代学术著作辑要）
ISBN 978-7-100-21646-3

Ⅰ.①居… Ⅱ.①臧… Ⅲ.①居民消费—消费心理学—研究 Ⅳ.①F713.55

中国版本图书馆 CIP 数据核字(2022)第 165581 号

**权利保留,侵权必究。**

中华当代学术著作辑要
### 居民资产与消费选择行为分析
臧旭恒 等著

商 务 印 书 馆 出 版
(北京王府井大街36号 邮政编码100710)
商 务 印 书 馆 发 行
北京市十月印刷有限公司印刷
ISBN 978-7-100-21646-3

2023年3月第1版　　开本 710×1000　1/16
2023年3月北京第1次印刷　印张 24¼
定价:138.00 元

# 中华当代学术著作辑要
# 出 版 说 明

学术升降,代有沉浮。中华学术,继近现代大量吸纳西学、涤荡本土体系以来,至上世纪八十年代,因重开国门,迎来了学术发展的又一个高峰期。在中西文化的相互激荡之下,中华大地集中迸发出学术创新、思想创新、文化创新的强大力量,产生了一大批卓有影响的学术成果。这些出自新一代学人的著作,充分体现了当代学术精神,不仅与中国近现代学术成就先后辉映,也成为激荡未来社会发展的文化力量。

为展现改革开放以来中国学术所取得的标志性成就,我馆组织出版"中华当代学术著作辑要",旨在系统整理当代学人的学术成果,展现当代中国学术的演进与突破,更立足于向世界展示中华学人立足本土、独立思考的思想结晶与学术智慧,使其不仅并立于世界学术之林,更成为滋养中国乃至人类文明的宝贵资源。

"中华当代学术著作辑要"主要收录改革开放以来中国大陆学者、兼及港澳台地区和海外华人学者的原创名著,涵盖语言、文学、历史、哲学、政治、经济、法律、社会学和文艺理论等众多学科。丛书选目遵循优中选精的原则,所收须为立意高远、见解独到,在相关学科领域具有重要影响的专著或论文集;须经历时间的积淀,具有定评,且侧重于首次出版十年以上的著作;须在当时具有广泛的学术影响,并至今仍富于生命力。

自1897年始创起,本馆以"昌明教育、开启民智"为己任,近年又确立了"服务教育,引领学术,担当文化,激动潮流"的出版宗旨,继上世纪八十年代以来系统出版"汉译世界学术名著丛书"后,近期又有"中华现代学术名著丛书"等大型学术经典丛书陆续推出,"中华当代学术著作辑要"为又一重要接续,冀彼此间相互辉映,促成域外经典、中华现代与当代经典的聚首,全景式展示世界学术发展的整体脉络。尤其寄望于这套丛书的出版,不仅仅服务于当下学术,更成为引领未来学术的基础,并让经典激发思想,激荡社会,推动文明滚滚向前。

商务印书馆编辑部<br/>2016 年 1 月

# 前　　言

　　1992—1993年我在完成博士论文《中国消费函数分析》（上海三联书店、上海人民出版社1994年12月出版）的过程中,深深地被经济过程中几个主要变量——收入、消费、储蓄和资产等之间的微妙关系所吸引,以至于完成论文后仍不能自拔,深陷于对其的研究中。《中国消费函数分析》已经涉及不确定条件下居民的消费—储蓄（投资）替代行为,实际上这部分内容已成为我博士论文的主线之一。《中国消费函数分析》出版后,在经济学界引起较大反响。但是,由于20世纪90年代初我国经济体制处于从传统的计划经济体制向现代的市场经济体制转轨的较早阶段,我国居民在市场经济中的资产—消费选择行为尚处于形成时期。同时,受时间限制,论文中回归分析的数据也仅仅从1978到1991年,属于小样本回归,回归结果的解释力是有限的。另外,在有关居民资产、消费及相关数据的收集整理上也遇到很大的困难,这些均从一定程度上影响到我的研究。因此,当时我就准备在以后适当的时间,继续这项研究。

　　1996—1997年我有幸得到美国富布莱特基金资助,在美国加州大学圣克鲁斯分校经济系作访问学者和客座研究员。期间,我的研究课题为"不确定情况下消费—储蓄替代关系与宏观经济政策",开始对这一问题作较系统和深入的研究。也是在这时,接触到"预防性储蓄理论",并收集到大量有关这一问题的文献。加州大学优越的研究条件和浓厚的学术氛围给我以深刻的印象并使我从中获得很多收益,我收集整理了大量的有关文献资料,同时与美国的同行建立了联系并就此问题交换了观点。

大约在去美国前后,我陆续承担了山东大学、国家教委和山东省有关居民消费与投资研究的课题。1997年下半年回国后,我开始组织课题组开展研究工作。参加研究的主要人员为经济学博士张圣平副教授和我的研究生吴顺虎、刘大可、陈国力、李燕华、孙鑫、朱春燕和孙文祥等。1998年秋季,《居民资产与消费选择行为分析》的初稿形成。当时,我们一方面欣喜这一凝结着自己心血的成果的诞生,另一方面,也深感这一新生儿的种种不足。正是基于后一种认识,我们没有急于出版书稿,而是投入了再研究、再修改。这一过程持续了整整两年。两年中,已经四易其稿。四次大的修改,一次是1999年春天,一次是1999年秋冬,2000年我们以此作为前期科研成果,列入了国家社科基金项目,并从春天开始进行第三次修改,这次修改一直持续到10月份。同年12月份得知出版社接受出版该书稿后,我们又对书稿的第一篇和第四篇作了较大的修改。现在,这部书稿终于能够呈现给读者和经济学界同仁了。尽管我们仍感到其中的一些不足和不能令人满意之处,但毕竟我们在长时间的、多次的修改中已经尽力而为,问心无愧。

如前所述,与此书稿相关的项目先后得到山东大学、山东省、教育部的资助立项,并最终得到国家社科基金的资助立项。这部书稿是集体合作研究的结晶。除我以外,参与初稿撰写的有吴顺虎、刘大可、李燕华、陈国力、孙鑫和朱春燕;参与二稿修改、撰写的有刘大可、李燕华、孙鑫和朱春燕;参与三稿、四稿和定稿修改、撰写的有张圣平、刘大可、朱春燕和孙文祥。具体分工为:导言,臧旭恒;第一篇,刘大可、臧旭恒;第二篇,孙文祥、臧旭恒;第三篇,朱春燕、臧旭恒;第四篇,张圣平。全书由我统稿、修改、定稿。

在长期的项目研究工作和书稿撰写过程中,我们得到许多学界同仁和朋友们的关心、支持和帮助。在此,我们虽然不能一一列出,但我们的感激是真诚的。首先,我要特别感谢《美国经济评论》编委、美国旧金山联邦储备系统经济学家、美国加州大学伯克利分校经济学博士、圣克鲁斯分校经济学教授 Carl Walsh,他向我推荐了 C.Carroll 教授的"缓冲存货"(buffer stock)的有关论文,引起我对预防性储蓄理论的关注。感谢圣克鲁斯分校经济系的 Kenneth M.Kletzer、Yin-Wong Cheung 和 Menzie Chinn 教授,我曾出席过他们主持的博士研究生讨论班,从中受益很多。尤其要感谢该系教授、斯坦福大学博士 David E.Kaun,我在圣克鲁斯的最初一个月住在他家中,他慷慨、热情的帮助和幽默、高雅的气质及极高的艺术修养(他是经济学教授,也是一位很好的萨克斯管演奏家)深深感染了我,感谢该系的 Yin-Wong Cheung 教授和 Kim Tyler 女士,他们慷慨地帮助我解决了许多工作和生活中的难题。感谢该校和圣克鲁斯市许许多多相识和不相识的朋友对我生活上的无私帮助。当然,我也要感谢美国约翰·霍普金斯大学的 C.Carroll 教授,当我向他索要有关文献资料时,他是十分大方的。

在本研究项目进行和书稿成书过程中,还有一些同志参与了讨论,主要有张东辉、刘国亮、杨凤禄、王传仕博士等,他们分别提供了一些十分有益的建议,使书稿得以完成。

作为主笔和项目负责人,我也要感谢我的助手和合作者,他们对我的近乎苛刻的、一再的修改要求,始终表现出宽容和耐心,力争尽善尽美地完成工作,尤其是张圣平(现为北京大学光华管理学院博士后)、刘大可(现为南开大学经济学系博士生)、朱春燕(现为中国人民大学经济学院博士生)、孙文祥(现为南开大学国际经济系博士生)。我也为他们学术上的进步感到由衷的高兴。

另外,这个项目和书稿的一些阶段性成果已经先后发表在《经济研究》《经济学动态》《南开经济研究》《南开管理评论》《东岳论丛》

《经济纵横》等学术刊物和国际、国内学术讨论会的论文集中,在此也对这些刊物的编辑、会议组委会对我们成果的关心、支持、鼓励表示感谢。

臧旭恒

2001年1月8日于泉城济南

# 目　　录

0　导言 ·································································· 1
　　0.1　研究居民资产与消费选择行为的意义 ······················ 1
　　0.2　研究方法 ···················································· 3
　　0.3　基本思路、结构和主要内容 ·································· 4

## 第一篇　居民资产与资产选择行为

1　居民资产基本状况的统计与分析 ·································· 9
　　1.1　有关概念及其统计与计算方法的解释 ······················ 9
　　1.2　居民资产的统计与估计 ······································ 11
　　1.3　对城乡居民资产状况的深入描述与分析 ···················· 14
2　影响居民资产选择行为的因素分析 ······························ 28
　　2.1　影响居民金融资产选择行为的因素 ·························· 28
　　2.2　影响居民实物资产选择行为的因素 ·························· 34
　　2.3　城乡居民资产选择行为的主要特征 ·························· 36
3　居民收入与资产选择 ·············································· 45
　　3.1　居民收入水平与金融资产选择 ······························ 45
　　3.2　居民收入水平与实物资产选择 ······························ 51
　　3.3　居民收入差距与资产选择 ···································· 55
4　城乡居民资产选择行为的差异分析 ······························ 58
　　4.1　城乡居民资产选择行为的差异 ······························ 58

4.2 引起城乡居民资产选择行为差异的因素分析 ………… 62
5 居民资产选择行为中存在的问题、成因及合理化途径 ………… 66
  5.1 城乡居民资产选择中存在的问题及成因 ………… 66
  5.2 居民资产选择中存在的问题可能带来的宏观
      经济效应分析 ………… 71
  5.3 居民资产选择行为合理化的途径 ………… 74

## 第二篇 居民消费与消费行为

6 居民消费行为:消费水平和消费结构的综合分析 ………… 79
  6.1 居民消费水平的变动过程及其评价 ………… 80
  6.2 居民消费结构的变动过程及其评价 ………… 91
  6.3 居民消费水平与消费结构的城乡差异 ………… 101
  6.4 居民消费水平与消费结构的地区差异 ………… 110
7 居民消费行为:消费水平和消费结构的模型分析 ………… 117
  7.1 扩展线性支出系统(ELES)模型与几乎理想需求
      系统(AIDS)模型 ………… 117
  7.2 城乡居民消费结构时间序列数据分析 ………… 126
  7.3 城乡居民消费结构横截面数据分析 ………… 129
  7.4 城乡居民消费结构差异:弹性分析 ………… 135
8 影响居民消费行为的因素分析 ………… 145
  8.1 收入与居民消费行为 ………… 145
  8.2 消费品补贴、利率、价格预期、货币数量、消费信贷与
      居民消费行为 ………… 157
  8.3 消费内部构成与消费者行为 ………… 164
9 居民消费行为:消费需求态势分析及政策选择 ………… 170
  9.1 消费需求疲软的原因分析 ………… 170
  9.2 消费需求结构转换与升级的条件分析 ………… 175

9.3 居民新消费需求热点的选择 ……………………………… 179

9.4 促进消费需求结构转换、启动消费需求的政策措施 ……… 181

## 第三篇 居民投资与消费替代行为

10 消费—储蓄替代行为的一般分析 ………………………… 189

  10.1 凯恩斯的绝对收入假定消费函数 …………………… 190

  10.2 杜森贝里的相对收入假定消费函数 ………………… 192

  10.3 莫迪里安尼等的生命周期假定消费函数 …………… 194

  10.4 弗里德曼的持久收入假定消费函数 ………………… 196

  10.5 理性预期的消费函数 ………………………………… 198

  10.6 跨时效用最大化 ……………………………………… 199

11 消费函数研究的新进展——预防性储蓄理论 …………… 203

  11.1 预防性储蓄理论的产生和发展 ……………………… 203

  11.2 预防性储蓄理论的模型、检验及其问题 …………… 208

  11.3 预防性储蓄理论同风险厌恶理论的类比 …………… 234

  11.4 保险与预防性储蓄相关关系的分析 ………………… 239

12 影响居民消费与投资替代行为的因素分析 ……………… 247

  12.1 利息率对居民替代行为的影响 ……………………… 247

  12.2 预期对居民替代行为的影响 ………………………… 249

  12.3 财富效应 ……………………………………………… 251

  12.4 耐用消费品存量 ……………………………………… 252

  12.5 新的消费热点的形成与转换 ………………………… 253

13 中国居民消费与投资替代行为的历史演变 ……………… 255

  13.1 新中国成立至1978年:传统体制下居民的消费—储蓄
替代行为 ……………………………………………… 256

  13.2 1979—1991年:双轨制下居民行为中开始出现
跨时预算的迹象 ……………………………………… 258

13.3　1992年至今：市场经济条件下居民替代行为开始
　　　　逐步向前瞻消费理论中的消费者行为转变 ……………… 261
13.4　中国居民替代行为中的特殊表现及其成因 ……………… 266

14　城镇居民和农村居民消费—储蓄替代行为分析 ……………… 271
14.1　城乡居民替代行为的共性 …………………………………… 271
14.2　城乡居民替代行为的差别 …………………………………… 273
14.3　农村居民的消费—储蓄替代行为 …………………………… 276
14.4　城镇居民的消费—储蓄替代行为 …………………………… 278

15　影响中国居民替代行为因素的实证分析 ……………………… 282
15.1　利息率 ………………………………………………………… 282
15.2　预期 …………………………………………………………… 285
15.3　财富效应 ……………………………………………………… 289
15.4　耐用消费品存量 ……………………………………………… 290
15.5　新的消费热点的形成与转换 ………………………………… 291

# 第四篇　居民资产与消费变化趋势预测

16　居民资产变化趋势预测 ………………………………………… 299
16.1　预测模型的理论描述 ………………………………………… 299
16.2　城镇居民资产变化趋势预测 ………………………………… 303
16.3　农村居民资产变化趋势预测 ………………………………… 317
16.4　城乡居民资产预测的比较分析 ……………………………… 325

17　居民消费变化趋势预测 ………………………………………… 340
17.1　居民生活消费支出水平预测 ………………………………… 340
17.2　居民消费结构预测 …………………………………………… 343
17.3　结语：居民消费预测的城乡比较及其他 …………………… 351

参考文献 ……………………………………………………………… 362
再版后记 ……………………………………………………………… 375

# 0 导言

## 0.1 研究居民资产与消费选择行为的意义

正像本书书名所表示的,本书研究阐释的主要内容是关于现代经济理论和宏观经济分析中的两个重要变量——消费和投资。在现代经济理论和宏观经济分析中,消费和投资对于经济增长和经济波动是重要的。[1] 对于经济增长而言,一个社会可以支配的各种资源在现期消费和各种投资(主要是物质资本投资、人力资本投资和研究开发投资)之间的分配是决定这个社会长期生活水准的关键。社会可支配资源在消费和投资之间的分配,首先取决于在既定的回报率和其他约束条件下,居民收入在消费与储蓄之间的分配。当然,另一方面也取决于在既定的利率和其他约束条件下,企业的投资需求。对于经济波动而言,消费和投资是社会需求的主要组成部分,换言之,要理解经济波动之因就必须理解消费和投资是如何决定的。

现代经济理论和宏观经济分析对于消费、投资的研究还不止于此。消费和投资这两个重要变量还导致与金融市场相关的一些重要问题。金融市场主要是通过其对消费和投资的作用影响宏观经济的。另一方面,消费和投资对于金融市场也有重要的反馈效应。因此,宏观经济分

---

[1] David Romer, *Advanced Macroeconomics*, pp.309—387, McGraw-Hill, 1996, New York.

析中的一个重要问题是研究在金融市场功能完善或金融市场功能不完善的不同情况下,金融市场与消费和投资的相互作用。

进一步,不确定情况下的消费—储蓄(投资)选择行为是现代经济理论,尤其是现代宏观经济理论的前沿课题之一。①

从中国经济体制改革和对外经济开放的实际看,研究居民资产与消费选择行为的意义也是显而易见的。中国20世纪80年代初开始从传统计划经济体制向现代市场经济体制过渡,在这个过程中,直到80年代中后期,中国城乡居民的人均资产存量仍然微乎其微,且主要为银行的储蓄存款。当时世界银行考察中国经济的专家组在他们的研究报告中认为,中国在向市场经济过渡中,居民的长期储蓄(消费)行为还没有形成。② 同时,80年代中后期,中国总供给与总需求之间的格局仍然没有摆脱短缺经济的阴影。当时,相当多的经济学家认为,中国经济体制改革和对外经济开放的顺利进行,急需一个相对宽松的宏观经济环境,即总供给与总需求大体平衡,或者总供给略微大于总需求。③

到90年代中期,中国上述两个方面都发生了根本的转变。随着居民人均资产存量的明显增大和资产选择空间扩大导致的资产的多样化,以及市场经济取向的经济体制改革的逐步到位,居民的长期消费、资产的选择行为日渐形成。同时,居民储蓄在国内资金积累中的作用越来越大,居民储蓄在国内总储蓄中所占的份额由1978年的3.3%和

---

① O.J. Blanchard and S. Fischer, *Lectures on Macroeconomics*, pp. 275—319, The MIT Press,1994,Massachusetts.
② 世界银行经济考察团:《中国:宏观经济稳定与工业增长》,中国财政经济出版社1990年版,第95页。
③ 刘国光、戴园晨等:《不宽松的现实和宽松的实现——双轨体制下的宏观经济管理》,上海人民出版社1989年版。

80年代初的10%多上升到80年代中期的40%多和90年代的60%多。① 国内居民储蓄成为中国经济发展的最主要的资金来源,居民的直接投资和间接投资行为对经济增长和经济波动的作用力度加大。另一个根本性转变是,中国告别了短缺经济,似乎一夜之间,中国从卖方市场转变为买方市场。总供给和总需求格局的变化,给消费者提供了广阔的消费选择空间。市场经济在某种意义上说是一种需求导向型经济。消费需求和投资需求作为社会总需求的两个主要组成部分,决定着总供给和总需求缺口的变动,是影响经济增长和经济波动的主要变量。

另一方面,研究居民资产—消费选择行为也涉及中国经济的对外开放。中国在经济发展过程中,必须解决的一个重要问题是国内资金的短缺,解决的主要途径是引进、利用外资。实际上,中国近几年已经成为世界上的第二大外资流入国(第一大外资流入国是美国),居民资产—消费选择行为与外资流入之间的相互作用已经引起人们的注意。

## 0.2 研究方法

本书立足于理论分析与实证分析相结合,以理论分析为基础,实证分析为重点,在实证分析中注重数量分析,运用统计分析方法和计量分析方法,研究居民资产、消费与其他主要经济变量,如收入(包括收入的不同形态)、利率等之间的相互关系,并在它们之间相关关系的研究中,分析居民在资产、消费之间的选择行为和它们内部的构成关系。

---

① 世界银行经济考察团:《中国:宏观经济稳定与工业增长》,中国财政经济出版社1990年版,第94页表4.7。

本书上述的研究方法对数据及数据分析提出较高的要求,我们在对居民消费、资产变动情况进行长期追踪研究的过程中,建立并不断调整充实了包括居民消费、资产及与其相关的一些重要经济变量,如居民收入(持久收入、暂时收入、劳动收入、资产收入等)、利率、通货膨胀率、人口、货币供给量等的数据库,本书在我们以前研究的基础上,对城乡居民资产构成和消费构成作了进一步的调整充实。

需要指出的是,我们在实证分析中注意数量分析的同时,并没有忽略一些不可量化因素的作用,当我们建立计量经济模型,对纳入模型的经济变量间的相关关系作分析并由此推出某些结论时,我们也充分考虑到没有纳入模型的某些非量化的变量对此可能的影响,并依据所建模型的理论根据和逻辑推论作出一定程度的修正。当然,在这点上,我们赞同多数经济学家的立场,经济模型的诱人之处,在于其以极少的几个主要经济变量深刻刻画出经济的过程。

## 0.3 基本思路、结构和主要内容

本书分析居民资产与消费选择行为的基本思路是,首先分别分析居民资产选择行为和居民消费行为,然后在此基础上,分析居民在资产与消费之间的选择行为,最后,对居民资产和消费的发展趋势作出预测。

全书由四篇组成。第一篇居民资产与资产选择行为。这一篇是在依据我国现有公开统计数据和研究成果,系统、全面地估算城乡居民资产存量和增量构成的基础上,分析影响城乡居民资产选择行为的因素,并着重分析居民收入对资产选择行为的影响、城乡居民资产选择行为的差异和城乡居民储蓄动机等。第二篇居民消费与消费行为。这一篇从收入、利率、价格、货币供应量等方面探讨影响居民消费行为诸因素以及消费水平和消费结构的决定。第三篇居民投资与消费替代行为。这一篇是在第一、二篇分别分析居民资产选择行为和居民消费行为的基础上,进一步分析研究居民在投资和消费之间的选择替代行为。在这一篇中,首先从理论上对居民投资—消费选择行为及影响这种行为的非收入因素作了一般分析,然后,对中国城乡居民消费—投资替代行为及影响这种行为的各种因素作了实证分析。第四篇居民资产与消费变化趋势预测。这一篇是根据本书前面几篇的分析,分别对居民资产和居民消费的变动趋势作出预测。

# 第一篇　居民资产与资产选择行为

# 1 居民资产基本状况的统计与分析

改革开放二十年来,随着我国经济的持续快速增长,城乡居民的收入水平有了大幅度的提高,居民拥有的各种资产也在迅速膨胀,并从多方面影响着整个国民经济的运行。为了准确地把握居民拥有的资产状况,本章试图对1978年以来我国城乡居民的资产状况进行比较全面的估计与描述。

## 1.1 有关概念及其统计与计算方法的解释

估计与分析居民资产的前提是要对居民资产的概念作出清楚的界定。那么,什么是居民资产呢?从已有的研究成果来看,人们对这个问题的看法存在较大的分歧。例如,有人认为个体经济投资形成的资产应包含在居民资产范围内,[1]有人认为人力资产(主要是指居民的医疗保健和文化教育等)应包括在全部资产的范围内,[2]当然也有许多人持不同意见。[3] 虽然不同学者对居民资产有不同的界定,而且分析得出的结果也有一定的差异,但每种界定方式都有其特定的道理,这种差异更多地反映了人们研究角度和侧重点的不同,因而,我们在此不想简单地评论各种界定方式的好与坏、对与错,只是希望读者在阅读本书的同

---

[1] 厉以宁主编:《中国宏观经济的实证分析》,北京大学出版社1992年版,第38页。
[2] 连建辉:"城镇居民资产选择与国民经济增长",《当代经济研究》1998年第2期。
[3] 臧旭恒:《中国消费函数分析》,上海三联书店1994年版。

时,也要关注其他不同的看法。

　　本书对居民资产的基本观点是:居民资产从总体上包括两个部分,一部分是实物资产,另一部分是金融资产。由于长期以来"二元经济"结构的影响,我国城乡居民在实物资产与金融资产的具体体现上也有较大的差异。城镇居民的金融资产主要包括手持现金、储蓄存款、有价证券(主要是股票、债券等)和储蓄性保险,实物资产主要包括家用电器、家具等耐用消费品和住宅。农村居民的金融资产主要包括储蓄存款与手持现金,实物资产主要包括生产性固定资产、住宅和非住宅房屋。为便于理解,我们用图1.1表示如下:

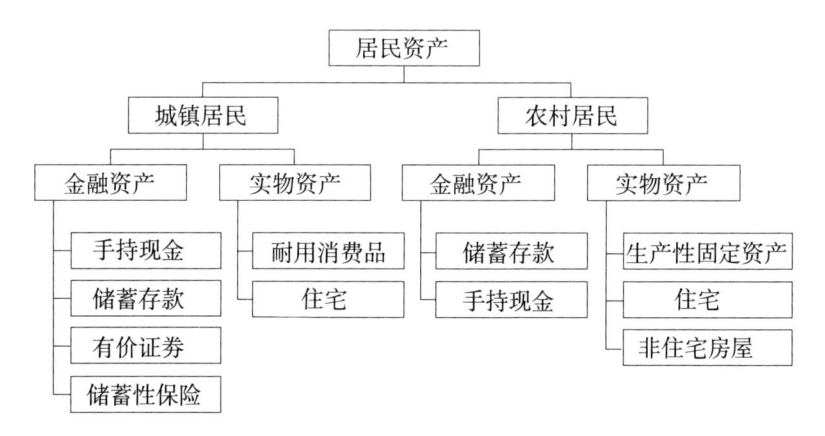

```
                         居民资产
              ┌─────────────┴─────────────┐
           城镇居民                     农村居民
          ┌────┴────┐                  ┌────┴────┐
       金融资产   实物资产            金融资产   实物资产
       ├手持现金   ├耐用消费品        ├储蓄存款   ├生产性固定资产
       ├储蓄存款   └住宅              └手持现金   ├住宅
       ├有价证券                                  └非住宅房屋
       └储蓄性保险
```

**图1.1　城乡居民资产结构示意图**

　　我们之所以对居民资产作出上述界定,主要是考虑到如下一些因素:(1)由于资本市场在农村的发育程度相当低,农民基本上不购置有价证券,所以本书中我们把有价证券和储蓄性保险仅作为城镇居民的金融资产进行统计,农民的金融资产中对此两项不作统计;(2)虽然相当长的一段时期内我国城镇居民的实物资产主要体现在家用电器等耐用消费品上,但随着住房商品化进程的加快,城镇居民的住宅资产不仅增长速度较快,而且目前在整个实物资产中已占了较大的比重,因而我们把耐用消费品与住宅共同纳入城镇居民的实物资产;(3)由于农村实行的是家庭联产承包责任制,因而大部分农村以家庭为基本生产单位,生产性固定资产成为农民实物资产的重要组成部分,同时,新中国成立以来,我国一直把农村住房作为农民合法的私有财产,农民建房的积极性较高,因而农民实物资产的绝大部分体现在住宅与非住宅房屋上;(4)1990年以来,农村居民拥有的家电等耐用消费品虽然也有了大幅度的增长,但是,一方面,从存量看,其占农民全部实物资产的比例仍旧较低,另一方面,目前我们没有找到有关农民拥有耐用消费品的系统资料,因而在农民的实物资产中我们对此没作统计;(5)个体经济投资形成的资产只是反映了社会上极少数人拥有的资产状况,不具有普遍性,为了较准确地反映一般城乡居民拥有的资产,本书中我们将其排除在统计之外;(6)虽然从某种意义上讲,人力资产应该成为居民全部资产的组成部分,但由于其量化处理的难度较大,而且争议颇多,因而本书也未将其纳入研究的范围。

## 1.2 居民资产的统计与估计

根据以上对城乡居民资产的界定,我们对我国城乡居民拥有的人均资产状况进行了系统的统计与估计,具体数据见表1.1、表1.2和表1.3。

表1.1 城镇居民人均资产存量 (元)

| 年份 | 金融资产 |||||  实物资产 |||  全部资产合计 |
|---|---|---|---|---|---|---|---|---|---|
| | 手持现金 | 储蓄存款 | 有价证券 | 储蓄性保险 | 合计 | 耐用消费品 | 住宅 | 合计 | |
| 1978 | 20.64 | 89.82 | – | – | 110.46 | 133.68 | – | 133.68 | 244.14 |
| 1979 | 23.36 | 109.54 | – | – | 132.90 | 150.71 | – | 150.71 | 283.61 |
| 1980 | 29.36 | 147.60 | – | – | 176.96 | 169.91 | – | 169.91 | 346.87 |
| 1981 | 33.76 | 175.55 | 0.05 | – | 209.36 | 194.44 | 5.73 | 200.17 | 409.53 |
| 1982 | 35.38 | 208.24 | 6.53 | – | 250.15 | 212.62 | 8.32 | 220.94 | 471.09 |

(续表)

| 年份 | 金融资产 ||||| 实物资产 |||  全部资产合计 |
|---|---|---|---|---|---|---|---|---|---|
| | 手持现金 | 储蓄存款 | 有价证券 | 储蓄性保险 | 合计 | 耐用消费品 | 住宅 | 合计 | |
| 1983 | 42.43 | 257.07 | 11.76 | — | 311.26 | 227.81 | 14.85 | 242.66 | 553.92 |
| 1984 | 58.25 | 323.35 | 13.24 | — | 394.84 | 246.42 | 24.71 | 271.13 | 665.97 |
| 1985 | 78.11 | 421.54 | 29.68 | 1.95 | 531.28 | 301.15 | 42.74 | 343.89 | 875.17 |
| 1986 | 100.81 | 558.11 | 67.63 | 4.87 | 731.42 | 359.40 | 64.47 | 423.87 | 1155.29 |
| 1987 | 113.83 | 747.13 | 90.66 | 9.23 | 960.85 | 409.64 | 92.40 | 502.04 | 1462.89 |
| 1988 | 160.78 | 927.81 | 158.51 | 12.88 | 1259.98 | 491.84 | 135.87 | 627.71 | 1887.69 |
| 1989 | 173.53 | 1264.32 | 193.02 | 15.59 | 1646.46 | 564.78 | 171.20 | 735.98 | 2382.44 |
| 1990 | 192.64 | 1719.92 | 216.82 | 19.34 | 2148.72 | 594.39 | 199.86 | 794.25 | 2942.97 |
| 1991 | 228.82 | 2223.39 | 314.76 | 25.63 | 2792.60 | 609.48 | 233.57 | 843.05 | 3635.65 |
| 1992 | 213.56 | 2680.74 | 414.20 | 37.86 | 3346.36 | 626.19 | 311.81 | 938.00 | 4284.36 |
| 1993 | 198.29 | 3486.34 | 415.20 | 47.11 | 4146.94 | 726.02 | 416.85 | 1142.87 | 5289.81 |
| 1994 | 260.71 | 4869.48 | 727.57 | 44.19 | 5901.95 | 870.85 | 542.04 | 1412.89 | 7314.84 |
| 1995 | 323.13 | 6671.60 | 740.73 | 59.96 | 7795.42 | 1037.18 | 632.11 | 1669.29 | 9464.71 |
| 1996 | 395.49 | 8581.41 | 746.00 | 84.14 | 9807.04 | 1184.54 | 740.45 | 1924.99 | 11732.03 |
| 1997 | 420.75 | 10009.41 | 775.88 | 121.96 | 11328.00 | 1351.93 | 826.96 | 2178.89 | 13506.89 |
| 1998 | 446.01 | 11260.87 | 805.76 | 159.78 | 12672.42 | 1543.99 | 1214.68 | 2758.67 | 15431.09 |

注:(1)表 1.1 中手持现金、耐用消费品、住宅三项 1978—1991 年的数据参见臧旭恒:《中国消费函数分析》(上海三联书店 1994 年版)。1992—1998 年的数据根据中国统计出版社出版的《中国统计年鉴》《中国城镇居民家庭收支调查资料》《中国物价和城镇居民家庭收支调查资料》1992—1999 年相应各卷计算求得。其中,当年耐用消费品存量是以上一年存量折旧 10%加上当年增量后求得;当年住宅存量是以上年住宅存量按 2.5%的折旧率折旧后加上当年增量求得。由于缺乏 1992、1994 年两个年度的手持现金资料,本表用 1991 年与 1993 年的简单平均数作为 1992 年的相应数值,用 1993 年与 1995 年的简单平均数作为 1994 年的相应数值;1998 年的手持现金是以 1997 年的数据为基数,加上 1996 年与 1997 两年的差额得出的。

(2)储蓄存款是根据《中国统计年鉴》1996—1999 年的相应数据计算得出的。其中,1997 年与 1998 年的数据根据《中国统计年鉴》提供的城乡总量资料按 1996 年的城乡储蓄比例计算求得。

(3)有价证券与储蓄性保险 1981—1994 年数据参见连建辉:"城镇居民资产选择与国民经济成长"(《当代经济研究》1998 年第 2 期)一文。1995—1997 年的数据根据《中国物价与城镇居民家庭收支调查资料》(中国统计出版社)1996、1997、1998 年卷计算得出,1998 年的数据是以 1997 年的数据为基数,加上 1996 年与 1997 两年的相应数据差额得出的。

表 1.2　农村居民人均资产存量　　　　　　　　　　（元）

| 年份 | 实物资产 生产性固定资产 | 住宅 | 非住宅房屋 | 合计 | 金融资产 储蓄存款 | 手持现金 | 合计 | 全部资产 |
|---|---|---|---|---|---|---|---|---|
| 1979 | - | 6.31 | - | 6.31 | 9.92 | 19.36 | 29.28 | 35.59 |
| 1980 | - | 14.16 | - | 14.16 | 14.70 | 25.06 | 39.76 | 53.92 |
| 1981 | - | 31.49 | - | 31.49 | 21.23 | 30.22 | 51.45 | 82.94 |
| 1982 | 5.50 | 51.14 | 1.00 | 57.64 | 28.45 | 35.00 | 63.45 | 121.09 |
| 1983 | 11.22 | 76.44 | 4.38 | 92.04 | 39.62 | 43.19 | 82.81 | 174.85 |
| 1984 | 25.04 | 104.32 | 7.56 | 136.92 | 54.53 | 62.65 | 117.18 | 254.10 |
| 1985 | 40.30 | 140.49 | 11.95 | 192.74 | 69.94 | 75.04 | 144.98 | 337.72 |
| 1986 | 48.14 | 184.86 | 25.76 | 258.77 | 94.42 | 87.05 | 181.47 | 440.23 |
| 1987 | 58.23 | 239.93 | 39.32 | 337.48 | 123.21 | 103.68 | 226.89 | 564.37 |
| 1988 | 71.83 | 304.47 | 57.79 | 434.10 | 138.69 | 149.61 | 288.30 | 722.39 |
| 1989 | 81.81 | 374.01 | 74.68 | 530.50 | 169.80 | 160.84 | 330.64 | 861.14 |
| 1990 | 91.57 | 441.89 | 87.95 | 621.41 | 218.87 | 54.94 | 273.81 | 895.22 |
| 1991 | 104.53 | 519.87 | 103.72 | 728.12 | 271.97 | 65.10 | 337.07 | 1065.20 |
| 1992 | 109.94 | 586.89 | 131.67 | 828.50 | 338.13 | 70.04 | 408.17 | 1236.67 |
| 1993 | 121.56 | 661.49 | 158.33 | 941.37 | 419.91 | 74.98 | 494.89 | 1436.26 |
| 1994 | 142.28 | 762.16 | 190.98 | 1095.43 | 562.95 | 112.47 | 675.42 | 1770.85 |
| 1995 | 173.45 | 900.16 | 228.04 | 1301.66 | 720.86 | 115.82 | 836.68 | 2138.34 |
| 1996 | 203.03 | 1082.01 | 278.39 | 1563.43 | 887.40 | 172.00 | 1059.40 | 2622.83 |
| 1997 | 230.89 | 1273.19 | 330.89 | 1834.97 | 1068.30 | 219.01 | 1287.31 | 3122.28 |
| 1998 | 257.27 | 1460.91 | 379.60 | 2097.78 | 1229.62 | 266.02 | 1495.64 | 3593.42 |

注：(1) 表中生产性固定资产、住宅、非住宅房屋、储蓄存款四项根据《中国统计年鉴》(中国统计出版社)1990年以来历年各卷的有关数据计算求得。生产性固定资产、住宅、非住宅房屋存量的计算方法是，以上一年存量折旧2.5%后加上当年增量为当年存量。

(2) 手持现金栏中1979—1989年的数据参见臧旭恒：《中国消费函数分析》(上海三联书店1994年版)。1990—1997年的数据根据国家统计局《中国农村住户调查资料》上的有关数据计算得到，1998年的手持现金是以1997年的数据为基数，加上1996年与1997年两年的差额得出的。以上数据在统计口径上可能存在一定差异。

为了从总体上把握城乡居民资产的实际状况，我们以人口比例为权数，对城镇居民与农村居民的人均资产进行加权平均，从而对城乡居民拥有的总资产状况作如下估计(见表1.3)。

表 1.3　1979—1997 年中国城乡居民人均资产存量　　　（元）

| 年份 | 全部资产 | 金融资产 | 实物资产 |
|---|---|---|---|
| 1979 | 82.62 | 48.93 | 33.69 |
| 1980 | 110.73 | 66.37 | 44.36 |
| 1981 | 148.77 | 83.28 | 65.49 |
| 1982 | 195.05 | 102.90 | 92.15 |
| 1983 | 256.82 | 132.21 | 124.61 |
| 1984 | 348.89 | 181.08 | 167.81 |
| 1985 | 465.13 | 236.56 | 228.57 |
| 1986 | 615.60 | 316.34 | 299.26 |
| 1987 | 791.87 | 412.72 | 379.15 |
| 1988 | 1023.21 | 539.13 | 484.08 |
| 1989 | 1259.88 | 675.52 | 584.36 |
| 1990 | 1435.95 | 768.90 | 667.05 |
| 1991 | 1743.04 | 984.61 | 758.43 |
| 1992 | 2078.68 | 1219.93 | 858.75 |
| 1993 | 2520.66 | 1522.59 | 998.08 |
| 1994 | 3357.54 | 2171.25 | 1186.28 |
| 1995 | 4265.95 | 2857.53 | 1408.42 |
| 1996 | 5298.53 | 3628.89 | 1669.63 |
| 1997 | 5688.48 | 3750.61 | 1937.87 |
| 1998 | 7192.07 | 4893.38 | 2298.69 |

注：上表数据是根据《中国统计年鉴》(1999)提供的人口资料结合表 1.1、表 1.2 的城乡居民的资产数据计算取得的。

## 1.3　对城乡居民资产状况的深入描述与分析

以上我们对我国城乡居民持有的资产从存量上进行了统计与估计，这对从总体上把握城乡居民的资产状况无疑是十分有益的。但是，要准确地弄清改革开放以来我国城乡居民资产选择行为的发展变化，仅仅对居民资产从存量上作出上述统计与估计是远远不够的，除此之外，我们还应从居民资产的增量、构成、增长率等多视角进行更为详细

### 1.3.1 中国城乡居民人均资产状况分析

1.存量增长率

根据表1.3的数据,经计算整理后可以绘出城乡居民资产存量增长率示意图(见图1.2)。

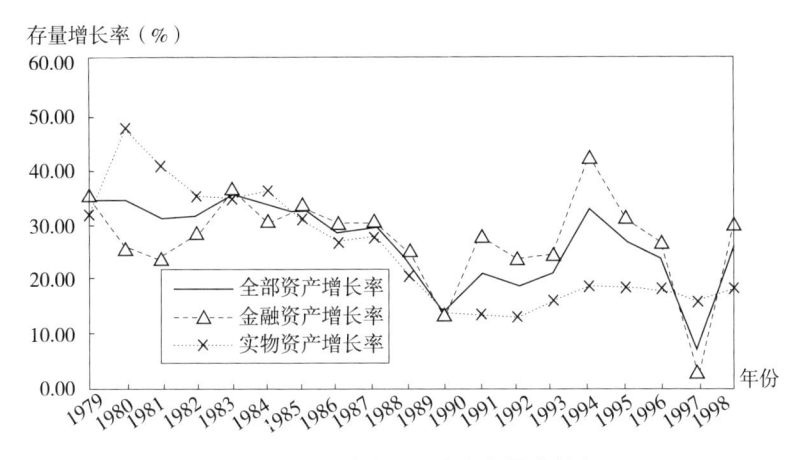

图1.2 中国城乡居民资产存量增长率

从图1.2可以看出,1980年以来的近二十年间,我国城乡居民的资产存量,除个别年份外,一直以两位数的速度高速增长,其中大部分年份的增长率围绕30%波动。纵观城乡居民资产存量增长率的整个发展变化过程,我们认为大致可以分为三个阶段:

(1)1980—1984年,实物资产的增长率明显高于金融资产。

(2)1985—1990年,居民对金融资产与实物资产并没有明显的偏好,两者在增长幅度上没有拉开距离,而且都呈现出增长速度逐年放慢的态势。

(3)1990—1998年,居民实物资产与金融资产的增长幅度明显地拉开距离,金融资产以较高的速度增长,而实物资产在15%左右的增长速度上稳定下来。

我们认为,城乡居民资产存量发展变化的这些特征,符合我国改革开放的现实,同一般经济理论也是相当吻合的。首先,在改革开放以前,我国城乡居民的生活水平十分低下,大多数人连温饱问题都难以解决,因而,改革开放初期,居民增加的收入大部分用来改善衣食住行等基本生活条件,从而表现为实物资产大幅度的增长。而按照一般经济理论,随着居民收入水平的持续提高,边际消费倾向便出现递减的趋势,从而表现为金融资产的持续增长和消费水平的相对稳定。我国城乡经济1990年以后表现出的实物资产增长稳定、金融资产大幅度增长的特征正是这一经济趋势的体现。

2.增量分析

在分析居民资产的时候,虽然存量及其增长率是一个非常重要的指标,但为了反映不同年份之间的发展变化状况,增量数据往往会起到更理想的效果。就某一具体年份而言,存量反映的是在此之前的历年积累状况,而增量反映的是当年的实际增长状况,即增量是存量的基础,存量是增量的累加。为了更清楚地说明存量与增量之间的关系,假设用 $X$ 表示存量,用 $x$ 表示增量,$t$ 表示年份,则我们可以用简单的数学公式表达如下:

$$X_t = x_1 + x_2 + \cdots + x_t$$
$$x_1 = X_1 - X_0$$
$$x_2 = X_2 - X_1$$
$$\cdots\cdots$$
$$x_t = X_t - X_{t-1}$$

根据上述公式,我们可以从表1.3求得1980年以来我国城乡居民资产的增量资料(见表1.4)。

表 1.4　中国城乡居民资产增量　　　　　　　　　（元）

| 年份 | 全部资产 | 金融资产 | 实物资产 |
| --- | --- | --- | --- |
| 1980 | 28.11 | 17.44 | 10.67 |
| 1981 | 38.04 | 16.91 | 21.13 |
| 1982 | 46.28 | 19.63 | 26.66 |
| 1983 | 61.77 | 29.31 | 32.46 |
| 1984 | 92.07 | 48.87 | 43.20 |
| 1985 | 116.24 | 55.48 | 60.77 |
| 1986 | 150.47 | 79.78 | 70.68 |
| 1987 | 176.27 | 96.38 | 79.89 |
| 1988 | 231.34 | 126.41 | 104.93 |
| 1989 | 236.67 | 136.38 | 100.28 |
| 1990 | 176.07 | 93.38 | 82.69 |
| 1991 | 307.09 | 215.71 | 91.38 |
| 1992 | 335.65 | 235.33 | 100.32 |
| 1993 | 441.98 | 302.65 | 139.33 |
| 1994 | 836.87 | 648.67 | 188.21 |
| 1995 | 908.41 | 686.28 | 222.13 |
| 1996 | 1032.58 | 771.37 | 261.21 |
| 1997 | 389.95 | 121.72 | 268.24 |
| 1998 | 1503.59 | 1142.77 | 360.82 |

为了清楚地表明1980年以来我国居民资产增量的发展变化状况，我们根据表1.4算出了居民资产的增量增长率(见表1.5)。

表 1.5　中国城乡居民资产增量增长率　　　　　　（%）

| 年份 | 全部资产增长率 | 金融资产增长率 | 实物资产增长率 |
| --- | --- | --- | --- |
| 1981 | 35.3 | −3.0 | 98.0 |
| 1982 | 21.7 | 16.1 | 26.2 |
| 1983 | 33.5 | 49.3 | 21.8 |
| 1984 | 49.1 | 66.7 | 33.1 |
| 1985 | 26.3 | 13.5 | 40.7 |
| 1986 | 29.4 | 43.8 | 16.3 |
| 1987 | 17.1 | 20.8 | 13.0 |
| 1988 | 31.2 | 31.2 | 31.3 |

(续表)

| 年份 | 全部资产增长率 | 金融资产增长率 | 实物资产增长率 |
|------|----------------|----------------|----------------|
| 1989 | 2.3 | 7.9 | −4.4 |
| 1990 | −25.6 | −31.5 | −17.5 |
| 1991 | 74.4 | 131.0 | 10.5 |
| 1992 | 9.3 | 9.1 | 9.8 |
| 1993 | 31.7 | 28.6 | 38.9 |
| 1994 | 89.3 | 114.3 | 35.1 |
| 1995 | 8.5 | 5.8 | 18.0 |
| 1996 | 13.7 | 12.4 | 17.6 |
| 1997 | −62.2 | −84.2 | 2.7 |
| 1998 | 285.6 | 838.9 | 34.5 |

从表1.5可以看出,1981年以来我国城乡居民资产增量增长率呈现如下三个特点:

(1)波动幅度剧烈。有的年份资产呈数十倍增长,而有的年份却出现大幅度的负增长。

(2)整个80年代金融资产和实物资产的增长率相对来说都比较平缓,而且从对整个居民资产增长的贡献来看,金融资产与实物资产都没有表现出明显的趋势。

(3)进入90年代以后,居民资产的波动幅度较大,而且居民资产波动的主要原因来自于金融资产的波动,实物资产仍然保持相对平缓的增长态势。

这些特点说明了:(1)某一时期的居民资产选择行为受当期经济波动尤其是居民收入水平波动的影响较大;(2)居民实物资产选择行为具有一定的刚性,居民更多地以金融资产选择行为对收入水平的变化作出反应;(3)随着金融资产在居民总资产中比重的加大,居民资产的变动更多地体现为金融资产的变动。

3.结构分析

居民资产的结构是一个十分广泛的范畴,有很多分析的角度,如不同收入水平的居民之间资产的分布,不同职业的居民之间资产的分布,不同受教育程度的人之间的资产分布等等。在此,本书只是从增量角度分析实物资产与金融资产占全部资产的比重及其发展变化。为了更清楚地描述居民资产增量的构成状况,我们首先根据表 1.4 绘制如下的示意图(见图 1.3)。

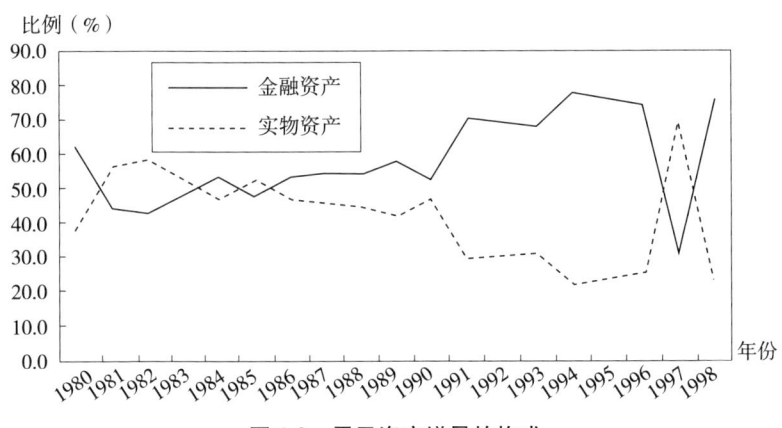

**图 1.3 居民资产增量的构成**

从图 1.3 可以看出,1985 年以前居民当年资产增量中,实物资产与金融资产占全部资产的比重没有出现分化的走势,有的年份金融资产的比重高于实物资产,有的年份实物资产的比重高于金融资产,但从总体上看,呈现围绕 50% 上下波动的状态。1986 年到 1990 年间,虽然金融资产的比重一直高于实物资产,但两者的距离并没有拉开。1990 年以后,居民金融资产占全部资产当年增量的比重呈现加速提高的趋势,与此相应,实物资产所占比重大幅度下降。

由于资产增量是存量的基础,因而增量的构成状况与存量的构成状况客观上应具有一定的相似性。我们从对存量资产构成的分析中得出,虽然存量资产结构的发展变化过程经历了一定的反复,但从总体上看,金融资产占居民存量资产的比重呈上升的趋势,实物资产占居民资产的比重呈下降趋势。1998年居民资产存量中有68%为金融资产,而仅有32%为实物资产。

### 1.3.2 中国城镇居民资产状况分析

如前所述,由于长期受"二元经济"的影响,中国城镇和农村居民的资产选择行为有较大的差异。因而,要深刻了解城乡居民拥有的资产状况,除了进行总体的分析之外,还必须对城镇居民和农村居民的资产状况分别考察并进行比较研究。本节将首先描述与分析中国城镇居民资产状况。

1.存量分析

表1.1中我们已经对中国城镇居民的资产存量从绝对数值上进行了统计与估计,但为了更深入地了解城镇居民的资产存量状况,还需要对存量的增长率进行分析。图1.4是我们根据表1.1绘制的城镇居民资产存量增长率示意图。

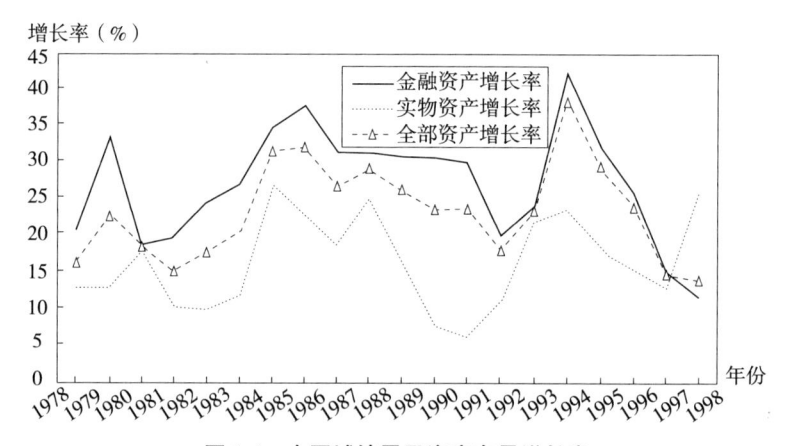

**图1.4 中国城镇居民资产存量增长率**

根据图1.4,我们可以把1979年以来我国城镇居民的存量资产的发展变化状况归纳为以下几点:(1)资产存量始终以较高的速度增长;

(2)90年代以前存量增长率比较稳定,90年代以后存量增长率震荡幅度加大;(3)除了个别年份外,实物资产的增长率一直滞后于金融资产的增长率,而且,在绝大多数年份金融资产的增长率与实物资产的增长率具有同步性;(4)全部资产增长率曲线越来越受到金融资产增长状况的制约,说明金融资产的增长状况对全部资产的增长具有决定性的作用。

2.增量分析

按照与前面相同的分析方法,我们首先根据表1.1算出中国城镇居民的资产增量及增量的增长率,见表1.6。

表1.6 中国城镇居民资产增量及增长率 （元,%）

| 年份 | 全部资产 | 金融资产 | 实物资产 | 全部资产增长率 | 金融资产增长率 | 实物资产增长率 |
| --- | --- | --- | --- | --- | --- | --- |
| 1980 | 63.26 | 44.06 | 19.20 | 60.3 | 96.3 | 12.7 |
| 1981 | 62.66 | 32.40 | 30.26 | -0.9 | -26.5 | 57.6 |
| 1982 | 61.56 | 40.79 | 20.77 | -1.8 | 25.9 | -31.4 |
| 1983 | 82.83 | 61.11 | 21.72 | 34.6 | 49.8 | 4.6 |
| 1984 | 112.05 | 83.58 | 28.47 | 35.3 | 36.8 | 31.1 |
| 1985 | 209.20 | 136.44 | 72.76 | 86.7 | 63.2 | 155.6 |
| 1986 | 280.12 | 200.14 | 79.98 | 33.9 | 46.7 | 9.9 |
| 1987 | 307.60 | 229.43 | 78.17 | 9.8 | 14.6 | -2.3 |
| 1988 | 424.80 | 299.13 | 125.67 | 38.1 | 30.4 | 60.8 |
| 1989 | 494.75 | 386.48 | 108.27 | 16.5 | 29.2 | -13.8 |
| 1990 | 560.53 | 502.26 | 58.27 | 13.3 | 30.0 | -46.2 |
| 1991 | 692.68 | 643.88 | 48.80 | 23.6 | 28.2 | -16.3 |
| 1992 | 648.71 | 553.76 | 94.95 | -6.3 | -14.0 | 94.6 |
| 1993 | 1005.45 | 800.58 | 204.87 | 55.0 | 44.6 | 115.8 |
| 1994 | 2025.03 | 1755.01 | 270.02 | 101.4 | 119.2 | 31.8 |
| 1995 | 2149.87 | 1893.47 | 256.40 | 6.2 | 7.9 | -5.0 |
| 1996 | 2267.32 | 2011.62 | 255.70 | 5.5 | 6.2 | -0.3 |
| 1997 | 1774.86 | 1521.00 | 253.90 | -21.7 | -24.4 | -0.7 |
| 1998 | 1924.20 | 1344.20 | 579.78 | 8.4 | -11.6 | 128.3 |

从表1.6可以看出:(1)1980年以后,中国城镇居民的实物资产增量增长率的波动幅度明显高于金融资产;(2)有不少年份中国城镇居民的实物资产增量几乎是成倍增长,这说明城镇居民对实物资产的购买具有明显的集中性;(3)1994年以后,伴随着我国经济增长速度的趋缓,城镇居民的资产增量增长率出现了明显的下滑态势;(4)金融资产与全部资产出现几乎并行的走势,尤其是进入90年代以后更是这样。这又一次说明全部资产的变化状况已主要取决于城镇居民金融资产的增长状况。

3.结构分析

研究城镇居民的资产结构可以从许多角度,分许多层次。本节为了和前面的分析相协调,只是简单地分析金融资产与实物资产增量的构成;金融资产与实物资产内部构成及金融资产与实物资产在不同收入阶层之间的分布等,我们将在后面的有关章节中进行阐述。

根据表1.6的相关数据,我们可以绘制出中国城镇居民增量资产构成示意图(见图1.5)。

图1.5 中国城镇居民增量资产构成

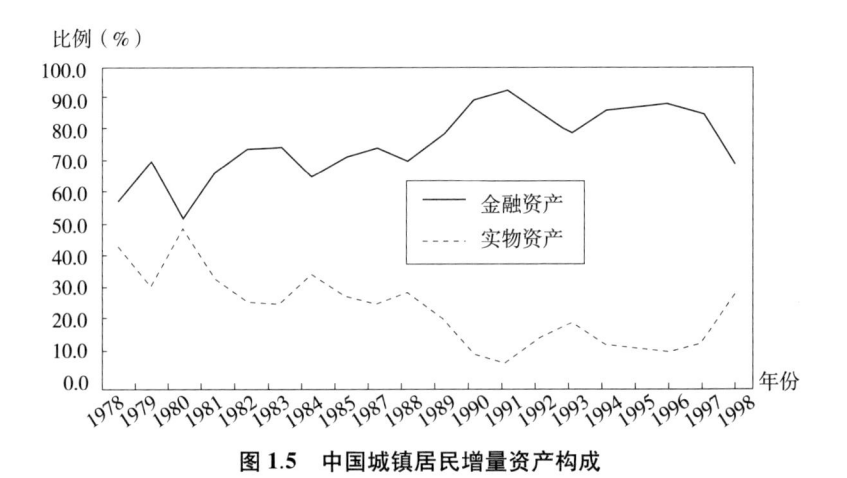

图1.5表明,尽管从增量看,金融资产占全部资产的比重有一定的

反复与曲折,但总体上呈现逐年攀升的走势。从图上可以看出,1981、1985、1988和1993年四个年份居民资产中实物资产所占比重有明显的上升态势,估计与这些年份的消费品市场旺盛有关,也可能与这些年份金融市场的萧条有关,不过,前者的可能性会更大一些。

由于增量是存量的基础,通过用同样的思路对城镇居民存量资产的构成及发展变化情况进行分析,我们发现所得结论基本是一致的。城镇居民金融资产存量与实物资产存量在居民总资产中所占的比例呈现出非常规范的变化趋势。金融资产所占比重逐年增加,实物资产所占比重逐年减少,中间几乎没有曲折。1980年以前实物资产所占比重高于金融资产,1980年以后金融资产所占比重超过实物资产,而且呈现出差距逐渐扩大的态势。1980年居民实物资产与金融资产大致占有相同的比重,即基本上各为50%,但是到1997年,居民拥有的金融资产所占比重已接近90%,实物资产则不足15%。

### 1.3.3 中国农村居民资产状况分析

1.存量分析

中国农村居民资产存量的具体数据在表1.2中已有明确表述,为了弄清资产存量的发展变化状况,我们首先根据表1.2对存量的增长率绘出如下的示意图(见图1.6)。

图1.6表明,1980年至1989年之间,中国农村居民资产基本保持按25%以上的增长率高速递增。但随着居民拥有资产基数的增加,资产的存量增长率有不断趋缓的态势。1980年全部资产、金融资产和实物资产的存量增长率分别是51.53%、35.82%、124.41%,而到1998年的相应数据则分别降到19.04%、16.18%和14.32%。同时,从图1.6也可以看出,1984年以前,我国农村居民的资产增长率变化较大,1984年以后则处于相对稳定的状态。尤其是实物资产,相对金融资产的状况来

说,其增长率变动相对比较平缓。

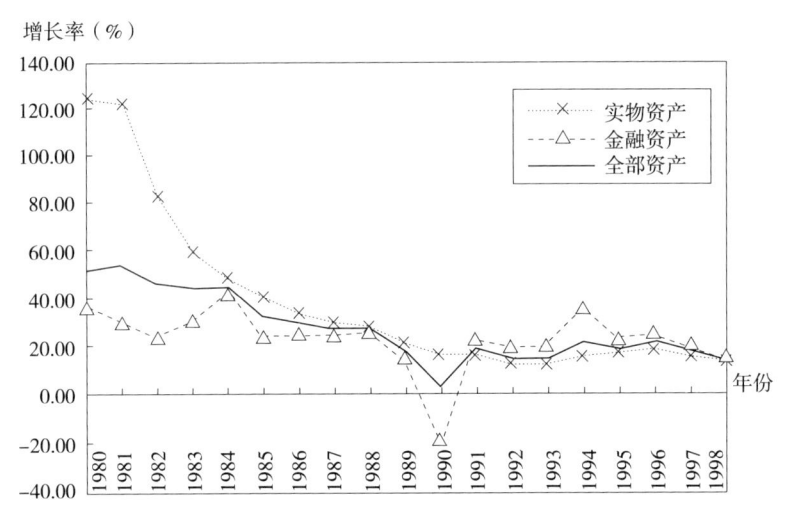

图1.6 中国农村居民资产存量增长率

2.增量分析

为了更清楚地表达中国农村居民资产增量的发展变化情况,我们根据表1.2计算出中国农村居民资产增量及其增长率(具体数据见表1.7)。

表1.7 中国农村居民资产增量及增长率 （元,%）

| 年份 | 实物资产 | 金融资产 | 全部资产 | 实物资产增长率 | 金融资产增长率 | 全部资产增长率 |
|---|---|---|---|---|---|---|
| 1981 | 17.33 | 11.68 | 29.01 | 120.8 | 11.4 | 58.2 |
| 1982 | 26.15 | 12.00 | 38.15 | 50.9 | 2.8 | 31.5 |
| 1983 | 34.40 | 19.36 | 53.76 | 31.5 | 61.3 | 40.9 |
| 1984 | 44.89 | 34.37 | 79.25 | 30.5 | 77.5 | 47.4 |
| 1985 | 55.82 | 27.80 | 83.62 | 24.4 | −19.1 | 5.5 |
| 1986 | 66.02 | 36.49 | 102.51 | 18.3 | 31.3 | 22.6 |
| 1987 | 78.72 | 45.42 | 124.14 | 19.2 | 24.5 | 21.1 |
| 1988 | 96.61 | 61.41 | 158.02 | 22.7 | 35.2 | 27.3 |

(续表)

| 年份 | 实物资产 | 金融资产 | 全部资产 | 实物资产增长率 | 金融资产增长率 | 全部资产增长率 |
|---|---|---|---|---|---|---|
| 1989 | 96.41 | 42.34 | 138.75 | −0.2 | −31.1 | −12.2 |
| 1990 | 90.90 | −56.83 | 34.07 | −5.7 | −234.2 | −75.4 |
| 1991 | 106.72 | 63.27 | 169.98 | 17.4 | −211.3 | 398.9 |
| 1992 | 100.37 | 71.09 | 171.47 | −5.9 | 12.4 | 0.9 |
| 1993 | 112.88 | 86.72 | 199.60 | 12.5 | 22.0 | 16.4 |
| 1994 | 154.05 | 180.53 | 334.59 | 36.5 | 108.2 | 67.6 |
| 1995 | 206.23 | 161.26 | 367.49 | 33.9 | −10.7 | 9.8 |
| 1996 | 261.77 | 222.72 | 484.49 | 26.9 | 38.1 | 31.8 |
| 1997 | 271.54 | 227.91 | 499.45 | 3.7 | 2.3 | 3.1 |
| 1998 | 262.81 | 208.33 | 471.14 | −3.2 | −8.6 | −5.7 |

从表1.7可以看出,中国农村居民资产增量增长率的波动幅度相对来说是比较大的,个别年份的增减幅度已超过100%。从总体看,绝大多数年份呈现正增长的态势,但是增长率没有明显的趋势性变化。而且金融资产与实物资产增量的增长率也没有出现明显的分化,有些年份金融资产的增长率高于实物资产,有的年份则出现相反的变化。不过,实物资产增长率的震荡幅度要明显小于金融资产。还有值得一提的是,农村居民全部资产的增量增长率曲线与实物资产增量增长率曲线的变化趋势基本一致,说明农村居民的实物资产对其全部资产的影响力相对更大。

3.结构分析

同对城镇居民资产结构的分析一样,在本节中,我们只是从实物资产与金融资产的增量占全部资产增量比例的角度对农村居民的资产结构状况进行分析,至于金融资产与实物资产内部构成要素,以及居民资产在不同收入阶层之间的分布等问题,我们将留待以后的章

26　第一篇　居民资产与资产选择行为

节进行研究。

图 1.7 是我们根据表 1.7 绘制的中国农村居民资产增量构成示意图。

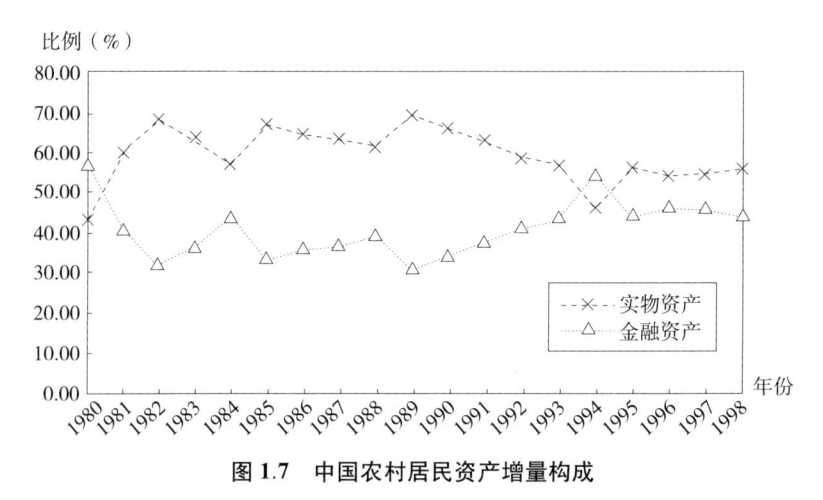

**图 1.7　中国农村居民资产增量构成**

注:本图是根据表1.7绘制的。其中1990年的数据有可能因统计口径问题而欠规范,我们在此作了技术上的处理,以1989、1991年的相应数值的简单平均数进行了代替。

图 1.7 说明,在农村居民当年的资产增量中,实物资产的比重在绝大多数年份高于金融资产。不过,从 1980—1998 年近二十年的发展轨迹看,金融资产增量与实物资产增量占当年居民资产增量的比例呈现没有增加也没有减少的趋势。实物资产的比例基本围绕 60% 波动,金融资产的比例基本围绕 40% 上下波动。这说明农民对实物资产的偏好大于金融资产。由于存量是增量的累积,我们在对农村居民资产存量的构成分析中得出了类似的结论。从总体上说,农村居民的实物资产存量占全部资产存量的比重呈上升的趋势,金融资产占全部资产的比重呈下降的趋势,但这种趋势在 1985 年以前表现得比较明显,1985 年以后,虽然金融资产与实物资产占全部资产的比重也有一定的波动,但总体上维持相对固定的比例。

以上我们利用大量图表的方式,从不同的角度,对我国城乡居民的资产状况进行了统计、估计与描述,尽管从形式上有些重复和繁杂,但我们认为,这对直观、全面地了解居民资产的存量、增量及构成状况,具有特别重要的意义。同时,为我们更加深入地分析和研究居民资产选择行为,提供了简单易懂的事实依据。那么,是什么因素导致居民资产出现上述状况呢?这正是下面我们要分析的内容。

# 2 影响居民资产选择行为的因素分析

影响居民资产选择的因素很多,既包括收入、利率等经济因素,也包括经济形态、市场开放程度等制度因素,此外还包括时间偏好、生活习俗等文化因素。由于不同国家和地区政治、经济、文化等方面存在明显的差异,因而影响居民资产选择行为的因素也有所不同。本节将根据现代经济理论关于居民资产选择行为影响因素的分析,在直观、通俗地描述影响居民资产选择行为一般因素的基础上,结合我国"过渡经济"与"二元经济"等具体特征,对影响我国城乡居民资产选择行为的因素作出比较详尽的分析。

本章共分三节,前两节分别为影响居民金融资产与实物资产选择行为因素的一般分析,最后一节论述我国城乡居民资产选择行为的主要特征。

## 2.1 影响居民金融资产选择行为的因素

### 2.1.1 居民购置金融资产的目的

由于行为是动机的体现,因而,分析居民的金融资产选择行为,首先要研究居民拥有金融资产的目的。在现代经济理论看来,居民经济行为的根本目的是实现消费效用最大化,资产选择行为只不过是获取最大消费效用的中间过程,因而要服从消费效用最大化的最终准则。

按照这个准则,从纯理论的角度看,居民选择金融资产应该体现下述三个目的:

第一,平滑消费。消费效用最大化要求消费者在一生中平衡分配其所能够占有的资源,"今天饱食,明天挨饿"的生活不是一个理性人的行为特征。也就是说,为了追求终生的最大效用,消费者应该尽量使消费平滑化。但是,无论从整个国民经济的运行看,还是就居民个人的生命周期来说,居民收入是十分不确定的。一方面,社会生产的增长具有明显的周期性,经济总是在萧条与繁荣的交替中向前发展。尽管一代又一代的经济学家为熨平经济波动绞尽脑汁,但至今仍没有走出周期性的困惑。受经济波动的影响,居民收入在经济高涨的年份会大幅提高,在经济萧条的年份,也会受到严重的影响。另一方面,就居民个人的一生看,真正有收入的工作年龄只不过三四十年的时间;工作前的儿童与读书求学时代,不仅需要维持基本生存的消费,而且还要进行大量的人力资本投资;退休以后的时间,虽然在大多数国家能够领取一定数额的养老金,但收入水平通常也会明显降低。居民收入的不确定性与消费平滑化之间的矛盾,只能通过储蓄来解决。即在收入高的年份进行积蓄以备未来之用,在无收入或收入降低的年份通过借贷消费或动用储蓄以实现消费的平滑。因而,实现跨时效用最大化是居民选择资产的首要目的。

第二,资产增值。在现实经济中,金融资产表现为多种形式,如股票、债券、存单、保险单等,不同资产具有不同的风险和收益,人们在实际选择中,总是权衡利弊,寻求预期收益最大的品种。为什么呢?其实,这同居民追求消费效用最大化的终极目的是一脉相承的。在经济学中,我们总是以消费折现系数小于1为既定前提来进行分析的,即我们认可了这样一个事实:对某一特定物品来说,居民更偏好于今天的消费而不是明天。因而,居民为追求消费效用最大化而选择不同资产形式进行储蓄的时候,必然要求资产具有最大的增值能力,以确保未来带来的效用至少不低于现期消费带来的效用。

第三,预防风险。居民生活中面临的风险从总体上可划分为两类:一类是可以预期到的风险,如退休后收入水平的降低;另一类是预期不到的风险,如财产被盗、失火、突发性疾病等。当然,从本质上讲,之所以将这两类事件都称之为"风险",是因为它们都带有不确定性。如居民虽然可以预期到一生的收入会产生波动,但波动的幅度同样难以确定。因而,居民拥有资产除了平滑消费以应付预期到的收入波动以外,在很大程度上还是为了应付未来不确定性的存在。

### 2.1.2 影响居民金融资产选择行为的因素

新古典经济理论在经济人假定、完全信息假定等一系列苛刻的假设条件下,导出了在充分竞争的市场上,套利行为将导致居民跨时消费效用最大化的实现。但现实经济中有限理性、信息障碍、厂商垄断等现象的存在,表明新古典经济学家们所描述的美好景象只能是一个可望而不可即的目标,人们在选择金融资产时必须考虑许多现实的因素,这些因素从总体上可以概括为如下几点。

1. 收益预期和利率

如前所述,人们总是希望一定数额的资产能够带来最大的收益,因而,收益预期的大小,将直接影响到人们的资产选择行为。收益预期分固定性收益预期与变动性收益预期。前者如储蓄存款,在居民投资的时候,未来的收益已经能够算出;后者如股票等有价证券,在决定投资的时候,人们只能有一种预期,而无法知道未来的确切收益。投资者是选择固定性预期收益的资产还是选择变动性预期收益的资产,主要取决于投资者本人的风险偏好。

决定收入预期的因素很多,其中最主要的是利率。一般来说,利率是资金的价格,是资金使用者给予资金所有者的报酬。利率有多种形式,其中最主要的是名义利率和实际利率。名义利率是指在不考虑通货膨胀及其他风险的情况下支付给资本拥有者的报酬。实际利率是指在考虑了通货膨胀因素,并进行了其他风险调整的情况下,支付给资金供给者的报酬。名义利率可能大于实际利率,也可能小于实际利率。例如,在其他情况不变的情况下,若存在通货膨胀,那么,实际利率就会小于名义利率;相反,若出现通货紧缩,实际利率就会大于名义利率。从理论上说,对居民资产选择行为构成实质影响的是实际利率。

利率对居民资产选择行为的影响主要体现在两个方面:一是影响居民的禀赋分配比例,二是引导居民在不同类型资产中进行选择。首先,就利率对居民禀赋分配的影响而言,由于利率的变动不仅具有替代效应,同时还具有收入效应,而这两种效应在居民禀赋分配中的作用方向是相反的,因而,利率变动究竟会引起消费和储蓄的比例如何变动,无论在理论上还是从经验数据方面,都得出了"无法确定"的结论。其次,就利率对不同类型资产选择的引导而言,实际利率的影响方向是明确的,追求收益最大化的目的,决定了居民总是希望将有限的资金投入实际收益最高的资产品种。当然,在实际中,由于存在通货膨胀和其他众多风险因素,居民在对利率进行风险调整时也面临许多困难。在本书所考察的四种居民金融资产中,由于风险程度不同,因而经过风险调整后的实际利率是难以确定的,但单纯从名义利率来看,有价证券最高,储蓄存款次之,手持现金的利率为零(在这里我们不考虑机会成本),储蓄性保险取决于出险的概率。对某一个特定的投资者来说,购买保险以后,如果出险,则对他来讲,利率是很高的,但是,假如没有出险,对他个人来讲,则为负利率。

2.风险与不确定性

风险是对投资安全性高低的度量,投资安全性越好,风险越小,相反,投资的安全性越低,风险越大。在经济学中,风险与不确定性是紧密联系在一起的。如果一种资产的预期收益是确定的,那么,我们就称之为无风险资产。相反,如果一种资产的预期收益是不确定的,那么,我们就称之为风险资产。如储蓄存款,尤其是保值储蓄,投资者在存款的同时就已经知道了利息数额的大小和回收利息的时间,而且连通货膨胀因素也考虑了进来,因而,通常情况下,银行存款是一种风险非常低的资产品种。而股票则不同,股票的收益通常由两部分构成,一是股息和红利,二是买卖股票的价格差额。显然,这两种收益都带有很大的不确定性。一方面,股息和红利受企业经营业绩的影响,如果业绩差,股东将得不到股息和红利;另一方面,买卖股票的价格差额也严重依赖于股票市场的行情。因而股票是一种典型的风险资产。

对大多数人来说,总是存在回避风险的偏好。也就是说,在其他情况相同的条件下,人们总是希望购买到风险最小的资产。然而,竞争的市场中没有"免费的午餐",风险和收益总是结伴而生的,高收益的资产必然存在较高的风险,无风险资产通常只能获取较低的收益。在实际中,人们只能根据自己主观的风险偏好倾向,进行风险与收益权衡,从而在不同类型资产中作出选择。从风险角度看,本书研究的金融资产中,风险最大的是有价证券,最小的是储蓄存款。

3.流动性

流动性反映资产变现的难易程度。资产的流动性越高,表明资产越容易变现,相反,流动性越低,表明资产越难以变现。在经济现实中,大多数交易行为的发生,都是以流动性高的资产(如现金)为媒介进行的,因而,一般说来,在其他条件不变的情况下,人们总是倾向选择流动性高的金融资产。在我们上面统计的金融资产中,流动性最高的是手持现金,虽然它产生一定的机会成本损失,但由于支付方便而受到居民的青睐。在储蓄存款中,定期储蓄的流动性差,活期储蓄的流动性介于手持现金和定期存款之间。由于股票具有只能买卖、不能退股的特点,因而股票的流动性比较差。非上市公司的场外交易其获取信息的成本较高,即使是上市公司,投资者意愿变现的时间也受到行情等的约束。债券虽然到期可以取回本金(当然也有无期债券),但同股票的变现情况类似,在到期之前的变现要受到众多因素的制约。

4.时间偏好

时间偏好实质上是从心理学与社会学等角度来考察居民金融资产的选择行为。同居民消费存在时间偏好一样,由于心理、社会等多种因素的影响,居民金融资产的选择行为也具有明显的时间偏好特征。有的人注重现时消费,有的人注重未来消费,有的人的跨时预算周期长,有的人的跨时预算周期短。表现在居民资产选择行为中,有的人偏好投资回收期长、投资回报率高的资产,而有的人则更偏重资产的变现性,投资回报则置于相对次要的地位。

5.资本市场的发育与完善状况

一个发育良好的、完善的资本市场的存在是人们能够理性地作出资产选择的前提。但这种完善的资本市场通常只不过是一种理论的抽象,而现实中的资本市场往往存在各种各样的缺陷。其中最主要的缺陷可以归纳为两种:一是金融资产品种"短缺",导致居民"强制选择";二是金融资产流通中信息扭曲,导致盲目交易。在发达国家,资本市场发育相对完善,储蓄存款、股票、政府债券、可转换债券、保险等多种金融资产品种为普通投资者提供了广阔的选择空间,同时,其市场透明度高,居民获取投资信息的成本低,为居民降低投资风险提供了可能。而在许多发展中国家,由于资本市场发育时间短,监管手段不成熟,因而,在这些国家中,居民的资产选择行为不仅受到金融资产品种的限制,而且存在很大的投资风险。

以上我们从五个方面阐述了影响居民资产选择行为的主要因素。事实上,这些因素不是孤立的,它们之间是相互制约、不可分离的,居民的金融资产选择行为是这些因素共同作用的结果。例如,在一个残缺的资本市场中,信息的不完全会增加投资者的风险,改变投资者的收益预期,进而使居民的资产选择行为发生扭曲。因而,我们在具体分析居民的资产选择行为时,要站在一个立体的角度,系统地考虑上述因素的作用条件与效果,而不能孤立地看问题。

## 2.2 影响居民实物资产选择行为的因素

同对居民金融资产选择行为的分析一样,我们从居民购买实物资产的目的出发,分析影响居民实物资产选择行为的因素。

### 2.2.1 居民购置实物资产的目的

从经济学的角度看,居民购买实物资产的目的不外乎两个:一是消费,二是投资,其中从总体上说以消费为主。这是因为:第一,人类的生存与发展,从衣食住行到文化娱乐等,都是以实物消费为载体的,不管虚拟经济发展到何种程度,实物经济的基础地位都不会动摇;第二,随着资本市场的发展扩大了居民投资的选择空间,金融资产以其便于储存、便于分割、便于交易等优点已成为居民投资的首要选择对象,但金融资产同样具有其本身无法克服的弱点,如易于受到利率、汇率、通货膨胀等的冲击等,为了避开金融资产的这些弱点,居民选择实物资产进行投资也不失为一种理想的选择,如购置不动产、黄金等;第三,有些实物资产,典型的如房地产,人们购置的目的具有明显的双重性,既可以作为消费品,又可以作为投资品,而单纯的金融资产和单纯的消费品都不具有这种特征。

## 2.2.2 影响居民实物资产选择行为的因素

影响居民实物资产选择行为的因素很多,我们认为如下几点是主要的:

第一,收入。收入是消费的前提,消费必须以居民具有一定的购买力为基础。一般说来,收入与消费支出呈正相关关系,收入水平越高,消费支出越大,收入水平越低,消费支出越小。① 从收入因素对居民实物资产选择的影响看,由于无论是购置与建造房屋,还是购置农机具,抑或添置耐用消费品,都需要居民一次性支出较大数额的资金,因而决定居民是否购置实物资产的收入,不仅是当期的收入,而且是较长时期的历史积累。

第二,物价。物价和收入实质上是一个问题的两个方面。在居民收入水平一定的情况下,物价上涨,意味着居民实际购买力的下降;物价下降,则意味着实际购买力的上升。居民意愿购买的实物资产价格的下降,将刺激居民的购买热情;相反,居民意愿购买的实物资产价格的上升,则会抑制居民的购买。因而,在竞争经济中,价格既影响居民对不同价格水平的实物资产的选择,同时也制约金融资产与实物资产的分配比例。

第三,实物资产的供给。如同金融资产的供给会制约居民的金融资产选择行为一样,实物资产的供给状况同样会影响到居民的实物资产选择行为。由于实物资产的供给受到一国经济发展水平,尤其是科学技术水平的制约,因而,在许多发展中国家常常存在居民的"强制选择"现象。如改革开放初期和改革开放以前的我国,居民不仅很难购

---

① 这主要是从绝对数额的角度说的,从相对数额看,一般存在边际消费倾向递减的规律。

买到微机、移动电话等现代高科技产品,连今天看来最普通的彩电、冰箱、自行车等普通消费品也要凭票购买,因而,考察居民实物资产的选择行为,不能离开供给方面的约束。

决定居民是否购置实物资产的因素远不止上述几点,实物资产的自身特点、居民的文化传统、政府的政策导向等都可能对居民实物资产选择行为产生重要的影响。不过,由于居民实物资产选择行为不是我们分析的重点,因而,以上只是就几个主要的因素进行了简单的分析,对其他相对不重要的因素在此我们不再展开。

## 2.3 城乡居民资产选择行为的主要特征

以上我们从市场经济的一般理论出发,概要地阐述了制约居民资产选择行为的因素。了解这些因素对理解我国居民的资产选择行为是有益的,但对我国居民的资产选择行为作出更准确和更深刻的考察,还必须立足于我国"过渡经济"与"二元经济"的现实。一方面,从1978年开始的改革,使中国的经济逐步由计划经济体制转为市场经济体制,虽然目前市场化成分在中国经济中已经占据了主导地位,但旧体制的影响依然存在,许多改革措施尚未配套,"过渡经济"的特征仍然十分明显;另一方面,随着二十余年经济的高速度增长,虽然城乡隔绝的局面已经打破,但我国城乡之间的差异依旧很大,城镇居民与农村居民在生产方式、生活环境、收入水平、价值观念等方面存在显著的差异。"过渡经济"与"二元经济"的现实,决定了我国城乡居民的资产选择目的与资产选择行为具有不同于一般市场经济国家居民的特征。

### 2.3.1 影响我国城镇居民资产选择行为的制度因素

同西方国家居民在相对稳定的市场经济体制下进行资产选择有所

不同的是,中国居民的资产选择行为是在一个不断变革的制度环境中进行的。1978年以后中国实行的经济体制改革,几乎使所有的中国人无一例外地感受到变革的影响。因而,研究居民资产选择行为时,制度变量应作为首要的因素纳入分析框架。由于我国是一个典型的城乡分割的"二元经济"国家,而且对整个国民经济的影响而言,城镇居民与农村居民又是不对等的,城镇居民虽然仅占了全国人口总数的30%,但从储蓄存款、收入水平、社会购买力等角度看,他们支配了绝大部分社会资源,所以,研究中国居民资产选择行为,不仅应采取城乡分开的办法,而且应重点分析城镇居民资产选择行为。本小节以下部分将结合我国的经济体制改革的进程,从制度变迁角度对影响我国城镇居民资产选择行为的制度因素进行较为详细的阐释。

从对居民资产选择行为的影响来看,可以把我国制度变迁的过程分为三个阶段进行研究。第一阶段为新中国成立至1978年,从制度角度看,这一阶段的中国经济应看作纯粹计划模式;第二阶段是从1978年到1991年,在这一阶段中,虽然经济中的计划成分在逐步萎缩,市场成分在逐步扩大,但尚未明确提出建立社会主义市场经济的改革目标;1992年以后是第三阶段,在这一阶段中,一方面,我国已经明确提出建立社会主义市场经济体制,另一方面,从现实情况看,市场成分在整个国民经济中也已经占据了主导地位。下面将分别分析这三个阶段中,中国城镇居民资产选择行为的不同特点。

第一阶段。由于该阶段实行严格的计划经济,整个社会的生产、消费、投资等经济变量几乎都是由中央计划者安排,而且实行了高积累、低消费的经济发展导向,大多数年份中居民可支配收入大体上只能满足即期生活需要,因而,在这一阶段中,居民收入扣除基本生活消费之后剩余无几,其资产选择行为是被动的。居民不仅缺乏金融资产选择的自由,而且拥有的实物资产也非常有限。当然,在这一时期中,与低工资收入相伴随的,是国家的高福利政策。由于国家几乎统包了城镇居民的医疗、住房、保险支出及离退休后的工资,所以在居民的资产选择行为中,很少有预防性储蓄的动机,他们将绝大部分收入用于即期消费,或者即使有少量储蓄,也多以银行储蓄存款的形式存在,形成潜在的购买力,几乎不存在住房储蓄、养老保险等属于远期消费的资产选择行为。

第二阶段。1978年后,中国经济经历了一个计划成分逐步缩小、市场成分逐步扩大的渐进式改革过程。在这一过程中,改革对城镇居民资产选择行为的影响主要体现在三个方面:(1)居民收入在普遍提高的同时扩大了差距,从而为城镇居民资产选择行为的多元化奠定了基础;(2)物价逐步放开,消费品短缺状况有所改善,居民有了较大程度的实物选择自由;(3)资本市场开始培育,居民拥有的金融资产迅速增长。具体说:

第一,1978年以后实行的以"放权让利"为特征的国有企业改革,一方面使企业的自主经营权和剩余索取权逐步扩大,从而激发了企业的内部活力,带动了整个社会产出的增加和人民收入水平的提高;另一方面,企业的利益开始与企业的经济效益挂钩,与此相关,职工的收入也开始与其贡献联系起来,初步显示了收入人力资本化的特征。表2.1是1978—1991年中国城镇居民收入增长情况。

表2.1 城镇居民人均可支配收入 (元)

| 年份 | 1978 | 1980 | 1985 | 1986 | 1987 | 1988 | 1989 | 1990 | 1991 |
| --- | --- | --- | --- | --- | --- | --- | --- | --- | --- |
| 人均可支配收入 | 343.4 | 477.6 | 739.1 | 899.6 | 1002.2 | 1181.4 | 1375.7 | 1510.2 | 1700.6 |

资料来源:《中国统计年鉴》(1998)。

由表2.1中可以看出,从1978到1991年,城镇人均可支配收入增长了3.95倍。居民收入的大幅增长,使居民在满足基本生活消费以后,尚有一定数额的剩余,从而使居民具备了进行多元化的资产选择的前提条件。

第二,商品短缺的市场态势有所缓和,居民有了较大的实物选择自由。新中国成立至改革开放前的三十余年中,供给短缺的市场态势使居民资产选择行为受到很大的政策性限制,1979年后,由改革爆发出来的经济增长潜力,使商品供应日益丰富,除粮食、城镇住房等小部分特殊商品仍实行配给制外,大部分消费品市场已逐步放开,居民拥有了较大的实物资产选择自由。

表 2.2　城镇居民1978—1991年的金融资产存量　　　　(元)

| 年份 | 合计 | 手持现金 | 储蓄存款 | 有价证券 | 储蓄性保险 |
| --- | --- | --- | --- | --- | --- |
| 1978 | 110.46 | 20.64 | 89.82 | | |
| 1979 | 132.90 | 23.36 | 109.54 | | |
| 1980 | 176.96 | 29.36 | 147.60 | | |
| 1981 | 209.36 | 33.76 | 175.55 | 0.05 | |
| 1982 | 250.15 | 35.38 | 208.24 | 6.53 | |
| 1983 | 311.26 | 42.43 | 257.07 | 11.76 | |
| 1984 | 394.84 | 58.25 | 323.35 | 13.24 | |
| 1985 | 531.28 | 78.11 | 421.54 | 29.68 | 1.95 |
| 1986 | 731.42 | 100.81 | 558.11 | 67.63 | 4.87 |
| 1987 | 960.85 | 113.83 | 747.13 | 90.66 | 9.23 |
| 1988 | 1259.98 | 160.78 | 927.81 | 158.51 | 12.88 |
| 1989 | 1646.46 | 173.53 | 1264.32 | 193.02 | 15.59 |
| 1990 | 2148.72 | 192.64 | 1719.92 | 216.82 | 19.34 |
| 1991 | 2792.60 | 228.82 | 2223.39 | 314.76 | 25.63 |

资料来源:连建辉:"城镇居民资产选择与国民经济成长",《当代经济研究》1998年第2期。

第三,随着资本市场的发育和居民收入水平的提高,城镇居民的金融资产选择行为也出现了多元化的发展趋势。表2.2是城镇居民1978—1991年的金融资产存量。

从表2.2可以看出,1978年以来,伴随着中国经济市场化程度的加深和金融市场的发展,城镇居民拥有的金融资产不仅增加迅速而且呈现多元化发展的态势。虽然居民拥有的金融资产还基本局限于银行储蓄存款,有价证券与储蓄性保险只占较小的份额,但同第一阶段相比,城镇居民的资产选择行为已经向前迈出了可喜的一步。

第三阶段。在对第一阶段的分析中曾经谈到,传统的计划经济条件下,尽管城镇居民的可支配收入较低,却相当稳定,同时有几乎无所不包的福利制度,所以,当时的城镇居民几乎没有风险预期,当期收入的绝大部分用于当期的消费,几乎不存在积累。1978年以后进行的各项改革尽管对城镇居民的消费选择产生了很大的影响,使中国城镇居民的消费带有了一定的跨时特征,但这一阶段的改革毕竟没有从根本上涉及传统的福利制度,很多城镇居民把现行福利制度当作一个既定前提,来安排因收入水平的提高而带来的积累。1992年以后的改革彻底打破了人们的传统预期,全面动摇了中国城镇居民传统的福利制度,就业、住房、医疗、教育、社会保障等多项改革迈出了新的步伐。这些深层次的城镇居民福利制度的变革,使中国城镇居民的资产选择行为呈现出许多前所未有的特征,最典型的特点是对代表未来消费的金融资产的强烈偏好。进入90年代以后,居民储蓄增长率不仅始终高于GDP的增长率,而且一直高于人均可支配收入的增长率的现实,就是很好的说明。居民资产选择行为之所以出现如此特征,从制度变迁的角度可以看到,传统计划经济体制下,尽管城镇居民的收入水平较低,但几乎所有有工作能力和意愿的城镇居民都能够得到一份稳定、连续、递增的持久收入,而就业制度的变革,又使几乎所有的人都不能排除下岗甚至失业的可能,因而难以保证收入的连续性。同时,即使能够找到工作的人,也会因其所在单位效益的波动,而影响其收入。另一方面,从居民的预期支出角度看,如果说,在传统福利制度存在的条件下,人们对积存收入可以作出相对自由的消费选择的话,那么,传统福利制度的消失,则使得人们不得不留有一定数额的"余钱"。由于住房、医疗、教育(包括子女及劳动者自身)等方面的支出不仅数额巨大,而且缺乏"选择性",因而,一旦将这些制度变革的因素考虑进来,居民谨慎消费、偏好金融资产的选择行为就不难理解了。

总之,在研究我国居民资产选择行为时,制度变迁是一个不可忽视的重要因素。旧的计划经济体制的解体,破坏了人们沿袭数十年的经济预期,而适应市场经济运行的新体制的建立又需要较长时期的探索,这种"过渡经济"的特殊时期与中国长期的"二元经济"结合在一起,必然决定了我国城乡居民的资产选择行为具有明显的"中国特色"。

### 2.3.2 我国城乡居民资产选择行为的目的

为了弄清城乡居民资产选择行为的特征,我们必须首先分析居民选择资产的目的。我们认为,收入水平、受教育程度、生产方式和文化习俗等方面的差异,导致我国城乡居民在资产选择的目的方面存在明显的不同。

首先,城镇居民选择金融资产的主要目的是预防未来的不确定性,而选择实物资产的主要目的是满足消费需求。我们之所以对城镇居民资产选择目的作出这种判断,从前面关于影响居民资产选择的制度因素的分析中可以找到很好的解释。我国经济体制由计划经济向市场经济的转变,尤其是教育、住房、医疗、就业、劳保等方面的变革,一方面使居民收入处于动态的不稳定之中,另一方面又迫使居民不得不个人支出更多的原先由国家或集体负担的费用,这直接加大了居民在住房、医疗、子女教育、养老防病等方面的支出风险,迫使人们不得不把应付未来不确定性支付作为购买金融资产的重要动机。近年来的许多调查结果也明显地反映了这一点。绝大多数调查显示,我国城镇居民储蓄的根本出发点是为了支付将来的子女教育费用、医疗费用和养老费用,其次才是购置耐用消费品、装修和购买住房等。而且,居民在资金的安全性和高收益性的两难选择面前,大多数人往往取前而舍后。这一切都说明,居民选择金融资产的预防性目的十分明确。城镇居民选择的实物资产主要包括两类:一类是家电等耐用消费品,另一类是住宅。由于技术进步和产品更新换代,导致家电产品本身不具有增值功能,因而居民购买家电等耐用消费品几乎是出于纯粹的消费目的。住宅的状况略有不同。随着住房私有化进程的加快和房地产市场的发展,虽然现阶段购房主要是为了消费,但房产本身能够增值的功能逐步显露出来,不少城镇居民购置住房除消费外,已经具有了一定的投资目的。

其次,我国农村居民选择金融资产的主要目的是为购买实物资产而积累资金,选择实物资产既有投资目的,又有消费目的。由于在传统的计划经济体制下,我国农民不享有住房、医疗、养老等社会福利,因而这些制度的改革对农民的影响是较小的。对大多数农民来说,为后代筹办婚事和生产工具的更新是储蓄的主要目的。一方面,因为近几年农村青年在与城镇青年攀比的过程中,结婚"彩礼"的筹码迅速提高,在不少地方,没有一套漂亮的住房,没有彩电、冰箱、摩托车、VCD机等是难以成婚的。而这些实物资产的购买通常需要一次性支出数额较大的资金,因而农村居民储蓄具有明显的积累性目的。另一方面,同城镇居民相比,农民不是以支取薪酬为生的,农民需要不断地更新农业生产资料,追加投资。因而从总体看,农民拥有的实物资产同样可以分为两类:一类是投资品,一类是消费品。投资品主要体现在农机具等生产性固定资产和非住宅房屋方面,消费品主要体现在农民拥有的住宅和家电等耐用消费品。同城镇不同,由于农村住宅几乎没有投资价值,因而农村居民投资住宅的主要目的是消费,而购置生产性固定资产和建筑非住宅房屋的主要目的是投资。

### 2.3.3 我国城乡居民资产选择行为的主要特征

综合上面的分析,我们认为,我国"过渡经济"与"二元经济"的现实导致城乡居民资产选择行为具有如下主要特征:

第一,居民资产选择行为的强制性。在发达的市场经济国家,居民可以根据资产的风险、成本、收益及资产带来的效用等在不同资产间进行"自由"的选择,而在我国"过渡经济"条件下,这种自由变成了某种意义上的"强制"。这种强制性是指:(1)金融市场发育滞后,金融资产的品种较少,从而限制了投资者的选择空间;(2)制度变迁带来了很大的不确定性,迫使居民储蓄必须以预防动机为主,从而限制了居民对风险性资产的选择;(3)虽然在城镇中居民房地产已经具备了一定的增值潜力,但居民对房屋的购置是以强制性房改为背景的,因而,这种选择并非是居民理性的经济行为结果。

第二,居民资产选择行为的盲目性。我国当前的经济是从计划经济过渡而来的,许多体现市场经济特征的"游戏"规则尚未完善,从而导致居民资产选择行为难免带有一定的盲目性。一方面,无论是商品市场还是资本市场,信息的透明度和交易的公平性难以得到保障,资本市场上的内幕交易、价格操纵,商品市场上的假冒伪劣、欺行霸市等现象比比皆是,这就使得处于信息劣势和竞争劣势的普通居民在选择资产时无所适从,从而使自身利益得不到保障;另一方面,由于我国市场经济的发育时间短,居民熟悉市场经济下的交易规则还需要一定的时间。市场的不完备性和居民的有限理性结合在一起,共同决定了我国居民资产选择行为的盲目性特征。

第三,我国居民资产选择行为的城乡分割性。由于长期以来我国城镇与农村在市场发育程度和居民生产方式、收入水平、福利制度等方面存在明显的差异,因而在居民资产选择行为方面也出现了典型的城乡分割特征。首先,城镇资本市场发育较快,居民选择金融资产的空间相对较大,而农村居民除银行储蓄存款外,几乎不拥有其他金融资产;其次,生产方式的不同,导致城镇居民拥有很少的增值性实物资产,而增值性实物资产在农民总资产中占有较高的比例;第三,由于传统社会福利的变革对城镇居民和农村居民的影响力度不同,从而决定了城镇居民的金融资产选择行为具有明显的预防性,而农村居民储蓄的目的具有明显的积累性。

# 3 居民收入与资产选择

收入既是居民消费的基础,也是居民资产形成的基础,因而居民收入水平与收入差距将影响居民的资产选择。本章将利用实证分析方法分别从金融资产、实物资产两个方面,从收入水平、收入差距两个角度分析居民收入与资产选择之间的关系。

## 3.1 居民收入水平与金融资产选择

### 3.1.1 城镇居民收入水平与金融资产选择行为

与居民的当年收入相对应的金融资产为居民当年金融资产的增量,因而,研究居民收入水平与金融资产的关系实际上是指居民收入与其金融资产增量之间的关系。

首先分析金融资产增量占居民当年人均可支配收入的比重及其变化。我们根据《中国统计年鉴》(历年各卷)中居民可支配收入与表1.1的数据计算出金融资产增量占居民当年人均可支配收入的比重(见表3.1)。

表3.1 金融资产增量占人均可支配收入的比重　　　　(元,%)

| 年份 | 金融资产 | 可支配收入 | 比重 |
|------|---------|-----------|------|
| 1985 | 136.44 | 739.10 | 18.46 |
| 1986 | 200.14 | 899.60 | 22.25 |

(续表)

| 年份 | 金融资产 | 可支配收入 | 比重 |
|---|---|---|---|
| 1987 | 229.43 | 1002.20 | 22.89 |
| 1988 | 299.13 | 1181.40 | 25.32 |
| 1989 | 386.48 | 1375.70 | 28.09 |
| 1990 | 502.26 | 1510.20 | 33.26 |
| 1991 | 643.88 | 1700.60 | 37.86 |
| 1992 | 553.76 | 2026.60 | 27.32 |
| 1993 | 800.58 | 2577.40 | 31.06 |
| 1994 | 1755.01 | 3496.20 | 50.20 |
| 1995 | 1893.47 | 4283.00 | 44.21 |
| 1996 | 2011.62 | 4838.90 | 41.57 |
| 1997 | 1521.00 | 5160.30 | 29.48 |
| 1998 | 1344.20 | 5425.05 | 24.78 |

从表3.1可以看出,城镇居民金融资产增量占当年可支配收入的比重,1985—1994年总体上呈稳步增长的态势,1985年为18.46%,而到了1994年为50.20%,达到了1985年以来的最高峰。1994年以后出现了逐年下滑的趋势,居民金融资产增量占当年可支配收入的比重又从1994年的50.20%,回落到1998年的24.78%。我们认为,出现这种走势的主要原因是居民收入增长率的变化,从表3.1也可以看出,1985年至1994年间,居民可支配收入的增长率从总体上呈现不断提高的态势,而1994年以后出现了明显的下滑,下面将对两者的关系作更具体的分析。

其次,居民金融资产增量增长率与居民可支配收入增长率之间的关系分析。图3.1是我们根据表3.1作出的居民金融资产增量增长率与居民可支配收入增长率之间关系的示意图。

从图3.1可以看出,1986—1991年,我国城镇居民的可支配收入与金融资产增量都呈现出相对平稳的增长趋势,居民可支配收入大约以15%的速度递增,而居民金融资产增量高一些,大约以25%的速度增长。1992—1994年,居民可支配收入的增速有所加快,而同一时期,居民金融资产以更快的速度增长,1994年同1993年相比,可支配收入增长了35%,而金融资产增量却有近120%的增长。1994年以后,城镇居民的人均可支配收入出现了增速减缓的态势,与此相关,居民金融资产增量的增长也出现了较大幅度的回落,1997年与1998年居民金融资产的增量已出现了不同程度的负增长。

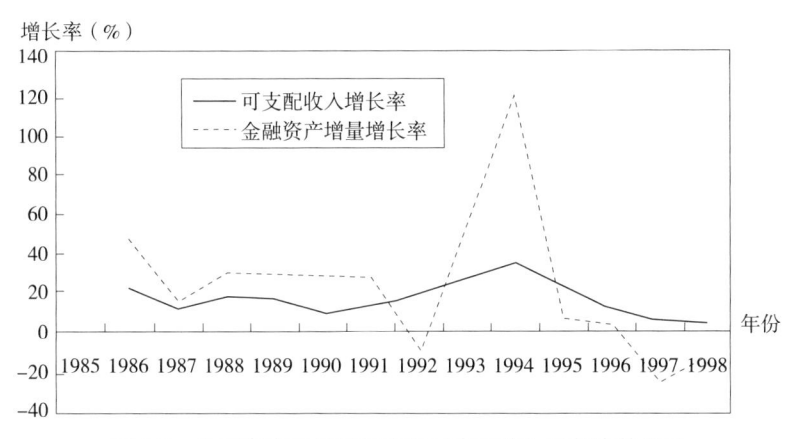

**图3.1 金融资产增量增长率与可支配收入增长率的关系**

再次,金融资产内部构成部分的增量增长率与居民可支配收入增长率的关系分析。为了更加清楚地说明居民金融资产与收入的关系,我们不能仅局限于对居民收入与全部金融资产增量的相互关系的考察,而且还要从金融资产的内部构成上作更加深入具体的分析。

根据《中国统计年鉴》(历年各卷)中的居民可支配收入与表1.1的数据可以计算出金融资产各构成部分的增长率与居民当年人均可支配收入增长率的数据(见表3.2)。

在居民金融资产的构成中,由于手持现金是一个相对独立的变量,严格说来与收入水平没有必然的联系,影响手持现金数量的因素主要是物价水平及无纸化交易的发育程度等,因而从理论上说,手持现金的变化带有一定的随机性,所以,在此我们对一定收入水平下手持现金的变化状况不作分析,重点考察的是居民储蓄存款、有价证券及储蓄性保险的发展变化状况。从表 3.2 可以看出,在居民金融资产的构成要素中,居民储蓄存款自 1986 年以后,基本上维持稳定的正增长状态,变化幅度相对较小,而且与居民可支配收入呈现出一定的正相关性。而储蓄性保险与有价证券的增长幅度变化较大,从总体上看,基本上是脱离收入水平的变化而呈现出相对独立的变化状态,也就是说,与居民可支配收入的相关度不高。尤其是居民拥有的有价证券的变化,从几个增长较快的年份看,基本上为证券市场的行情所左右。

表 3.2　金融资产增量及其构成与居民人均可支配收入增长率　　（%）

| 年份 | 可支配收入增长率 | 金融资产增量增长率 | 手持现金增量增长率 | 储蓄存款增量增长率 | 有价证券增量增长率 | 储蓄性保险增量增长率 |
|---|---|---|---|---|---|---|
| 1986 | 21.72 | 46.69 | 14.30 | 39.09 | 130.84 | 49.74 |
| 1987 | 11.41 | 14.63 | −42.64 | 38.41 | −39.31 | 49.32 |
| 1988 | 17.88 | 30.38 | 260.60 | −4.41 | 194.62 | −16.28 |
| 1989 | 16.45 | 29.20 | −72.84 | 86.25 | −49.14 | −25.75 |
| 1990 | 9.78 | 29.96 | 49.88 | 35.39 | −31.03 | 38.38 |
| 1991 | 12.61 | 28.20 | 89.32 | 10.51 | 311.51 | 67.73 |
| 1992 | 19.17 | −14.00 | −142.18 | −9.16 | 1.53 | 94.44 |
| 1993 | 27.18 | 44.57 | 0.07 | 76.15 | −98.99 | −24.37 |
| 1994 | 35.65 | 119.22 | −508.78 | 71.69 | 31137.00 | −131.57 |
| 1995 | 22.50 | 7.89 | 0.00 | 30.29 | −95.79 | −640.07 |
| 1996 | 12.98 | 6.24 | 15.92 | 5.98 | −59.95 | 53.33 |
| 1997 | 6.64 | −24.39 | −65.09 | −25.23 | 466.98 | 56.41 |

### 3.1.2　农村居民收入水平与金融资产选择行为

按照与研究城镇居民收入水平与其金融资产的关系同样的思路,我们从两个方面对农村居民收入水平与金融资产选择的关系作出分析:

一是农村居民金融资产增量占居民当年人均纯收入的比重及其变化。为此,我们首先根据《中国统计年鉴》(历年各卷)中的农村居民人均纯收入与表1.2的数据绘制出农村居民金融资产增量占居民当年人均纯收入比重的示意图(见图3.2)。

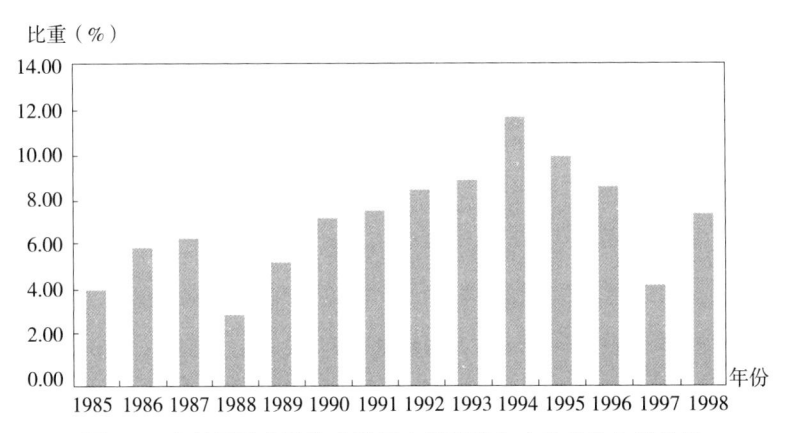

**图3.2 农村居民金融资产增量占居民当年人均纯收入的比重**

如前所述,在居民金融资产的构成中,手持现金是一个相对独立的变量,严格来说与收入水平没有必然的联系,同时,资本市场在农村的发育程度比较低,我国农民几乎不存在除储蓄存款以外的金融资产,所以对农民金融资产与人均纯收入的关系的分析,我们主要落脚于对农民储蓄存款与其人均收入的关系的分析。如图3.2所示,农民当年储蓄存款增量占农民当年人均纯收入的比重一直较低,基本上维持在10%以下,从趋势看,1994年以前,尽管这个比重有所反复,但总体上呈上升趋势,1985年为3.88%,1994年已上升为11.72%,但是1994年以后却出现了明显的下降趋势,到1997年,这个比重已回落到4.33%,1998年虽然有所上升,但仍没有达到8%。

二是农村居民储蓄存款增量增长率与居民人均纯收入增长率之间的关系。为了清楚地描述上述两个变量的关系,我们根据《中国统计年鉴》(历年各卷)的农村居民人均纯收入与表1.2的数据绘制了下面的示意图(见图3.3)。

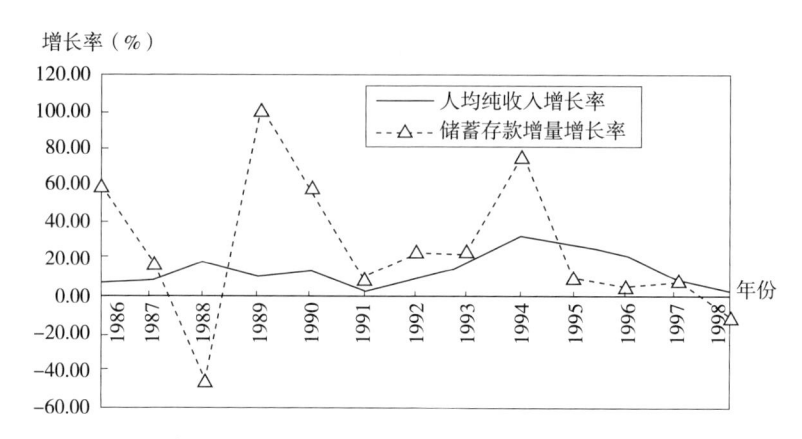

**图3.3 农村居民储蓄存款增量增长率与居民人均纯收入增长率**

从图3.3可以看出,我国农村居民的储蓄存款增量增长率没有明显的趋势性变化,1986年以来波动幅度一直较大,不少年份的增长率超过50%,还有两个年份呈现负增长,估计原因,1988年的负增长可能与当年波及全国的"抢购风"有关,而1998年的负增长可能是居民收入增长率下滑所致。与农村居民储蓄存款增量增长率相比,农村居民人均纯收入增长率的波动相对较小,总体上呈现稳定增长的态势,十余年间基本上保持10%以上的高速增长。其中1994、1995、1996三年的增长率高达20%以上。尽管1994年以后增长率呈现高位回落的趋势,但是1997年仍然保持了8.51%的增长速度。从图3.3还可以看出,进入90年代以后,农村居民人均纯收入与其储蓄存款增量增长率之间存在较明显的相关关系,当居民收入增长率上升的时候,储蓄存款增长率以更快的速度增长,当居民收入增长率下降的时候,储蓄存款增长率以更快的速度下滑,也就是说,储蓄存款增长率对居民收入增长率有较大的弹性。

## 3.2 居民收入水平与实物资产选择

居民选择实物资产必须以一定的购买力为前提,因而居民收入是影响居民实物资产选择的重要因素。在本节中,我们分城镇与农村两个方面,从收入水平和收入差距两个角度对居民收入与实物资产选择的关系进行分析。

### 3.2.1 城镇居民收入水平与实物资产选择

与居民的当年收入相对应的实物资产为居民当年实物资产的增量,因而,研究居民收入水平与实物资产的关系实际上是指居民收入与其实物资产增量之间的关系。

为便于分析,我们首先根据《中国统计年鉴》(历年各卷)的居民可支配收入与表1.1的相关数据,将居民收入水平与实物资产增量及其构成中的住宅、耐用消费品增量相互关系的实证资料整理如下表(见表3.3)。

1. 实物资产增量占居民当年人均可支配收入的比重及其变化

表 3.3 居民收入与实物资产增量相互关系 (%)

| 年份 | 可支配收入增长率 | 实物资产增量增长率 | 耐用品增量增长率 | 住宅增量增长率 | 实物资产增量占收入比重 |
|---|---|---|---|---|---|
| 1986 | 21.72 | 9.92 | 6.43 | 20.52 | 8.89 |
| 1987 | 11.41 | −2.26 | −13.75 | 28.53 | 7.80 |
| 1988 | 17.88 | 60.76 | 63.61 | 55.64 | 10.64 |
| 1989 | 16.45 | −13.85 | −11.27 | −18.73 | 7.87 |
| 1990 | 9.78 | −46.18 | −59.40 | −18.88 | 3.86 |
| 1991 | 12.61 | −16.25 | −49.04 | 17.62 | 2.87 |
| 1992 | 19.17 | 94.57 | 10.74 | 132.10 | 4.69 |
| 1993 | 27.18 | 115.77 | 497.43 | 34.25 | 7.95 |
| 1994 | 35.65 | 31.80 | 45.08 | 19.18 | 7.72 |

（续表）

| 年份 | 可支配收入增长率 | 实物资产增量增长率 | 耐用品增量增长率 | 住宅增量增长率 | 实物资产增量占收入比重 |
|---|---|---|---|---|---|
| 1995 | 22.50 | −5.04 | 14.84 | −28.05 | 5.99 |
| 1996 | 12.98 | −0.27 | −11.41 | 20.28 | 5.28 |
| 1997 | 6.64 | −0.70 | 13.59 | −20.15 | 4.92 |
| 1998 | 5.13 | 128.34 | 14.74 | 350.84 | 10.69 |

从表3.3可以看出,尽管城镇居民实物资产增量占居民当年可支配收入的比重有一定的反复性,但从总体看呈现出不断降低的趋势。1986年为8.89%,到1997年已经下降到4.92%。不过,表中表现出的另一个重要特点是,1988年、1993—1994年和1998年,城镇居民实物资产增量占居民当年可支配收入的比重曾出现过三次高峰,其形成的原因我们将在下面阐述。

2.居民实物资产增量增长率与居民可支配收入增长率的关系

从表3.3可以看出:(1)相对于居民实物资产增量增长率的变化而言,居民人均可支配收入增长率的变化是比较平缓的,而住宅与耐用消费品的增量增长率起伏非常剧烈,不少年份呈数倍增长,同时另一些年份却有高达50%多的回落。(2)实物资产中,住宅增量与耐用消费品增量的增长基本呈现同步性,而且对收入的变化比较敏感。尤其是进入90年代以后,这个特点表现得比较明显,90年代初到1994年,城镇居民的收入水平呈现增长率不断提高的趋势,居民实物资产增量也以较快的速度增长,1994年以后居民收入增长率出现回落,居民实物资产增量的增长率出现了更大幅度的回落,不少年份还出现了负增长。(3)在居民收入没有出现明显的大幅度增长的情况下,1988年、1992—1994年及1998年城镇居民的实物资产增量却出现了三次较大幅度的增长。1988年耐用消费品增量的增长率为63.6%,住宅增长率为55.6%,1992年住宅增长率高达132%以上,1993年的耐用消费品增量有近5倍的升幅,1998年住宅出现了350%的高增长率。究其原因,我们认为,1988年的增长,可能与当时的"抢购风"有关,90年代初的增长,估计与当时居民收入水平提高较快有关,而1998年实物资产的高速增长,一方面与1996年以后利率持续下调,部分地促进了金融资产向实物资产的转移有关,另一方面与国家强制性推行房改政策,从而增加了居民的住房支出有关。

### 3.2.2 农村居民收入水平与实物资产选择

按照与上面同样的思路,我们首先根据《中国统计年鉴》(历年各卷)的农村居民人均纯收入与表1.2的相关数据,将农民收入水平与实物资产增量及其构成中的住宅、生产性固定资产等增量相互关系的实证资料整理如下表(见表3.4),并以此为基础,分析农村居民收入水平与实物资产选择的关系。

表 3.4 居民收入水平与实物资产选择的关系 (%)

| 年份 | 实物资产增量占收入的比重 | 人均纯收入增长率 | 实物资产增量增长率 |
| --- | --- | --- | --- |
| 1986 | 15.58 | 6.59 | 18.28 |
| 1987 | 17.02 | 9.16 | 19.23 |
| 1988 | 17.73 | 17.79 | 22.73 |
| 1989 | 16.03 | 10.39 | −0.21 |
| 1990 | 13.25 | 14.10 | −5.71 |
| 1991 | 15.06 | 3.25 | 17.40 |
| 1992 | 12.80 | 10.64 | −5.94 |
| 1993 | 12.25 | 17.55 | 12.46 |
| 1994 | 12.62 | 32.49 | 36.48 |
| 1995 | 13.07 | 29.21 | 33.87 |
| 1996 | 13.59 | 22.08 | 26.93 |
| 1997 | 12.99 | 8.51 | 3.73 |
| 1998 | 12.16 | 3.44 | −3.22 |

1.农村居民实物资产增量占居民当年人均纯收入的比重及其变化

从表3.4还可以看出,1986年以来,农村居民实物资产增量占居民当年人均纯收入的比重一直呈现比较稳定的态势,大体保持在12%—18%之间浮动,趋势性变化不明显,尤其是进入90年代以后,基本呈现固定不变的比例,说明农民实物资产增量的增长与人均纯收入的增长大体保持同样的水平。为了更清楚地说明这一点,下面我们还将从农民收入增长率与实物资产增量增长率的角度深入分析。

2.农民实物资产增量增长率与人均纯收入增长率之间的关系

从表3.4还可以看出,1986年以来,我国农村居民实物资产增量基本与当年收入水平呈同步变化态势。也就是说,当居民人均收入增长较快的时候,当年实物资产增量的增长也较快,相反当居民人均收入增长回落的时候,当年实物资产增量的增长也回落,这种状况在1992年以后表现得特别突出。这说明农村居民实物资产的选择受当年收入水平变化状况的制约较大。由于在实物资产的存在形态上,农村居民与城镇居民的差别较大,因而,我们还有必要对农民实物资产增量构成要素中各部分的增长状况作出进一步的分析。

3.农村居民实物资产增量各构成要素与收入的关系

表3.5 农村居民实物资产增量各构成要素与收入的关系　（%）

| 年份 | 人均纯收入增长率 | 生产性固定资产增量增长率 | 非住宅房屋增量增长率 | 住宅增量增长率 |
| --- | --- | --- | --- | --- |
| 1986 | 6.59 | −48.60 | 214.46 | 22.69 |
| 1987 | 9.16 | 28.63 | −1.76 | 24.09 |
| 1988 | 17.79 | 34.80 | 36.21 | 17.20 |
| 1989 | 10.39 | −26.67 | −8.58 | 7.76 |
| 1990 | 14.10 | −2.14 | −21.43 | −2.41 |
| 1991 | 3.25 | 32.83 | 18.84 | 14.89 |
| 1992 | 10.64 | −58.30 | 77.24 | −14.06 |
| 1993 | 17.55 | 114.94 | −4.60 | 11.31 |

（续表）

| 年份 | 人均纯收入增长率 | 生产性固定资产增量增长率 | 非住宅房屋增量增长率 | 住宅增量增长率 |
|---|---|---|---|---|
| 1994 | 32.49 | 78.40 | 22.46 | 34.96 |
| 1995 | 29.21 | 50.37 | 13.50 | 37.08 |
| 1996 | 22.08 | -5.10 | 35.85 | 31.77 |
| 1997 | 8.51 | -5.81 | 4.28 | 5.13 |
| 1998 | 3.44 | -5.31 | -7.22 | -1.81 |

根据农村居民人均纯收入与表1.2的数据可以算出农村居民实物资产增量各构成要素与收入的关系（见表3.5）。从表3.5可以看出，在农村居民实物资产增量的内部各构成要素中，居民对住宅的投资弹性较小，基本与收入水平的增减变化一致，而对非住宅房屋及生产性固定资产投资的弹性比较大，有的年份成倍增长，而有的年份却大幅回落，甚至出现较大幅度的负增长。而且，引人注目的一点是，生产性固定资产与非住宅房屋增量的增长在不少年份呈现完全相反的走势。这说明农村居民在实物资产选择中，首先保证住宅的稳定增长，然后，在生产性固定资产和非住宅房屋之间进行有替代性的选择，生产性固定资产和非住宅房屋增长具有此长彼消的关系。

## 3.3 居民收入差距与资产选择

以上我们从居民收入水平的角度对居民收入与居民资产选择之间的关系进行了分析。与居民收入有关的另一个重要指标是居民的收入差距，即总收入在不同居民阶层之间的分布问题。以下我们将利用横截面资料对居民收入差距与居民资产选择的关系进行分析。由于我们缺乏关于农村居民的人均收入差距与资产选择的详细资料，我们在此只能对城镇居民的情况进行简要的分析。

居民收入不同,其拥有的金融资产总量占收入水平的比重会有所不同,金融资产内部各构成要素的比例关系也会有较大的区别。在此,我们将分高、中、低三个收入阶层(将所有人口按收入水平排队后,高、中、低各占20%,此处略去了中等偏上和中等偏下两个阶层;详见《中国城镇居民物价与家庭收支调查资料》,中国统计出版社相应各卷),选取1996年作为样本进行分析,具体资料见图3.4。

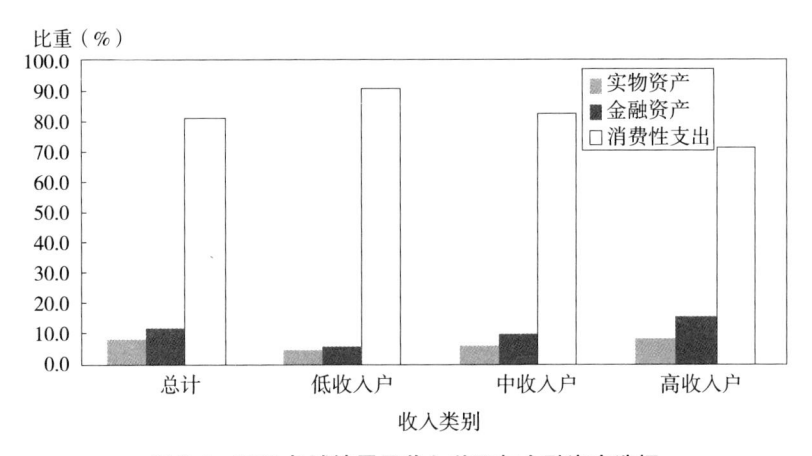

图3.4 1996年城镇居民收入差距与金融资产选择

注:根据《中国物价及城镇居民家庭收支调查统计年鉴》(1997)计算的数据绘制。

图3.4表明,随着居民收入水平的提高,消费性支出占居民当年可支配收入的比重降低,也就是说,存在边际消费递减的倾向。1996年高、中、低收入家庭的边际消费倾向分别为72.8%、83.4%、91.4%。与此同时,随着居民收入水平的提高,居民当年金融资产和实物资产的增量占居民当年可支配收入的比重都呈现不断提高的趋势,不过提高的速度不同,金融资产提高的速度明显快于实物资产。1996年,高、中、低收入家庭居民金融资产增量占居民当年可支配收入的比重依次为:16.5%、10%、5%,居民实物资产的增量占居民当年可支配收入的比重依次为:10.1%、7%、5%。

以上只是我们对1996年的数据所作的分析。其实,通过我们的考察发现,其他年份的情况也大体如此。进一步的分析我们还发现,从实物资产内部构成来说,随着居民收入水平的提高,居民拥有的耐用消费品提高得更快一些,而住房支出提高得相对慢一些,究其原因,估计是与居民住房制度改革进程缓慢有关,可以推测,随着我国城镇居民住房制度改革的深入,住房支出应该有较快的增长,这一点在居民1998年的实物资产增量中已经有所体现。其次,从城镇居民选择的金融资产内部构成看,随着居民收入水平的提高,银行储蓄存款增加得相对更快一些,储蓄性保险的增长比较温和,而有价证券的增长缺乏明显的趋势性。从我们所作的考察看,低收入家庭储蓄存款的增量在不少年份为负值,而储蓄性保险几乎所有的年份、所有的收入阶层都呈现明显的正增长。不过,从储蓄性保险的存量占金融资产存量的比重看,不管哪个收入阶层,目前几乎都可以说是微不足道的。

# 4 城乡居民资产选择行为的差异分析

从前面的分析中可以看到,我国城乡居民在资产选择的类型、各种资产构成的变化、收入与资产选择的关系等多方面,既有相同之处,也存在较大差异。但从总体看,差异性要远大于共同性。为了切实弄清我国城乡居民的资产选择行为,在此我们重点对城乡居民资产选择行为的差异性进行分析。

## 4.1 城乡居民资产选择行为的差异

从城乡居民的人均资产存量、增量、资产构成及其发展变化等多角度看,城乡居民的资产选择行为存在很大的不同。这些不同点主要表现在以下几个方面:

第一,城乡居民拥有资产的类别不同。首先从金融资产看,城镇居民的金融资产种类繁多,既有储蓄存款、手持现金,又有有价证券(股票、债券等)、储蓄性保险等,而农村居民的金融资产目前仍旧主要体现在储蓄存款与手持现金两种形式;其次从居民对实物资产的选择看,住房和生产性固定资产是农村居民实物资产的主要形式,而耐用消费品和住房是城镇居民主要的实物资产。从存量上看,到1998年为止,住房是农村居民的主要实物资产,而城镇居民的主要实物资产则是耐用消费品,住房处于次要地位。有价证券等形式的金融资产不仅在农村处于刚刚萌芽阶段,在城镇居民资产中所占比重同样很小,也就是说,不论是农村居民还是城镇居民,目前,手持现金与储蓄存款都是他们金融资产的主要形式。

第二,从居民资产的存量增长率看,一方面,城镇居民资产存量增长率总体上呈现上升的趋势,而农村居民的资产存量增长率呈现下降的趋势;另一方面,1980年以来,城镇居民金融资产的存量增长率始终高于实物资产,而且差距有拉大的态势,而农村居民在1990年以前,基本上是实物资产的增长高于金融资产,尽管1990年以后,多数年份农村居民的金融资产存量增长率高于实物资产,但两者并没有明显拉开距离。城镇居民1979、1988、1997三个年份全部资产的存量增长率分别是16.17%、29.04%、36.43%,实物资产的存量增长率分别是12.74%、25.03%、13.19%,金融资产的存量增长率分别是20.32%、31.13%、40.99%。1979年金融资产存量增长率比实物资产存量增长率高不到8个百分点,而到1997年已高出27个百分点。农村居民1980、1988、1997三个年份全部资产的存量增长率分别是51.53%、28%、15.59%,实物资产的存量增长率分别是124%、28.63%、17.37%,金融资产的存量增长率分别是35.82%、27.07%、12.98%。1980年金融资产存量增长率比实物资产存量增长率低80多个百分点,而到1997年仅低不到5个百分点。

第三,从居民资产的增量增长率看,城镇居民金融资产增量的增长较为稳定,波动幅度较小,实物资产增量增长变化的幅度波动较大,而农村居民的实物资产增量的增长波动幅度较小,增长比较平稳,金融资产变化的波动幅度相对大一些。首先,我国城镇居民的金融资产增长率相对实物资产来说,总体是比较平稳的,尤其是1990年以前,金融资产的增长率大体维持在20%—40%之间,而同一时期,居民实物资产增量在1985年的增幅为155.57%,1990年则有46.18%的负增长。其次,我国农村居民的金融资产增长率相对实物资产来说,波动幅度较大,

1983年以来,金融资产的增长率处于频繁的剧烈震动之中,1994年有一倍多的增幅,1990年、1991年却有超过200%的负增长。而同一时期,农村居民实物资产增量变化相对小得多,增长率最高的年份为1994年,增长36.48%,增长率最低的年份为1992年,有5.94%的负增长。

第四,从居民资产的构成看,无论是存量资产还是增量资产,城镇居民的金融资产所占比重都高于实物资产,而且呈现不断提高的发展趋势。农村居民则有很大不同,一是实物资产所占比重1982年以来一直占据优势,二是近些年来保持比较稳定的比例,没有出现趋势性变化。首先从存量看,城镇居民金融资产占全部资产的比重几乎呈直线上升的趋势,实物资产所占比重则几乎呈现直线下降的趋势,1978、1988、1997三个年份金融资产占全部资产的比重为45.24%、66.75%、86.39%,与此相关,实物资产所占比重依次为54.74%、33.25%、13.61%。也就是说,如果说1978年城镇居民拥有的金融资产与实物资产不相上下,甚至实物资产大于金融资产的话,到了1997年两者则天壤悬隔了,城镇居民资产中金融资产所占比重已超过85%,占据了绝对优势。农村居民金融资产与实物资产占全部资产的比重同城镇居民有较大的差别,1980年以前,农村居民金融资产的比重高于实物资产,但呈现逐年下降的趋势,与此相反,居民实物资产的比重由低到高呈现逐年上升的趋势。1980年以后,农村居民实物资产占全部资产的比重围绕60%作小幅波动,同时,金融资产则围绕40%作小幅波动。进入90年代以后,金融资产所占比重有一定程度的上升,实物资产所占比重有一定程度的下降,但变化的趋势性不明显。1990、1997年金融资产占全部资产的比重分别为69.41%、60.52%。其次,从增量构成看,由于存量是增量的反映,因而增量的情况和存量差不多,只不过增量波动的幅度相对更大一些,但从总体上说,农村居民每年新增资产中大约60%为实物资产,40%为金融资产,而城镇居民金融资产占当年资产增量的比重不断提高,实物资产所占比重逐步下降。

第五,从居民资产增量占当年居民可支配收入的比重看,城镇居民金融资产所占比重有增加的趋势,与此相关,实物资产所占比重有下降的趋势。农村居民则不同,尽管金融资产所占比重从总体上也有上升的趋势,但实物资产这些年一直没有出现趋势性变化,尤其是进入90年代以来,基本维持一个固定不变的比例。城镇居民金融资产增量占居民当年人均可支配收入的比重尽管1994年以来伴随着收入增长率的下降呈现出降低的趋势,但是从总体看这个比重仍然是不断提高的,1985、1992、1997年依次为18.46%、27.32%、29.47%。城镇居民实物资产增量占居民当年人均可支配收入的比重尽管有所反复,但总体呈现下降的趋势,1985、1993、1997年依次为9.84%、7.69%、4.92%。农村居民金融资产增量占居民当年人均可支配收入的比重从总体上呈现上升的趋势,1985、1991、1997年的比重依次为3.88%、7.49%、8.65%。但是实物资产增量占农村居民当年人均可支配收入的比重与城镇居民的情况却有较大的区别。90年代以来,资产增量占农村居民当年人均可支配收入的比重基本没有什么变化,一直围绕13%作小幅度波动。

第六,从居民资产增量的增长率与收入增长率的关系看,农村与城镇也有很大的不同。农村居民的实物资产增长变化与收入水平的变化相关度高一些,金融资产的波动幅度比收入水平波动幅度大得多;而城镇居民恰恰相反,其金融资产与收入水平的相关度较高,而实物资产增量的波动受收入水平波动的影响相对较小。1991年以前城镇居民收入水平增长平缓,而金融资产的增长也比较平缓,1991年以后,居民收入的增长幅度波动较大,与此相关,金融资产出现了更大程度的震荡,说明城镇居民金融资产的增长变化对收入变化比较敏感。城镇居民实物资产的变化似乎与收入水平的变化相关度不高,1985年以来出现的三个实物资产增长高峰是1988年、1993年和1998年,这三个年份的实物资产增量增长率分别为60.76%、115.77%和128%,而这三年的居民收入增长率并没有特殊的变化。与此同时,1990年与1995年以来出现了两个实物资产增长低谷,但这两年的居民收入增长率并不低,1990年为9.78%,1995年为22.50%。农村居民的情况与城镇居民有较大的差异,相对收入水平的波动而言,农村居民金融资产的波动幅度大得多。1985年以来,在收入呈现相对稳定的正增长的情况下,金融资产有的年份成倍增长,而有的年份却出现近50%的负增长。而且,从产生的原因看,1991年以前,金融资产的波动似乎不是由收入因素引起的,而1991年以后的波动似乎是对收入的敏感反应。农村居民对实物资产的选择同对金融资产的选择有很大不同,实物资产的增长速度与收入水平的增长速度总体上具有一定程度的同步性。

## 4.2 引起城乡居民资产选择行为差异的因素分析

我国城乡居民资产选择行为的差异,最根本的原因是长期以来我国城乡分割的"二元经济"结构。由于"二元经济"的影响,我国城乡市场发育程度存在很大不同,居民在收入水平、福利制度以及思想观念等方面都存在较大的差异,从而决定了城乡居民具有不同的资产选择行为。

1.收入水平

长期以来,我国农业劳动力生产率低于工业,同时,在贸易中也存在严重的工农业产品的"剪刀差",从而导致我国城乡居民在收入上存在较大差别。图4.1是1985年以来城镇居民人均可支配收入与农村居民人均纯收入的比较。

从图4.1可以看出,我国城乡居民不仅在收入的绝对水平上存在较大差距,而且从相对水平上也有不断拉开距离的趋势。1985年我国城镇居民人均可支配收入为739元,农村居民人均纯收入为397元,前者是后者的1.86倍,而到了1998年,城镇居民人均可支配收入上升为5425.05元,农村居民人均纯收入仅上升为2161.98元,前者是后者的2.51倍。由于收入是居民资产选择的基础,城镇居民收入水平长期高于农村,决定了农村居民在资产选择中明显滞后于城镇。以家电等耐用消费品为例,从80年代初开始,家电等耐用消费品在城镇便有了较快速度的增长,到90年代初已经基本普及,而家电产品在农村的快速增长则是90年代以后的事情。直到目前,家电等耐用消费品仍没有成为农村居民的主要资产(其实这也是我们没有把家电等耐用消费品列入农村居民资产中的原因)。

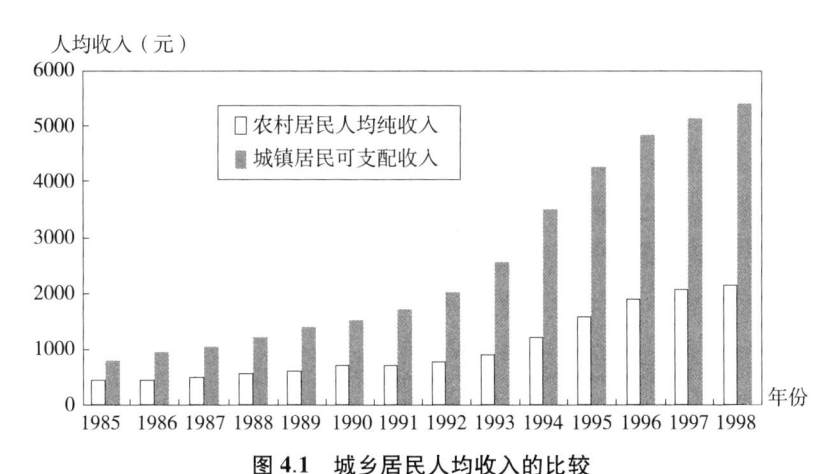

**图4.1 城乡居民人均收入的比较**

注:根据《中国统计年鉴》(1999)的有关数据绘制。

2.消费水平

在我国消费信贷还很不普及的情况下,城乡居民的消费水平受到收入水平尤其是当期收入的很大制约。而城乡居民收入水平的差异,同时也决定了其消费水平的不同。由于农村居民的收入水平远远落后于城镇居民,农村居民的恩格尔系数也高于城镇,因而农村居民可自由支配的收入明显少于城镇,消费水平的低下决定了其资产选择的自由度较小。也就是说,农村居民的收入在扣除基本消费和必要的生产资料投资外,所剩无几。从这个意义上说,城镇居民的资产选择具有相对更大一些的空间。

3.福利制度与生产方式

由于在传统的福利制度下,我国城镇居民在教育、住房、医疗、就业、劳保等多方面的支出主要由政府负担,因而其资产主要以储蓄存款和家电等高档耐用消费品的形式存在。而农村不同,由于历史上我国农村居民在住房、医疗、劳保、养老等方面的支出一直由自己负担,而且自新中国成立以来,住房一直是农村居民合法的私有财产,因而农村居民建房的积极性较高,从而决定了住房在农村居民资产中的主导地位。不过,随着我国经济体制由计划经济向市场经济的转变,城镇住房商品化已成为不可逆转的大趋势,因而近些年来,特别是进入90年代以来,城镇居民拥有的房产也有了较快的增长。另一方面,从生产方式看,由于城镇居民主要以工薪收入为主,对一般城镇居民而言,不存在以直接生产为目的的资产,所以其资产以耐用消费品为主,其次为住房。农村则不同,特别是实行家庭联产承包责任制以来,农村居民不仅需要消费性资产,还要拥有生产性资产,因而,在我们的分析中,把农村居民的实物资产界定为生产性固定资产和住房。

4.市场发育程度

长期"二元经济"的存在,不仅导致城乡居民收入等方面的差异,而且在市场发育方面城乡之间也有较大区别。无论从消费品市场看,还是从资本市场看,农村市场的开发程度都比较低,尤其是资本市场,不少农村至今几乎还不存在。市场发育程度的差异,也导致城乡居民资产选择上的不同。农村居民的金融资产中,除手持现金和储蓄存款外,其他方式目前几乎不存在,城镇居民拥有的有价证券、储蓄性保险等金融资产目前虽然从绝对数上仅占较小的比重,但从相对数看,已呈现出较快的发展势头。

5.观念不同

由于农村地区比较闭塞,而且受历史上小农经济的影响较深,农村居民的现代市场经济意识比较淡薄,从而决定了其在资产选择中相对保守的特点。而伴随着改革开放政策的实施,我国城镇居民的市场经济意识已比较浓厚,从而决定了城镇居民的资产形式正逐步向多元化发展。

# 5 居民资产选择行为中存在的问题、成因及合理化途径

在以上 4 章中,我们在对城乡居民资产状况进行多角度描述的基础上,着重分析了影响居民资产选择行为的因素、居民收入与居民资产的关系及城乡居民资产选择行为的差异。从上面的分析中可以看出,随着我国经济二十余年的高速增长和国民收入分配格局的变化,居民拥有的金融资产和实物资产已达到了空前的规模,成为国民经济的重要组成部分,居民资产选择行为的发展变化将给整个国民经济的运行带来不可忽视的影响。因而,本章中,我们将在上述研究的基础上,进一步分析居民资产选择行为中存在的问题及成因,并提出相应的改进措施,以促进居民资产选择行为合理化,推动国民经济持续稳定地增长。

## 5.1 城乡居民资产选择中存在的问题及成因

根据近几年来的跟踪研究,我们认为,当前我国城乡居民资产选择中存在的问题大体可以归结为如下五个方面。

第一,资本市场发育滞后,金融资产供给短缺,居民选择自由受到限制。在西方市场经济相对成熟的国家,金融衍生工具发达,可供一般居民选择的金融资产品种也相当丰富。银行存单、股票、企业债券、政府债券、共同基金、保险单等多种金融资产已经构成了一个相对完整的

体系。而且，经过多年反反复复的产权交易，市场监管规则也得到不断的修正，每种资产的风险与收益的匹配状况已逐步趋向合理。普通投资者可以根据自己的风险偏好，不断调整资产组合，以寻求投资效用的最大化。在我国，由于资本市场的发育相对滞后，居民的资产选择行为受到了较大的限制。首先，从金融资产品种供给来看，目前除储蓄存款外，在我国的资本市场上，股票、债券、基金等资产品种的规模依旧较小。1999年，通过发行、配售股票共筹集资金941亿元，发行A股可转换债券15亿元，保险业全年保费收入1393亿元，这些数值无论对8万多亿元的国内生产总值而言，还是对近6万亿元的居民储蓄来说，都是一个微不足道的数字。① 其次，从资本市场的规范性方面看，由于缺乏系统、有效的监管措施，当前投机现象异常猖獗，违规欺诈事件时有发生，普通居民的投资风险与收益难以匹配，中小投资者利益没有得到很好保护。以股票市场为例，由于众所周知的会计信息失真、机构操纵等行为的存在，绝大多数中小散户成为资本市场不公平竞争的牺牲品。最后，就资本市场网络建设而言，营业网点稀少、辐射能力差的现状也为居民多元化投资带来了一定程度的不便，尤其是广大农村地区和部分小城镇，目前资本市场的发展几乎空白。

第二，具有消费与增值双重功能的实物资产供给不足，居民实物资产的选择行为依然局限于满足消费需求的阶段。新中国成立以后长达三十年的计划经济年代，我国受到了严重的"短缺经济"的困扰，城乡居民得不到满足享受与发展需要的生活资料，有些地区甚至连基本的温饱问题都难以解决。改革开放以后，随着居民收入水平的提高和消费品市场的逐步放开，在从"短缺经济"到"相对过剩经济"的转变过程

---

① "中华人民共和国1999年国民经济和社会发展统计公报"，《经济日报》2000年2月29日。

中,巨大的消费品市场需求潜力,诱使各种以满足消费需求为目的的企业大批上马,而且在整个80年代,这些企业中的绝大部分都能保持较高的盈利水平。但是,随着市场态势由卖方市场向买方市场的转化,这些传统的产业结构便受到了前所未有的挑战。进入90年代,特别是近几年来,产业结构不合理、企业效益低下、亏损严重等问题已成为当前困扰国民经济增长的突出大事。从理论上说,伴随着收入水平的提高、收入差距的扩大和收入梯次性的形成,居民消费,尤其是居民实物资产的选择也应表现出一定的梯次性特征。但由于产业结构的老化,新的实物资产品种尤其是具有消费与投资双重功能的实物资产供给的不足,加之其他方面的原因,导致了居民实物资产选择行为仍然摆脱不了同构化的现状。①

第三,制度变迁增加了居民的不确定性预期,从而导致居民的金融资产选择行为带有明显的预防性特征。我国正在深入推行的住房、就业、医疗、劳保、教育等方面的改革,虽然其进程和表现形式有所不同,但对居民现实生活的影响却表现出很大的共性。即这些改革一方面增大了居民收入的不稳定性,同时又增加了居民的预期支出。例如,就业制度的改革,打破了传统的"铁饭碗"制度,使不少人面临下岗甚至失业的风险,从而增加了居民收入预期的不确定性;而教育制度的改革,尤其是高等教育收费制度的推行,又使大多数有未成年子女的家庭面临一笔不菲的预期支出。因而,在这些改革措施尚未落到实处的时候,为了追求跨时效用最大化,居民理性的反应只能是缩减当前消费,增加储蓄,以应付未来之不测。事实上,居民面对制度变迁所表现出来的这

---

① 根据我们的考察,尽管我国房改已经迈出了较大的步伐,产权形式也发生了一定的变化,但大多数居民居住的仍然是原先国有或集体单位分配给的住房,而且绝大多数城镇居民已经用上了冰箱、彩电等家电产品,也就是说,居民收入水平的差异,从而富裕程度的差异更多地体现在金融资产方面,居民的实物资产并没有表现出明显的梯次性特征。

种预防性行为特征,从居民金融资产的现实选择和对居民储蓄倾向的一些相关调查中都可以清楚地看出来。国家统计局信息咨询中心公布的资料显示,[①]1999年6月末,我国城市居民的全部金融资产中,银行储蓄存款所占比重为80.2%,有价证券、手持现金和其他金融资产的比例分别为11.6%、4.3%和3.9%。在对居民投资意向的调查中也可以看出,50.9%的人认为当前最佳的投资方式为银行储蓄。由于在众多的金融资产品种中,银行储蓄虽然收益较低,但它是风险最小的一种,这说明居民的金融资产选择行为带有明显的预防性特征。此外,对居民储蓄目的的调查也说明了这一点,1999年排在前四位的储蓄目的分别为子女教育、养老、买住房和防病,这些储蓄目的几乎全部与当前的改革有关。

第四,城乡分割,农村居民的资产选择行为尚未步入市场化道路。由于诸多因素的影响,多少年来,中国的城镇与农村存在着较大的差别。虽然乡镇企业的崛起,为缩小城乡差别搭起了一座"黄金"桥梁,但农村地区封闭、落后、市场发育程度低的状况仍然没有从根本上得到改变。农村居民同城镇居民的差异,不仅表现在收入水平与受教育程度方面,更重要地表现在生产与生活方式方面。实行家庭联产承包责任制以来,以家庭为单位的农业耕作方式占据主导地位的特征表明,虽然农村传统的自然经济已经瓦解,但现代市场经济的特征也并不明显。因而,中国农村当前的经济状况似乎应归纳为"后自然经济"时代,或"准市场经济"时代。这种城乡分割的现实状况,必然决定了农村居民的资产选择行为尚不具有现代市场经济的特征。首先,农村居民选择实物资产的目的仍然是为了消费和维持简单的农业再生产,尚不具备资产增值与保值的意识。其次,农民金融资产的选择目前几乎还是一

---

① 资料来源于《证券导刊》2000年第3期,第40—41页。

片空白。这一方面是由于农村居民的收入水平低,[1]另一方面,不仅是农村,而且在一些规模较小的城镇,证券交易所、产权交易所、邮市、币市等金融资产流通场所也不存在,从而使农村居民的金融资产选择行为受到较大的制约,并不富裕的农村居民积累起的少量积蓄只能以银行存款和手持现金的方式来持有。

第五,居民收入差距的扩大,导致大量金融资产过度集中于少数社会富裕群体之中。国家计委综合司课题组(1999)的研究表明,在宏观收入分配中,虽然进入90年代以来居民所得份额基本稳定,分配向个人倾斜的趋势得到了有效抑制,但由于各种复杂因素的影响,居民之间的收入差距呈现出一种全面扩大的态势,而且呈现出一些新的变化和特点。如在城乡之间和地区之间收入差距持续扩大的同时,垄断带来的行业之间收入差距、违法违纪等现象带来的不同社会群体之间的收入差距等已经引起了广泛的关注,此外,社会保障制度建设的滞后使失业和下岗职工的生活困难问题也更为突出。居民收入差距的扩大在资产选择行为上的表现,必然是金融资产持有结构的不合理,从而造成大量资产向少数社会富裕群体过度集中。以城乡居民的储蓄存款为例,据国家统计局提供的资料推算,[2]1996年占人口70%的农村居民仅占城乡居民储蓄存款余额的20%,而30%的城镇居民拥有了全部存款的80%,由于储蓄存款是当前城乡居民最主要的金融资产,因而金融资产的集中程度由此可见一斑。虽然1997、1998、1999年国家统计局没有分别公布城镇与农村居民的储蓄存款的实际数额,但我们推断这个比例会有增无减。此外,在城镇居民内部之间,由于收入水平的不同,金

---

[1] 据统计,1999年城镇居民可支配收入是农村居民的人均纯收入的2.65倍,而且实际收入增长率城镇居民为9.3%,农村居民仅为3.8%。参见"中华人民共和国1999年国民经济和社会发展统计公报",《经济日报》2000年2月29日。

[2] 数据根据《中国统计年鉴》(中国统计出版社1997年版)提供的有关资料计算。

融资产同样会存在向少数高收入居民集中的态势,而且这种状况同农村地区相比有过之而无不及。不少研究资料也反映了这一点,如国家统计局信息咨询中心的研究表明,就业于不同所有制经济的职工,其家庭金融资产的拥有量的差异较大,1999年6月末,居民家庭户均资产集体单位职工44268元,国有单位职工58721元,个体经营者58721元,外资经济等其他所有制职工62392元。①

## 5.2 居民资产选择中存在的问题可能带来的宏观经济效应分析

宏观经济是一个涵盖范围很广的概念,居民资产选择行为的变化对宏观经济造成的冲击也涉及方方面面,难以用三言两语表达清楚。因而,在此我们只是就当前国民经济中的几个热点问题,简单分析居民资产选择行为中存在的问题可能带来的宏观经济效应。

第一,对国有企业改革的影响。国有企业脱贫解困、转换经营机制是当前我国经济体制改革的重点和难点。国有企业改革的根本方向是建立现代企业制度,其中推行股份制是重要的现实选择之一。推行股份制首先要培养多元化直接投资主体,而直接投资主体的主要资金来源最终要落实到城乡居民。② 因而,广大居民是否愿意选择直接投资的方式将剩余资金投入企业,是国有企业股份制改造能否成功的关键因素之一。城乡居民目前由于种种原因而过度倾向于选择银行储蓄存款的现实,对培育多元化投资主体,扩大企业直接融资份额必将带来十

---

① 资料来源于《证券导刊》2000年第3期,第40—41页。
② 随着分配制度变革和居民收入的增长,城乡居民的储蓄存款已经成为储蓄存款的主要来源,国家投资也主要依靠发行国债筹集资金,因而国有企业的投资主体虽然从形式上是国家和银行,但事实上,资金已主要来源于城乡居民。

分不利的影响。虽然近几年,股票一级市场与二级市场的巨额差价已诱使一部分居民资金流向了证券市场,但只要过渡时期股市中的各种系统风险和人为操纵现象不能得到有效控制,居民在直接投资中风险与收益不能匹配,这种状况就难以长期维持下去,居民巨额储蓄的有目的分流也就难以达到。

第二,对扩大消费需求的影响。面对我国经济增长速度的趋缓和通货紧缩现象的出现,政府作出了扩大内需的战略决策。一般说来,扩大内需有两层含义,一是扩大企业投资需求,二是扩大居民消费需求,许多实证资料表明,这两部分需求对促进经济增长的贡献都不能小视。在我们看来,居民资产选择行为虽然对促进企业投资能够起到一定的推动作用,但其对扩大内需的影响更多地表现为对消费需求的影响。就居民资产选择行为中存在的问题来看,我们认为,明显的预防性倾向和金融资产过分集中于少数城镇高收入阶层的状况,对扩大当前的消费需求是非常不利的。首先,预防性储蓄必然导致居民十分谨慎地对待日常的开支,尽可能地缩减当期消费以应付未来的数额更大的支出,更无从谈起信贷消费的问题。其次,按照凯恩斯的消费理论,金融资产过分集中于少数富裕阶层的状况,必然会降低整个社会的平均消费率,从而不利于居民储蓄的分流。在预防性储蓄倾向和金融资产过分集中并存的情况下,利息率等经济杠杆对储蓄的"挤出效应"是十分有限的。至多可以说,利息率的变动可能引起部分存量金融资产的重新组合,而企图将这些资产转化为居民现实消费的努力往往是徒劳的。1996年以来,中央银行连续7次降低利率而居民储蓄却持续增长的现实,就是一个很好的佐证。

第三,对缩小居民收入差距的影响。实现共同富裕是我国经济增长与发展的根本目标,而"允许一部分人先富起来"的政策只不过是实现这一目标的一个中间过程。因而,伴随着收入分配格局的变化和居民收入差距的扩大,如何缩小收入差距的问题越来越受到人们的关注。从居民资产选择行为的角度看,目前存在的问题不利于收入差距状况的改善。首先,市场隔绝减少了占人口绝大多数的农村居民的市场参与机会,迫使农村居民过度地依赖有限的劳动收入来提高自己的生活水平,而城镇居民却可以借助资本市场,相对容易地实现资产的增值。也就是说,城镇居民不仅能够得到劳动收入,而且可以得到一定数额的资产收入,农村居民却很难做到这一点。此外,城镇居民之间的状况也大致如此。一方面,分配制度的改革已经拉开了居民收入绝对数额的档次,从而导致了大量金融资产集中于少数人手中;另一方面,这部分积聚起来的金融资产反过来又为其持有者带来不菲的收入,从而使收入差距问题形成了内部不断循环、差距不断扩大的趋势。

第四,对产业结构升级换代的影响。随着居民收入差距的不断扩大,居民收入的梯次性特征已经表现了出来。而从居民当前拥有的实物资产看,却存在明显的同构化问题。居民收入差距更多地表现为金融资产持有量的差距,而实物资产的持有量虽然有差异,但从总体上说,波动区间是较小的。我们认为,出现这种状况的根本原因,是最能反映资产梯次性的商品——住宅与汽车,还没有普及性地进入一般居民家庭。因为相对于住宅与汽车的价格而言,其他一般家庭设备等耐用消费品的价格都显得微不足道,可以说,居民收入梯次性与实物资产同构性之间的矛盾,集中体现在居民住宅与汽车,尤其是最能代表居民资产的住宅没有形成梯次性。从总体看,目前居民住房的好与不好,与居民财富的多与少关系不大,尽管少数最高收入阶层已经住进高级别墅,但我们认为这部分人并不能代表一般的居民。其中重要的原因,一是商品房的供给没有普遍性地形成梯次性,二是传统的住房虽然已经实行了改革,但产权依旧不清晰,为住房的交易带来了困难,从而难以实现住房资源的优化配置。产业结构是以消费结构为基础的,居民实物资产选择行为不能高级化,也难以实现产业结构的换代与升级。

## 5.3 居民资产选择行为合理化的途径

从上面的分析中可以看出,居民资产选择中存在的问题,不仅不利于国有企业的直接融资,不利于扩大消费需求,而且对产业结构的升级换代和居民收入差距的缩小也带来了一定的负面影响。因而,采取有针对性的措施,引导居民资产选择行为走上有利于国民经济发展和实现社会公平的合理化道路,具有十分重要的现实意义。

第一,深化经济体制改革,减少居民预期的不确定性,引导居民多元化投资。居民资产选择行为中的预防性特征,在很大程度上是由改革给居民带来的不确定性引起的,因而,只有继续深化改革,在增加居民教育、医疗、住房等方面支出的同时,尽快完善居民的社会保障措施,使居民对未来的收支尽量做到心中有数,这样才能真正有利于居民减少风险预期,实现资产组合的多元化。

第二,加快建设和完善资本市场,加强监管,减少居民投资风险,增加金融资产的品种和数量供给。如果说体制改革、未来支付风险增大是居民不敢轻易投资风险资产的部分原因的话,那么,资本市场的不完善也为居民进入资本市场构筑了很高的壁垒。因而,加强资本市场网络建设,增强其辐射能力,尤其是使资本市场的网络逐步向中小城镇渗透,同时借鉴国外经验,加强监管,尽可能地减少市场中人为操纵的现象,对促进居民多元化投资同样是不可缺少的措施。

第三,调整产业结构,促使居民实物资产选择行为高级化。居民实物资产选择行为高级化必须以产业结构的调整为前提。如果市场上不存在有梯次性特征的实物资产的供给,那么,居民实物资产同构化的问题就不能从根本上得以解决。产业结构的调整通常有两条路径:一是供给推动,二是需求拉动。供给推动型产业结构的调整是指一些新技术、新能源、新材料的出现,可能对传统的产业造成冲击,从而改变传统的产业结构。而需求拉动型是指由于需求的变化,对某一类产品的数额巨大的特定需求可能诱发一个新的产业的崛起。从我国居民实物资产选择行为高级化角度讲,依靠需求拉动的方式对推动住房产业的发展可能起到更为理想的效果。为此,应当进一步明晰现有住房的产权,并创造条件逐步允许居民住房上市流通。只有这样,才能逐步消除当前住房因产权障碍而不能变现的状况,才能保证对住房梯次性的潜在需求得以转化为有效的市场需求。

第四,缩小收入差距,优化居民金融资产的持有结构。如前所述,居民金融资产过分集中于少数高收入阶层,不仅会对收入差距的进一步扩大带来自我增强的效应,而且不利于提高消费率,促进储蓄基金向消费基金的转化。因而,缩小收入差距对优化居民的金融资产持有结构具有非常重要的现实意义。为此,应当(1)改革税收制度,加强所得税的征管,对居民财产及财产利息进行适当的征税;(2)建立和完善转移支付制度,加大对社会贫困阶层的扶持力度,这样既能够体现社会公平,又有利于提高消费率,促进经济增长。

# 第二篇　居民消费与消费行为

# 6　居民消费行为:消费水平和消费结构的综合分析

改革开放以来,我国居民消费发生了很大变化。这一时期,研究我国居民消费的文章和专著不少,但大都是对 90 年代以前的居民消费的研究。

本书第 2 篇主要研究 1985 年全面推进经济体制改革至今我国居民消费和消费行为。1978 年开始的农村联产承包经营体制改革,对农村经济的发展、农民收入水平和生活消费水平的提高起了极大的推动作用,但对国民经济其他方面的影响不大,没能带动整个国民经济快速增长。1985 年以后,我国开始了以城市为中心的全面改革,实行对外开放,价格逐步放开,特别是 1992 年初邓小平南方谈话以后,经济建设步伐加快,改革开放力度加大,同时推行了教育、劳动用工、收入分配、住房、金融等方面的制度改革,初步建立了市场经济体制框架,将我国国民经济推上了高速增长的快车道,居民收入水平有了很大提高。消费水平、消费结构和居民消费行为与改革之初相比变化很大。世纪之交,为积极引导消费,建立适合中国国情的合理的消费结构和健康有益的消费方式,有必要对我国居民的消费行为以及影响居民消费和消费行为的因素加以研究。

## 6.1 居民消费水平的变动过程及其评价

居民消费水平是指居民消费所能达到的、并能维持的一种状态,是以货币购买力表示的人均消费资料和劳务的数量,它直接反映居民消费状况。

### 6.1.1 居民消费水平的变动过程

从1978年改革至今,特别是1985年全面改革以来,我国居民的收入水平和生活消费水平逐年增长,不断提高。

1985—1998年,按当年价格计算的人均居民消费水平总量由437元上升到2972元,增长了580%,年均递增14.5%,增长率较高。

按可比价格计算的居民消费水平和指数除个别年份(1989年消费水平指数为99.5)以外,其余年份均较平稳,居民消费水平基本保持了全面推进改革以来稳定增长的势头。

表6.1 居民消费水平及指数 (元)

| 年份 | 总量 全国居民 | 总量 农村居民 | 总量 城镇居民 | 城乡消费水平对比(农村=1) | 指数(上年=100) 全国居民 | 指数(上年=100) 农村居民 | 指数(上年=100) 城镇居民 |
|---|---|---|---|---|---|---|---|
| 1978 | 184 | 138 | 405 | 2.9 | 104.1 | 104.3 | 103.3 |
| 1980 | 236 | 178 | 496 | 2.8 | 108.7 | 108.8 | 106.3 |
| 1985 | 437 | 347 | 802 | 2.3 | 113.1 | 114.1 | 108.2 |
| 1987 | 550 | 417 | 1089 | 2.6 | 105.6 | 104.3 | 108.7 |
| 1988 | 693 | 508 | 1431 | 2.8 | 107.4 | 106.0 | 108.9 |
| 1989 | 762 | 553 | 1568 | 2.8 | 99.5 | 99.2 | 98.4 |
| 1990 | 803 | 571 | 1686 | 3.0 | 103.4 | 100.3 | 107.5 |
| 1991 | 896 | 621 | 1925 | 3.1 | 108.3 | 106.7 | 109.3 |
| 1992 | 1070 | 718 | 2356 | 3.3 | 112.9 | 109.8 | 115.4 |
| 1993 | 1331 | 855 | 3027 | 3.5 | 108.1 | 106.1 | 108.9 |

6 居民消费行为:消费水平和消费结构的综合分析 81

(续表)

| 年份 | 总量 全国居民 | 总量 农村居民 | 总量 城镇居民 | 城乡消费水平对比（农村=1） | 指数(上年=100) 全国居民 | 指数(上年=100) 农村居民 | 指数(上年=100) 城镇居民 |
|---|---|---|---|---|---|---|---|
| 1994 | 1746 | 1118 | 3891 | 3.5 | 104.3 | 104.6 | 101.7 |
| 1995 | 2236 | 1434 | 4874 | 3.4 | 107.5 | 108.2 | 104.6 |
| 1996 | 2641 | 1768 | 5430 | 3.1 | 109.1 | 114.0 | 102.5 |
| 1997 | 2834 | 1876 | 5796 | 3.1 | 104.2 | 103.3 | 103.5 |
| 1998 | 2972 | 1895 | 6182 | 3.3 | 105.5 | 102.0 | 107.7 |

注:本表绝对数按当年价格计算,指数按可比价格计算。
资料来源:根据《中国统计年鉴》1999年卷有关数据整理计算。

既然居民消费水平在价值形态上表现为以货币购买力表示的人均消费资料和劳务的数量,那么不仅居民消费总量的变化可以显示出居民消费水平的变动趋势,而且居民货币支付能力以及各项消费支出的变动均能反映出消费水平的变动状况。因此,我们选择收入水平、消费支出、恩格尔系数、闲暇消费支出等变量指标加以分析比较,具体考察我国居民消费水平的现状。

1.居民收入水平、消费支出和平均消费倾向

如果不考虑消费信贷,收入是居民消费的硬约束,居民的一切消费都必须在其一定收入范围内发生。收入水平的高低直接制约着居民消费水平,并与消费水平成正向关系。

居民消费支出是指居民个人用于购买商品和劳务的支出。它受居民收入水平的制约,是居民消费水平的直接体现。

按照凯恩斯的消费函数理论,居民的消费支出与其收入之间具有一种稳定的函数关系:收入增加消费支出也会增加,但消费的增量小于收入的增量。这就意味着,随着居民收入和消费水平的提高,居民消费支出在收入中所占的比例[即平均消费倾向(Average Propensity to Consume,APC)]递减。实际上,当居民收入增加到一定程度,居民消费水

平达到温饱阶段以后,APC才会递减,在此之前,APC呈现递增趋势。

表6.2 我国城乡居民收入水平、消费支出、平均消费倾向

| 年份 | 人均收入(元) 城镇 | 农村 | 收入增长率(%) 城镇 | 农村 | 人均消费支出(元) 城镇 | 农村 | APC 城镇 | 农村 |
|---|---|---|---|---|---|---|---|---|
| 1985 | 739.1 | 397.6 | — | — | 673.2 | 317.4 | 0.911 | 0.798 |
| 1986 | 899.6 | 423.8 | 13.8 | 3.2 | 799.0 | 357.0 | 0.888 | 0.842 |
| 1987 | 1002.2 | 462.8 | 2.4 | 5.2 | 884.4 | 398.3 | 0.882 | 0.861 |
| 1988 | 1181.4 | 544.9 | -2.4 | 6.4 | 1104.0 | 476.7 | 0.934 | 0.875 |
| 1989 | 1375.7 | 601.5 | 0.2 | -1.6 | 1211.0 | 535.5 | 0.880 | 0.890 |
| 1990 | 1510.2 | 686.3 | 8.4 | 1.8 | 1278.9 | 584.6 | 0.847 | 0.852 |
| 1991 | 1700.6 | 708.6 | 7.2 | 2.0 | 1453.8 | 619.8 | 0.855 | 0.875 |
| 1992 | 2026.6 | 784.0 | 9.7 | 5.9 | 1671.7 | 659.0 | 0.825 | 0.841 |
| 1993 | 2577.4 | 921.6 | 9.5 | 3.2 | 2110.8 | 769.7 | 0.819 | 0.835 |
| 1994 | 3496.2 | 1221.0 | 8.5 | 5.0 | 2851.3 | 1016.8 | 0.816 | 0.833 |
| 1995 | 4283.0 | 1577.7 | 4.9 | 5.3 | 3537.6 | 1310.4 | 0.826 | 0.831 |
| 1996 | 4838.9 | 1926.1 | 3.8 | 9.0 | 3919.5 | 1572.1 | 0.810 | 0.816 |
| 1997 | 5160.3 | 2090.1 | 3.4 | 4.6 | 4185.6 | 1617.2 | 0.811 | 0.774 |
| 1998 | 5425.1 | 2162.0 | 5.8 | 4.5 | 4331.6 | 1590.3 | 0.798 | 0.736 |

资料来源:根据《中国统计年鉴》1990—1999年卷有关数据整理计算。

表6.2列出了1985—1998居民收入水平、消费支出和平均消费倾向数据。

1985年全面改革以来,无论是城镇居民,还是农村居民,其收入都有了大幅度提高。表6.2显示,1985—1998年城镇居民人均可支配收入从739.1元增加到5425.1元,增长了6.34倍;农村居民人均纯收入从397.6元增长到2162元,增长了4.43倍。

与收入的大幅提高相对应,居民人均消费支出也大幅增加。城镇居民人均消费支出由1985年的673.2元增长到1998年的4331.6元,增加了3658.4元,增长5.43倍;农村居民人均消费支出从317.4元增长到1590.3元,增长4.01倍。

可以看出,居民消费支出是随收入的增加而增加的,但其总增量小

于收入的总增量,即总的来说消费倾向下降。这一点可以从表6.2中APC的数据得到验证。城镇居民的APC基本上是呈下降趋势的,这说明城市改革以来,城镇居民的收入和消费水平基本上是不断提高的,而农村居民的APC先上升,1989年以后才开始下降。分析1986—1989年农村居民APC上升的原因主要有两个:(1)名义收入增加,使得农村居民有能力拿出更多的货币用于改善自身消费的结构和质量,也就是说,这一时期农村居民过度增加的消费支出用在了消费质量的改善上;(2)这一时期农村居民的名义收入增长率很高,但其实际收入增长率大大低于名义增长率,1989年实际收入出现负增长,货币幻觉加上消费惯性,使得这一时期农村居民消费支出的增量有可能大于收入增量。

总的来说,1985—1998年,我国居民人均收入和人均消费支出基本是增长趋势,城镇居民APC基本呈下降趋势,农村居民1989年以后APC也开始下降。居民收入水平和消费水平不断提高。

2.恩格尔系数

恩格尔系数(Engel's Coefficient,EC)是德国统计学家恩斯特·恩格尔在研究消费结构变化时得出的用于食物的支出与总支出的比例数。按照恩格尔定律,随着家庭收入的增加,恩格尔系数趋于下降。尽管在对我国消费结构的研究中,有些学者发现,一定条件下收入增加并不一定引起恩格尔系数下降,但在居民收入达到一定水平后,随着改革举措的落实和完善,恩格尔定律的适用条件愈来愈充分,恩格尔系数作为衡量生活水平和消费水平高低的重要指标愈来愈受到重视和广泛的应用。

根据联合国的规定,恩格尔系数与居民生活、消费水平关系如下:

EC>0.6,居民生活消费水平处于绝对贫困状态;

0.5<EC≤0.6,居民生活消费水平处于温饱阶段;

0.4<EC≤0.5,居民生活消费实现小康水平;

EC≤0.4,居民生活消费水平趋向富裕。

我们可通过计算我国各年度的恩格尔系数,分析我国居民生活、消费水平状况及其变化。

从表6.3看,按照联合国规定的标准,我国城镇恩格尔系数在1985—1993年处于0.6到0.5之间,说明这一时期城镇居民生活消费水平处于温饱阶段,1994年以后城镇恩格尔系数开始低于0.5,居民生活消费达到小康水平;农村恩格尔系数从1985—1998年一直处于0.6到0.5之间,表明我国农村居民生活消费水平从全面改革到现在一直处于温饱阶段,还没有实现小康水平,其发展比较缓慢。

表6.3 我国城乡恩格尔系数　　　　　　　　　　　(元)

| 年份 | 食品支出 城镇 | 食品支出 农村 | 恩格尔系数 城镇 | 恩格尔系数 农村 |
|---|---|---|---|---|
| 1985 | 351.72 | 183.43 | 0.522 | 0.578 |
| 1986 | 418.92 | 201.07 | 0.524 | 0.563 |
| 1987 | 472.93 | 219.67 | 0.535 | 0.552 |
| 1988 | 567.01 | 254.57 | 0.514 | 0.534 |
| 1989 | 659.96 | 289.58 | 0.545 | 0.541 |
| 1990 | 693.77 | 343.76 | 0.542 | 0.588 |
| 1991 | 782.50 | 357.06 | 0.538 | 0.576 |
| 1992 | 884.82 | 379.26 | 0.529 | 0.575 |
| 1993 | 1058.20 | 446.83 | 0.501 | 0.581 |
| 1994 | 1422.49 | 598.47 | 0.499 | 0.589 |
| 1995 | 1766.02 | 768.19 | 0.499 | 0.586 |
| 1996 | 1904.71 | 885.49 | 0.486 | 0.563 |
| 1997 | 1942.59 | 890.28 | 0.464 | 0.551 |
| 1998 | 1926.89 | 849.64 | 0.445 | 0.534 |

资料来源:根据《中国统计年鉴》1990—1999年卷有关数据整理计算。

3.实物消费量和劳务消费量

实物消费和劳务消费是构成居民全部消费内容的一对概念,两者之间既有替代关系,也存在互补和引致关系。城镇居民的实物消费主要指商品性消费,农村居民的实物消费除商品性消费外,还包括自给性消费;劳务消费即非实物性消费。

一般来说,随着经济的发展和居民生活、消费水平的提高,实物消费量和劳务消费量都将增加,但实物消费量在总消费支出中的比重将减小,劳务消费量的比重将增大。

表 6.4 给出了我国居民 1985—1998 年的实物消费量、劳务消费量及其在总消费支出中的构成。

表 6.4 城乡居民实物消费、劳务消费一览表　　　　　　(元,%)

| 年份 | 人均实物消费量 |  | 人均劳务消费量 |  | 实物消费构成 |  | 劳务消费构成 |  |
|---|---|---|---|---|---|---|---|---|
|  | 城镇 | 农村 | 城镇 | 农村 | 城镇 | 农村 | 城镇 | 农村 |
| 1985 | 621.48 | 308.35 | 51.72 | 9.07 | 92.32 | 97.14 | 7.68 | 2.86 |
| 1986 | 734.64 | — | 64.32 | — | 91.95 | — | 8.05 | — |
| 1987 | 809.27 | 378.14 | 75.13 | 20.15 | 91.50 | 94.94 | 8.50 | 5.06 |
| 1988 | 1013.94 | 449.61 | 90.04 | 27.05 | 91.84 | 94.33 | 8.16 | 5.67 |
| 1989 | 1099.89 | 500.08 | 111.06 | 35.29 | 90.83 | 93.39 | 9.17 | 6.61 |
| 1990 | 1151.40 | 544.23 | 127.44 | 40.40 | 90.03 | 93.09 | 9.97 | 6.91 |
| 1991 | 1294.85 | 571.17 | 158.96 | 48.62 | 89.07 | 92.16 | 10.93 | 7.84 |
| 1992 | 1471.61 | 601.88 | 200.12 | 57.13 | 88.03 | 91.33 | 11.97 | 8.67 |
| 1993 | 1814.23 | 684.20 | 296.58 | 85.45 | 85.95 | 88.90 | 14.05 | 11.10 |
| 1994 | 2420.75 | 908.14 | 430.59 | 108.67 | 84.90 | 89.31 | 15.10 | 10.69 |
| 1995 | 2981.38 | 1162.45 | 556.19 | 147.91 | 84.28 | 88.71 | 15.72 | 11.29 |
| 1996 | 3247.15 | 1374.02 | 672.32 | 198.06 | 82.85 | 87.40 | 17.15 | 12.60 |
| 1997 | 3387.97 | 1397.05 | 797.67 | 220.10 | 80.94 | 86.39 | 19.06 | 13.61 |
| 1998 | 3424.24 | 1349.90 | 907.37 | 240.40 | 79.05 | 84.88 | 20.95 | 15.12 |

注:1992 年以后,城镇居民劳务消费量=家务服务+医疗保健+交通通讯+教育文化娱乐服务+其他服务;1993 年以后,农村居民劳务消费量=医疗保健+交通通讯+文教娱乐用品及服务×70%。

资料来源:根据《中国统计年鉴》1990—1999 年卷有关数据整理计算。

从量上看,城镇和农村的实物消费量和劳务消费量都在逐年增加;从构成上看,实物消费量在消费支出中的比重不断下降,而劳务消费量在消费支出中的比重不断上升,城镇由 1985 年的 7.68% 上升到 1998 年的 20.95%,农村由 1985 年的 2.86% 增加到 1998 年的 15.12%。这些都表明,我国居民消费水平是不断提高的。

4.生活质量和健康状况

生活质量是指人们生活的舒适、便利程度以及人们精神得到的享受和乐趣。只有解决了温饱问题,生活消费水平提高到一定程度,人们才会去追求生活质量的提高。

1985年以后,我国居民基本解决了温饱问题,城镇居民的生活消费目前已达小康水平,居民生活质量大大提高。从居住条件看,1985年农村人均居住面积14.7平方米,城镇人均居住面积5.2平方米,1998年农村和城镇人均居住面积分别达到23.7和9.3平方米;从交通工具看,1992年城镇每百户拥有摩托车2.8辆,1998年已达13.22辆,城市每万人拥有公共汽车由1985年的3.9辆增加到1998年的8.6辆;从城市公用事业看,自来水和煤气液化气普及率分别由1985年的81%和42.2%提高到1998年的96.0%和78.8%;从文化卫生条件看,1985年城镇每百户拥有彩色电视机17.2台,农村每百户有电视机11.7台,1998年分别达105.4台和96.2台,每万人拥有医疗病床和医生分别由1985年的21.1张和13.3人增加到1998年的23.3张和16.0人。

从这些数据可以看出,全面改革以来,我国居民生活舒适、便利程度大大提高,居民生活质量大大改善。

健康状况主要体现为人均预期寿命,它与消费水平和生活质量有关。居民消费水平和生活质量越高,其健康状况就越好,人均预期寿命就越长。1990年人口普查我国居民人均预期寿命男性为68岁,女性为71岁,而1981年人口普查我国居民人均预期寿命男性为66岁,女性为69岁,分别提高2岁。

综上可见,生活消费水平的提高,使得居民生活质量和健康状况大大改善,同时生活质量和健康状况的改善,也标志着居民消费水平的提高。

5.闲暇消费

闲暇消费是指人们利用闲暇时间,从事个人享受和自身发展的一种消费活动,如利用闲暇时间外出旅游,参加文体活动和社会交往等。闲暇消费支出在居民消费支出中占的比重越大,说明居民消费水平越高,闲暇消费支出的增长反映着居民消费水平提高的程度。

由于参加文体活动和社会交往的消费支出难以统计,我们仅以旅游消费支出代替闲暇消费支出对居民消费水平加以衡量。

表6.5 城乡居民旅游消费支出　　　　　　　　　　(元,%)

| 年份 | 人均旅游消费支出 ||| 旅游消费支出比重 ||
|---|---|---|---|---|---|
| | 总计 | 城镇 | 农村 | 城镇 | 农村 |
| 1994 | 195.33 | 414.67 | 54.88 | 14.54 | 5.40 |
| 1995 | 218.71 | 464.02 | 61.47 | 13.12 | 4.69 |
| 1996 | 256.20 | 534.10 | 70.45 | 13.63 | 4.48 |
| 1997 | 328.06 | 599.80 | 145.68 | 14.33 | 9.01 |
| 1998 | 345.00 | 607.00 | 197.00 | 14.01 | 12.39 |

资料来源:根据《中国统计年鉴》1999年卷有关数据整理计算。

表6.5显示,1994—1998年,旅游消费支出在居民消费支出中的比重基本呈上升趋势。1998年仅旅游一项闲暇支出占居民消费支出的比重,城镇已达14.01%,农村达12.39%。如果加上文体、娱乐、社交、个人发展等其他闲暇消费活动的支出,则闲暇消费支出所占的比重会相当高。这一方面是由于双休日工作制使城镇居民有了更多可供自由支配的闲暇时间,另一方面,居民收入和消费水平的提高,使其具备了闲暇消费的货币支付能力,后者尤为重要。

以上分析表明,我国居民消费水平质量大大提高。

## 6.1.2 居民消费水平的评价

居民消费水平是由一国经济和社会生产力发展状况决定的,居民消费水平是否与本国生产力发展水平相适应就成为评价其合理性的标准。

1.消费水平的三种模式

根据消费水平与生产力发展水平的适应程度,我们将消费水平界定为三种模式。

(1)同步性消费。是指消费水平与本国生产力发展相适应的消费模式,表现为居民消费支出与国民收入同步增长,协调变化。美国、西欧等发达的市场经济国家,其消费水平都属同步性消费。这些国家生产力发达,技术水平高,整个经济有能力向居民提供该种技术下的消费品,居民消费选择自由,其消费活动不受政府干预,居民消费支出会随着生产的发展和收入的增加而相应增长。

这种模式下,居民消费水平和生产力水平同步增长,积累和消费比例适当,有利于经济持续稳定增长。

(2)滞后性消费。是指居民消费水平落后于本国生产力发展水平的消费模式,表现为居民消费支出增长持续低于国民收入增长。这种消费模式往往存在于行政干预因素较大的计划经济国家中,如苏联和改革开放前的中国。由于本国生产力落后或生产发展存在结构性问题,如产业结构比例失调,造成有效供给不足或结构性有效供给不足,加上消费品短缺、行政配给和固定价格等因素,居民消费选择性较差,消费需求得不到满足,出现强制储蓄,导致高积累,低消费,居民消费支出未能随着国民收入的增加而相应增长。另外,这些国家重积累轻消费的分配政策,使得居民收入变动幅度很小,居民消费支出相对于生产力发展来说相应缩小,导致居民消费增长慢于国民收入增长。

这种模式下的高积累率虽然在一定时期保持了一定的经济增长率,但既是生产者又是消费者的居民,其消费长期受到压抑,必然会挫伤其生产积极性,且高积累低消费会削弱消费对生产的需求拉动作用,造成投资需求不足,这些都十分不利于经济的持续发展。

(3)早熟性消费。是指居民消费水平超出本国生产力发展水平的消费模式,表现为居民消费支出的增长持续高于国民收入的增长。这种消费模式常存在于发展中国家或经济落后国家。随着经济全球化进程的加速,各国经济的开放度增大,由于消费的示范效应,经济发达的高收入国家居民的高消费水平会对低收入的发展中国家或经济落后国家的居民消费产生示范效应。在消费攀比心理作用下,低收入国家的居民会不顾本国生产力发展水平而盲目效仿高收入国家居民的消费方式,致使这些低收入国家的居民消费水平超出本国生产力水平,并且,由于消费的不可逆性,低收入国家的居民会尽力维持这一较高的消费水平,结果导致居民储蓄率(积累率)长期过低,投资长期不足,对社会再生产和经济的持续发展造成极大破坏。在开放条件下,消费早熟还会导致消费品大量进口,造成外汇短缺,不利于国际收支平衡。

比较消费水平的三种模式,消费滞后和消费早熟都对经济发展造成危害,只有同步性消费最为合理。

2.我国消费水平的评价

从表6.1可知,90年代我国居民消费水平指数平均为106%以上,1992年消费水平指数达112.9%,这一时期我国居民消费水平是否超出了生产力发展水平?90年代后期出现的消费需求不足是否意味着消费滞后?我国的消费水平属何种模式?如何判定?

我们以国民收入水平代表生产力发展水平,定义Q值:[①]

Q=居民消费水平指数/国民收入指数(上年=100)

Q>1:居民消费水平的增长速度超过国民收入增长速度

Q=1:居民消费水平的增长速度等于国民收入的增长速度

Q<1:居民消费水平的增长速度慢于国民收入的增长速度

---

[①] 厉以宁:《中国宏观经济的实证分析》,北京大学出版社1992年版,第158页。

是不是可以简单地认为,Q>1 的年份即为出现了消费早熟,Q<1 的年份就是消费滞后呢?

由于国民经济的发展是持续性的,因此,即使在某个年份出现 Q>1(或 Q<1),也不能简单地判定为消费早熟(或消费滞后),必须结合前后一段时期加以考虑。

根据对消费水平三种模式的界定,综合以上分析,我们将判定消费早熟(或消费滞后)的充要条件总结如下:

(1)Q 值持续大于 1(或小于 1);

(2)积累率、投资率持续较低(或积累率持续较高,而投资率过低,投资需求持续不足)。

表 6.6 是 1990—1998 年的各项数据。

表 6.6 我国居民消费指数、国民收入指数和 Q 值

| 年份 | 居民消费水平指数 | 国民收入指数 | Q 值 | 积累率(%) | 投资率(%) |
| --- | --- | --- | --- | --- | --- |
| 1985 | 113.1 | 113.5 | 0.9965 | 35.6 | 37.8 |
| 1986 | 104.9 | 107.7 | 0.9740 | 35.9 | 37.7 |
| 1987 | 105.6 | 110.2 | 0.9583 | 37.7 | 36.1 |
| 1988 | 107.4 | 111.3 | 0.9650 | 37.3 | 36.8 |
| 1989 | 99.5 | 103.7 | 0.9595 | 37.6 | 36.0 |
| 1990 | 103.4 | 105.1 | 0.9838 | 38.7 | 34.7 |
| 1991 | 108.3 | 107.7 | 1.0056 | 39.2 | 34.8 |
| 1992 | 112.9 | 115.4 | 0.9783 | 40.1 | 36.2 |
| 1993 | 108.1 | 115.1 | 0.9392 | 41.7 | 43.3 |
| 1994 | 106.5 | 112.6 | 0.9458 | 42.7 | 41.2 |
| 1995 | 108.9 | 110.5 | 0.9855 | 42.5 | 40.8 |
| 1996 | 109.0 | 109.6 | 0.9945 | 41.1 | 39.6 |
| 1997 | 104.2 | 108.8 | 0.9577 | 41.5 | 38.2 |
| 1998 | 105.5 | 107.8 | 0.9787 | 41.6 | 38.1 |

注:(1)本表指数按可比价格计算,积累率和投资率按当年价格计算;
　　(2)1994—1998 年国民收入指数以 GDP 指数代替;
　　(3)积累率=1-消费率。
资料来源:《中国统计年鉴》1993、1999 年卷。

1985—1998年,除1991年外其余各年度Q值均略小于1,1991年Q值为1.0056,可近似视为1。积累率和投资率均在40%左右,消费与积累比例适当,且除个别年份外,投资平均控制在积累率之内。1985年包括城市在内的全面改革的推进和1992年邓小平南方谈话,引发了一股投资热潮,使得1985、1986和1993三个年份投资率稍高于积累率,但并没引起过度投资。因此,可以判断,1985—1998年,我国居民消费水平属于轻度滞后的模式。

这种轻度滞后的消费模式,可以保证我国经济增长的速度和水平,对我国经济增长与发展十分有利。待我国经济发展到较高水平,居民消费水平趋向富裕,可逐步过渡到同步性消费模式。

## 6.2 居民消费结构的变动过程及其评价

消费结构是指人们在消费过程中的多种消费资料和劳务的构成或比例关系,可以用各项消费支出在生活消费支出中所占比重来表示。它是反映居民生活消费质量变化状况以及内在构成合理化程度的重要标志。

根据不同的需要和角度分析,消费结构有多种划分类型,这里我们采用四种与居民消费有关的消费结构进行分析。第一种,按消费的生活用途分为吃、穿、住、用、行和文化服务等消费。我们从分析的目的和要求出发,结合可以采用的数据,将城乡居民消费结构划分为八项:(1)食品。含粮食、副食品、烟、酒、糖及其他食品。(2)衣着。含服装、衣料及衣料加工费、鞋、袜、帽等。(3)家庭设备用品及服务。含耐用消费品、家庭日用品及家庭服务等。(4)医疗保健。含医疗器具、医药费、保健用品等。(5)交通通讯。含家庭交通工具及维修、交通费、通讯工具、邮电费等。(6)文教娱乐用品及服务。含各类教育费用、文娱乐费用、书报费等。(7)居住。含房屋建筑、购买、房租、水、电、燃料等。(8)其他商品和服务。含个人用品、理发、美容用品、旅游、服务费及其他用品。第二种,按消费满足人们生活需求的层次分为基本生活消费(生存性消费)、享受性消费和发展性消费。第三种,按消费的支出形态分为自给性消费、实物性消费和货币性消费。第四种,按世界银行的划分方法分为耐用消费品、非耐用消费品和劳务消费。

改革开放以来,随着居民收入和消费水平的提高,居民消费结构也发生了显著变化。在居民生活用途的各项消费支出全面增长的基础上,居民消费结构在需求层次上已由改革初期的生存型转变为以发展型为主、发展型和享受型混合的消费模式;农村居民的自给性消费相对减少,货币性消费相对增加;劳务支出在居民的消费支出中比重逐渐增大。

### 6.2.1 我国居民消费结构的变动趋势实证分析

以下将按照居民消费结构的四种划分类型,分析各项消费支出在居民消费总额中所占的比重及其变动趋势,从而研究居民消费结构的变化和现状。

1.吃、穿、住、用等消费支出的变动趋势

我们可以通过分析表 6.7、6.8 中我国城乡居民吃、穿、住、用等方面消费支出的变化来研究我国消费结构变化的一般趋势。

(1)食品支出。按照恩格尔定律,食品支出在居民消费支出中的比重,将随收入增加呈下降趋势,即恩格尔系数随收入增加而减小。表 6.3 显示,我国城镇和农村的恩格尔系数并没有随居民收入增加立即下降,都在一定时期(城镇 1985—1989 年,农村 1988—1994 年)出现了随着收入增加,恩格尔系数反而上升的现象。分析其中原因:一是 1985年全面推进改革后,取消了食品消费的配给和补贴制度,食品供给的商

表 6.7 城镇居民各项消费支出及构成

(元,%)

| 年份 | 可支配收入 | 食品 支出 | 食品 比重 | 衣着 支出 | 衣着 比重 | 居住 支出 | 居住 比重 | 家庭设备用品及服务 支出 | 家庭设备用品及服务 比重 | 医疗保健 支出 | 医疗保健 比重 | 交通通讯 支出 | 交通通讯 比重 | 文教娱乐用品及服务 支出 | 文教娱乐用品及服务 比重 | 其他商品和服务 支出 | 其他商品和服务 比重 |
|---|---|---|---|---|---|---|---|---|---|---|---|---|---|---|---|---|---|
| 1985 | 739.10 | 351.72 | 52.25 | 98.04 | 14.56 | 32.23 | 4.79 | 57.87 | 8.60 | 16.71 | 2.48 | 14.39 | 2.14 | 55.01 | 8.17 | 47.20 | 7.01 |
| 1986 | 899.60 | 418.92 | 52.43 | 113.04 | 14.15 | 38.04 | 4.76 | null | null | null | null | null | null | null | null | null | null |
| 1987 | 1002.20 | 472.93 | 53.47 | 121.09 | 13.69 | 43.47 | 4.92 | null | null | null | null | null | null | null | null | null | null |
| 1988 | 1181.40 | 567.05 | 51.36 | 153.21 | 13.88 | 51.83 | 4.69 | null | null | null | null | null | null | null | null | null | null |
| 1989 | 1375.70 | 659.96 | 54.50 | 149.15 | 12.32 | 57.33 | 4.73 | null | null | null | null | null | null | null | null | null | null |
| 1990 | 1510.20 | 693.77 | 54.23 | 170.90 | 13.36 | 60.86 | 4.76 | 108.45 | 8.48 | 25.67 | 2.01 | 40.51 | 3.17 | 112.26 | 8.78 | 59.84 | 4.68 |
| 1991 | 1700.60 | 782.50 | 52.82 | 199.64 | 13.73 | null | null | null | null | 32.10 | 2.21 | null | null | null | null | null | null |
| 1992 | 2026.60 | 884.82 | 52.93 | 240.62 | 14.39 | 99.68 | 5.96 | 140.68 | 8.42 | 41.51 | 2.48 | 44.17 | 2.64 | 147.45 | 8.82 | 72.89 | 4.36 |
| 1993 | 2577.40 | 1058.20 | 50.13 | 300.61 | 14.24 | 140.01 | 6.63 | 184.96 | 8.76 | 56.89 | 2.70 | 80.63 | 3.82 | 194.01 | 9.19 | 95.63 | 4.53 |
| 1994 | 3496.20 | 1442.49 | 49.89 | 390.35 | 13.69 | 193.16 | 6.77 | 251.42 | 8.82 | 82.89 | 2.91 | 132.68 | 4.65 | 250.75 | 8.79 | 136.93 | 4.48 |
| 1995 | 4283.00 | 1766.02 | 49.92 | 479.20 | 13.55 | 250.18 | 7.07 | 296.94 | 8.39 | 110.11 | 3.11 | 171.01 | 4.83 | 312.71 | 8.84 | 151.76 | 4.29 |
| 1996 | 4838.90 | 1904.71 | 48.60 | 527.95 | 13.47 | 300.85 | 7.68 | 298.15 | 7.61 | 143.28 | 3.66 | 199.12 | 5.08 | 374.95 | 9.57 | 170.45 | 4.35 |
| 1997 | 5160.30 | 1942.59 | 46.41 | 520.91 | 12.45 | 358.64 | 8.57 | 316.89 | 7.57 | 179.68 | 4.29 | 232.90 | 5.56 | 448.38 | 10.71 | 185.65 | 4.44 |
| 1998 | 5425.50 | 1926.89 | 44.48 | 480.86 | 11.10 | 408.39 | 9.43 | 356.83 | 8.24 | 205.16 | 4.74 | 257.15 | 5.94 | 499.39 | 11.53 | 196.95 | 4.55 |

资料来源:根据《中国统计年鉴》1986—1999 年计算所得。某些年份数据根据年鉴数据整理计算得出,"null"表示由于各年度统计口径不一致,此处数据难以计算。

表 6.8 农村居民各项消费支出及构成

(元,%)

| 年份 | 人均纯收入 | 食品 支出 | 食品 比重 | 衣着 支出 | 衣着 比重 | 居住 支出 | 居住 比重 | 家庭设备用品及服务 支出 | 家庭设备用品及服务 比重 | 医疗保健 支出 | 医疗保健 比重 | 交通通讯 支出 | 交通通讯 比重 | 文教娱乐用品及服务 支出 | 文教娱乐用品及服务 比重 | 其他商品和服务 支出 | 其他商品和服务 比重 |
|---|---|---|---|---|---|---|---|---|---|---|---|---|---|---|---|---|---|
| 1985 | 397.60 | 183.43 | 57.79 | 30.86 | 9.72 | 57.90 | 18.24 | 16.25 | 5.12 | 7.65 | 2.41 | 5.48 | 1.73 | 12.45 | 3.92 | 3.40 | 1.07 |
| 1986 | 423.80 | 201.07 | 56.33 | 33.74 | 9.45 | 69.80 | 19.55 | null | null | 6.39 | 1.79 | null | null | 9.30 | 2.61 | 1.92 | 0.54 |
| 1987 | 462.80 | 219.67 | 55.15 | 34.23 | 8.59 | 77.05 | 19.35 | null | null | 7.53 | 1.89 | null | null | 11.76 | 2.95 | 2.08 | 0.52 |
| 1988 | 544.90 | 254.57 | 53.41 | 41.48 | 8.70 | 92.89 | 19.49 | null | null | 9.46 | 1.98 | null | null | 15.31 | 3.21 | 2.50 | 0.52 |
| 1989 | 601.50 | 289.58 | 54.08 | 44.38 | 8.29 | 100.60 | 18.71 | null | null | 11.48 | 2.14 | null | null | 16.54 | 3.09 | 2.92 | 0.55 |
| 1990 | 686.30 | 343.76 | 58.80 | 45.44 | 7.77 | 101.40 | 17.34 | 30.90 | 5.29 | 19.02 | 3.25 | 8.42 | 1.44 | 31.38 | 5.37 | 4.34 | 0.74 |
| 1991 | 708.60 | 357.06 | 57.61 | 51.07 | 8.24 | 102.00 | 16.46 | 35.34 | 5.70 | 22.34 | 3.60 | 10.27 | 1.66 | 36.44 | 5.88 | 5.27 | 0.85 |
| 1992 | 784.00 | 379.26 | 57.55 | 52.51 | 7.97 | 104.90 | 15.92 | 36.67 | 5.56 | 24.14 | 3.66 | 12.24 | 1.86 | 43.77 | 6.64 | 5.54 | 0.84 |
| 1993 | 921.60 | 446.83 | 58.06 | 55.53 | 7.21 | 106.80 | 13.88 | 44.67 | 5.80 | 27.17 | 3.53 | 17.41 | 2.26 | 58.38 | 7.59 | 12.84 | 1.67 |
| 1994 | 1221.00 | 598.47 | 58.86 | 70.32 | 6.92 | 142.30 | 14.00 | 55.46 | 5.45 | 32.07 | 3.15 | 24.02 | 2.36 | 75.11 | 7.39 | 19.00 | 1.87 |
| 1995 | 1577.90 | 768.19 | 58.62 | 89.79 | 6.85 | 182.20 | 13.91 | 68.48 | 5.23 | 42.48 | 3.24 | 33.76 | 2.58 | 102.40 | 7.81 | 23.06 | 1.76 |
| 1996 | 1926.10 | 85.49 | 56.33 | 113.80 | 7.24 | 219.10 | 13.93 | 84.22 | 5.36 | 58.26 | 3.71 | 47.08 | 2.99 | 132.50 | 8.43 | 31.74 | 2.02 |
| 1997 | 2090.10 | 890.28 | 55.05 | 109.40 | 6.77 | 233.20 | 14.42 | 85.41 | 5.28 | 62.45 | 3.86 | 53.92 | 3.33 | 148.20 | 9.16 | 34.27 | 2.12 |
| 1998 | 2161.98 | 849.64 | 53.43 | 98.06 | 6.17 | 239.60 | 15.07 | 81.92 | 5.15 | 68.13 | 4.28 | 60.68 | 3.82 | 159.40 | 10.02 | 32.88 | 2.07 |

资料来源:根据《中国统计年鉴》1986—1999年卷计算所得。某些年份数据根据数据年鉴整理计算得出,"null"表示由于各年度统计口径不一致,此处数据难以计算。

品化、市场化程度提高,增大了消费选择的自主性,促进了食品满足程度的提高和消费的发展;同时,由于住宅、教育等制度改革滞后,这些领域的消费支出受非商品化和补贴限制相对过大,从而导致食品支出增加相对过快,恩格尔系数上升。二是这一时期,居民解决了温饱问题,虽然不再追求食品消费量的扩张,却开始注重饮食结构的改善,食品消费由温饱型向营养型转变,营养、保健、享受性食品支出增加,抑制了恩格尔系数的下降趋势。只有当居民收入和消费达到一定水平,生存需要得到满足,消费环境保持宽松,消费者具有了充分的选择性和自主性,收入增加,食品支出在消费支出中的比重才会下降,即恩格尔系数下降。

经过二十年改革开放,我国食品、医疗、教育、住房等消费领域都已放开,居民消费基本上全面实现了市场化和商品化,消费选择的自主性大大增强,食品支出在居民消费支出中的比重将会不断下降。

(2)衣着支出。尽管随着居民消费水平的提高,衣着支出会增加,但由于整个消费支出也是增加的,因而衣着支出在消费支出中的比重不会发生很大变化。

的确,随着生活、消费水平的提高,人们对衣着消费的满足程度不再仅限于遮身蔽体、保暖、换洗等基本需求,而是更加讲究衣着穿戴的款式、质地和品牌等。居民衣着消费质量提高,其衣着支出无疑会大大增加。1985年我国居民衣着支出城镇为98.04元,农村为30.86元,到1998年分别增加到480.86元和98.06元,增幅为390%和218%;而1985—1998年城镇和农村居民消费支出增幅分别为543%和401%,皆高于衣着支出的增加幅度。可见,随居民收入和消费水平的提高,衣着支出比重呈下降趋势。

(3)居住支出。住房作为最基本的消费资料,是居民家庭消费和个人消费得以进行的场所。在居民消费水平、消费质量逐步提高的过程中,住房消费状况也会不断得到改善。但城镇和农村居民居住支出的变动趋势有所不同。城镇居民居住的大多是公有住房,在住房制度改革以前,只须交纳少量的房租和水电费,其支出比重变动不大,有时甚至会略有下降。如1985年城镇居民居住支出比重为4.79%,1990年却下降为4.76%。随着城市改革的推进,国家一方面降低并逐步取消住房补贴,提高了公有住房的房租,一方面开始了城镇住宅商品化改革,城镇住宅将逐步实现私有化和市场化,这些改革举措的实施,使城镇居民的居住支出在消费支出中的比重呈上升趋势。

农村居民居住支出的变动趋势则没有明显的规律性。由于农村居民居住的历来都是自建房,往往都是一次性支出后到房屋更新前很少再有居住支出,因此,农村居民居住支出每年变动不大。

(4)家庭设备用品及服务支出。从数字上看,家庭设备用品及服务消费支出几乎同收入同步增长,城镇和农村居民此项支出占总消费支出的比例基本稳定在8.5%和5.3%左右。1985年,城乡居民家庭设备用品及服务支出分别为57.87元和16.25元,1998年增加到356.83元和81.92元,分别增长了5.17倍和4.04倍。随着收入的稳步增加,城乡居民家庭设备用品不但拥有量普遍增加,而且档次不断提高。消费热点从80年代的电视机、录音机、洗衣机、电风扇等逐渐转移到90年代的大屏幕彩电、空调、微波炉、家用电脑、家庭影院等,轿车也逐渐走入家庭。而且由于技术进步引起的产品更新换代和价格水平的降低,城乡居民家庭设备用品在数量,特别是质量和档次方面的提高要大于仅从消费支出反映的水平。这主要是由于大多数居民家庭通过花费大致稳定不变的支出购买质量更好、功能更全、档次更高的商品来分享技术进步带来的好处。

生活水平的提高,生活节奏的加快和生活观念的更新,大大拓展了家庭服务消费的范畴,家庭服务消费支出逐步增长。这说明人们更加注重生活质量的提高。

(5)文教娱乐用品及服务支出。城镇和农村居民的文教娱乐边际消费倾向都较高。而且城乡居民文教娱乐用品和服务支出的增长速度远大于收入增长速度,此项支出占总消费支出的比例持续大幅度增加,分别由1985年的8.17%(城镇)和3.92%(农村)增加到1998年的11.53%和10.02%,分别居消费支出的第三和第二位,是这一时期增幅最大的消费支出项目。这一方面是这些年来受教育体制改革的影响,居民教育支出逐步增加的结果,另一方面也体现出我国城乡居民对文化素质提高、科技水平进步和生活质量改进的充分重视。

(6)医疗保健、交通通讯支出。考察期内,我国城乡居民医疗保健支出一直稳步增长,特别是1990年以来,更超过收入增长步伐,其占总消费支出的比重持续增加,这体现出随着收入水平提高和生活质量改善,城乡居民越来越重视身心健康。城镇居民医疗保健支出的增加还受到公费医疗制度改革的影响,可以预计最近几年内,城镇居民此项支出的增长幅度可能会大于农村居民相应支出。

改革开放以来,随着收入水平的稳步提高,特别是交通通讯基础设施的逐步完善,城乡居民交通通讯消费支出持续稳定增长,其比重由1985年的2.14%(城镇)和1.73%(农村)增加到1998年的5.94%和3.82%。交通和通讯工具不断更新换代,电话在城镇家庭基本普及,农村家庭装机量增长迅速。到1998年年底,我国城镇居民家庭电话拥有量达到4911.4万户,电话普及率达86.7%,手机拥有量2300万户;农村电话拥有量近2500万户,这必将给城乡居民思想观念、生活方式带来深刻的影响,并可能通过拓展人们收入方式和收入来源形成收入和交通通讯支出增长的相互促进。

2.居民消费结构由生存型转向享受和发展型

综上分析,满足人们基本生活需要的生存性消费(如吃、穿、住、用等消费资料中满足人们生存需要的部分)在消费支出中的比重都有下降的趋势,而满足人们享受或发展需要的消费(如文教娱乐用品及服务、交通通讯、医疗保健,以及吃、穿、住、用中用于满足人们享受和发展需要的部分)支出在总消费支出中的比重却呈不断上升趋势。尤其是发展性消费在居民消费支出中的比重越来越大。这表明居民,特别是城镇居民消费结构已由改革之初的生存型转变为发展型为主、发展型和享受型混合的消费模式。

3.实物性消费和货币性消费的变动

居民消费的支出形态是由其收入形态决定的,农业生产经营方式和产品的特点,决定了农村居民的实物收入在其总收入中占有很大比重,因此实物性消费即自给性消费在其消费支出中占比重较大。随着改革的推进,农村居民生活的商品化、货币化程度提高,农村居民货币性收入增加,自给性消费在其消费支出中的比重不断下降,但受农村产品特点和消费习惯的影响,自给性消费在农村居民消费支出中仍占有相当大的比重。

表6.9 农村居民实物性消费和货币性消费支出及构成　　(元,%)

| 年份 | 货币性消费 |  | 实物性消费 |  |
|---|---|---|---|---|
|  | 支出 | 构成 | 支出 | 构成 |
| 1978 | 47.64 | 41.05 | 68.42 | 58.95 |
| 1980 | 83.83 | 51.68 | 78.38 | 48.32 |
| 1985 | 194.68 | 61.33 | 122.74 | 38.67 |
| 1990 | 374.74 | 64.10 | 209.89 | 35.90 |
| 1991 | 404.74 | 65.30 | 215.05 | 34.70 |
| 1992 | 431.37 | 65.46 | 227.64 | 34.54 |
| 1993 | 490.14 | 63.68 | 279.51 | 36.32 |
| 1994 | 648.19 | 63.75 | 368.62 | 36.25 |
| 1995 | 859.43 | 65.59 | 450.93 | 34.41 |
| 1996 | 1076.22 | 68.47 | 495.86 | 31.54 |
| 1997 | 1126.28 | 69.65 | 490.87 | 30.35 |
| 1998 | 1128.16 | 70.94 | 462.17 | 29.06 |

资料来源:根据《中国统计年鉴》1994、1997、1998、1999年卷有关数据整理计算。

从表6.9看出,从1978年农村改革至今,农村居民的货币性消费逐年增长,在总消费支出中的比重基本呈上升趋势;自给性消费的数额虽然也逐年增加,但它在农村居民消费支出中的比重却基本呈下降趋势。1993年和1994年,农村自给性消费比重上升,是由通货膨胀率过高引起物价水平上涨,农民减少了货币支出,而以实物消费代之造成的。

城镇居民的非货币收入即实物收入主要是指实物补贴,如住房补贴、价格补贴、医疗费用补贴和以实物形式分发的职工福利等。这部分收入在改革之初的1985年占居民收入的比重高达80%以上,对城镇居民的消费结构影响很大,从而这一时期实物性消费占居民消费的比重很大。城市改革推开后,国家逐步取消了各项补贴配给制度,深化了价格体制改革,1991年实物收入在城镇居民收入中的比重已下降为25%左右。随着医疗、住房等各项制度改革措施的实施,非货币收入即实物收入在城镇居民收入中的比重迅速下降,至今,实物性收入只占很小的比例,因而城镇居民的实物性消费比重已大大减小,其消费几乎全部表现为货币性消费。

### 6.2.2 我国居民消费结构评价

改革开放二十年来,我国居民消费结构发生了显著变化,总体上呈现出多样化、高级化趋势,消费结构日趋合理。

有人根据收入水平的不同层次,将消费结构界定为四种类型,用以分析不同消费群体所属的消费结构类型。[1] 我们在此借来用以研究我国居民消费结构的发展变化及现状。

第一种类型:简朴型消费结构。其基本特征是:居民收入水平较

---

[1] 参见尹世杰等:《中国消费结构研究》,上海人民出版社1988年版。

低,消费支出投向选择单一,绝大部分集中于生存性消费,享受性和发展性消费很少;恩格尔系数较高,大于0.7,穿用等消费资料以及劳务消费所占比重很小,高档耐用消费品所占比例甚微,以至空白;消费及消费环境质量低下。

第二种类型:粗放型消费结构。其基本特征是:居民收入水平不高,消费倾向接近于1,消费支出投向较集中于生存性消费,享受和发展性消费较少;恩格尔系数在0.6—0.7之间,穿用等消费资料和劳务消费所占比重在40%左右,耐用消费品在量上作粗放型增加,质量档次不高。这种类型消费结构中,消费水平的提高主要表现为外延型量的扩张,而不是集约型质的提高。80年代以前,我国居民消费结构属此类型。

第三种类型:集约型消费结构。其基本特征是:居民收入水平较高,生存性消费在消费结构中比例下降,享受性和发展性消费比例上升;恩格尔系数在0.5—0.6之间,劳务消费有了较大增长,耐用消费品在量的增加基础上,其质量档次有所提高。80年代以后的农村和1980—1994年的城镇,居民消费结构属此类型。

第四种类型:舒展型消费结构。其基本特征是:居民收入水平较高,生存性消费比例下降,享受性和发展性消费在消费结构中占较大比重;恩格尔系数小于0.5,穿用住等和劳务消费支出所占比重达30%以上,耐用消费品拥有量基本饱和,主要是质量的提高和款式的更新;闲暇时间大幅增加,生活舒适、便利程度大大提高;支付能力对购买行为的约束弱化。1994年以后的城镇居民消费结构属此类型。

我国居民消费结构大体经历了一个从低层次到高层次,从不合理到逐步合理化、多样化的发展趋势。1980年以前,我国居民消费结构尚属中层次的粗放型,1980年以后,尤其是1985年全面改革以后,我国居民消费结构转变为亚高层次的集约型,并逐渐向高层次的舒展型转变。1994年城镇居民消费结构达到高层次的舒展型,农村居民消费结构也不断趋于优化,但仍属集约型。

## 6.3 居民消费水平与消费结构的城乡差异

从以上对我国居民消费水平和消费结构的分析中可以看出,城乡居民消费水平和消费结构存在明显的差异。改革开放二十年来,这种差异一直存在着,而且随着城市改革的推进还有扩大的趋势。事实上,不仅城乡之间,地区之间居民消费水平和消费结构也存在着明显的差异性。在此我们对城乡居民消费水平和消费结构的差异性进行具体的实证分析。

### 6.3.1 我国居民消费水平的城乡差异

在我国,由于城乡分隔,城乡居民的消费水平一直存在着一定的差距。1978年的农村改革曾使得这一差距明显缩小,城乡消费水平对比由1978年的2.9减小到1985年的2.3。但是,随着城市改革的全面推进和农村改革的徘徊不前,城乡居民消费水平的差距在1985年后又逐渐增大,城乡消费水平对比最高达3.5。1994年以后城乡消费水平对比有所回落,但1998年又由前两年的3.1上升到3.3。

从表6.1可以看出,1985年居民消费水平绝对数城镇为802元,农村为347元,城镇是农村的2.31倍;1998年居民消费水平绝对数城镇达6182元,农村为1895元,城镇是农村的3.26倍,城乡差距扩大。

居民消费水平的城乡差异不仅从总量上显示出来,其他反映消费水平变动的各个变量指标也都明显地体现出这种差异。

1.收入水平和消费支出的城乡差异

我国居民收入水平和消费水平的城乡差别是历史造成的,这种差别延续到今天仍未消除。1978年,城镇居民人均可支配收入是农村居民人均纯收入的2.57倍,同年开始的农村改革曾使这一差距缩小到1985年的1.86倍,但随着城市改革的推进,这一差距又逐渐增大,1998年城镇居民可支配收入高达5425.1元,是农村的2.51倍。

从城乡居民收入指数的变动也可看出这种差距。1985年城镇居民家庭人均可支配收入指数(1978=100)为160.4,收入水平7年增长60.4%;农村居民家庭人均纯收入指数(1978=100)为268.9,收入水平增长168.9%,农村居民收入水平的迅速提高必然会减小城乡收入水平的差距。到1998年,以1985年为100的城镇居民人均可支配收入指数和农村居民人均纯收入指数分别为205.7和169.9,收入水平分别增长105.7%和69.9%,城镇居民收入水平增长快于农村,曾经缩小的城乡收入水平差距进一步扩大。

1985年以后城乡居民消费支出的差距也进一步扩大。1985年城镇居民人均消费支出是农村居民的2.12倍,1998年扩大到2.59倍,城乡人均消费支出差额为2741.3元。

2. 平均消费倾向的城乡差异

如表6.2所示,1985—1998年城镇居民的APC基本呈下降趋势,农村居民的APC则呈先上升后下降的变动趋势,且1989年以前城镇居民的APC高于农村居民的APC,此后城镇居民的APC则开始低于农村居民的APC。一般来说,随着居民收入和消费水平的提高,APC将下降,且收入水平越高,APC越低。那么,如何解释我国农村居民APC在一段时期随收入水平提高反而上升的现象以及收入水平远高于农村的城镇居民其APC在1989年以前却低于农村居民的APC呢?1985—1989年间,我国城镇和农村居民收入水平都很低,如果要满足正常的生活需要,就不得不将其收入的绝大部分消费掉,这种情况下APC必然会很高,但农村居民的收入除了用于生活消费以外,还要用于购买生产资料,扩大生产经营,这部分支出只有通过压缩消费支出才能获得,因而这一时期城镇居民的 APC 会高于农村居民的 APC。这一时期农村居民的收入水平如果上升,他们就会从收入中拿出更多的部分用于补偿为扩大生产经营而牺牲的消费,消费支出就会增加。这就是 1985—1989 年农村居民收入增加,APC 反而上升的原因。

从以上分析中可以看出,无论城乡居民的 APC 如何变动,城乡居民收入和消费水平的差距仍然存在。

3.恩格尔系数的城乡差异

表 6.3 显示,1985—1998 年城镇恩格尔系数呈现出先上升后下降的趋势,农村恩格尔系数的变化较为复杂,呈现出下降—上升—下降的变动趋势。恩格尔系数上升是食品消费内部结构改善的结果,这在消费结构的分析中已论述到。农村恩格尔系数的变动滞后于城镇,其上升阶段出现较晚,说明农村居民食品消费结构的改善要滞后于城镇居民,这也反映出城乡居民消费水平的差距。

从数值区间看,虽然 1985—1993 年,城镇和农村的恩格尔系数都在 0.5—0.6 之间,居民消费水平均处于温饱阶段,但城镇恩格尔系数小于农村,且呈下降之势,而农村恩格尔系数上升,城乡居民恩格尔系数的差值增大,说明城乡居民消费水平的差距不断扩大。1994 年以后,城镇恩格尔系数降到 0.5 以下,居民消费达到小康水平,而农村恩格尔系数虽然有所下降,但仍在 0.5 以上,居民消费水平仍处于温饱阶段。

4.闲暇消费的城乡差异

就闲暇时间而言,由于农业生产的季节性,农村居民的闲暇时间多于城镇居民,但其闲暇消费的质量和支出远低于城镇居民。从表 6.5 看,城镇居民的旅游消费支出的数额及其在消费支出中的比重均大大高于农村居民。另外,由于农村文体、娱乐等场所设施落后于城镇,这些方面的闲暇消费支出和质量也无法与城镇居民相比。

闲暇消费支出和质量的城乡差异,也从一个侧面反映了城乡消费水平的差异性。

### 6.3.2 我国居民消费结构的城乡差异

消费水平决定消费结构,消费水平的城乡差异决定了城乡消费结构也必然存在一定差别,城乡居民消费不仅在量上存在着差别,而且在质上也有差距。

1.食品消费的城乡差异

前面我们分析过恩格尔系数即食品支出比重变动趋势的城乡差异,在此我们将首先分析城乡居民用于食品的消费支出的差别。1985年,城乡居民人均食品支出比为1.92∶1。此后,由于食品消费内部结构的改善,恩格尔系数上升。城乡居民的食品支出均出现比重上升,但农村居民食品支出比重的上升滞后于城镇。城乡居民食品支出的差距逐渐拉大,1994年城乡居民食品的支出比高达2.38∶1。此后恩格尔系数下降,城乡居民食品消费支出的差距又逐渐缩小。

从食品内部构成看,1985年至今城镇居民食品消费一直以副食为主,与其他各类食品相比,目前粮食所占比重最低。农村居民在1986年以前一直以粮食为主食,1987年以后副食支出开始超过主食,但与城镇相比仍存在差距。

分析表明,城镇居民的饮食消费不仅在总量上高于农村居民,而且更讲究营养结构,在质量上也更为优化和合理。

2.衣着消费的城乡差异

从表6.7和表6.8可以看出,城镇居民衣着支出及其在消费支出中的比重均高于农村居民。1985—1998年,城乡居民衣着支出的差距呈先扩大后缩小的变动趋势。1985—1994年城乡居民衣着支出比由3.18∶1增大到5.55∶1,这一时期城镇居民衣着消费由量的扩张转向讲求衣着的新潮、品牌和高档化；而农村居民更注重衣着实用性,尚处于量的扩张阶段,其衣着支出增长慢于城镇。

1994年以后,农村居民开始注重衣着的美观、款式和新潮,衣着支出增长加快。城乡衣着支出差距开始减小,但1998年城乡衣着支出比依然高达4.90∶1。这表明,城乡居民的衣着消费无论在数量上,还是质量上,仍然存在较大差距,但这种差距有减小的趋势。

3.居住消费的城乡差异

尽管城镇居民的收入水平和消费支出均远高于农村居民,但由于城镇居民一直享受国家住房补贴,1985—1992年,城镇居民的居住支出一直低于农村居民。1992年以后,城镇居住支出开始高于农村,住房制度的改革,使城镇居民居住支出占消费支出的比重逐渐增大,但与农村相比,比重仍过低。1998年,城镇居民居住支出比重由1990年的4.76%上升到9.43%,而同年农村居民居住支出比重却高达15.07%。城镇住房完全实现商品化和市场化后,城镇居民居住支出的比重可能会高于农村居民的比重。

从居住的条件来看,城镇居民人均居住面积虽小于农村居民,但住房质量较好,采暖、供热、卫生、供水、煤气等设施齐全,表明城乡居民居住条件尚有明显差距。

4.家庭设备用品消费的城乡差异

农村居民由于受生活服务设施和收入水平制约,消费节奏比城市慢一拍。随着收入水平的提高,城乡居民家庭设备用品及服务支出都不断增加,耐用消费品拥有量普遍提高。由于城镇居民收入增长较快,收入水平较高,加之城镇供电、供水、通讯等设施优于农村,因而城镇居民家庭设备用品及服务支出及其占消费支出的比重较农村居民高。1998年人均家庭设备用品及服务支出城镇为356.83元,农村为81.92元,其占消费支出的比重分别为9.43%和5.15%。城镇居民家庭设备用品日趋现代化,耐用消费品普及率、拥有量及档次均高于农村居民,农村耐用消费品"消费热"的节拍比城镇要慢。如中档以上的彩电、冰箱、洗衣机在城市已只有余热,在农村却正值高峰;城市处于高峰的大屏幕彩电、空调、电脑、家庭影院等,在农村才刚刚起步,拥有量很低。

5. 文教娱乐消费的城乡差异

尽管从在各自总消费支出中的比重和边际消费倾向来看,城乡居民对于文教娱乐用品及服务的支出表现出惊人的相似,但从绝对数量上看,城乡差距仍然很大。1996年城镇居民人均文教娱乐支出(374.95元)是农村居民人均支出(132.46元)的2.83倍,而且城乡居民在文教和娱乐上的支出比例迥然不同:农村居民教育费用支出为94.56元(其中学杂费91.80元,技术培训费2.76元),占文教娱乐总支出的71.39%,义化娱乐费用(2.19元)只占文教娱乐支出的1.65%,而城镇居民教育费用支出(204元)占文教娱乐支出的54.41%,文化娱乐费用(81.15元)占文教娱乐支出的21.64%,是农村居民相应支出的37倍。[1] 由此可见,城镇居民在满足基本教育投入的基础上,已经开始追求文化品位的提高和文化生活质量的改善,而农村居民尚只能将有限的文教娱乐费用投入到教育中去。但即使如此,农村居民的人均教育费用也远低于城镇居民。因此,农村整体文化教育水平的提高,已不能仅仅依靠农村居民自身的积极性,还必须通过政府积极介入和大力扶持。另外,加快农村文化娱乐设施建设,积极开展农村居民喜闻乐见的文娱活动,对于杜绝农村封建迷信,纠正乡村陋习,提高全民族文化素质有着十分重要的意义。

6. 劳务消费的城乡差异

劳务消费在城乡居民消费支出中的比重均呈上升趋势。但比较城

---

[1] 这里有关城镇居民的数据均引自1997年《中国物价及城镇居民家庭收支调查统计年鉴》,国家统计局城市社会经济调查总队编,中国统计出版社1997年版;有关农村居民的数据均引自1996年《中国农村住户调查资料》,国家统计局,1997年。

乡居民的劳务消费,无论其数量还是质量都存在着明显的差距。

1998年城乡居民劳务消费支出分别为907.37元和240.40元,与1985年相比分别增长855.65元和231.33元,城乡劳务支出比为3.77∶1,无论从总量上还是增量上,城乡劳务消费都存在明显差距。

表6.4显示,城镇居民的劳务消费支出比重大于农村居民的劳务消费支出比重。这不仅包含着城乡劳务消费数量的差异,也意味着城乡居民劳务消费的质的差别。由于消费水平大大提高,城镇居民的劳务消费不再停留在基本生活服务上,而是更多地转向享受性和发展性劳务消费,如娱乐文化教育服务、家庭服务、交通通讯和医疗保健服务。近几年农村居民在娱乐文化教育服务、交通通讯、医疗保健等方面的消费支出也有较快增长,但由于农村收入、消费水平较低,各项服务设施缺乏,所以其劳务消费的质量与城镇差别较大。

### 6.3.3 城乡居民消费结构差异的聚类分析

我国居民消费结构不但呈现出明显的城乡差异,不同地区的城乡居民消费结构也各有特点。为了更深入细致地分析我国城乡居民消费结构差异,我们对全国各省市城乡居民消费结构差异进行聚类分析,以揭示不同地区城乡居民消费结构差异的特征,并进一步分析产生这些差异的原因。

表6.10列出利用1998年各项消费支出数据计算的全国各省、自治区、直辖市(不含西藏,也不包括香港、澳门和台湾地区,下同)城乡居民消费结构的差异状况。其中$D_f$、$D_c$、$D_h$、$D_d$分别表示城乡居民食品、衣着、住房、家庭设备用品及服务消费支出比重的差值,并将相对差异率定义为:

$$D = |d_u - d_r|/d_r \times 100\%$$

$d_u$和$d_r$分别表示城镇和农村居民某项消费支出占总支出的比重。从表中可以看出不同地区的城乡居民差异非常明显：

表 6.10　全国各省、直辖市、自治区城乡居民消费结构差异　　（%）

| 地区 | 收入差值 | $D_f$ | $D_c$ | $D_h$ | $D_d$ |
|---|---|---|---|---|---|
| 北京 | 4519.66 | 1 | 2 | 8 | 4 |
| 天津 | 3714.84 | 3 | 1 | 8 | 7 |
| 河北 | 2679.32 | 7 | 5 | 7 | 3 |
| 山西 | 2240.13 | 13 | 4 | 2 | 2 |
| 内蒙古 | 2371.54 | 14 | 8 | 5 | 3 |
| 辽宁 | 2037.45 | 8 | 5 | 5 | 2 |
| 吉林 | 1823.04 | 8 | 6 | 6 | 2 |
| 黑龙江 | 2015.40 | 11 | 7 | 7 | 2 |
| 上海 | 3366.23 | 8 | 1 | 11 | 2 |
| 江苏 | 2641.07 | 3 | 3 | 7 | 5 |
| 浙江 | 4022.20 | 5 | 4 | 10 | 6 |
| 安徽 | 2907.41 | 5 | 6 | 7 | 1 |
| 福建 | 3539.26 | 3 | 3 | 4 | 2 |
| 江西 | 2203.42 | 9 | 5 | 3 | 3 |
| 山东 | 2927.25 | 11 | 7 | 7 | 5 |
| 河南 | 2355.37 | 14 | 6 | 2 | 4 |
| 湖北 | 2654.12 | 10 | 8 | 6 | 2 |
| 湖南 | 3369.41 | 15 | 6 | 4 | 3 |
| 广东 | 5312.54 | 7 | 2 | 3 | 1 |
| 广西 | 3440.34 | 11 | 4 | 1 | 3 |
| 海南 | 2834.56 | 7 | 1 | 1 | 0 |
| 重庆 | 3746.11 | 16 | 7 | 6 | 4 |
| 四川 | 3337.91 | 16 | 6 | 4 | 5 |
| 贵州 | 3230.93 | 21 | 6 | 1 | 5 |
| 云南 | 4655.53 | 17 | 7 | 6 | 4 |
| 陕西 | 2814.65 | 9 | 4 | 4 | 4 |
| 甘肃 | 2616.56 | 13 | 7 | 6 | 2 |
| 青海 | 2815.34 | 17 | 3 | 7 | 2 |
| 宁夏 | 2391.24 | 11 | 7 | 9 | 2 |
| 新疆 | 3400.65 | 5 | 5 | 8 | 2 |

资料来源：根据《中国统计年鉴》1999 年卷有关数据整理计算。

城乡居民食品消费比重差距最大的是贵州,约为21%;最小的是北京,约为1%。其相对差异率分别为43.77%和2.87%。衣着消费比重差距最大的是内蒙古,约为8%;最小的是海南,约为1%。其相对差异率分别为53.5%和21.4%。住房消费比重差距最大的是上海,约为11%;最小的是海南,约为1%。其相对差异率分别为116.75%和10.05%。家庭设备用品及服务消费比重差距最大的是天津,约为7%;最小的是海南,几乎可以忽略不计。其相对差异率分别为55.19%和7.13%。上述数据表明城乡居民住房、家庭设备用品及服务消费的相对差异率较大,而食品、衣着的相对差异率较小。从中可以看出城乡居民消费结构的主要差异所在。

根据各省、区、市的$D_f$、$D_c$、$D_h$、$D_d$参数值,可将全国城乡居民消费结构大致分成四种类型:其中第一类包括北京、天津、江苏、上海、福建、浙江、广东、海南;第二类包括辽宁、河北、吉林、黑龙江、山东、安徽、江西;第三类包括内蒙古、山西、陕西、新疆、河南、湖北、湖南、广西;第四类包括重庆、四川、贵州、云南、青海、甘肃、宁夏等。它们的主要特征表现为:

从消费比重看,城乡居民食品消费差异第一类最小,第二、三、四类基本上呈现逐渐扩大态势;衣着消费比重差异第一类最小,第三、四类较大,而且北方地区差异明显大于南方地区;住房消费比重差异第一类最大,其中广东、海南例外,第三、四类差异较小,但云南和重庆例外;家庭设备用品及服务消费比重第一、四类差异较大,而第二、三类差异较小。

所以,第一类地区(基本上覆盖我国东部沿海较发达省级行政单位)城乡居民消费结构差异主要体现在住房和家庭设备用品及服务等较高层次的需求上,而食品和衣着消费的城乡差异在各类地区中最小。第二类地区除住房差异稍大外,其他各项差异都较小,但整体上大于第一类地区。第三类地区住房和家庭设备用品差异不是很大,消费结构差异主要体现在食品和衣着方面。第四类地区整体消费结构差异最大,除本类地区的大多数省级行政单位住房差异较小外,其他各项差异都很大。

以上分析表明,尽管不同地区城乡居民消费结构的差异呈现出十分复杂的现象,但以主要消费项目的城乡居民支出比重差值为指标,进行聚类分析,将全国划分成不同类型的区域,还是行之有效的。我们可以根据不同地区表现出的不同特征,结合各个区域的实际,深入分析造成城乡居民消费结构差异的原因:城乡居民消费结构差异较大的地区,即以上分析中的第三、四类地区,大都是经济发展较为滞后的中、西部地区或边远省份,可见不同地区经济发展水平的差距是导致城乡居民消费结构差异的重要原因。仔细分析还可以发现,第一类地区的主要差异表现在住房、家庭设备(耐用消费品)等较高层次需求上,而第四类地区主要差异集中在食品、衣着等基本生活需求方面,这可能是由于经济落后地区的城乡居民都仍处于较低的消费水平,但城镇居民在衣、食等基本需求的满足上明显优于农村居民。而经济较为发达的地区随着整体收入水平的提高,城乡居民特别是城镇居民已经处于较高水平的消费层次上,但收入差距的拉大造成一定的消费结构的差异,可见消除城乡居民消费结构差异还有很长的路要走。

城市化不但是影响城乡居民消费结构的重要因素,而且可能是逐步缩小城乡差异的主要途径。从聚类分析可以明显看出,像北京、上海、天津、江苏、浙江、广东等城市化步伐较快的地区,其城乡居民消费结构差异要小于西部城市化程度较低的各个省份。

## 6.4 居民消费水平与消费结构的地区差异

我国幅员广大,地域辽阔,经济条件和自然条件复杂,经济发展很不平衡。与此相应,我国城乡居民的收入水平、消费水平和消费结构必然具有不平衡性和地域性的特点。本节我们将重点考察不同地区城镇和农村居民消费结构的差异,并分析造成这种地区性差距的因素。

根据经济水平和地域的差异,我们将全国划分为东、中、西三大部分。东部包括北京、天津、辽宁、上海、江苏、浙江、福建、山东、广东、广西、海南,基本上代表了我国东部沿海经济发达地区;中部包括河北、山西、内蒙古、吉林、黑龙江、安徽、江西、河南、湖北、湖南;西部地区包括重庆、四川、贵州、云南、陕西、甘肃、青海、宁夏、新疆。为进一步分析不同地域对消费支出的影响,尤其是对食品、衣着、居住等支出项目的影响,我们再将全国划分为南北两部分来考察气候、饮食习惯等造成人们消费结构的差异的因素,北方包括北京、天津、河北、山西、内蒙古、辽宁、吉林、黑龙江、山东、河南、陕西、甘肃、青海、宁夏、新疆;南方包括上海、江苏、安徽、浙江、福建、江西、湖北、湖南、广东、广西、海南、重庆、四川、贵州、云南。

### 6.4.1 城镇居民消费结构的地区性差异

根据上述对地区的划分,我们利用1999年《中国统计年鉴》中各地区城镇居民的消费支出数据,整理出不同地区城镇居民消费结构状况。

表6.11 1998年不同地区城镇居民消费结构比较　　　　(元)

| 项目 | 全国 | 东 | 中 | 西 | 比例 |
| --- | --- | --- | --- | --- | --- |
| 人均可支配收入 | 5425.05 | 6708.91 | 4551.35 | 4753.90 | 1∶0.68∶0.71 |
| 消费性支出 | 4331.61 | 5354.49 | 3586.60 | 3944.91 | 1∶0.67∶0.74 |
| 其中:食品 | 1926.89 | 2443.64 | 1586.88 | 1761.65 | 1∶0.65∶0.72 |
| 衣着 | 480.36 | 476.97 | 461.63 | 484.54 | 1∶0.95∶1.02 |
| 居住 | 408.39 | 510.79 | 334.52 | 303.20 | 1∶0.65∶0.59 |
| 家庭设备用品及服务 | 356.83 | 483.67 | 254.34 | 318.08 | 1∶0.53∶0.66 |
| 医疗保健 | 205.16 | 225.28 | 176.87 | 208.32 | 1∶0.79∶0.92 |
| 文教娱乐用品及服务 | 499.39 | 626.57 | 410.07 | 453.92 | 1∶0.65∶0.69 |
| 交通通讯 | 257.15 | 329.10 | 204.99 | 226.24 | 1∶0.62∶0.69 |
| 其他商品及服务 | 196.95 | 254.83 | 157.22 | 188.96 | 1∶0.62∶0.74 |

资料来源:根据《中国统计年鉴》1999年卷有关数据整理计算。

1.城镇居民消费水平的地区差异

从表6.11可以看出,1998年全国城镇居民人均可支配收入为5425.05元,其中东部城镇居民人均可支配收入(6708.91元)接近中部居民(4551.35元)的1.5倍,东部地区收入水平远高于中、西部。全国城镇居民人均消费支出为4331.61元,东部地区城镇居民人均生活消费支出为5354.49元,中、西部地区分别为3586.60元、3944.91元,说明东部地区城镇居民消费水平大大高于中、西部地区。

2.城镇居民消费结构的地区差异

中、西部城镇居民在各项消费支出上的差别很小,除居住外,其他项目西部城镇居民的消费支出普遍高于中部。就全国而言,除衣着项目外,中、西部城镇居民与东部在其他消费支出上的差异都比较大。在食品、医疗保健、文教娱乐用品及服务、交通通讯和其他商品及服务这五个支出项目上,东、中、西部的差距比例与三大地区的人均可支配收入差距基本一致,说明城镇居民在这几个支出项目上受收入的制约作用比较大,收入越高,则开支越大。

在食品消费上,东部地区恩格尔系数为0.46,中部地区和西部地区分别为0.44、0.46,差距不大。东部地区城镇居民实际食品支出(2443.64元)高于中、西部(1586.88元和1761.65元),这种差距主要体现在蛋类、肉类等副食品和烟、酒、茶等食品支出上。如东部的浙江和西部的甘肃,1998年粮食的支出分别为212.94元和230.77元,相差很小,但在副食和其他食品的支出上却相差巨大,浙江用于肉禽及制品的消费人均为483.04元,而甘肃只有257.12元;在水产品的消费支出上,浙江人均为405.88元,甘肃人均只有37.79元。

虽然不同地区收入水平差别较大,但它们衣着支出的绝对数值却相差很小,东、中、西部衣着的支出比例为1∶0.95∶1.02,在按比重大小的排序当中,衣着在东部地区排在第五位,在中部和西部都位于第二位。这是因为衣着的消费支出除了受收入的影响外,不同地区的环境、气候、习俗、生活习惯也起着非常重要的影响。

居住是东、中、西部差异比较大的项目,东部的居住消费支出为510.79元,在消费序列中排第三位,中部和西部的居住消费支出分别为334.51元、303.20元,在消费序列中的排序分别为第四位和第五位,地区之间的差距比为1:0.65:0.59。在西部城镇的消费排序中,居住在家庭设备用品之后排第五位,这主要是因为西部地广人稀,人们住房的压力相对于东部沿海地区来说要小很多,如果考虑不同地区住房价格因素,东、中、西部住房条件的差异可能没有居住消费支出差异显示得那么大。

家庭设备用品及服务是东部与中、西部地区消费差异最大的项目。1998年东部城镇居民用于此项目的开支为483.67元,中部、西部分别为254.34元、318.08元,地区差异之比为1:0.53:0.66。城镇的水、电等公共设施都比较健全,不同地区的城镇居民在此项目上的消费差异主要在于收入水平的差异,这充分反映出东部城镇居民在基本的消费需求得到满足以后,对较高档次的家庭耐用消费品的追求。

### 6.3.2 农村居民消费结构的地区性差异

表6.12　1998年不同地区农村居民消费结构比较　　（元）

| 项目 | 全国 | 东 | 中 | 西 | 比例 |
| --- | --- | --- | --- | --- | --- |
| 人均可支配收入 | 2161.98 | 3222.05 | 2089.43 | 1530.68 | 1:0.65:0.48 |
| 消费性支出 | 1590.33 | 2268.29 | 1456.84 | 1245.27 | 1:0.64:0.55 |
| 其中:食品 | 849.64 | 1103.13 | 804.00 | 724.97 | 1:0.73:0.66 |
| 衣着 | 98.06 | 139.21 | 97.76 | 81.19 | 1:0.70:0.58 |
| 居住 | 239.62 | 368.55 | 209.57 | 167.08 | 1:0.57:0.45 |
| 家庭设备用品及服务 | 81.92 | 136.59 | 66.76 | 56.31 | 1:0.49:0.41 |
| 医疗保健 | 68.13 | 101.20 | 55.54 | 58.29 | 1:0.55:0.58 |
| 文教娱乐用品及服务 | 159.41 | 246.32 | 146.39 | 100.20 | 1:0.59:0.41 |
| 交通通讯 | 60.68 | 112.02 | 45.48 | 35.53 | 1:0.41:0.32 |
| 其他商品及服务 | 32.88 | 55.83 | 26.30 | 21.70 | 1:0.47:0.39 |

资料来源:根据《中国统计年鉴》1999年卷有关数据整理计算。

1.农村居民消费水平地区差异

1998年,全国农村居民人均纯收入为2161.98元,中、西部(2089.43元、1530.68元)与东部(3222.05元)差距甚大,其中西部地区不到东部的一半。1998年我国农村居民人均消费支出为1590.33元,其中东部为2268.29元,中部为1456.84元,西部为1245.27元,以东部为1,三者之比为1∶0.64∶0.55。1998年东部地区人均现金支出为1791.2元,中、西部分别为958.2元和728.5元。从消费增长速度看,1980—1998年,东部地区农村居民生活消费支出增长11.0倍,年均递增14.7%;中部地区增长8.4倍,年均递增13.2%;西部地区增长7.8倍,年均递增12.8%。由于增长速度的差异,东部与中、西部农村居民生活消费水平的差距由1980年的27元和48元,扩大到1998年的811.45和1023.02元,若以西部地区为1,则东、中、西之比为1.82∶1.17∶1。

2.农村居民消费结构地区差异

整体来看,我国农村居民东、中、西地区生存性消费地区差异较小,享受和发展性消费差距较大。

在食品消费方面,主食消费基本一致,副食消费差距较大。1998年人均食品现金支出东、中、西部分别为1103.13元,804.00元,724.97元,东、中、西之比为1∶0.73∶0.66,这一方面充分体现了东部与中、西部之间的消费质量的差异,另一方面体现了东部消费支出中商品化的程度大大高于中、西部地区。若以食品的消费数量和营养结构来看,中、西部农村居民消费生活仍处于传统的食品消费结构,少部分尚未摆脱对生存性食品的满足。从反映农村居民消费结构特征的恩格尔系数看,1998年东、中、西部分别为0.5、0.56和0.6,东部地区农村居民已达到或接近小康生活水平;中部地区农村居民消费质量与东部存在明显的差距,离小康生活水平尚有一段距离;而西部地区则相差更远,其农村居民生活消费水平较东部地区至少落后十年左右,且全国50%左右的贫困人口集中在西部地区。

在衣着消费方面,东部农村居民衣着较为高档,款式较为新颖,中、西部地区尤其是西部农村,还停留在穿暖的基本需求阶段。1998年,东、中、西部农村居民人均衣着现金支出分别为139.21元、97.76元和81.19元,以东部为1,则东、中、西之比为1∶0.70∶0.58。

在居住消费方面,东部住房面积大,质量好,居民在住房宽敞的基础上追求居住舒适,居住条件明显好于中、西部。西部地区由于经济条件和自然条件的限制,居住条件和质量都较差。1998年,东部人均居住支出为368.55元,而西部仅为167.08元,东西部之比为1∶0.45。

**表6.13　1998年农村居民平均每百户拥有耐用消费品数量**　（台、只或辆）

| 地区 | 自行车 | 缝纫机 | 手表 | 电风扇 | 洗衣机 | 摩托车 | 收音机 | 黑白电视机 | 彩电 | 照相机 |
|---|---|---|---|---|---|---|---|---|---|---|
| 东部 | 187.25 | 78.18 | 194.86 | 173.68 | 38.72 | 25.76 | 35.12 | 55.74 | 52.04 | 5.59 |
| 中部 | 122.19 | 66.61 | 123.67 | 81.08 | 21.27 | 9.48 | 29.07 | 69.58 | 28.30 | 1.33 |
| 西部 | 91.91 | 51.66 | 146.57 | 32.06 | 2.59 | 6.30 | 20.61 | 51.28 | 23.20 | 1.26 |

资料来源:根据《中国统计年鉴》1999年卷有关数据整理计算。

在家庭设备用品及服务消费方面,东部耐用消费品多且高档,其人均支出是中、西部的2倍左右。1998年,东部人均家庭设备用品及服务支出为136.59元,中、西部分别为66.76元、56.31元,东、中、西之比为1∶0.49∶0.41。其中日用品支出差异较小,耐用消费品支出差异最大,东部农村居民人均耐用消费品支出是中西部人均数的近3倍;在床上用品、家庭日用杂品、家具等方面的支出,东部地区也是中西部的2—3倍。从年末拥有耐用消费品的数量来看(见表6.13),东部地区农村居民耐用消费品拥有量明显多,而且比较高档,这表明东、中、西部的拥有量差异很大。以东部为1,平均每百户拥有量的东、中、西差距在2倍以内的有自行车、缝纫机、钟表、收音机、黑白电视机;差距在2—10倍之间的有电风扇、洗衣机、彩电、摩托车、照相机。而最近几年内刚刚兴起的高档家具、空调、录像机、吸尘器、电脑等,东、中、西部的拥有量差距都在10倍以上。

在文教娱乐消费方面,东西部差距很大。1998年东部农村居民人均文教娱乐支出为246.32元,中部为146.39元,西部为100.20元,其中青海仅为43.42元,东、中、西之比为1∶0.59∶0.41。

在交通通讯消费方面,地区差异程度最为显著,东部农村居民交通通讯支出无论从绝对数量还是其在生活消费中的比重都大大高于中、西部。1998年东部农村居民交通通讯支出为112.02元,中部为45.48元,西部为35.53元,东、中、西之比为1∶0.47∶0.32。

农村居民各类消费差距中,地区性差距最大的依次是交通通讯、其他商品及服务、家庭设备用品及服务、文教娱乐用品及服务、居住;地区性差距较小的是食品、衣着、医疗保健。这表明东部地区农村居民在满足了基本的生活需要以后,开始追求较优越的生活条件及较高层次的精神满足,中、西部,特别是西部农村居民仍然在为基本的衣食住行而努力。

# 7 居民消费行为:消费水平和消费结构的模型分析

本章主要是在第6章分析的基础上,利用ELES和AIDS模型对我国城乡居民消费水平和消费结构进行实证分析,以进一步揭示我国城乡居民消费行为的特征、差异和变动规律。在整个研究过程中,力求对我国城镇和农村居民的消费行为、ELES和AIDS模型的适用性、时间序列数据和横截面数据的解释力等问题进行比较详细的比较分析。

## 7.1 扩展线性支出系统(ELES)模型与几乎理想需求系统(AIDS)模型

当前国内外用于研究消费结构的计量经济模型中,比较流行的主要是ELES模型和AIDS模型。它们都避免了早期计量经济学家对消费结构进行经验研究时,很少涉及从理论经济学角度对消费者最优选择行为的分析,两者缺乏沟通的弊病,将经验研究建立在坚实的理论分析基础之上,具有较强的理论和现实意义。

### 7.1.1 线性支出系统

斯通(Sir Richard Stone)的线性支出系统(Linear Expenditure System,LES)模型是较早将理论分析与经验研究完美结合的典范,其计量模型有很好的理论根据。它从给定形式的效用函数出发,在消费者预算约束下,根据效用最大化原则求解消费者支出选择,并在此基础上建立可计量的经济模型。

L.R.克莱因(L.R.Klein)和 H.鲁宾(H.Rubin)于 1947 年提出了如下形式的效用函数:

$$U = \sum_{i=1}^{n} \alpha_i \ln(q_i - \gamma_i) \tag{1}$$

其定义域是 $q_i > \gamma_i > 0, i = 1,2,\cdots,n$。$q_i$ 是商品 $i$ 的实际需求量;$\gamma_i$ 可解释为维持生活的基本需求量;$\alpha_i$ 为加权参数,满足 $\sum_{i=1}^{n} \alpha_i = 1$。

存在支出预算约束:

$$\sum_{i=1}^{n} q_i p_i = V \tag{2}$$

其中,$V$ 是总支出,欲使效用最大,其拉格朗日函数为:

$$L = \sum_{i=1}^{n} \alpha_i \ln(q_i - \gamma_i) - \lambda \left( V - \sum_{i=1}^{n} q_i p_i \right)$$

上式对 $q_i$ 求偏导,可得:

$$\frac{\partial L}{\partial q_i} = \frac{\alpha_i}{q_i - \gamma_i} - \lambda p_i = 0 \quad i = 1,2,\cdots,n$$

从上式解出:

$$\lambda = \frac{\sum \alpha_i}{\sum p_i(q_i - \gamma_i)} = \frac{1}{V - \sum p_i \gamma_i}$$

所以,

$$\alpha_i = \lambda p_i(q_i - \gamma_i) = \frac{1}{V - \sum p_i \gamma_i} p_i(q_i - \gamma_i)$$

最终求得 LES 需求支出函数:

$$p_i q_i = p_i \gamma_i + \alpha_i \left( V - \sum_{j=1}^{n} p_j \gamma_j \right) \tag{3}$$
$$i,j = 1,2,\cdots,n$$

(3)式表明,LES 模型有明确的经济解释:消费者对商品 $i$ 的需求支

出额 $p_i q_i$ 可分为两部分之和,第一部分为该商品的基本需求支出 $p_i r_i$;第二部分是总预算支出 $V$ 减去对所有商品的基本需求支出后剩余部分中用于商品 $i$ 的部分,其份额是 $\alpha_i$。$V$、$p_i$ 为外生变量,$q_i$ 为内生变量,$\alpha_i$、$\gamma_i$ 为待估计的参数。

LES 假定基本需求支出不随预算 $V$ 的变化而变化,边际预算份额 $\alpha_i$ 对所研究的消费者都相同,也与 $V$ 的变化无关。

由(3)式得需求函数:

$$q_i = \gamma_i + \frac{\alpha_i}{p_i}\Big(V - \sum_{j=1}^{n} p_j \gamma_j\Big) \tag{4}$$

商品 $i$ 的总支出弹性为:

$$\theta_V = \frac{\partial q_i}{\partial V} \cdot \frac{V}{q_i} = \frac{\alpha_i V}{V_i}$$

其中 $V_i = p_i q_i$。自价格弹性为:

$$\theta_{ii} = \frac{\partial q_i}{\partial p_i} \cdot \frac{p_i}{q_i} = \frac{(1-\alpha_i) p_i \gamma_i}{V_i} - 1$$

互价格弹性为:

$$\theta_{ij} = \frac{\partial q_i}{\partial p_j} \cdot \frac{p_j}{q_i} = -\alpha_i \cdot \frac{p_j \gamma_j}{V_i}$$

其中 $j=1,2,\ldots,n, j \neq i$,且满足需求函数应有的性质:

$$\theta_V + \theta_{ii} + \sum_{j \neq i} \theta_{ij} = 0$$

若以价值量为需求单位,由(3)式可得需求的总支出弹性为:

$$\eta_v = \frac{\partial V_i}{\partial V} \cdot \frac{V}{V_i} = \frac{V \alpha_i}{V_i}$$

自价格弹性为:

$$\eta_{ii} = \frac{\partial V_i}{\partial p_i} \cdot \frac{p_i}{V_i} = \frac{p_i}{V_i}(1-\alpha_i) \gamma_i - 1$$

互价格弹性为:

$$\eta_{ij} = \frac{\partial V_i}{\partial p_j} \cdot \frac{p_j}{V_i}$$

$$= -\alpha_i \gamma_j \cdot \frac{p_j}{V_i}$$

其中 $j=1,2,\cdots,n, j \neq i$。

LES 模型有一个理论逻辑不足:即假定总支出 $V$ 为外生的,这是不妥的,消费者通常的行为不是先确定总支出再购买商品,即不是总支出决定商品购买,而是购买决定了总支出。

### 7.1.2 扩展线性支出系统

1973 年经济学家陆驰(C.Liuch)用收入 $I$ 替代 LES 模型中的 $V$,提出了扩展线性支出系统(Extended Linear Expenditure System, ELES),它与线性支出系统基本相似,只是对线性支出系统作了两点改变:(1)以收入 $I$ 代替总支出 $V$,(2)以边际消费倾向 $\beta_i$ 代替边际预算份额 $\alpha_i$。其需求函数为:

$$p_i q_i = p_i \gamma_i + \beta_i \left( I - \sum_{j=1}^{n} p_j \gamma_j \right) \tag{5}$$

$i=1,2,\cdots,n$,参数 $\beta_i$ 是边际消费倾向,满足:

$$0 < \beta_i < 1$$

$$\sum_{i=1}^{n} \beta_i < 1$$

$1 - \sum_{i=1}^{n} \beta_i$ 为边际储蓄倾向。

$V = \sum_{i=1}^{n} q_i p_i$ 不再是外生变量,而是由消费者购买行为内生地确定。

### 7.1.3 ELES 计量模型

扩展线性支出系统的优点之一就在于估计时不需要借助于额外信

息。ELES 模型中需要估计的参数有 $\beta_i$ 和 $p_i\gamma_i (i=1,2,\cdots,n)$，它们是非线性的待估参数。参数估计方法有很多，我们将采用比较简单并经常使用的最小二乘法。

将模型(5)写为计量形式：

$$V_i = \left(p_i\gamma_i - \beta_i \sum_{j=1}^n p_j\gamma_j\right) + \beta_i I + u_i$$
$$= b_i + \beta_i I + u_i \quad (6)$$

$u_i$ 为随机扰动项。对(6)式应用最小二乘法，得到参数估计值 $\hat{b}_i$ 和 $\hat{\beta}_i (i=1,2,\cdots,n)$。因为，

$$b_i = p_i\gamma_i - \beta_i \sum_{j=1}^n p_j\gamma_j$$

得：

$$\sum_{i=1}^n b_i = \left(1 - \sum_{i=1}^n \beta_i\right) \sum_{j=1}^n p_j\gamma_j$$

从而，

$$p_i\gamma_i = b_i + \beta_i \sum_{i=1}^n b_i \Big/ \left(1 - \sum_{i=1}^n \beta_i\right) \quad (7)$$

再由 $\hat{b}_i$ 和 $\hat{\beta}_i (i=1,2,\cdots,n)$ 可求得 $\hat{p}_i\gamma_i$。同时可得出需求的收入弹性为：

$$\eta_I = \frac{\partial V_i}{\partial I} \cdot \frac{I}{V_i} = \beta_i \frac{I}{V_i} \quad (8)$$

自价格弹性为：

$$\eta_{ii} = \frac{\partial V_i}{\partial p_i} \cdot \frac{p_i}{V_i} = (1 - \beta_i) \frac{p_i\gamma_i}{V_i} - 1 \quad (9)$$

互价格弹性为：

$$\eta_{ij} = \frac{\partial V_i}{\partial p_j} \cdot \frac{p_j}{V_i} = -\beta_i\gamma_j \cdot \frac{p_j}{V_i} \quad (10)$$

### 7.1.4 几乎理想需求系统及 AIDS 模型

1980 年,安格斯·迪顿(Angus Deaton)和约翰·米尔鲍尔(John Muellbauer)提出了这种新的消费需求系统(Almost Ideal Demand System, AIDS),并给出了相应的计量模型(AIDS 模型)。此模型有优于其他模型的性质,可一阶逼近任何一种需求系统,而且便于对需求系统理论上必须满足的条件进行实证检验。

几乎理想需求系统的建模思路为,在给定价格体系和一定的效用水平下,消费者如何以最少的支出来达到给定的效用水平。假定消费者行为满足与价格独立的广义对数(Price Independent Generalized Logarithmic, PIGLOG)偏好假说,它通过将市场需求作为由一位理性的典型消费者作出的选择来较好地解决加总问题。常用于描述这类选择偏好的支出函数是 PIGLOG 型函数,其形式为:

$$\log[C(u,p)] = (1-u)\log[a(p)] + u\log[b(p)] \tag{11}$$

这里,$u(0 \leqslant u \leqslant 1)$ 为效用指标,$u=0$ 表示仅维持基本生理需要时的效用;$u=1$ 表示效用已达到最大满足。$a(p)$ 和 $b(p)$ 为适当的齐次线性函数。因为 $u=0$ 时,$C(u,p)=a(p)$;$u=1$ 时,$C(u,p)=b(p)$,故 $a(p)$ 和 $b(p)$ 分别表示消费者仅满足基本生理需要与获得最大效用时所需要的最小支出。

选取 $a(p)$ 与 $b(p)$ 如下形式:

$$\log[a(p)] = a_0 + \sum_{i=1}^{n} a_i \log(p_i) + \frac{1}{2} \sum_{i=1}^{n} \sum_{j=1}^{n} r_{ij}^* \log(p_i) \log(p_j) \tag{12}$$

$$\log[b(p)] = \log[a(p)] + b_0 \prod_{i=1}^{n} p_i^{b_i} \tag{13}$$

其中 $a_i$、$r_{ij}^*$、$b_0$、$b_i$ 为参数。将(12)、(13)代入(11)式得 AIDS 模型的支出函数：

$$\log C(u,p) = a_0 + \sum_{i=1}^{n} a_i \log(p_i)$$
$$+ \frac{1}{2}\sum_{i=1}^{n}\sum_{j=1}^{n} r_{ij}^* \log(p_i)\log(p_j) + u \cdot b_0 \prod_{i=1}^{n} p_i^{b_i}$$

支出函数的一个重要特性是,最小支出对价格的导数等于用价格和效用表示的最优需求量,即：

$$\frac{\partial C(u,p)}{\partial p_i} = q_i \qquad (q_i 为消费品 i 的需求量)$$

上式等号两边同时乘以 $p_i/C(u,p)$,得：

$$\frac{\partial \log C(u,p)}{\partial \log p_i} = \frac{p_i q_i}{C(u,p)} = w_i$$

$w_i$ 为用于消费品 i 的支出占总支出的份额。

支出函数对 $\log p_i$ 求偏导数得：

$$w_i = a_i + \sum_{j=1}^{n} r_{ij} \log(p_j) + u b_i \prod_{j=1}^{n} p_j^{b_j} \qquad (14)$$

其中 $r_{ij} = (r_{ij}^* + r_{ji}^*)/2$。

对于追求效用最大化的消费者,实现效用水平 $u(p,X)$ 的最小支出 $C(u,p)$ 就是他的真实预算支出 $X$。由(11)式解出 $u$ 代入(14)式,得 AIDS 模型的预算份额构成式：

$$w_i = a_i + \sum_{j=1}^{n} r_{ij} \log(p_j) + b_i \log(X/P) \qquad (15)$$

其中 $P = a(p)$。

AIDS 模型理论上满足需求系统的加总条件、零阶齐次条件以及斯卢茨基(Slutsky)对称条件,故有下列性质：

$$\sum_{i=1}^{n} a_i = 1, \quad \sum_{i=1}^{n} r_{ij} = 0, \quad \sum_{i=1}^{n} b_i = 0 \qquad (1')$$

$$\sum_{j=1}^{n} r_{ij} = 0 \qquad (2')$$

$$r_{ij} = r_{ji} \qquad (3')$$

当各类消费品相对价格和"真实支出"($X/P$)不发生变化时,各类消费品支出份额不变,否则 $r_{ij}$ 反映消费品价格对支出预算份额 $w_i$ 的影响,表示消费品 $j$ 价格上涨 1% 时,$\exp(w_i)$ 的百分比变化,正负号表示变化方向为上升或下降。

关于 $X/P$,$P$ 可以看作是一种价格指数,$X/P$ 表示一种"真实支出"。因 $P = a(p)$,这种"真实支出"是以几倍于基本生理需要支出计量的。$X/P$ 的变化对 $w_i$ 的影响由 $b_i$ 表示,$b_i$ 可解释为 $X/P$ 变化 1% 时,$\exp(w_i)$ 变化百分之几。一般地,奢侈消费品的 $b_i$ 值为正,必需品的 $b_i$ 值为负。

即使放弃最大化假设,仅仅保证需求是支出和价格水平的连续函数,公式(15)仍然可以一阶逼近导源于效用最大化原则的需求函数(即马歇尔需求函数),不过此时(2')式和(3')式不再成立。在放弃最大化的情况下,我们可以将预算份额 $w_i$ 看成是 $\log p_j$ 和 $\log X$ 的未知方程。我们可以从公式(15)和 $P = a(p)$ 推导出:

$$\partial w_i / \partial \log X = b_i$$

$$\partial w_i / \partial \log p_j = r_{ij} - b_i \alpha_j - b_i \sum r_{jk} \log p_k$$

所以,$b_i$ 和 $r$ 仍然具有解释力。这个特点大大拓宽了 AIDS 模型的有效应用范围。

对(15)式计量估计的困难是价格指数 $P$ 的测度。迪顿曾指出,指数 $P$ 可以用斯通价格指数代替。1987 年菲利普斯(G.Phillips)等人认为,两种指数在具体应用时,所得的结论是相近的。AIDS 模型的估计式(15)变为:

$$w_i = a_i + \sum_{j=1}^{n} r_{ij} \log(p_j) + b_i \log(X/P^*) \qquad (16)$$

$$\log(P^*) = \sum_{i=1}^{n} w_i \log(p_i)$$

$P^*$ 即为斯通价格指数。

### 7.1.5 ELES 和 AIDS 模型比较

在详细介绍了 ELES 和 AIDS 模型以后,我们将从它们建模的理论依据、对原始数据的依赖性、估计得出的参数指标以及模型本身具有的特点和优势等方面进行比较分析。

1. 理论依据

ELES 和 AIDS 模型都具有坚实的理论依据,它们都是在消费者满足理性假说的前提下,从特定形式的效用函数出发,求解消费者支出选择,并建立可计量的经济模型。不过 ELES 模型是在预算约束条件下,根据效用最大化原则求解马歇尔需求函数,而 AIDS 模型却是在给定价格体系和一定的效用水平下,求解如何以最少的支出来达到已给定的效用水平,由此得到的是"补偿的需求函数",即希克斯需求函数。当然,从理论上讲,它们是根本一致的。而且 AIDS 模型可以一阶逼近任何一种根据效用最大化原则推导出的支出系统。

2. 数据依赖性

ELES 模型一个明显的优势在于它在进行参数估计,包括计算自价格弹性和交叉价格弹性时,无须任何有关价格(水平)的信息,使研究人员在很大程度上减轻收集、整理原始数据的工作。而 AIDS 模型中有关各项消费支出的原始数据一律采用相对比重指标,可以在一定程度上减少实际支出数据统计中的误差,至少可以在一定程度上减少统计工作中由于某种相似趋势处理数据造成的误差和错误。在所有统计人员同等程度地虚报数据的情况下,采用相对指标甚至可以杜绝这种错误操作带来的所有影响。

### 3.参数及模型特点

ELES 计量模型的估计参数为 $b_i$、$\beta_i$，其他一些有用的参数 $p_i I_i$、$\eta_I$、$\eta_{ii}$、$\eta_{ij}$ 分别需要利用公式（7）、（8）、（9）、（10）计算得到。AIDS 计量模型的估计参数为 $a_i$、$b_i$、$r_{ij}$，它们已经包含了解释消费结构足够的信息。

ELES 和 AIDS 模型估计参数的经济含义存在较大的差别，$\eta_I$、$\eta_{ii}$、$\eta_{ij}$ 为消费支出的价格弹性、某类消费品的自价格弹性、某类消费品和其他类消费品的交互价格弹性，它们分别表示收入变化、消费品自身价格和其他消费品价格变化对于某类消费支出绝对数额的影响，至于这些变化到底如何造成消费结构的变化，仍需要进一步分析；而 AIDS 模型的估计参数 $b_i$、$\sum_{j=1}^{n} r_{ij}$、$r_{ij}$ 分别表示实际支出（$X/P$）变化、各类消费品价格按同一比例变化（价格总水平变化）、某类消费品价格变化对各类消费支出占总支出比重的变化情况，因此它们更直观、准确地表现出各种变量对消费结构的影响，更深刻地体现出结构分析的思想和方法，它也因此成为消费结构等有关结构分析的得力工具。当然它无法像 ELES 模型那样提供绝对收入水平和消费结构以及消费水平之间的关联信息。

由于 ELES 模型中，$p_i \gamma_i$ 为消费者对商品 $i$ 的基本生活支出，所以 $\sum_{i=1}^{n} p_i \gamma_i$ 就是维持消费者基本生活所需的全部消费支出的总和。因此利用它可以方便地估计出被考察对象的最低生活标准，这对于判断给定收入水平居民的生活状况，制定并实施最低生活标准具有借鉴意义。

## 7.2 城乡居民消费结构时间序列数据分析

我们将 1990 年以后的收入和各项消费支出时间序列数据，代入 ELES 计量模型，分析我国城乡居民消费结构的特点。下面表 7.1 和表

7.2 分别是利用 1990—1998 年间我国城镇和农村有关收入和消费支出数据（由表 6.7 和 6.8 数据根据 1998 年不变价格调整）得到的 ELES 模型的估计参数。其中各估计参数下面括号中为该估计参数的 T 检验值（以下同）。

表 7.1　城镇居民 ELES 参数估计值（时间序列数据）

| 支出项目 | $b_i$ | $\beta_i$ | $R^2$ | S.E. | D.W. |
|---|---|---|---|---|---|
| 食品 | 1190.85<br>(20.34) | 0.137<br>(10.40) | 0.9392 | 27.99 | 1.55 |
| 衣着 | 9.76<br>(6.12) | 0.100<br>(5.46) | 0.8101 | 39.13 | 0.66 |
| 居住 | −163.52<br>(−26.27) | 0.106<br>(10.01) | 0.9825 | 10.93 | 2.16 |
| 家庭设备用品及服务 | −182.03<br>(−6.98) | 0.098<br>(17.12) | 0.9799 | 10.85 | 1.87 |
| 医疗保健 | −208.30<br>(−6.37) | 0.073<br>(9.99) | 0.9345 | 15.64 | 0.52 |
| 交通通讯 | −231.14<br>(−4.05) | 0.083<br>(6.40) | 0.8540 | 33.74 | 0.21 |
| 文教娱乐用品及服务 | −423.91<br>(−7.46) | 0.165<br>(13.22) | 0.9668 | 23.66 | 0.59 |
| 其他商品和服务 | 136.80<br>(2.54) | 0.016<br>(0.34) | 0.2302 | 22.44 | 0.77 |
| 合计 | 128.51 | 0.778 | − | − | − |

表 7.2　农村居民 ELES 参数估计值（时间序列数据）

| 支出项目 | $b_i$ | $\beta_i$ | $R^2$ | S.E. | D.W. |
|---|---|---|---|---|---|
| 食品 | 451.84<br>(14.51) | 0.195<br>(10.65) | 0.9419 | 16.72 | 1.21 |
| 衣着 | 19.05<br>(1.31) | 0.043<br>(5.00) | 0.7817 | 7.79 | 1.17 |
| 居住 | 98.51<br>(2.63) | 0.062<br>(2.82) | 0.5320 | 20.18 | 0.93 |

(续表)

| 支出项目 | $b_i$ | $\beta_i$ | $R^2$ | S.E. | D.W. |
| --- | --- | --- | --- | --- | --- |
| 家庭设备用品及服务 | −15.14<br>(−1.71) | 0.048<br>(9.25) | 0.9243 | 4.76 | 0.95 |
| 医疗保健 | −17.68<br>(−4.84) | 0.040<br>(18.51) | 0.9820 | 1.96 | 2.20 |
| 交通通讯 | −66.60<br>(−21.13) | 0.058<br>(30.98) | 0.9928 | 1.69 | 1.30 |
| 文教娱乐用品及服务 | −125.35<br>(−9.88) | 0.132<br>(17.65) | 0.9780 | 6.81 | 1.01 |
| 其他商品和服务 | −20.05<br>(−1.49) | 0.028<br>(3.58) | 0.6472 | 7.24 | 0.85 |
| 合计 | 324.58 | 0.606 | — | — | — |

从上面参数表可以看出，由于城镇居民可以享受到诸如住房、医疗、养老等相对全面的社会福利保障，我国城镇居民的边际消费倾向(0.778)要大于农村居民(0.606)。城乡居民的消费重点都集中在食品、衣着、住房等基本生活必需品方面，特别是食品的边际消费倾向都较高，这说明我国城乡居民的消费结构还处于比较低级的阶段。城乡居民衣着支出边际消费倾向的差异反映出不同工作、生活环境下着装的观念和价值取向的区别。值得注意的是，农村居民的住房支出比例远大于城镇居民，从中可以明显看出城镇居民福利住房制度对其消费行为的影响。另外城镇和农村居民的文教娱乐用品和服务支出都占有相当的比例，而且其边际消费倾向都较大，特别是城镇居民此项支出的边际消费倾向占据了首位，可见我国城乡居民都很重视生活质量和教育水平的提高，这对于消费结构的改善和经济的健康发展具有重要意义。关于城乡居民消费结构的比较分析我们将在后面全面展开。

但消费结构并不是一成不变的，而且它也并不仅仅是收入的函数,价格水平、思想观念、生活方式、制度变革等都会影响居民消费选择,从而改变消费结构。因此,上述模型只能大致描述近年来我国居民消费结构的状况,而对于改革开放以来价格体系的逐步放开、供给约束的不断放松、思想观念的更新、生活方式的改变,以及各项社会保障制度和福利制度改革对于我国城乡居民消费结构的影响,则缺乏一定的说服力。

## 7.3 城乡居民消费结构横截面数据分析

本节我们将1998年全国城乡居民可支配收入和各项消费支出数据或城镇不同收入组有关数据代入ELES计量模型,利用计量结果来分析当前我国城乡居民消费结构构成、收入弹性、价格弹性等。

### 7.3.1 城镇居民消费结构现状

表7.3是利用1998年全国城镇居民不同收入组相关数据得到的ELES估计参数。表明居民各项支出和可支配收入之间存在稳定的函数关系。

本来我们也可以利用1998年全国各省份城镇居民收入和消费支出数据,但由于我国幅员辽阔,气候、自然条件、生活习惯等差异很大,这些差异必然反映到居民的消费中,因此利用这些数据进行估计得到的结果很不理想,无法通过检验。与各省份数据强化了消费结构的区域特点相反,不同收入组数据通过在全国范围内统一指标、分总会合,比较理想地舍象掉了造成消费结构地区差异的因素,得到的结果比较理想。从中我们可以看出:如果想深入考察我国居民消费结构的地区差异,各省份的横截面数据更有利,而不同收入组数据更适合我们将全国作为整体分析的目的。

表 7.3 城镇居民 ELES 参数估计值（各收入组横截面数据）

| 支出项目 | $b_i$ | $\beta_i$ | $R^2$ | S.E. | D.W. | $p_i\gamma_i$ | 估计值 $V_i$ | 实际值 | 相对误差(%) | 收入弹性 |
|---|---|---|---|---|---|---|---|---|---|---|
| 食品 | 976.77 (11.89) | 0.169 (12.19) | 0.9550 | 109.7 | 1.31 | 1395.68 | 1893.68 | 1926.89 | 1.72 | 0.48 |
| 衣着 | 31.61 (0.92) | 0.081 (13.97) | 0.9654 | 45.78 | 1.33 | 232.39 | 471.08 | 480.86 | 2.03 | 0.91 |
| 居住 | 118.20 (9.79) | 0.055 (26.86) | 0.9904 | 16.12 | 1.62 | 254.53 | 416.60 | 408.39 | 2.01 | 0.73 |
| 家庭设备用品及服务 | −202.31 (−5.23) | 0.106 (16.29) | 0.9743 | 51.64 | 1.19 | 60.44 | 372.79 | 356.83 | 4.47 | 1.61 |
| 医疗保健 | 44.99 (6.76) | 0.030 (26.51) | 0.9901 | 8.89 | 2.20 | 119.35 | 207.76 | 205.16 | 1.26 | 0.79 |
| 交通通讯 | −24.73 (−3.38) | 0.052 (42.00) | 0.9960 | 9.77 | 2.19 | 104.17 | 257.40 | 257.15 | 0.00 | 1.10 |
| 文教娱乐用品及服务 | 34.54 (5.53) | 0.086 (81.35) | 0.9989 | 8.35 | 1.51 | 247.71 | 501.13 | 499.39 | 0.35 | 0.93 |
| 其他商品和服务 | −52.01 (−5.94) | 0.047 (31.66) | 0.9930 | 11.69 | 1.38 | 64.49 | 202.99 | 196.95 | 3.07 | 1.29 |
| 合计 | 927.06 | 0.626 | — | — | — | 2478.76 | 4269.43 | 4331.61 | 1.44 | 0.78 |

## 7 居民消费行为:消费水平和消费结构的模型分析

表7.3显示,1998年全国城镇居民的边际消费倾向为0.626,与表7.1中的0.778相比,一方面验证了国外学者通过实证检验得出的居民长期边际消费倾向大于短期边际消费倾向的历史论断,另一方面也反映出城镇居民由于受到当前医疗、养老、教育、住房等各项社会制度改革和收入预期的影响,在收入增长速度有所减缓的情况下,他们借较高的储蓄来缓解各项改革可能带来的支出增加。各类消费支出的边际消费倾向显示:食品类边际消费倾向最高(0.169),说明新增收入中接近20%用于食品支出,在粮食消费增量超小的情况下,人们对副食、烟、酒等支出增加,因此新增食品消费中绝大多数为副食等的消费。另外是对家庭设备用品及服务(0.106)、衣着(0.081)消费的边际消费倾向较高,这基本反映出城镇居民家庭高档耐用消费品及家庭劳务消费增加和衣着高档化的趋势。另外,文教娱乐用品及服务的实际支出(499.39元)和边际消费倾向(0.086)都名列前茅,高于衣着消费支出,这再次印证了我国城镇居民对教育的重视程度和对生活质量的追求。当然教育制度的改革对居民此项支出的影响也不可忽视。值得注意的是,虽然我国的住房制度改革早已开始,但仍未对居民住房支出产生重大影响,其边际消费倾向很低(0.055),这说明我国住房改革的步伐还需加快。

表7.3同时显示,家庭设备用品及服务、交通通讯、其他商品和服务的收入弹性大于1,说明居民对这些商品和服务的需求增长率高于收入增长率。另外文教娱乐用品及服务、衣着的收入弹性也较高说明居民对此需求也比较强烈。根据消费支出分类,家庭设备用品主要包括家用电器、家具、设备等耐用消费品,它的快速增长基本反映出居民生活水平的全面提高。交通通讯支出呈现强劲的增长势头,说明市场经济不仅提高了居民收入水平,更大大强化了人们的时间观念、信息观念,并逐渐改变着人们的工作、生活方式。

利用ELES模型估计出的全国城镇居民基本生活支出标准为2478.76元(表7.4),高于最低收入户消费支出(2397.6元),但低于低收入户(2979.23元),说明最低收入户仍处于相对贫困状况,尤其是食品和衣着等基本消费品未能达到基本需求支出水平,在医疗保健方面也没有达到基本要求,因此,采取一定措施提高最低收入户的收入,改善他们的基本生活条件仍是一项很迫切的任务。而低收入户各项消费支出已全面超过基本消费需求,特别是某些指标如设备用品、交通通讯等已远高于基本支出标准。同时,通过比较各不同收入组的各项消费支出与基本消费需求,可以发现设备用品及服务、交通通讯、其他商品和服务等项的支出随收入增加迅速增长,并且不同收入组差距很大,说明城镇居民消费水平的档次已被大幅度拉开。

表7.4 基本需求支出估计值与低收入户、最低收入户比较 (元)

| 消费支出 | 食品 | 衣着 | 居住 | 用品及服务 | 医疗保健 | 交通通讯 | 文化娱乐 | 其他 | 合计 |
| --- | --- | --- | --- | --- | --- | --- | --- | --- | --- |
| 估计值 | 1395.69 | 232.39 | 254.53 | 60.44 | 119.35 | 104.17 | 247.17 | 64.49 | 2478.76 |
| 最低收入户 | 1302.84 | 200.92 | 262.44 | 95.80 | 115.15 | 96.49 | 249.75 | 74.60 | 2397.60 |
| 低收入户 | 1554.21 | 285.29 | 286.85 | 164.26 | 132.90 | 146.55 | 310.44 | 98.76 | 2979.27 |

### 7.3.2 农村居民消费结构现状

与利用城镇数据得到的估计结果不同,利用1998年我国农村居民的收入和各类支出数据得到的ELES估计参数(在回归过程中,适当排除了极少数影响估计结果可接受性的数据,见表7.5),虽然不少估计式对应的$S.E.$、$D.W.$、$R^2$不甚理想,但都基本可以接受,说明估计基本成立。这反映出我国广大农村虽然在很多方面具有一定差异,但其消费行为还是主要受制于收入水平,具有一定的相似性和可比性。当然如果能得到不同收入组的农村居民各项数据,我们就可能得出更理想的分析结果。

表 7.5 农村居民 ELES 参数估计值（横截面数据）

| 支出项目 | $b_i$ | $\beta_i$ | $R^2$ | S.E. | D.W. | $p_i\gamma_i$ | 估计值 $V_i$ | 实际值 | 相对误差(%) | 收入弹性 |
|---|---|---|---|---|---|---|---|---|---|---|
| 食品 | 352.83 (6.90) | 0.231 (10.18) | 0.8185 | 80.39 | 1.83 | 511.97 | 852.25 | 849.64 | 0.31 | 0.59 |
| 衣着 | 8.49 (0.71) | 0.042 (7.70) | 0.7207 | 17.45 | 1.00 | 37.43 | 99.29 | 98.06 | 1.25 | 0.93 |
| 居住 | -6.98 (-0.36) | 0.109 (13.02) | 0.8760 | 30.06 | 1.57 | 68.11 | 228.68 | 239.62 | 4.57 | 0.98 |
| 家庭设备用品及服务 | -12.78 (-1.62) | 0.041 (11.7) | 0.8510 | 11.76 | 0.95 | 15.47 | 75.86 | 81.92 | 7.40 | 1.08 |
| 医疗保健 | -5.22 (-0.57) | 0.033 (8.31) | 0.7341 | 13.93 | 1.84 | 7.61 | 66.09 | 68.13 | 2.99 | 1.05 |
| 交通通讯 | -52.85 (-5.40) | 0.051 (13.33) | 0.8873 | 17.19 | 1.46 | -17.71 | 57.41 | 60.68 | 5.39 | 1.82 |
| 文教娱乐用品及服务 | 11.06 (0.54) | 0.06 (36.89) | 0.6639 | 29.78 | 1.40 | 54.46 | 147.27 | 159.41 | 7.62 | 0.85 |
| 其他商品和服务 | -12.09 (-2.47) | 0.020 (8.98) | 0.7707 | 6.88 | 1.57 | 1.69 | 31.15 | 32.88 | 5.26 | 1.32 |
| 合计 | 282.46 | 0.59 | — | — | — | 679.03 | 1558 | 1590.33 | 2.03 | 0.80 |

表7.5显示,1998年全国农村居民的边际消费倾向为0.59,低于表7.2中的0.606,这表明随着收入的提高,农村居民消费行为符合边际消费倾向递减规律,当然社会制度变革对农村居民消费也会产生一定的影响,比如教育制度的改革会促使大部分农村家庭增加为满足子女接受较高教育的储蓄。在各类支出中,食品(0.231)、居住(0.109)、文教娱乐用品及服务(0.063)的边际消费倾向占据了前三位,相反家庭设备用品与服务(0.041)和衣着(0.042)的边际消费倾向都较低,这与表7.2显示的趋势基本相符。这充分说明我国广大农村居民的消费水平还停留在对基本的吃饭、穿衣、居住等需求的追求上,较高档次的家庭耐用消费品对于很多农民来讲,仍是一种奢望。较低的衣着消费反映了与城镇居民不同收入水平和生活方式下的着装观念上的差异。与利用时间序列数据进行的分析相似,此处较高的文教娱乐用品及服务支出也印证了农村居民对于知识的渴求和对自身素质提高的充分重视。

利用ELES模型估计出的全国农村居民基本生活支出标准为679.03元,远低于城镇居民的标准,仅相当于城镇居民基本生活支出的27.4%,这说明农村整体消费水平远远落后于城镇,如何减小并逐步消除巨大的城乡差距仍是一项长期而艰巨的任务。

对收入弹性的分析表明:食品、衣着和居住的收入弹性小于1,说明农村居民对这些项目的支出将基本维持在随收入提高缓慢增长的水平上;其他各项特别是交通通讯、医疗保健和家庭设备及服务的收入弹性都大于1,说明随着收入提高,居民在交通通讯、医疗保健、家庭耐用消费品方面的支出将快速增长;居住质量的改善仍是我国农村居民追求的目标;文教娱乐方面的支出增长速度也较快,这些对于改善我国农村居民的消费结构都有重要意义。

## 7.4 城乡居民消费结构差异:弹性分析

本节我们在承认城乡居民存在较大收入差异的基础上,利用 ELES 和 AIDS 模型分析收入、支出和价格水平变化对消费结构的不同影响。

### 7.4.1 AIDS 模型估计结果

根据 7.1 节中公式(16)表示的 AIDS 模型估计式,利用 1998 年我国城镇居民收入和各项消费支出及物价指数等数据可以计算出如表 7.6 所示的关于城镇居民消费结构的 AIDS 模型估计参数表。表 7.7 为利用 1998 年我国农村居民收入和各项消费支出及物价指数等数据计算得出的农村居民消费结构 AIDS 模型估计参数表。

与将这些数据利用到 ELES 模型中相似,由于各地区民俗习惯、地理环境、气候条件等方面的差异,估计结果的拟合优度不很理想,某些参数还有可能引起歧义,需要结合原始数据认真分析,但在无法掌握更为可资利用的数据资源的情况下(我们无法得到有关不同收入组城乡居民的分类消费价格指数),这么做也是可以发现不少很有意义的问题的。

各项估计中的 $D.W.$ 检验值都比较理想,但 $R^2$ 值明显偏低,参数估计值较好地吻合了加总条件和零阶齐次条件:

$$\sum_{i=1}^{n} a_i = 1 , \sum_{i=1}^{n} r_{ij} = 0 , \sum_{i=1}^{n} b_i = 0$$

但不满足对称条件:$r_{ij}=r_{ji}$,也不满足:$\sum_{j=1}^{n} r_{ij} = 0$

与利用 ELES 模型进行估计时相似,根据全国农村居民收入、支出数据得到的 AIDS 模型估计参数(表 7.7)比较理想,绝大多数项目的 $R^2$ 值都高于城镇居民估计参数表 7.6 对应的数值。与对城镇居民的估计

表 7.6 城镇居民 AIDS 模型估计参数

| 类别 | $a_i$ | $b_i$ | $r_{i1}$ | $r_{i2}$ | $r_{i3}$ | $r_{i4}$ | $r_{i5}$ | $r_{i6}$ | $r_{i7}$ | $r_{i8}$ | $R^2$ | $S.E.$ | $D.W.$ |
|---|---|---|---|---|---|---|---|---|---|---|---|---|---|
| 食品 | 0.265 (0.94) | 0.024 (0.73) | 0.952 (2.00) | −0.025 (−0.05) | 0.220 (0.88) | 0.295 (0.46) | 0.051 (0.15) | −0.636 (−1.43) | −0.318 (−0.74) | −0.317 (−1.87) | 0.3612 | 0.03 | 1.70 |
| 衣着 | 0.781 (4.71) | −0.080 (−4.17) | −0.149 (−0.53) | 0.204 (0.75) | 0.143 (0.97) | 0.030 (0.08) | −0.339 (−1.69) | 0.369 (1.40) | −0.066 (−0.26) | 0.199 (1.99) | 0.6657 | 0.02 | 1.81 |
| 居住 | 0.001 (0.01) | 0.012 (0.70) | −0.081 (−0.33) | −0.191 (−0.81) | −0.276 (−2.18) | −0.292 (−0.90) | 0.241 (1.39) | 0.034 (0.15) | 0.055 (0.25) | −0.111 (−1.23) | 0.3875 | 0.02 | 1.44 |
| 家庭设备用品 | −0.249 (−1.65) | 0.040 (2.29) | −0.151 (−0.59) | −0.195 (−0.79) | −0.115 (−0.85) | 0.121 (0.35) | −0.009 (−0.05) | 0.136 (0.57) | 0.364 (1.57) | 0.116 (1.28) | 0.3994 | 0.02 | 1.68 |
| 医疗保健用品 | 0.299 (2.85) | −0.031 (−2.55) | −0.154 (−0.86) | 0.265 (1.53) | 0.125 (1.34) | −0.244 (−1.02) | −0.054 (−0.43) | 0.100 (0.60) | −0.087 (−0.54) | 0.017 (0.27) | 0.4206 | 0.01 | 1.90 |
| 交通通讯用品 | 0.020 (0.34) | 0.004 (0.61) | 0.053 (0.67) | −0.144 (−1.55) | −0.053 (−1.17) | 0.078 (0.76) | 0.067 (1.50) | 0.069 (0.75) | −0.064 (−0.75) | 0.020 (0.54) | 0.4063 | 0.01 | 1.51 |
| 文教娱乐用品 | −0.067 (−0.54) | 0.020 (1.39) | −0.289 (−1.69) | −0.134 (−0.90) | −0.083 (−1.06) | 0.045 (0.16) | 0.046 (0.40) | 0.057 (0.36) | 0.035 (0.18) | 0.135 (1.73) | 0.3649 | 0.01 | 2.17 |
| 其他（服务） | 0.010 (0.19) | 0.003 (0.51) | −0.093 (−1.08) | 0.172 (2.38) | 0.091 (1.90) | −0.014 (−0.20) | 0.012 (0.24) | −0.123 (−1.73) | 0.030 (0.44) | −0.011 (−0.45) | 0.4831 | 0.01 | 1.91 |

表 7.7 农村居民 AIDS 模型估计参数

| 类别 | $a_i$ | $b_i$ | $r_{i1}$ | $r_{i2}$ | $r_{i3}$ | $r_{i4}$ | $r_{i5}$ | $r_{i6}$ | $r_{i7}$ | $r_{i8}$ | $R^2$ | S.E. | D.W. |
|---|---|---|---|---|---|---|---|---|---|---|---|---|---|
| 食品 | 1.111 (4.00) | -0.078 (-2.16) | 0.167 (0.27) | -0.781 (-1.30) | 0.127 (0.39) | 2.287 (2.30) | 0.275 (0.62) | -0.518 (-0.92) | -0.407 (-0.76) | -0.041 (-0.19) | 0.6618 | 0.04 | 1.77 |
| 衣着 | 0.134 (1.20) | -0.011 (-0.76) | -0.099 (-0.39) | 0.607 (2.51) | 0.276 (2.10) | -0.309 (-0.77) | -0.355 (-1.99) | -0.082 (-0.36) | -0.027 (-0.12) | 0.056 (0.64) | 0.4320 | 0.02 | 1.23 |
| 居住 | -0.002 (-0.02) | 0.022 (1.61) | 0.339 (1.41) | -0.294 (-1.28) | -0.258 (-2.06) | -0.837 (-2.20) | 0.036 (0.22) | 0.505 (2.35) | 0.143 (0.70) | 0.107 (1.29) | 0.6982 | 0.02 | 2.18 |
| 家庭设备用品 | -0.091 (-1.92) | 0.018 (2.86) | -0.142 (-1.34) | 0.001 (0.01) | 0.002 (0.04) | -0.272 (-1.61) | 0.051 (0.68) | 0.008 (0.09) | 0.038 (0.42) | 0.026 (0.71) | 0.6839 | 0.07 | 2.03 |
| 医疗保健用品 | 0.113 (1.90) | -0.009 (-1.12) | 0.049 (0.36) | 0.175 (1.36) | 0.003 (0.05) | -0.417 (-1.96) | -0.057 (-0.61) | 0.164 (1.37) | 0.107 (0.93) | 0.037 (0.79) | 0.4240 | 0.01 | 1.77 |
| 交通通讯用品 | -0.164 (-2.56) | 0.028 (3.41) | 0.001 (0.01) | 0.073 (0.52) | -0.017 (-0.23) | -0.084 (-0.37) | -0.004 (-0.04) | 0.077 (0.60) | 0.092 (0.75) | -0.027 (-0.55) | 0.6051 | 0.01 | 1.89 |
| 文教娱乐用品 | -0.102 (-0.85) | 0.026 (1.64) | -0.453 (-1.68) | 0.105 (0.40) | -0.106 (-0.75) | -0.138 (-0.32) | 0.062 (0.32) | -0.129 (-0.54) | 0.032 (0.14) | -0.084 (-0.90) | 0.4285 | 0.2 | 1.78 |
| 其他(服务) | 0.002 (0.01) | 0.004 (1.22) | 0.140 (2.47) | 0.114 (2.10) | -0.028 (-0.95) | -0.227 (-2.53) | -0.008 (-0.19) | -0.025 (-0.50) | 0.020 (0.42) | -0.073 (-3.76) | 0.6988 | 0.01 | 2.16 |

结果相似,此处参数估计值也较好地吻合了加总条件和零阶齐次条件,不满足对称条件:$r_{ij}=r_{ji}$,也不满足:$\sum_{j=1}^{n}r_{ij}=0$。这说明城乡居民消费行为不完全符合最大化假设,这可能主要是由于受外部环境如信贷约束、信息不完全等的限制,整体价格水平的变化会对城乡居民各类消费支出比例(消费结构)产生一定的影响。

### 7.4.2 收入弹性和"支出弹性"分析

1.ELES 模型中的收入弹性

利用前面的分析结果(见表7.3和7.5),我们可以得出城乡居民收入弹性对比分析表。表7.8显示城乡居民家庭设备用品及服务、交通通讯和其他商品与服务等需求的收入弹性都大于1,这说明城乡居民对以上各类商品和服务的需求增长率高于收入增长率。而食品、衣着等基本消费需求的增长率则较低。

表7.8 城乡居民收入弹性对比分析

| 项目 | 食品 | 衣着 | 居住 | 家庭设备用品及服务 | 医疗保健 | 交通通讯 | 文教娱乐用品及服务 | 其他 |
| --- | --- | --- | --- | --- | --- | --- | --- | --- |
| 城镇 | 0.48 | 0.91 | 0.73 | 1.61 | 0.79 | 1.10 | 0.93 | 1.29 |
| 农村 | 0.59 | 0.93 | 0.98 | 1.08 | 1.05 | 1.82 | 0.85 | 1.32 |

农村居民居住需求的收入弹性远大于城镇居民,再次验证了前面提到的住房制度改革仍然没有从根本上改变城镇居民消费行为的命题。在农村居民继续为改善居住条件奔波劳碌的同时,城镇居民依然将他们的收入大量投入到高档耐用消费品、时装等方面。

农村居民对于交通通讯强烈的需求也许不应仅仅从纯粹消费的角度来考虑。改革开放以来,广播电视事业的发展,乡镇企业的兴起,农村富余劳动力向城镇的转移和回流(他们初步经过了工业技术培训,可以为农村带回较先进的生产技术和崭新的思想观念),都使农村居民的工作、生活方式发生了很大变化。对交通通讯的消费比如农用运输车、电话等方面的支出都具有一定程度的投资性质,它们可以为农村居民带来更大的收益,而农村交通、通讯基础设施的不断完善为这一切创造了前提条件。

农村居民较低的食品和衣着需求收入弹性可能并不能说明他们在这些基本需求方面已获得了较大的满足,恰恰相反,这从一个侧面反映出在收入水平仍然较低的情况下,农村居民为了保证基本的医疗、文教等支出不得不"节衣缩食"。

从收入弹性分析中,我们可以看到城镇居民在基本实现小康生活水平以后,他们的消费热点已经转移到家庭耐用消费品、交通通讯、文教娱乐等方面,这确实反映出城镇居民消费结构的改善,而各项社会福利保障制度如住房、医疗等改革并没有对消费结构产生实质性的影响。但农村居民仍然在尽可能压低食品、衣着等基本消费需求的前提下,将新增收入集中投入到必需的地方(如住房、文教、基本的家庭耐用消费品等)或可能带来收益的消费中(如交通通讯)。因此,农村居民的某些消费行为带有一定的投资性质。从中也可以看出城镇居民可支配收入和农村居民人均纯收入统计口径上的区别。

2.AIDS 模型中的"支出弹性"

在 AIDS 模型中,参数 $b_i$ 用于解释扣除物价因素后的实际支出变化时,各类支出项目占总支出比重的变化,我们可以将其近似地定义为"支出弹性"。表 7.9 给出了 AIDS 模型对城乡居民"支出弹性"的参数估计。

表 7.9 城乡居民"支出弹性"对比分析

| 项目 | 食品 | 衣着 | 居住 | 家庭设备用品 | 医疗保健用品 | 交通通讯用品 | 文教娱乐用品 | 其他 |
|---|---|---|---|---|---|---|---|---|
| 城镇 | 0.024 | −0.080 | 0.012 | 0.040 | −0.031 | 0.008 | 0.020 | 0.003 |
| 农村 | −0.078 | −0.011 | 0.022 | 0.018 | −0.009 | 0.028 | 0.026 | 0.004 |

从表7.9中可以看出城乡居民各项支出的"支出弹性"呈现出基本相同的趋势,除食品、衣着、医疗保健等支出为"必需"消费品外,其他皆为"奢侈"消费品,它们在总支出中所占的比重随着总支出的增加而增加。其中城镇居民家庭设备用品的"支出弹性"高于农村居民,而其他各项比农村居民低,说明城镇居民对于家庭耐用消费品的需求较旺盛,而农村居民对于住房、交通通讯用品和文教娱乐等更感兴趣,当然不排除农村居民是在消费水平相当低的情况下,不得不对某些基本需求比如基本的住房和教育费用的开支进行消费的情况,这与ELES模型的收入弹性分析结果是一致的。一个值得注意的问题是,表7.9中食品"支出弹性"(0.024)表明对于城镇居民来讲,食品似乎是奢侈品,这与我们的感觉相差较大,通过分析原始数据,可以看出,由于饮食习惯等因素,消费支出与食品支出比重之间的关系存在明显的地区差异,消费支出处于全国最高水平的广东(7054.09元)、北京(6970.83元)和上海(6866.41元),它们的食品支出占总支出的比重分别为44.12%、41.11%和50.51%;而消费支出水平最低的甘肃(3099.36元)、内蒙古(3105.74元)和黑龙江(3303.15元),它们的食品支出比重分别为46.36%、40.85%和43.53%,两组消费水平下的地区间消费支出水平都存在较大差异,但消费支出的差距与食品支出占比的差距之间似乎没有严格的相关关系,这说明食品是必需品还是奢侈品在不同地区可能具有不同的答案。另外利用AIDS模型对食品支出进行估计的$R^2$检验值(0.361)也是所有估计中最低的,因此,此处估计的城镇居民食品"支出弹性"的准确性可能存在问题。

城乡居民医疗保健用品的"支出弹性"差异一方面反映出在较高的生活水平下,城镇居民整体的健康状况好于农村居民,另一方面也反映出城镇医疗保健制度改革仍需深入。

### 7.4.3 价格弹性分析

**1. ELES 模型中的价格弹性**

利用 7.1 节 ELES 模型自价格弹性公式(9)和互价格弹性公式(10),并根据表 7.3、表 7.5 关于城镇和农村居民 ELES 参数估计表中的估计值,分别计算城镇和农村居民各类消费支出的价格弹性如表 7.10 和 7.11 所示。

表 7.10 城镇居民各项消费支出的价格弹性($\eta_{ij}$)

| 支出项目(i) | 支出项目(j) | | | | | | | |
|---|---|---|---|---|---|---|---|---|
| | 食品 | 衣着 | 居住 | 家庭设备用品及服务 | 医疗保健 | 交通通讯 | 文教娱乐 | 其他 |
| 食品 | **−0.398** | −0.020 | −0.022 | −0.005 | −0.010 | −0.009 | −0.022 | −0.006 |
| 衣着 | −0.235 | **−0.556** | −0.043 | −0.010 | −0.020 | −0.018 | −0.042 | −0.011 |
| 居住 | −0.188 | −0.031 | **−0.411** | −0.008 | −0.016 | −0.014 | −0.033 | −0.009 |
| 家庭设备用品及服务 | −0.415 | −0.069 | −0.076 | **−0.849** | −0.035 | −0.031 | −0.074 | −0.019 |
| 医疗保健 | −0.204 | −0.034 | −0.037 | −0.009 | **−0.436** | −0.015 | −0.036 | −0.009 |
| 交通通讯 | −0.282 | −0.047 | −0.051 | −0.012 | −0.024 | **−0.616** | −0.050 | −0.013 |
| 文教娱乐 | −0.240 | −0.040 | −0.044 | −0.010 | −0.020 | −0.018 | **−0.547** | −0.011 |
| 其他 | −0.333 | −0.055 | −0.061 | −0.014 | −0.028 | −0.025 | −0.059 | **−0.688** |

表 7.11 农村居民各项消费支出的价格弹性($\eta_{ij}$)

| 支出项目(i) | 支出项目(j) | | | | | | | |
|---|---|---|---|---|---|---|---|---|
| | 食品 | 衣着 | 居住 | 家庭设备用品及服务 | 医疗保健 | 交通通讯 | 文教娱乐 | 其他 |
| 食品 | **−0.394** | −0.010 | −0.019 | −0.004 | −0.002 | 0.005 | −0.015 | 0.000 |
| 衣着 | −0.219 | **−0.366** | −0.029 | −0.007 | −0.003 | 0.008 | −0.023 | 0.000 |
| 居住 | −0.233 | −0.017 | **−0.746** | −0.007 | −0.003 | 0.008 | −0.025 | 0.000 |
| 家庭设备用品及服务 | −0.256 | −0.019 | −0.034 | **−0.819** | −0.004 | 0.009 | −0.027 | −0.001 |
| 医疗保健 | −0.248 | −0.018 | −0.033 | −0.007 | **−0.892** | 0.009 | −0.026 | 0.000 |
| 交通通讯 | −0.430 | −0.031 | −0.057 | −0.013 | −0.006 | **−1.277** | −0.046 | −0.001 |
| 文教娱乐 | −0.202 | −0.015 | −0.027 | −0.006 | −0.003 | 0.007 | **−0.680** | −0.001 |
| 其他 | −0.311 | −0.023 | −0.041 | −0.009 | −0.005 | 0.011 | −0.033 | **−0.950** |

表 7.10 和 7.11 显示,城乡居民各项支出的自价格弹性较大,特别是家庭设备用品及服务、交通通讯和文教娱乐等,其价格变化对城乡居民都有很大影响。互价格弹性一般都比较小,只是由于食品属于最基本的消费需求,而且其支出在总支出中比重最大,因此其价格变化对其他各项商品和服务需求影响较大。

通过比较可以发现,城镇居民衣着和家庭设备用品及服务等项目的价格弹性大于农村居民,说明城镇居民对这些项目的价格变化比较敏感,而农村居民对住房、医疗保健、交通通讯、文教娱乐等项目的价格变化反应较城镇居民强烈。

2.AIDS 模型中的"价格弹性"

AIDS 模型估计参数中 $r_{ii}$ 表示消费品价格变化对其支出比重($w_i$)的影响,$r_{ij}$ 表示某种消费品价格变化对其他消费支出比重的影响,因此可以将它们近似地看成为"自价格弹性"和"互价格弹性"。"自价格弹性"大于 0 表示随着某类消费品价格的上升,其支出占总支出比重增加。这可能发生在两种情况下,其一是由于这类消费品为基本消费生活所需,价格的升高并不能大幅度降低对它的实际需求量,引起支出份额上升;其二是由于对某类消费品的需求特别旺盛,价格上升时,实际需求量可能稍微下降甚至保持增长势头,从而使其所占支出比重上升。

表 7.6 和表 7.7 显示,对城镇居民来说,食品、衣着、家庭设备用品、交通通讯用品、文教娱乐用品等项目的"自价格弹性"大于 0,而居住、医疗等项的"自价格弹性"小于 0;农村居民的情况与城镇居民的相似,稍有不同的是其家庭设备用品的"自价格弹性"小于 0。这可能是由于食品、衣着对于城乡居民都属于基本消费需求,同时他们对交通通讯、文教娱乐等设施的需求很旺盛,从而在上述项目上对价格缺乏弹性,这些商品价格升高将导致其支出比重上升。家庭设备用品特别是家庭耐用消费品已日渐成为城镇居民的必要设施,但对于多数农村居民来说,

还是一种奢侈品,所以价格变化对他们造成不同的影响。

AIDS 模型中的"互价格弹性"$r_{ij}$可以告诉我们许多有关价格变化影响消费结构很有意义的结论,在此仅以食品与其他支出之间的关系做简单分析。城镇和农村居民食品支出与衣着、医疗卫生、文教娱乐等设施之间确认为负相关关系,即食品或衣着等需求价格的上升会相应引起衣着等需求或食品支出比重的下降。

$\sum_{j=1}^{n} r_{ij}$ 是当所有价格(整体价格水平)都增加相同比例时,对商品 $i$ 的支出占总支出的比重影响大小的估计。利用表 7.6 和表 7.7 可以计算出城乡各项支出对应的 $\sum_{j=1}^{n} r_{ij}$ 值:

表 7.12 城乡 $\sum_{j=1}^{n} r_{ij}$ 值对比分析

| 项目 | 食品 | 衣着 | 居住 | 家庭设备用品 | 医疗保健用品 | 交通通讯用品 | 文教娱乐用品 | 其他(服务) |
|---|---|---|---|---|---|---|---|---|
| 城镇 | 0.222 | 0.391 | −0.609 | 0.267 | −0.032 | 0.206 | −0.188 | 0.064 |
| 农村 | 1.109 | 0.130 | −0.259 | −0.288 | 0.061 | 0.111 | −0.711 | −0.087 |

在收入既定的前提下,所有价格都按同一比例增加预示着整体消费水平的下降。这种情况下,城镇和农村居民作出的选择不尽相同。表 7.12 显示,随着价格水平的等比例提高,城乡居民食品、衣着支出比重都相应增加,而居住和文教娱乐用品支出的比重减小,说明随着价格上升,生活质量下降,基本生活支出所占比重增加。交通通讯支出随价格变化的变动趋势与前面"支出弹性"分析也比较吻合,说明从某种意义上讲,交通通讯似乎确实是城乡居民的必需消费品。另外城镇居民消费支出比重增加的项目,如家庭设备用品和服务,正是农村居民压缩开支的选择对象。

从以上对城乡居民各类消费支出的收入、价格弹性和"支出弹性""价格弹性"的比较分析中,我们发现 ELES 和 AIDS 模型分别从不同的理论依据出发,采用不同的计量模型,利用不同的原始数据,却得出了几乎完全相同的结果,而且由收入弹性和价格弹性分析得出的有关消费结构构成及变动趋势的结论也能够相容,并能给对方提供有力的支持。这说明两种模型对于我国城乡居民消费结构都具有较强的解释力,而且我们所采用的原始数据基本上是客观、真实的,所得出的结论也大致反映了我国城乡居民消费结构的真实情况。

# 8 影响居民消费行为的因素分析

影响居民消费行为的主要因素可以分为收入因素和非收入因素。前者主要包括持久收入、暂时收入、过去收入、现行收入、预期收入、资产收入以及收入分配结构（相对收入）等；后者主要包括消费品补贴、居民资产、利率、价格预期、货币数量、消费品内部构成等。本章将通过实证分析，研究以上各种因素对城乡居民消费行为的影响。

## 8.1 收入与居民消费行为

收入是决定消费者行为的主要因素，这是毫无疑义的。我们这里要具体分析的是收入的不同形态对消费者行为的影响。所谓收入的不同形态是指持久收入、暂时收入、过去收入、现行收入和预期收入，以及相对收入等。

### 8.1.1 持久收入和暂时收入

从现代经济理论分析和实行市场经济国家的实际经验看，持久收入的边际消费倾向大于暂时收入的边际消费倾向，或者说，消费主要取决于持久收入。按弗里德曼的观点，消费同持久收入成固定比例。消费与暂时收入的相关程度较低，这主要在于暂时收入的性质，即这种收入是不稳定的，或者说没有保证的，经济周期波动是最明显的、经常影响暂时收入的因素,此外还有一些其他因素。相对而言,持久收入是收入中较稳定的部分。

就中国而言,如以1978年经济体制改革为标志划分为前后两个时期:1952—1977年和1978年以后,根据经验观察和体验,我们首先可以推断在两个时期中持久收入、暂时收入的特征。1952—1977年,在传统社会主义计划经济体制下,消费者收入不仅从整体上看是稳定的,其中暂时收入的波动也不太大;相比而言,1978年以后,在向社会主义市场经济过渡中,经济体制改革措施出台的间断性等因素使收入中的暂时性部分的波动加大。但是,在1978年以后,中国居民收入中的这两个组成部分同消费之间的关系,是否像现代经济理论分析的那样,或像其他一些国家那样,呈现持久收入的边际消费倾向大于暂时收入的边际消费倾向,消费的持久收入弹性大于消费的暂时收入弹性的关系?也许,在由于实行开放经济政策而导致的经济发达国家对中国的消费示范效应下,呈现完全相反的关系。

这里我们主要通过数据估计分析和计量模型实证检验以下几点:

(1)消费是否主要取决于持久收入;
(2)持久收入消费倾向与暂时收入消费倾向的关系;
(3)消费对于收入不同部分的敏感性。

很难找到与持久收入、暂时收入相对应的实际统计数字,但可以根据收入的时间序列数据估计持久收入和暂时收入。一般说来,在取得收入的时间序列数据后,持久收入 $Y_{p,t}$ 和暂时收入 $Y_{t,t}$ 的估算式可取为加权平均:①

$$Y_{p,t} = \sum_{i=0}^{\infty} w_i Y_{t-i} \qquad (1)$$

---

① 杨义群等:"收入内部构成部分估算的优化方法及其实证分析",《数量经济技术经济研究》1995年第9期。

$$Y_{t,t} = Y_t - Y_{p,t} \tag{2}$$

其中 $Y_t$ 是第 $t$ 期收入数据,而

$$\sum_{i=0}^{\infty} w_i = 1 \tag{3}$$

中的权数 $w_0, w_1, \cdots$ 是单调减小的非负数列。权重 $w_i$ 较自然的取法是取为等比数列:

$$w_i = (1-q) q^i \quad (i=0,1,\cdots; 0<q<1) \tag{4}$$

将(4)式代入(1)式,即得估算公式:

$$Y_{p,t} = (1-q) \sum_{i=0}^{\infty} q^i Y_{t-i} \tag{5}$$

也即

$$Y_{p,t} = (1-q) Y_t + q Y_{p,t-1} \tag{6}$$

这里,我们采用两种估算方法,估算中国居民收入中的这两部分。一种为弗里德曼的估计方法,按这种方法,

$$Y_p = (Y_c + Y_{c-1} + Y_{c-2})/3 \tag{7}$$

$$Y_t = Y_c - Y_p \tag{8}$$

这里,$Y_c$ 表示现期收入;$Y_{c-1}$ 表示前期收入;$Y_{c-2}$ 表示前两期收入。即持久收入以可度量收入的三阶移动平均值近似表示,暂时收入以现期收入同估计的持久收入间的差额近似表示。这实际上是将估算式(1)中的权数 $w_i$ 取为:

$$w_1 = w_2 = w_3 = 1/3, \quad w_i = 0 \ (i=4,5,\cdots)$$

这里可度量收入指居民可支配的货币收入,是按《中国统计年鉴》各卷中的有关数字估算得出。另外一种方法取 q=0.6,利用(6)式估计持久收入和暂时收入。我们将对利用这两种方法估计的持久收入和暂时收入的计量结果进行对比分析。

以往的实证检验证明,$Y_p$、$Y_t$ 同 $C$(居民消费支出)基本呈线性相关,据此建立计量模型:[①]

---

[①] 臧旭恒:《中国消费函数分析》,上海三联书店1994年版,第195页。

表 8.1 城乡居民持久收入、暂时收入估算

(元)

| 年份 | 城镇 持久收入 (1) | 城镇 暂时收入 (1) | 城镇 持久收入 (2) | 城镇 暂时收入 (2) | 农村 持久收入 (1) | 农村 暂时收入 (1) | 农村 持久收入 (2) | 农村 暂时收入 (2) |
|---|---|---|---|---|---|---|---|---|
| 1987 | 880.30 | 121.90 | 880.30 | 121.90 | 428.07 | 34.73 | 428.07 | 34.73 |
| 1988 | 1027.73 | 153.67 | 1000.74 | 180.66 | 477.17 | 67.73 | 474.80 | 70.10 |
| 1989 | 1186.43 | 189.27 | 1150.72 | 224.98 | 536.40 | 65.10 | 525.48 | 76.02 |
| 1990 | 1355.77 | 154.43 | 1294.51 | 215.69 | 610.90 | 75.40 | 589.81 | 96.49 |
| 1991 | 1528.83 | 171.77 | 1456.95 | 243.65 | 665.47 | 43.13 | 637.32 | 71.28 |
| 1992 | 1745.80 | 280.80 | 1684.81 | 341.79 | 726.30 | 57.70 | 696.00 | 88.00 |
| 1993 | 2101.53 | 475.87 | 2041.85 | 535.55 | 804.73 | 116.87 | 786.24 | 135.36 |
| 1994 | 2700.07 | 796.13 | 2623.59 | 872.61 | 975.53 | 245.47 | 960.14 | 260.86 |
| 1995 | 3452.20 | 830.80 | 3287.35 | 995.65 | 1240.17 | 337.73 | 1207.25 | 370.65 |
| 1996 | 4206.03 | 632.87 | 3907.97 | 930.93 | 1575.00 | 351.10 | 1494.79 | 431.31 |
| 1997 | 4760.73 | 399.57 | 4408.90 | 751.40 | 1864.70 | 225.40 | 1732.91 | 357.19 |
| 1998 | 5141.57 | 283.93 | 4815.36 | 609.69 | 2059.37 | 102.63 | 1904.55 | 257.45 |

资料来源:城乡持久收入和暂时收入数据分别利用城镇居民人均可支配收入和农村居民人均纯收入数据由上述两种方法估计得出,其中(1)为利用弗里德曼方法(三阶移动平均法)的计算结果,(2)为利用第二种方法($q=0.6$)的计算结果。

$$C = \alpha + \beta_1 Y_p + \beta_2 Y_t \qquad (9)$$

利用两种估算方法对我国1987—1998年城乡居民人均持久收入和暂时收入的估算结果如表8.1所示。根据1987—1998年的城乡人均收入数据估算持久收入和暂时收入,并运用模型进行回归分析,结果如表8.2所示。

**表8.2 持久收入、暂时收入与消费回归分析结果(1)**

| 估算方法 | 居民类别 | $\alpha$ | $\beta_1$ | $\beta_2$ | $R^2$ | S.E. | D.W. |
|---|---|---|---|---|---|---|---|
| 三阶移动平均法 | 城镇 | 111.796 (5.103) | 0.780 (93.828) | 0.832 (16.811) | 0.9994 | 35.73 | 1.96 |
| | 农村 | 88.403 (8.886) | 0.679 (62.900) | 1.142 (21.779) | 0.9990 | 16.21 | 1.47 |
| 利用(6)式估计 (q=0.6) | 城镇 | 115.099 (5.546) | 0.772 (61.789) | 0.850 (15.642) | 0.9994 | 34.78 | 1.98 |
| | 农村 | 112.870 (12.115) | 0.611 (38.517) | 1.248 (21.536) | 0.9992 | 14.46 | 1.56 |

从回归结果看,利用第二种方法估算的持久收入和暂时收入数据的回归结果的$T$检验值、$R^2$值、$D.W.$检验值和标准差都较好,因此以后本书中对持久收入和暂时收入的估计我们将一直采用这种方法。另外由于暂时收入波动很大,而消费并没有相应的大幅波动,因而暂时收入的波动可能会影响到回归结果中它的系数。在对城镇和农村的回归中,$Y_t$的系数皆大于1便出于此因。

对(9)式做双对数变换,以消除$C$与$Y_t$的非线性相关对回归的影响:

$$\ln C = \alpha + \beta_1 \ln Y_p + \beta_2 \ln Y_t \qquad (10)$$

利用(10)式进行回归分析的结果如表8.3所示。

表8.3中$\beta_1$和$\beta_2$分别为消费的持久收入弹性和暂时收入弹性,城镇为0.778和0.161,农村为0.672和0.207。即在1987—1998年间,持久收入每变化1%,城镇居民消费变化0.778%,农村居民消费变化0.672%;暂时收入每变化1%,城镇居民消费变化0.161%,农村居民消

费变化 0.207%。消费的暂时收入弹性大大低于消费的持久收入弹性。

表 8.3 持久收入、暂时收入与消费回归分析结果(2)

| 估算方法 | 居民类别 | $\alpha$ | $\beta_1$ | $\beta_2$ | $R^2$ | S.E. | D.W. |
|---|---|---|---|---|---|---|---|
| 三阶移动平均法 | 城镇 | 0.588<br>(5.603) | 0.833<br>(40.466) | 0.116<br>(6.235) | 0.9981 | 0.028 | 1.69 |
|  | 农村 | 0.791<br>(7.499) | 0.777<br>(36.090) | 0.143<br>(9.934) | 0.9980 | 0.025 | 2.30 |
| 利用(6)式估计<br>($q=0.6$) | 城镇 | 0.739<br>(5.971) | 0.778<br>(23.073) | 0.161<br>(5.809) | 0.9982 | 0.027 | 1.53 |
|  | 农村 | 1.171<br>(8.187) | 0.672<br>(19.165) | 0.207<br>(9.426) | 0.9982 | 0.023 | 2.52 |

从这个结果分析消费同持久收入、暂时收入的关系,可以推断:

(1)消费对持久收入的敏感性较强,即两者的相关程度较高;

(2)消费对暂时收入的敏感性较弱;

(3)由(1)和(2)推论,消费主要取决于收入中的持久收入部分。

在这三点中,第二点与人们一般所持的观点不同。人们一般认为,1978年以后,由于实行对外开放政策,消费示范效应作用很强;同时,经济体制改革释放出的生产力高速发展和国民收入初次分配向个人的倾斜,使人们的收入水平迅速提高,为人们长期被压抑的消费需求的爆发创造了收入基础;再加上不同消费者之间很强的攀比、攀附行为,使居民的消费倾向较高,收入增量更多地是形成消费需求,而不是储蓄。这种认识有一定道理,但仅看到一面,即诱导消费需求增加的那些因素,而没有看到另一面,抑制消费需求增加的那些因素,其中之一是居民从"无风险预期"向"风险预期"消费行为的转变。也许正是由于这种转变,居民收入中的暂时收入部分主要用于储蓄,而不是即期消费。

### 8.1.2 消费与现期收入

实证分析表明,1978年以前居民现期消费主要取决于现期收入。

1978年以后,由于居民消费行为的外部环境条件的变迁,居民现期消费与现期收入之间的关系有所变化,但现期收入对消费仍有很大的解释力。[①] 前面分析人均收入对消费的影响时,所用数据实际上就是城乡居民现期消费和现期收入数据,其回归结果自然也就反映了现期收入对现期消费的影响:现期消费与现期收入高度相关,现期消费主要取决于现期收入。

利用

$$\ln C = \alpha + \beta \ln Y \qquad (11)$$

式($\beta$为消费的收入弹性)对1985—1998年全国城镇和农村居民的收入和消费时间序列数据用最小二乘法进行回归分析,结果为:

城镇 　　　　$\ln C = 0.330 + 0.936 \ln Y$
　　　　　　　　(3.422)　(75.918)
　　　　　$R^2 = 0.9983$　$S.E. = 0.025$　$D.W. = 1.64$

农村 　　　　$\ln C = 0.395 + 0.916 \ln Y$
　　　　　　　　(3.564)　(57.136)
　　　　　$R^2 = 0.9969$　$S.E. = 0.029$　$D.W. = 1.13$

可以看出,城乡消费的收入弹性都很高,其中城镇为0.936,农村为0.916,即现期收入每增加1%,城镇居民消费增加0.936%,农村居民消费增加0.916%。这说明消费对现期收入的敏感性很强,城乡居民消费主要取决于现期收入。

### 8.1.3　消费与过去收入、预期收入

过去收入对消费的影响是很大的,因此,在分析消费与收入之间关系的几种有影响的消费函数中,均给予过去收入以重要地位。

---

① 臧旭恒:《中国消费函数分析》,上海三联书店1994年版,第152页。

杜森贝里和摩迪里安尼分别独立提出相对收入假定的消费函数，其基本模型为：

$$C_t/Y_t = \alpha + Y_t/Y_{*t} \tag{12}$$

（12）式中，$C_t$ 和 $Y_t$ 分别表示现期消费和收入，$Y_{*t}$ 则表示现期以前时期中最高的收入，或者说最高的过去收入，如果在以前时期中，

$$Y_{*t-i} > Y_{*t-j} \quad i=0,1,2,3\cdots; \ j=1,2,3\cdots \tag{13}$$

则 $Y_{*t}$ 即为前期收入，或滞后一期的过去收入。杜森贝里是从"消费不可逆性"解释过去收入对现期消费的影响，摩迪里安尼则是从经济周期波动导致的收入波动的角度，解释过去收入对现期消费的影响。杜森贝里之后，布朗（T.M.Brown）进一步发挥了"消费不可逆性"的观点，他从习惯坚持（habit persistence）同消费者行为的滞后性角度，把过去收入纳入其消费函数模型加以研究。而在弗里德曼的持久收入假定消费函数中，过去收入则是形成持久收入的基础。

以上种种分析中利用过去收入变量的方法均有可借鉴之处。在霍尔的"随机行走"模型中，霍尔从预期收入的含义上特别强调了滞后收入，即过去收入的地位。

这里借鉴检验"随机行走"假定的两个模型：①

$$C_t = \alpha + \beta_1 C_{t-1} + \beta_2 Y_{t-1} \tag{14}$$

$$C_t = \alpha + \beta_1 C_{t-1} + \sum \beta_i Y_{t-i} \tag{15}$$

式中，$C_t$ 为现期消费，$C_{t-1}$ 为前期消费，$Y_{t-j}$ 分别为滞后一到四期的收入。用1990—1997年城镇居民和农村居民现期消费对其滞后一期消费并分别对其滞后一期收入、滞后一到二期收入、滞后一到三期收入、滞后一到四期收入做回归，用普通最小二乘法估计的系数见表8.4。

---

① 臧旭恒：《中国消费函数分析》，上海三联书店1994年版，第148页。

## 表 8.4 城乡居民现期消费对滞后消费和滞后收入回归的系数

| | $\alpha$ | $\beta_1$ | $\beta_2$ | $\sum \beta_i$ ($i=2,3$) | $\sum \beta_i$ ($i=2,3,4$) | $\sum \beta_i$ ($i=2,3,4,5$) | $R^2$ | $S.E.$ | $D.W.$ |
|---|---|---|---|---|---|---|---|---|---|
| 城镇居民 | 614.78 (1.87) | -3.733 (-1.19) | 3.825 (1.54) | | | | 0.974 | 222.51 | 1.21 |
| | 598.57 (3.58) | -3.286 (-2.06) | | 3.302 | | | 0.995 | 113.19 | 2.80 |
| | 536.52 (1.16) | -2.891 (-0.89) | | | 3.018 | | 0.995 | 90.05 | 2.85 |
| | 54.26 (0.11) | -2.009 (-0.72) | | | | 2.867 | 0.997 | 130.23 | 3.36 |
| 农村居民 | 80.18 (0.30) | 0.573 (0.110) | 0.410 (0.10) | | | | 0.937 | 127.01 | 1.06 |
| | 327.93 (1.56) | -0.425 (-0.12) | | 0.722 | | | 0.976 | 87.86 | 1.66 |
| | -296.80 (-0.6) | 6.728 (1.112) | | | -4.334 | | 0.986 | 78.88 | 3.04 |
| | -94.31 (-0.8) | 1.046 (0.608) | | | | -0.440 | 0.999 | 19.62 | 2.96 |

结果表明,城镇居民滞后收入的系数均为大于 1 的正数,滞后一期消费的系数均为绝对值大于 1 的负数,即过去收入和过去消费都对城镇居民的现期消费产生影响,只不过现期消费与过去收入正相关,与过去消费负相关。农村居民现期消费同过去收入和过去消费之间的关系表现得较为复杂,从现期消费对滞后消费和滞后一期收入、滞后一到四期收入的回归结果看,过去消费系数的绝对值大于过去收入的系数的绝对值(加入滞后三期收入变量的回归中系数出现了较大波动,可不予考虑),似乎可以这么认为,农村居民消费更多地受到过去消费的影响,过去收入对它的影响不是很大。

但是,这种城乡差别的原因也许在于以上做的仅是居民货币消费对货币收入的回归,而没有考虑到农村自给性消费及实物收入的影响。1978 年以后,农村居民自给性消费在其消费中所占的比重尽管有较大幅度的下降,但仍占一定比重,尤其是在某些基本生活消费支出项目上,如食品支出,1998 年占农村居民家庭生活消费品支出的 53.43%,而食品支出中自给性的占 49.52%。与这部分自给性消费相对应的是实物收入,如果把自给性消费和实物收入分别与农村居民的货币消费和货币收入合计,用得到的这一组新的消费与收入数据做回归,也许结果完全不同。实际回归结果证明了上面的分析。用自给性消费和实物收入(这里是以自给性消费近似代替)修正后的消费与过去收入呈现出与城镇居民基本相同的相关关系。

预期收入对消费的解释力如何,关键在于跨时预算约束。在 1978 年改革以前,特别是 1985 年以城市为中心的经济体制改革以前,居民预算约束是现期一时的,而不是跨时的,预期收入对现期消费的解释力很弱,几乎不产生影响。以后随着金融等各项制度改革的推进和金融市场的建立,居民有了一定的资产存量,跨时预算约束开始发挥效用。按照生命周期假定,现期的以及将来计划的消费是现期收入加上预期收入和原始财产的函数,消费者按其一生中可动用的总资源在各个时期进行大体上均匀的消费支出。①

### 8.1.4 相对收入

1978年改革以来,我国收入分配差距拉大,消费的示范效应增强,因此,相对收入对消费影响的效力增加。这里主要是指杜森贝里明确表达的相对收入假定的第一个命题:在既定的相对收入分配之下,一个家庭从收入中储蓄的百分比与其在收入分配中所占的百分比,趋向于一个单一的、不变的和递增的函数关系;被储蓄的百分比不受收入绝对水平的影响。实际上,相对收入假定的横截面函数关系形式是首先由布雷迪(D.S.Brady)和罗斯·弗里德曼(Rose Friedman)提出的,他们提出:个人储蓄率不仅与其收入水平相关,而且与其在收入分配中的相对位置相关,即

$$S/Y = a + bY/Y' \tag{16}$$

式中 $S$ 和 $Y$ 表示个人储蓄和收入,$Y'$ 表示平均收入。摩迪里安尼和杜森贝里进一步论证了相对收入假定,在横截面函数形式基础上,提出了相对收入假定的时间序列总量数据函数形式,即

$$S/Y = a + bY/Y_0 \tag{17}$$

式中 $Y_0$ 表示用价格和人口指数修正过的、先前曾达到的最高收入水平。

布雷迪等人提出的横截面函数(16)式为储蓄函数,与其相对应的消费函数形式为:

$$C_i/Y_i = (1-a) + bY/Y_i \tag{18}$$

$$或 \quad C_i = (1-a)Y_i + bY \tag{19}$$

其中 $Y = \sum Y_i/n; 1-a > 0; b > 0$

---

① 臧旭恒:《中国消费函数分析》,上海三联书店1994年版,第29页。

在(16)式储蓄函数中,变量 $Y/Y'$ 为个别消费者(或个别消费者群体)收入与全体消费者平均收入之比,在其系数 $b$ 既定时,个别消费者单位的收入越低,$Y/Y'$ 值越小,表明由其相对收入位置所决定的储蓄倾向越低;反之反是。

将 1985—1997 年城镇居民按收入分组的相应数据代入(18)式,回归结果见表 8.5。

表 8.5 相对收入与消费的关系

| 年份 | $a$ | $b$ | $R^2$ | S.E. | D.W. |
|---|---|---|---|---|---|
| 1985 | 0.8658 | 0.1052 | 0.9539 | 0.01 | 1.58 |
| 1986 | 0.8632 | 0.0985 | 0.9673 | 0.01 | 1.16 |
| 1987 | 0.8537 | 0.1104 | 0.9665 | 0.01 | 1.65 |
| 1988 | 0.8921 | 0.0930 | 0.9618 | 0.01 | 2.06 |
| 1989 | 0.8190 | 0.1402 | 0.9532 | 0.01 | 1.70 |
| 1990 | 0.7767 | 0.1462 | 0.9457 | 0.02 | 1.48 |
| 1991 | 0.7719 | 0.1689 | 0.9744 | 0.01 | 1.98 |
| 1992 | 0.7181 | 0.1957 | 0.9818 | 0.01 | 1.06 |
| 1993 | 0.7137 | 0.1868 | 0.9761 | 0.01 | 1.36 |
| 1994 | 0.7089 | 0.1864 | 0.9605 | 0.02 | 1.51 |
| 1995 | 0.7317 | 0.1748 | 0.9746 | 0.01 | 1.01 |
| 1996 | 0.7014 | 0.1914 | 0.9690 | 0.02 | 1.10 |
| 1997 | 0.6639 | 0.1456 | 0.9740 | 0.01 | 1.07 |

从表 8.5 中数据可以看出,代入 1985—1997 年的相应数据后,除个别年份外均获得较好的回归结果:相关系数 $R^2$ 较高,T 检验值和 D.W.检验值证明回归结果成立。$b$ 值呈波动上升趋势,表明经济体制改革在城市展开后,居民收入差距拉开并逐渐扩大,相对收入对居民消费的效应增加,消费的示范效应增强。而不依相对收入状况而变化的平均消费倾向部分($a$ 值)呈下降趋势。

## 8.2 消费品补贴、利率、价格预期、货币数量、消费信贷与居民消费行为

除收入以外,还有多种经济因素与消费者行为密切相关,其中主要有消费品补贴、利率、价格和货币等。这里将逐一分析这几种因素。

### 8.2.1 消费品补贴

消费品补贴分为实物补贴和现金补贴两部分。其中,现金补贴形成居民货币收入的一部分,这一部分补贴的增加除使消费者的预算线平行上移外,对消费者行为的影响与其他货币收入相同。与此不同,实物补贴形成居民的非货币收入,其对消费者行为的影响与货币收入是不同的。因此,以下主要分析实物补贴对消费者行为的效应。

广义的消费品补贴包括居民住宅补贴、价格补贴、医疗费用补贴和教育费用补贴等。这些项目形成城镇居民非货币收入的主要部分。因为除教育费用补贴和价格补贴中的一部分为农村居民享有外,绝大部分补贴主要为城镇居民享有,所以这里主要分析消费品补贴对城镇居民消费行为的效应。

消费补贴对消费行为的影响首先在于,广义消费品补贴的绝大部分(除价格补贴中的明补部分外)形成居民货币收入以外的非货币收入,如果定义居民货币收入加上非货币收入为居民广义收入,那么,非货币收入的增加使居民广义货币收入增加,即居民实际可支配的收入增加。据有关研究,1978—1987 年,城镇居民广义收入中非货币收入所占比重由 15.65%上升到 22.37%。

居民实际可支配收入与经济学通常意义上的居民可支配收入的区别一眼可见,后者仅包括货币性收入,前者则还包括非货币性收入。在

一定的制度安排下,两者的区别可能十分微小,以至可以忽略这种区别,例如西方一些主要的资本主义国家,再如我们国家的农村居民(注意,农村居民的实物收入与这里的非货币性收入不同)。但在另外一些制度安排下,两者的差别可能很大,其对消费者行为的影响是绝不能忽略的,正如现在正在分析的我国城镇居民的例子。

实物补贴对居民消费行为的效应是双重的:一方面,实物补贴鼓励居民消费,原因很简单,居民只有实际消费(购买或获得国家财政暗贴的消费品)才能实际得到这种补贴,在不实行定量配给的前提下,消费越多,享受到的补贴越多。就这一方面而言,消费和补贴是同时同量发生的,如绘成图表则消费和补贴两条曲线应完全重合。另一方面,从居民消费构成上看,实物补贴还具有一种货币溢出效应(spill-over effect)。当某种消费品主要以实物补贴的方式获得时,居民本来准备用于满足对消费品需求的那部分货币收入被溢出,这即为实物补贴的货币溢出效应。被溢出的货币收入或者用于购买其他消费品,这时溢出效应增加了对其他消费品的需求压力;或者用于储蓄。这方面最典型的例子是城镇居民主要以实物补贴方式获得的住宅和公费医疗。

我们以下面的计量模型估计实物补贴对城镇居民消费的影响:

$$C_t = \alpha + \beta_1 Y_t + \beta_2 U_t + \varepsilon_t \qquad (20)$$

式中,$C_t$ 为当期消费,$Y_t$ 为当期货币收入,$U_t$ 为当期获得的实物补贴。代入相应数据后,回归估计结果为:

$$C_t = 213.24 + 0.711 Y_t + 0.011 U_t$$
$$(4.86) \quad (18.95) \quad (0.05)$$
$$R^2 = 0.997 \quad S.E. = 65.065 \quad D.W. = 1.92$$

其中,实物补贴 $U_t$ 的系数仅 0.011,且 T 检验值太小,似乎说明实物补贴对于城镇居民消费的解释力很弱。但是,以 1984 年城市全面开展经济体制改革为界,在前后两个时期中,实物补贴与货币收入的变动趋势大不相同。1978—1984年,两者以大体相同的速度增长,实物补贴在广义收入中所占比重上升;1984年以后,货币收入的增长速度明显高于实物补贴的增长速度,致使后者在广义收入中所占比重下降。据此,可以分为两个时期分别估计(20)式,结果为:

1978—1991年　　$C_t = 278.92 + 0.558Y_t + 0.311U_t$
　　　　　　　　　　(7.56)　　(9.09)　　(2.78)

　　　　　　　$R^2 = 0.997$　$S.E. = 12.91$　$D.W. = 2.15$

1984—1991年　　$C_t = 550.66 + 0.848Y_t - 1.075U_t$
　　　　　　　　　　(2.29)　　(8.01)　　(-1.36)

　　　　　　　$R^2 = 0.996$　$S.E. = 80.22$　$D.W. = 2.43$

分期回归结果说明,在1978—1991年期间,城镇居民货币收入每增加1元,消费增加近0.56元,实物补贴每增加1元,消费增加0.31元多,消费与实物补贴呈正相关关系。而在1984—1991年期间的系数为负值,说明消费与实物补贴呈负相关关系,实物补贴每增加1元,消费减少1元多。结论是,城市全面开展经济体制改革前后,实物补贴对城镇居民消费的效应截然相反。

随着经济体制改革特别是工资制度改革的不断深入,补贴无论绝对数量还是相对比重在我国居民收入中的地位都大大下降,因此,可以认为从90年代中后期开始,补贴对我国居民消费行为的影响越来越小,以至于可以不予考虑。

### 8.2.2 利率

国内一些学者认为,在我国利率对消费者行为的影响是确定的,利率的变化一般会引起平均消费倾向的相反方向的变化,即利率上升,消费相对减少;利率下降,消费相对增加。尽管根据有一些差别,但这同古典经济学派的观点是一致的。古典经济学派认为,利息率是影响储蓄数额的最重要的因素,有理性的消费者在利率高时比利率低时倾向于更多地储蓄。然而,20世纪30年代以后,经济学界广泛采纳的观点是,储蓄对利息率的变动表现出较小的反应。问题在于,制度因素是否使我国居民,尤其是平均储蓄额较多的城镇居民在利率与消费(储蓄)关系上呈现与现代经济理论不同,而与古典经济学派理论相同的图式。我国在1996—1998年连续多次降息,试图拉动储蓄向消费转化,结果都没能取得多大成效,这在一定程度上验证了后者的观点。究竟利率与我国居民消费之间的关系如何,我们可以采用下面的双对数计量模型进行检验:

$$\ln C = \alpha + \beta_1 \ln Y + \beta_2 \ln R \tag{21}$$

式中,$C$ 和 $Y$ 分别为人均居民消费支出和人均收入,$R$ 为一年期储蓄存款利率,一年中若有多个利率值,按加权平均法计算平均值。分别代入1985—1997年城镇居民和农村居民的相应数据进行回归,结果为:

城镇　　$\ln C = -0.2424 + 0.9529\ln Y + 0.1659\ln R$
　　　　　　$(-0.15)$　$(5.60)$　　　$(0.23)$
　　　　$R^2 = 0.7954$　$S.E. = 0.3552$　$D.W. = 2.03$

农村　　$\ln C = -0.1821 + 0.9522\ln Y + 0.1550\ln R$
　　　　　　$(-1.48)$　$(67.06)$　　$(2.94)$
　　　　$R^2 = 0.9980$　$S.E. = 0.0265$　$D.W. = 1.47$

式中 $\ln R$ 的系数可以说明两个问题:

(1)$\ln R$ 的系数较 $\ln Y$ 的系数小得多,城镇为0.1659,农村为0.1550,即利率每变化1%,城乡居民消费分别变化0.1659%和0.1550%,这说明消费对利率的敏感性较收入要弱得多。

(2)$\ln R$ 的系数为正数,说明消费与利率正相关,按同方向变化,即利率上升,消费将增加而不是减少;反之,利率下降,消费也随之下降。这不仅与古典经济理论是相悖的,而且也不符国内一些学者的观点。

对我国消费与利率之间关系分析的结论支持了夏皮罗、阿克利等利率对消费影响不确定性的观点。正如有人指出的:虽然有理由肯定,在一给定的总的可支配收入水平上,利息率对收入在消费和储蓄之间的分配有某些影响;但是却不能同样肯定地说,较高的利息率必然使收入用于消费的部分减少,用于储蓄的部分增加,反之亦然。利息率的某种变动,既可以导致储蓄总额增加,也可以导致储蓄总额减少。正是由于利率对消费影响的这种不确定性,通过降低利率刺激储蓄向消费转化的政策效果将是不显著的。

### 8.2.3 价格预期

1978年以来,由于消费品价格及与其相关的其他商品价格逐渐放开,价格形成机制由政府定价转向市场定价,价格的波动幅度和增长幅度均增大。在此基础上,价格预期成为影响消费需求的重要因素,在一定程度上影响着消费支出及平均消费倾向的变动。

用1985—1998年居民消费支出总额对滞后一期价格指数回归分析价格预期对消费支出的效应,结果为:

全国　　$C = -1031.5203 + 13.3768 P_{t-1}$

$\qquad\qquad\quad(-5.11)\quad\;(11.99)$

$R^2 = 0.9473\quad S.E. = 180.94\quad D.W. = 0.71$

城镇　　$C = -905.5351 + 15.5616 P_{t-1}$

$\qquad\qquad\quad(-4.00)\quad\;(13.59)$

$R^2 = 0.9585\quad S.E. = 232.09\quad D.W. = 1.02$

农村　　$C = -352.5851 + 6.5152 P_{t-1}$

$\qquad\qquad\quad(-4.32)\quad\;(14.74)$

$R^2 = 0.9645\quad S.E. = 77.09\quad D.W. = 0.68$

式中,$C$分别为1987—1996年全国居民消费水平、城乡居民消费支出,

$P_{t-1}$分别为以1985年为100的滞后一期的全国零售物价总指数、职工生活费用指数和农村零售物价指数。回归结果表明,滞后一期的物价每变动1元,全国居民消费水平变动13.38元,城镇居民消费支出变动15.56元,农村居民消费支出变动6.52元。价格预期对居民消费行为的影响是确定的。

### 8.2.4 货币数量

流通中的货币数量与居民消费之间的关系比较复杂,因此,货币数量对消费支出的影响究竟怎样,有截然不同的观点。一种观点是,消费取决于货币数量,货币越多,消费也越多。实际上,流通中货币的数量与居民消费支出的关系不这样简单。至少可以从这样几个方面分析货币数量与居民消费的关系:

(1)货币的流通速度。货币流通的速度越快,居民实现等量消费所必需的货币数量越少。

(2)假定货币流通速度不变,给定时期内流通中货币的数量与消费品可供量之比显然成为影响货币数量与居民消费关系的重要因素。当流通中货币的数量与消费品可供量相比过多时(假定消费品之外其他商品可供量给定),居民实现等量的消费支出需要较多的货币数量,这时表现为消费品价格指数上涨,当上涨达到一定程度并持续一定时期时,通货膨胀发生。当流通中货币数量的增加同消费品可供量的增加保持大致相同速度时,在货币数量的增加使居民可支配收入增加的条件下,居民消费支出增加。

(3)货币幻觉(Money Illusion)。这是与货币数量对居民消费支出影响相关的一个问题。如果消费者在其可支配的货币收入增加时没有察觉到消费品价格同时也上涨了,"货币幻觉"发生。这时,消费者倾向于认为自己的实际收入增加了,而实际上其实际收入增加的幅度很小,或者没有增加,甚至下降了。在假定消费者普遍受"货币幻觉"支配的前提下,货币数量的增加如果使居民可支配货币收入增加,这种增加使居民相对增加收入中的储蓄部分,减少消费部分。但是,消费者之中是否普遍存在"货币幻觉",则是一个较难判断的问题。

总之,流通中货币的数量对居民消费的影响同货币流通速度、货币数量与消费品可供量以及消费者对其实际收入变动的体察程度等诸种因素相关。以下,以全国居民1958—1998年期间消费支出总量时间序列数据对货币流通数量做简单回归和双对数回归,结果为:

$$C_t = 818.023 + 4.024 M_0$$
$$(1.11) \quad (31.30)$$
$$R^2 = 0.9899 \quad S.E. = 154.41 \quad D.W. = 1.31$$
$$\ln C_t = 2.533 + 0.871 \ln M_0$$
$$(9.07) \quad (25.47)$$
$$R^2 = 0.9848 \quad S.E. = 0.095 \quad D.W. = 0.67$$

说明流通中货币数量每增加1元,全国居民消费增加4.024元,前者每变动1%,后者变动0.871%。但是,流通中货币数量的变动对居民货币收入在消费和储蓄之间分配的影响是不确定的。

### 8.2.5 消费信贷

消费信贷是居民跨时预算约束形成的条件之一。在完善的资本市场条件下,消费信贷的存在必然会改变居民消费的外部环境,从而影响居民的消费行为,消费者可以以借贷的手段在现时支出未来可能获得的收入,居民预算约束将是跨时的,而不再是一时的。生命周期假定的消费函数理论甚至认为,在没有流动约束条件下,预算约束是终生跨时预算约束,消费者将按其一生的收入和财产,在各个时期进行大体上均匀的消费支出。也就是说,如果具备完善的资金市场和消费信贷机制,居民预期收入及其一生中可动用的资产都会对其现期消费发生作用。

在我国,随着资本市场的形成和不断完善,消费信贷政策的出台会影响我国居民的消费行为,改变居民收入与消费的关系。但是,我国的消费信贷制度尚处于初建时期,消费信贷机制很不完善,由于缺乏个人资信和还贷能力的调查和监督机制,银行不轻易把资金贷给居民个人,从而影响了居民预算约束的跨时效应,限制了即期消费的增长。

## 8.3 消费内部构成与消费者行为

上面两节分析了影响消费者行为的各种主要因素,这种分析把居民消费作为一个整体,看其同外部某些经济变量的关系。实际上,居民消费本身也是由不同部分构成的,而且,这种构成影响着消费者行为,是研究消费者行为时不可忽略的方面。在这一节,我们按两种不同的消费构成划分,即:一是把消费划分为持久性部分和暂时性部分,二是把消费支出划分为非耐用消费品支出、耐用消费品支出和劳务支出,分析消费不同部分对消费者行为的作用。

### 8.3.1 持久消费和暂时消费

持久消费、暂时消费是与持久收入、暂时收入相对应的概念,或者说经济变量。这里规定:

$$C_t = C_{p,t} + C_{t,t} \tag{22}$$

式中,$C_t$ 为消费;$C_{p,t}$ 为消费中的持久部分,称为持久消费;$C_{t,t}$ 为消费中的暂时部分,称为暂时消费;消费由这两个部分构成。持久消费是具有经常性质的消费,暂时消费是非经常性的消费。根据对消费这两个不同部分的规定以及前面对收入的两个不同部分的规定:

$$\rho C_{t,t} C_{p,t} = \rho Y_{t,t} Y_{p,t} = \rho Y_{t,t} C_{t,t} = 0 \tag{23}$$

式中,$\rho$ 为由下标所表示的变量间的相关系数。此式说明,消费的两个不同部分之间,收入的两个不同部分之间,以及消费的暂时部分与收入的暂时部分之间均不存在相关关系。

由消费与收入之间的一般关系:

$$C_t = \alpha + \beta Y_t \tag{24}$$

将(2)式代入(24)式,

$$C_t = \alpha + \beta(Y_{p,t} + Y_{t,t}) = \alpha + \beta_1 Y_{p,t} + \beta_2 Y_{t,t} \tag{25}$$

在(25)式中,$C_t = C_{p,t} + C_{t,t}$。由对暂时消费的规定可推断,$C_{t,t}$ 的变动与收入的变动无关,因此可把(25)式中 $C_t$ 所包含的 $C_{t,t}$ 归入随机扰动项(误差项),(25)式变为:

$$C_{p,t} = \alpha + \beta_1 Y_{p,t} + \beta_2 Y_{t,t} \tag{26}$$

现在可以进一步推论,持久消费的变动唯一是由持久收入的变动导致的,即

$$C_{p,t} = \alpha + \beta_1 Y_{p,t} \tag{27}$$

这一点可以由依(27)式所作回归中,$Y_{t,t}$ 的系数 $\beta_2$ 不具统计显著性,或者说接近于 0 来验证。

同样,可以依(24)到(27)式写出对称的收入对消费回归的式子:

$$Y_t = \alpha + \beta C_t \tag{28}$$

$$Y_{p,t} + Y_{t,t} = \alpha + \beta_1 C_{p,t} + \beta_2 C_{t,t} \tag{29}$$

$$Y_{p,t} = \alpha + \beta_1 C_{p,t} + \beta_2 C_{t,t} \tag{30}$$

$$Y_{p,t} = \alpha + \beta_1 C_{p,t} \tag{31}$$

在(30)式中,$C_{t,t}$ 的系数 $\beta_2$ 应同样不具统计显著性。

由以上分析,可以推导:

(1)暂时消费与收入的变动不相关;

(2)持久消费与收入中的暂时收入部分关系不大;

(3)暂时收入与消费的变动不相关;

(4)持久收入与消费中的暂时消费部分关系不大。

第一点意味着从(25)式的 $C_t$ 中去掉 $C_{t,t}$ 部分后,不影响、甚至不会改进回归的结果。这可以用(25)和(26)式中的回归结果进行比较验证。第二点意味着(26)式中去掉 $Y_{t,t}$ 这一变量后基本上不影响回归结果,即前面已指出的,$Y_{t,t}$ 的系数 $\beta_2$ 不具有统计显著性。由于消费对收入的回归和收入对消费的回归是对称的或对偶的一对回归,第三和第四点的检验同第一、二点的,即用(29)和(30)式的回归结果检验第三点,用(30)式中 $C_{t,t}$ 的系数和(30)与(31)式的回归结果检验第四点。对(25)、(26)、(27)式和(29)、(30)、(31)式作双对数变换后,利用表 8.1 的持久收入、暂时收入数据和表 8.6 所示的持久消费和暂时消费的回归结果(见表 8.7,其中对持久消费和暂时消费的估计参照前面对持久收入和暂时收入的第二种方法并且 q=0.6)完全验证了上述几点。

表8.6　城乡居民持久消费、暂时消费估算　　　(元)

| 年份 | 城镇 持久消费 | 城镇 暂时消费 | 农村 持久消费 | 农村 暂时消费 |
|---|---|---|---|---|
| 1987 | 785.53 | 98.87 | 357.57 | 40.73 |
| 1988 | 912.92 | 191.08 | 405.22 | 71.48 |
| 1989 | 1032.15 | 178.85 | 457.33 | 78.17 |
| 1990 | 1130.85 | 148.05 | 508.24 | 76.36 |
| 1991 | 1260.03 | 193.77 | 552.86 | 66.94 |
| 1992 | 1424.70 | 247.00 | 595.32 | 63.68 |
| 1993 | 1699.14 | 411.66 | 665.07 | 104.63 |
| 1994 | 2160.00 | 691.30 | 805.76 | 211.04 |
| 1995 | 2711.04 | 826.56 | 1007.62 | 302.78 |
| 1996 | 3194.43 | 725.07 | 1233.41 | 338.69 |
| 1997 | 3590.90 | 594.70 | 1386.93 | 230.27 |
| 1998 | 3887.18 | 444.43 | 1468.29 | 122.04 |

资料来源:利用城乡居民有关消费数据,参照第二种估算持久收入和暂时收入的办法并且取 q=0.6 计算得出。

表 8.7 消费不同部分与收入不同部分回归结果

| 式号 | 居民类别 | $\alpha$ | $\beta_1$ | $\beta_2$ | $R^2$ | S.E. | D.W. |
|---|---|---|---|---|---|---|---|
| (25) | 城镇 | 0.739 (5.971) | 0.778 (23.073) | 0.161 (5.809) | 0.9982 | 0.027 | 1.53 |
|  | 农村 | 1.171 (8.187) | 0.672 (19.165) | 0.207 (9.426) | 0.9982 | 0.023 | 2.53 |
| (26) | 城镇 | 0.308 (4.755) | 0.951 (53.879) | −0.016 (−1.094) | 0.9995 | 0.014 | 1.24 |
|  | 农村 | 0.407 (3.955) | 0.882 (34.990) | 0.042 (2.691) | 0.9990 | 0.017 | 0.97 |
| (27) | 城镇 | 0.348 (6.415) | 0.933 (131.41) | —— | 0.9994 | 0.014 | 0.94 |
|  | 农村 | 0.196 (2.307) | 0.945 (74.991) | —— | 0.9982 | 0.022 | 0.69 |
| (29) | 城镇 | 0.060 (0.421) | 0.918 (25.886) | 0.156 (5.619) | 0.9981 | 0.030 | 1.58 |
|  | 农村 | −0.264 (−2.700) | 1.027 (44.650) | 0.090 (5.546) | 0.9988 | 0.021 | 1.68 |
| (30) | 城镇 | −0.348 (−4.665) | 1.063 (57.275) | 0.008 (0.522) | 0.9994 | 0.016 | 1.13 |
|  | 农村 | −0.290 (−3.175) | 1.095 (50.835) | −0.032 (−2.121) | 0.9988 | 0.020 | 0.60 |
| (31) | 城镇 | −0.368 (−6.045) | 1.071 (131.41) | —— | 0.9994 | 0.015 | 0.94 |
|  | 农村 | −0.195 (−2.109) | 1.057 (74.991) | —— | 0.9982 | 0.023 | 0.69 |

### 8.3.2 非耐用消费品、耐用消费品和劳务支出构成

囿于所能利用的数据资料和我国城乡居民消费支出的实际情况,这里仅能以城镇居民的情况为例进行分析。表 8.8 给出了 1993—1998 年我国城镇居民非耐用消费品、耐用消费品和劳务的有关数据。

在消费支出的三个构成部分中,非耐用消费品支出和劳务支出是

比较稳定的部分,而耐用消费品支出是不稳定的部分。非耐用消费品支出的变动轨迹与消费支出总额的几乎完全重合,劳务支出的变动轨迹与消费总额的大体上一致,三者均是稳定增长趋势;唯独耐用消费品支出的变动有较大的波动。由此可以推测,在不同部分的消费支出和不同部分的收入的关系上,非耐用消费品支出和劳务支出与持久收入密切相关,与暂时收入相关性较弱;耐用消费品支出则完全相反,与持久收入相关较弱,与暂时收入密切相关。对此,可以分别

表8.8　城镇居民消费支出构成　　　　　（元）

| 年份 | 持久收入 | 暂时收入 | 耐用消费品 | 非耐用消费品 | 劳务 | 总消费 |
| --- | --- | --- | --- | --- | --- | --- |
| 1993 | 2041.85 | 535.55 | 267.84 | 1621.01 | 221.96 | 2110.81 |
| 1993(2) | 2038.81 | 409.20 | 222.74 | 1619.30 | 213.68 | 2055.72 |
| 1994 | 2623.59 | 872.61 | 380.86 | 2158.41 | 312.07 | 2851.34 |
| 1995 | 3287.35 | 995.65 | 464.25 | 2671.29 | 402.03 | 3537.57 |
| 1995(2) | 3158.92 | 909.74 | 387.11 | 2666.31 | 392.70 | 3446.12 |
| 1996 | 3907.97 | 930.93 | 499.81 | 2936.49 | 483.17 | 3919.47 |
| 1996(2) | 3725.61 | 850.03 | 437.84 | 2905.62 | 472.88 | 3816.34 |
| 1997 | 4408.90 | 751.40 | 579.23 | 3039.80 | 566.61 | 4185.64 |
| 1997(2) | 4193.23 | 701.43 | 514.04 | 3028.73 | 521.78 | 4064.55 |
| 1998 | 4815.36 | 609.69 | 660.83 | 3040.83 | 629.95 | 4331.61 |
| 1998(2) | 4563.54 | 555.45 | 551.81 | 3016.56 | 611.27 | 4179.64 |

注:非耐用消费品=食品(食品-食品加工费)+衣着(服装+衣着材料+鞋、袜、帽及其他衣着)+家庭设备用品及服务(室内装饰品+床上用品+家庭日用杂品)+医疗保健×60%+居住(水、电、燃料及其他)+杂项商品(个人消费+其他商品);

耐用消费品=家庭设备用品及服务(耐用消费品+家具材料)+交通通讯×60%+娱乐、教育、文化用品及服务(文娱用耐用消费品)+居住(住房);

劳务=食品(食品加工服务费)+衣着(衣着加工服务费)+医疗保健×40%+交通通讯×40%+文教娱乐用品及服务(教育+文化、娱乐)+杂项商品(其他服务)。

另外,1993(2),1995(2),……,1998(2)分别表示相应年份按5等分的中等收入家庭的相关数据。

资料来源:根据《1994年中国城镇居民家庭收支调查资料》(国家统计局城市社会经济抽样调查队编,中国统计出版社)和1996—1999年《中国物价及城镇居民家庭收支调查统计年鉴》(国家统计局城市社会经济调查总队编,中国统计出版社)有关城镇居民消费数据整理。

对消费支出的不同部分与收入不同部分进行回归,回归模型为:
$$C_j = \alpha + \beta_1 Y_{p,t} + \beta_2 Y_{t,t} \qquad j=1,2,3 \qquad (32)$$
其中 $j=1,2,3$ 分别代表非耐用消费品支出、耐用消费品支出和劳务支出。回归结果如表 8.9 所示。

表 8.9　消费构成与收入不同部分的关系

| 消费类别 | $\alpha$ | $\beta_1$ | $\beta_2$ | $R^2$ | S.E. | D.W. |
|---|---|---|---|---|---|---|
| 非耐用品 | 178.94<br>(1.23) | 0.512<br>(17.20) | 0.847<br>(5.55) | 0.9784 | 91.19 | 2.08 |
| 耐用品 | −52.31<br>(−1.73) | 0.114<br>(16.032) | 0.138<br>(3.847) | 0.9855 | 18.78 | 2.45 |
| 劳务 | −78.78<br>(−4.61) | 0.148<br>(42.15) | −0.005<br>(−0.26) | 0.9956 | 10.74 | 2.06 |

回归结果显示,耐用消费品支出回归中暂时收入的系数大于持久收入,但差距不大,说明耐用消费品支出与暂时收入关系密切;劳务支出回归中暂时收入系数很小,表明劳务支出与暂时收入相关较弱,与持久收入相关较强;耐用消费品支出和劳务支出的回归结果基本证明了上述推测。但非耐用消费品支出的回归结果中,持久收入和暂时收入的系数均较大,而且暂时收入的系数大于持久收入的系数,与上述推测结果不符。其中可能的原因在于在消费的分类中,非耐用消费品支出中仍含有相当数量应划归耐用消费品和劳务支出项目下的成分,例如首饰和高档衣着应划归耐用消费品,在外就餐中的相当部分应计为劳务支出等。如果能够得到更准确的原始数据,进行更科学的划分,应该能够证实上述推测。

# 9 居民消费行为:消费需求态势分析及政策选择

消费需求作为社会需求的重要组成部分,既是社会生产的最终目的,也是保证经济发展和社会进步的重要动力。近年来,由于各种国内外因素的影响,消费需求相对疲软一度成为影响我国宏观经济运行态势和经济增长速度的重要问题之一。虽然国家采取了多种财政、货币政策,如通过发行国债扩大政府投资,多次降低银行存贷款利率,征收利息税等,但收效甚微,直到目前,我国消费需求仍没有完全走出低谷。这一方面是由于这些政策发生作用存在一定的时滞,另一方面也表明当前我国的消费需求不足存在深层次因素。本章将从消费者行为的角度,对我国消费需求疲软的成因、消费需求结构转换与升级的条件及新的消费增长点的选择等方面进行分析,并据此提出启动我国消费需求的政策措施。

## 9.1 消费需求疲软的原因分析

导致消费需求疲软的原因是多方面的,既有生产和流通的因素,也有分配和消费本身的因素,同时在我国特定的社会和经济条件下,制度变迁因素的影响也不可忽视。我们认为,以下几个方面的"合力"效应是导致我国目前消费需求疲软的主要原因。

第一,城乡居民货币收入增幅的减缓和预期收入值的下降。已有的理论和实证分析证明,消费的水平和状况主要取决于收入。根据我国目前的经济体制和经济运行现实,我们认为,在制约我国消费的诸种收入因素中,货币收入增长的速度和与此相关的预期收入值的高低是决定现期消费的主要因素。一般而言,货币收入增长的加快和预期收入值较高时期,消费支出增长较快;反之,当货币收入增长趋缓和预期收入值较低时期,消费支出意愿减弱。这一点,从以下我们对我国近些年城乡居民货币收入增长率与消费水平增长率的相关关系和居民近些年预期收入值下降的分析中能够得到印证。

首先,从货币收入状况看,1986年至1996年我国城乡居民的收入增长与消费水平增长的变化情况见图9.1、图9.2。

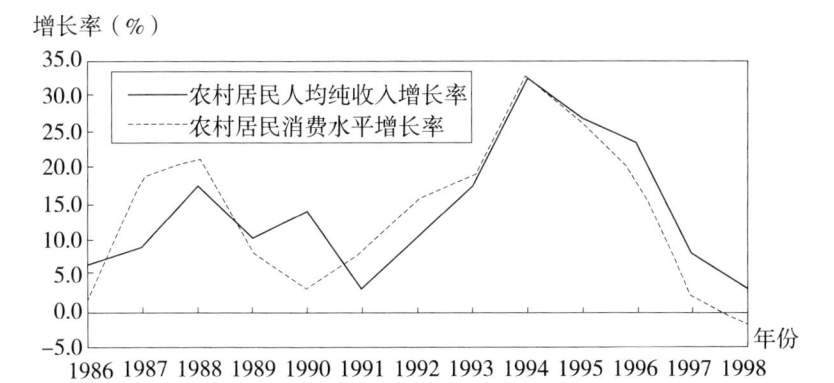

图9.1　农村居民人均纯收入增长率与消费水平增长率

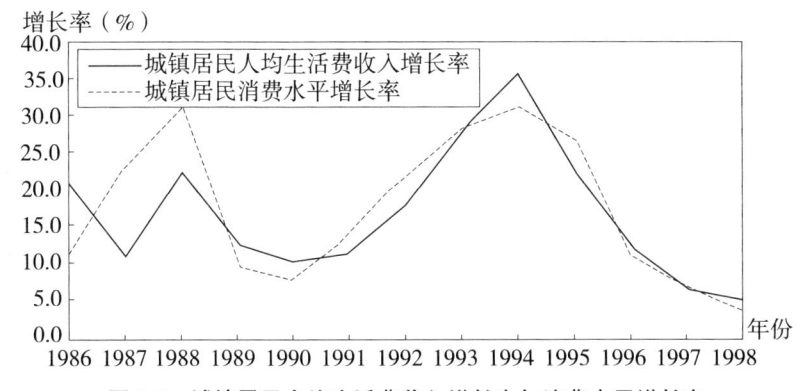

图9.2　城镇居民人均生活费收入增长率与消费水平增长率

从以上两图中可以看出,我国城乡居民的消费水平增长率与其货币收入增长率呈典型的正相关关系。收入增长的速度越快,消费增长的速度也就越快;相反,收入水平增幅的减缓,相应伴随的就是消费增幅的减缓。以上两图显示,1994年以来,我国城乡居民的收入增长率同时出现了逐年走低的态势,与之相对应,城乡居民的消费水平增长率也出现了下滑的走势。从这个角度看,目前消费需求的疲软是与收入水平增长率趋缓密切相关的。

其次,从预期收入看,近几年我国经济增长率的趋缓和固定资产投资增幅的持续大幅下滑(全社会固定资产投资增长率1993—1998年分别为61.8%、30.4%、17.5%、14.8%、8.8%、13.9%),不仅减缓了城乡居民现期收入的增长幅度,而且也使大多数居民对未来的收入产生了并不乐观的预期。根据中国人民银行1998年2月第25次居民储蓄调查,在对未来一二年的收入预期问题上,认为未来收入会减少的储户(15.8%)比上年同期调查上升了2.5个百分点;另有55.1%的人认为未来收入不变,比上一年同期上升0.3个百分点;29.2%的储户认为未来收入会增加,比上年同期下降了2.8个百分点。① 这些数据表明居民预期收入值下降。预期收入的降低导致居民缩减现期消费,增加储蓄以备将来之用,从而造成当期消费需求的不足和储蓄存款余额的持续增加。

第二,制度变迁因素提高了居民的储蓄倾向,降低了现期消费。随着我国经济体制由计划经济向市场经济的转变,教育、住房、医疗、就业、劳保等制度都正在进行相应的变革。虽然制度改革的方法和进程有所不同,但基本的趋势是一致的,那就是:原先由国家或集体负担的费用逐步转为由个人负担或个人、集体与国家共同负担;原先"正式工"稳定递增的收入因失业、下岗等因素而增加了不稳定性和风险。

---

① 范剑平:"从消费者预期看市场走势",《经济学消息报》1998年5月15日。

也就是说，制度变迁的直接结果，一方面使居民收入处于相对的不稳定之中，另一方面又使居民个人支出更多的原先由国家或集体负担的费用。由于制度变迁不仅增加了居民未来收入的不确定性，同时也增加了居民未来支出的不确定性，因而居民必须在储蓄与消费之间重新进行权衡和选择。传统的计划经济体制下，由于居民不存在住房、医疗等方面的风险，在储蓄与消费的选择上，相对而言，人们会更注重现期的消费。制度变迁因素使居民增强了子女教育、养老防病等方面的风险意识，促使居民增加储蓄以应付未来不确定性支付。这样，制度变迁因素一方面会增加居民储蓄，减少现期消费；另一方面，又会使居民现有储蓄存款难以分流，从两方面限制了居民的现期消费需求，从而成为导致消费需求相对疲软的重要原因之一。

第三，结构性供需矛盾阻碍着消费需求的实现。尽管从市场现有商品的销售状况及当前的物价低迷等角度看，我们可以得出当前经济中存在"有效需求不足"的结论，但是，如果我们换一个角度，从供给与需求本身及其相互关系考察，便不难看出我国目前的市场形势一方面是低水平供给的过剩，另一方面却是适应市场需求的供给短缺。以城镇居民消费为例，由于城镇居民家庭彩电、冰箱等耐用消费品目前已基本普及，在原有以家电等耐用消费品为内容的消费热点降温以后，城镇居民客观上存在消费需求高级化的问题，从而必然对市场商品的供给也会提出新的要求。然而，从我国目前的现实情况看，产业结构尚难以适应这种变化了的消费需求，从而产生了明显的结构性供需矛盾。从这个意义上说，我国目前出现的市场疲软不能仅仅归结为有效需求不足，同时还应看到由于供给变化不能适应需求的变化，而使得一部分有效需求的实现有障碍。也就是说，不能因为目前出现的市场疲软而简单低估潜在的市场需求，因为对不少居民家庭而言，不愿购买商品的原因并非仅仅是出于购买力方面的考虑，现有的市场供给确实难以激起他们的购买欲望。

第四,流通渠道不畅,加剧了供求之间的脱节。销售渠道不畅的主要表现是:(1)流通形式落后。在现代市场经济国家中,伴随着生产社会化的发展,流通也进行了相应的革命。从流通形式看,目前基本上摆脱了以大百货为主的流通方式,进而转向了连锁超市、购物中心、网络购物等新的流通方式。在我国,由于流通的改革相对滞后于工业的改革,尽管连锁超市等新的流通形式已经引进并有较快的发展速度,但其所占的份额依旧较低,始终没有摆脱以国有大百货为主导形式的流通方式(尽管大百货商场的总体效益并不理想)。(2)管理方法落后。新的流通形式的产生必须有新的管理手段与之相配合。而就我国目前的商业状况而言,从商品条形码、电子订货系统等现代化流通技术到消费信用卡等现代化支付方式的使用都处于刚刚起步的状态。(3)城乡流通隔绝。我国长期二元经济结构的存在,使我国的城乡居民之间形成了明显的消费梯度,因而,城乡居民之间的消费客观上存在较强的互补性。从近几年我国商业发展的趋势看,基本上是重视城市商业的发展,不少大中城市的商业网点虽然已经处于相对过剩的状态,而农村购物困难的问题仍然没有解决,农村市场上的商品不仅花色品种少,而且假冒伪劣商品充斥。流通是生产与消费的桥梁,流通不畅的结果一方面会使部分商品积压滞销,同时又会使部分需求难以满足。

第五,城乡基础设施落后制约了居民的消费需求。商品的消费必须有特定的环境条件与其相适应,如空调、彩电、冰箱等的消费要求有充足的电力,汽车消费要有相应的交通条件,微机的消费需要消费者具有较高的文化素质,而且微机功能的发挥需要强大的网络支持等。从这方面分析,城镇居民住宅供电线路、设备老化与供电容量不足,农村地区不能保证正常供电和收费不合理等问题,使家用电器等耐用消费品在城乡居民家庭的普及和使用受到制约;在商品房市场中,交通、水电等市政基础设施不配套通常也是造成销售不畅的重要原因。从统计资料看,到1996年末,我国尚有5%的城市没有普及自来水,26.8%的城市没有普及煤气液化气,农村的状况自不必说。

第六,传统消费观念和较强的流动约束限制了居民消费需求。我国传统的消费观念如量入为出、节俭等都是中华民族的美德,但另一方面也是制约消费需求的重要因素。加上借贷市场的不完全使居民很难从资金市场获得消费所需的信贷资金,因此居民只能根据当期的收入安排消费,无法达到跨时消费的效用最大化。

## 9.2 消费需求结构转换与升级的条件分析

在分析了我国目前消费需求相对疲软的原因之后,我们要着重分析说明的另一点是,在目前消费需求相对疲软现象的背后,实际上已经在孕育着消费需求结构的转换、升级和相应新的消费需求热点的形成。就我国的情况而言,目前已基本具备了消费需求结构转换与升级的一些基本条件。

第一,恩格尔系数持续下降。恩格尔系数反映了居民消费水平的高低和消费结构优化的程度。一般说来,随着居民收入水平的提高,恩格尔系数逐渐下降。不过,同恩格尔系数的常规走势有所不同的是,由于长期以来我国短缺经济的影响,我国城乡居民的恩格尔系数曾有一段随着收入水平的提高而上升的发展过程。但是,进入90年代以后,我国居民的恩格尔系数基本呈现逐年下降的走势。城镇居民的恩格尔系数1990年为0.54,1994年为0.5,1996年为0.48。恩格尔系数的持续降低表明我国城乡居民在满足食品消费以后,收入中用于改善穿着、居住、交通通讯及文化教育等方面的支出所占的比重越来越大。也就是说,恩格尔系数的降低为消费需求结构的升级和新的消费增长点的形成提供了基础和空间。

第二,城镇居民的家电等耐用消费品逐渐进入更新期。我国城镇居民家电等耐用消费品增长迅速的年份主要是80年代后半期。由于彩电与冰箱是80年代后半期城镇居民消费热点中比较典型的代表,在此我们以其为例来阐述这个问题。

1986—1990年,我国城镇居民家庭彩电与冰箱的平均每百户拥有量始终以15%以上的速度递增(参见图9.3),到1990年,每百户城镇居民家庭已拥有彩电69.75台、冰箱42.33台。由此可以看出,我国城镇居民拥有的半数以上的彩电和将近半数的冰箱是90年代以前购置的,至今已使用了10年左右,正逐渐进入更新换代期。由于80年代后期,我国城镇居民的耐用消费品在较短的时期内达到了较高的拥有量,从而形成了当时的消费热点,一旦这些耐用消费品进入大规模的更新期,也必将带来较大的市场机会。

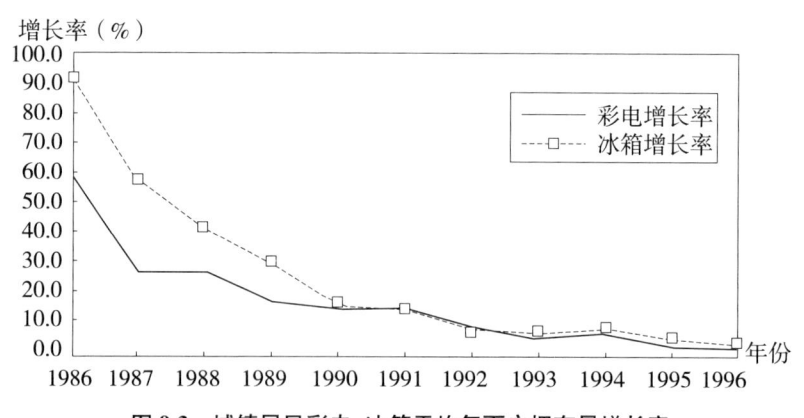

**图9.3 城镇居民彩电、冰箱平均每百户拥有量增长率**

第三,城乡居民收入水平的持续增长和金融资产的较大存量及其较高的增长率为居民消费需求结构的升级提供了雄厚的基础。如前所述,收入是决定消费的主要因素,消费结构的转换与升级必须以城乡居民较高的支付能力为前提。一般情况下,决定居民支付能力的因素主要有两点:一是居民的现期收入,二是居民的历年积蓄。从我国目前的情况看,一方面,尽管城乡居民的收入增长率近年来由于种种原因而有所下降,但是仍然保持一定的增长幅度,使居民的绝对收入逐年增加。1998年我国农村居民家庭人均纯收入为2162元,城镇居民人均可支配收入为5425元。另一方面,由于长期以来,我国城乡居民具有较高的储蓄倾向,因而目前的居民金融资产已经具有了较大的存量,并保持较快的增长速度。1996年6月末,我国城市居民户均金融资产已高达30982元(其中,银行存款为25961元,有价证券为2818元,手持现金为1233元,其他为970元);[1]1998年末,城乡居民的储蓄存款余额为53407.47亿元,由此可以看出,尽管目前市场处于相对疲软的状态,但是从居民的收入绝对额及其储蓄的积累看,实现消费需求结构的转换与升级,启动新一轮的消费需求仍然具有很大的可能性。

第四,农村居民已从温饱中走出,农村同样存在消费需求结构的转换与升级。由于长期以来我国农村居民的消费水平低于城镇居民,因而吃与住一直是农村居民的主要支出项目。但是近几年来,随着农村居民收入水平的提高,其消费水平明显出现了走出温饱的迹象。1998年末,每百户农村居民家庭平均耐用消费品拥有量,彩色电视机为32.59台,洗衣机为22.81台,摩托车为13.52辆,且近几年呈现逐年加速增长的态势,这说明,农村居民的消费热点已经打破吃和住的局限,开始向家电等耐用消费品的方面转换。事实上,单从农村居民的支付能力角度看,应该说目前基本上具备了消费热点转换和消费需求结构转换与升级的条件。在城镇居民对家电等耐用消费品的消费迅速

---

[1] 国家统计局城调队:"中国城市居民的金融资产",《中国统计》1997年第2期。

增长的1985至1988年间,城镇居民人均储蓄存款的余额依次为421.5元、558.1元、747.1元、927.8元,而1993至1996年农村居民人均储蓄存款余额依次为419.9元、563.3元、720.9元、887.4元,两者具有很大的相似性。与此同时,家电等耐用消费品的价格较80年代也有了不同程度的下降,由此可以看出,只要没有其他条件的制约,家电等耐用消费品即将成为农村居民新的消费热点。

第五,收入梯度的形成也为消费结构的转换与消费梯度的形成创造了条件。伴随着我国收入分配制度的变革及"允许一部分人先富起来"的政策的实施,我国城乡居民的收入具有了明显的梯次性。这种梯次性主要表现在两个方面:一是城乡居民收入差距的扩大,二是不同收入水平家庭之间收入差距的扩大。首先,从城乡居民储蓄的差距中可以看到其收入的差距。1984年城乡居民储蓄存款占储蓄总额的比重,农村为36.07%,城镇为63.93%,两者相差27.8个百分点,而到1996年底,城镇居民存款所占比重已上升为80.89%,而农村居民存款所占比重则下降到19.91%,两者相差60多个百分点。也就是说,存款越来越向城镇居民集中。1996年末,占总人口30%的城镇居民其存款已占到储蓄存款总额的80%以上,由此可见,城乡居民收入的梯次性已十分明显。其次,关于城市居民金融资产状况的调查结果,也从一个重要方面反映了城镇居民收入的梯次性。资料显示,若将居民家庭拥有银行存款数量由高到低排序,将家庭户数均匀分成5等份,结果拥有存款最多的家庭组拥有全部存款的48.12%,户平均62461元,存款最少的家庭组拥有全部存款的3.75%,户平均4866元,两者之比为12.84∶1。① 由于不同收入阶层往往有不同的消费习惯和支付能力,因而居民收入水平的梯次性成为居民消费梯次性和居

---

① 国家统计局城调队:"中国城市居民的金融资产",《中国统计》1997年第2期。

民消费需求结构转换与升级的基础。

## 9.3 居民新消费需求热点的选择

随着我国居民消费需求结构转换与升级的基本条件的成熟和我国经济体制改革的进展,我国居民新的消费热点已逐步明朗。依据本章以上的分析,我们认为新的消费热点将主要集中于以下几个方面。

第一,住宅。我们之所以把住宅作为新的消费热点的首选,是出于如下的考虑:首先,从政策方面看,取消福利分房,实行商品化、货币化住房分配制度已成为国家坚定不移的政策趋向,因而把住房作为新的增长点的首选,符合国家的政策取向,能够得到政府的有力支持。其次,从住房需求的潜力看,尽管近些年来,随着我国城镇住房制度的改革和住宅建设的发展,城镇居民的居住条件得到了很大改善,但在人均住宅使用面积、平均每套住宅建筑面积、每千人建成住宅套数三项国际上通用的住宅建设指标方面,仍大大低于世界平均水平,介于中低收入与低收入国家之间,也就是说,我国的房地产市场存在很大的潜力;与此同时,我国城乡居民收入梯度的形成也使得部分高收入阶层能够率先成为商品房的消费者,从而有可能使潜在的需求变成现实的需求。最后,从住宅产业对宏观经济的影响来看,由于住宅建设涉及的相关产业很多,住宅产业的发展不仅能够带动建材、冶金、化工、机械、仪表等部门的发展,同时还能带动家具、照明器材、厨房卫生用具、装饰装修等行业的发展,尤其在我国目前国民经济增速趋缓的情况下,启动住房消费将具有重要的现实意义。

第二,人力资本投资。从经济增长的投入要素看,人力资本是四大要素(物质资本、人力资本、劳动力和技术)之一。所谓人力资本就是对劳动者自身的投资总量,包括为进入劳动大军作准备的公共和私人教育投资,在工作过程中的岗位培训、在职培训、脱产培训、边学边干、个人自学等再教育投资。人力资本的投资通常由两部分构成,一是国家的教育事业支出,二是居民的个人支出。从新中国成立以来较长的历史时间看,我国人力资本投资基本上由国家负担,居民个人只支出很小的份额。同时,由于我国财政支付能力的制约及对教育重视程度不够,同世界上发达国家相比,我国教育投资占国民收入的比重一直较低,因而目前的人力资本投资方面还存在较大的缺陷。为了解决人力资本投资不足的问题,国家将逐步建立人力资本投资由国家和居民共同负担的体制。从这个意义上说,加大居民个人的人力资本投资力度,引导居民把消费的视点转移到对自身素质提高的角度上来,既有利于解决消费需求不足的问题,又有利于促进国民经济的长远发展。

第三,家用电器的升级换代。从上面的分析中可以看出,我国农村居民目前已基本从温饱中走出,消费热点将进入一个新的转换时期。我们认为,在农村,彩电、冰箱等耐用消费品未来几年应该进入一个较快的普及阶段。与此同时,由于城镇居民对彩电、冰箱等耐用品的购置主要集中于80年代后半期,因而目前其家电也基本上进入了更新期。不过,城镇居民家用电器的更新换代不会是原有商品的简单重复,而很可能在如下两个方面体现其更新的实质:一是要求现有家电在质量、功能、款式等方面上一个台阶,二是可能增加对新型家电产品的消费。最近几年,空调、音响、电脑、微波炉等都具有较大的增长空间。由此可见,只要其他的消费配套条件具备,我国的家电等耐用消费品市场仍会有较大的发展空间。

第四,汽车、旅游、信息产品等其他消费。我们之所以把汽车、旅游、信息产品等方面的消费列于相对次要的位置,是因为住房和人力资本投资方面某种程度上带有国家政策的强制成分。因为,一旦全面实行货币化分房,如果不增加住房消费支出,人们很可能面临无家可归的危险;同理,如果不增加人力资本投资,同样会因为就业竞争的压力而面临下岗或失业的危险。而汽车、旅游与信息产品等方面的消费却带有较大的自主选择性,从这一方面说,人们对其消费的迫切程度不高。另一方面,就这些消费领域本身而言,由于汽车与旅游需要一次性支付较大数额的资金,在人们面临制度变迁等较多的不确定性支出风险的情况下,大多数人不会轻易作出对其增加消费的选择。与此同时,信息产品的消费者通常需要具备一定的知识层次,这必然又会导致一部分消费者被排除在信息产品消费群体之外,从而使信息产品的消费可能难以大规模扩张。但最近两年以来,随着计算机、电讯等网络基础设施建设进程加快和服务质量不断提高,同时各种信息产品在功能不断完善的基础上,价格迅速下降,计算机等信息产品的消费迅速升温,可以预见,信息产品和服务很快将成为居民特别是城镇居民消费的重要组成部分。另外一个现象就是,随着许多传统家电厂商涉足信息产业,许多信息产品越来越多地带有传统家电的色彩,在外观设计、产品性能、操作方便等各方面贴近普通居民,这也成为信息产品消费迅速膨胀的一个重要因素。此外,之所以我们认为家电等耐用消费品的消费会优先于汽车与旅游等,是因为家电等耐用消费品相对来说更接近城乡居民生活,同时也具备普及与更新换代的价格条件。

## 9.4 促进消费需求结构转换、启动消费需求的政策措施

尽管我国城乡居民基本具备了消费需求结构转换与消费梯度形成的条件,但是这种条件只不过为消费需求的启动提供了一种可能性而

已。要想使我们预期的消费热点能真正变成现实的消费,还必须采取如下一系列政策措施:

第一,扩大政府投资,减少下岗失业,确保居民收入稳定增长。因为解决消费问题的前提是提高居民的支付能力,而在目前私人和具有独立法人地位的企业投资力度不够的情况下,只有加大政府投资,才能在较大范围内提高居民的收入水平。因为上述投资不仅能够扩大就业机会,解决目前较突出的下岗、失业问题,而且能够使收入相对均匀地落实到城乡居民手中,从而提高一般居民的收入水平。与此同时,国家还需采取措施改善目前的收入分配状况,尽可能地缩小不同收入阶层之间的收入差距,特别是保证中低收入阶层的收入水平不再降低。因为,无论是消费结构的转换还是消费梯度的形成,仅仅依靠少数富裕阶层是难以实现的,至少要使占人口大多数的中等以上收入水平的消费者具备相应的消费能力。

第二,尽快使各项改革到位,增加改革的透明度,减少居民对未来预期的不确定性。制度变迁因素是决定我国居民(尤其是城镇居民)储蓄与消费选择行为的关键因素,只有尽快使教育、医疗、养老、劳保等方面的改革措施明晰化,让居民切实了解到未来的各项支出多大成分由自己负担,多大成分由国家和集体负担,才能增加居民对未来各项支出的理性预期,从而保证其在储蓄与消费中理性地作出选择。相反,如果各项改革措施迟迟不能到位,居民对未来支出的预期充满了不确定性,那么,必然会导致居民增加储蓄,减少现期消费,以应付未来风险,从而对解决当前国内需求不足的问题产生一系列不利的影响。值得庆幸的是,各项社会制度改革经过一段时间的实验和探索,逐渐形成了较为成熟的实施方案,如有关医疗保障制度的改革已在逐步实施。无论新的措施如何界定居民、单位和社会的义务和责任,都会使居民形成稳定的预期,并进而调整自己的消费行为。相信整个社会保障体系的逐步完善会逐渐改善居民的预期,并影响居民的消费模式,优化居民的消费结构。

第三,提高金融服务质量,大力发展消费信贷。造成需求不足的一个重要原因在于信用不足,市场经济是契约经济,而契约往往是建立在信用基础上的。信用不足造成农村居民和城镇低收入阶层(下岗职工和待业人员等)无法从银行借到生产性资金,阻碍他们收入增长和生活水平的提高。因此建立社会信用体系,保证确实具有偿还能力的居民能够借到急需的资金,对于居民、银行和社会都未尝不是一件好事。但长期以来,我国居民在与银行的经济交往中,基本上是居民单向地向银行提供存款,而很少从银行中取得贷款,这种交往关系大大制约了消费市场的发展。因为,人的一生中,收入高峰期与消费高峰期往往存在一段较长的时间差,在个人的跨时收入与消费的关系中,客观存在着消费信贷产生和发展的必要性。目前大多数西方发达国家都建立了较完善的个人信用制度,大多数居民可以较容易地取得银行消费贷款的支持。尽管我国的消费信贷近几年也有了一定程度的发展,但是由于贷款条件苛刻、贷款利率较高、贷款范围狭窄等原因,而且许多真正需要消费信贷资金的消费者经常会由于信用不足无法借款,而符合规定的信贷消费条件的很多高收入阶层居民却不需要进行借贷,致使消费信贷还没有从本质上对我国消费市场的发展产生影响。而从现实情况看,由于居民的绝对支付能力目前还十分有限,仅仅依靠居民自己的力量来启动住房与人力资本投资等消费热点,肯定会有很大的困难。所以,完善我国居民个人的信用制度,提高金融服务质量,大力发展消费信贷对启动我国的消费需求将具有十分重要的现实意义。

第四,调整产业结构,改善供需关系。在上面的论述中,我们已反复强调,我国目前出现的消费需求不足、国内市场疲软问题不能单纯地从居民支付能力方面找原因,供需脱节、产业结构的调整不能适应消费需求的变化也是其中非常重要的原因之一。只有认真研究城乡居民消费需求的发展变化情况,探明消费结构转换与升级的方向,并相应调整产业结构,使之适应这种变化了的消费需求,才能有助于我国目前消费需求不足问题的解决。因为,伴随着市场化进程的发展,我国经济运行的性质已开始改变,市场需求已成为制约经济增长的主要因素,经济增长将越来越依赖于消费结构高级化的带动,而不是依靠需求数量的低水平扩张来牵动。所以,调整产业结构与产品结构,使其与消费结构的转换与升级相适应,已成为提高经济运行质量、促进经济增长的内在要求。

针对城乡居民和各收入阶层的收入水平、工作生活方式、思想观念和社会环境等诸方面的不同,深入研究不同消费者的消费需求,调整产业结构,优化资源配置,形成合理的产业结构布局,是当前刻不容缓的重要任务。各企业更应该结合自身资金和技术能力等实际情况,找准自己在市场上的合理位置,发挥自身优势,以适销对路、竞争力强的产品满足消费者需求,创造良好的经济和社会效益。

第五,加快流通改革,提高流通效率。由于社会化大生产客观上需要大流通的方式与之相适应,因而,我国目前比较落后的流通状况,必然会对经济的增长产生制约。所以,加快流通改革,提高流通效率,也将成为解决我国目前需求不足、市场疲软问题的重要一环。流通领域的改革主要应从如下几点着手:(1)改革传统的流通方式,导入并加快发展连锁经营、超级市场、购物中心等与现代化大生产相适应的流通方式;(2)提高流通领域的科技含量,用现代化的信息手段去改造传统的商业网点和建立新的网点;(3)加强城镇与乡村市场的衔接,大力挖掘农村市场的发展潜力。

此外,由于城乡供电、供水、供气等问题的存在已经对城乡居民的消费需求产生了许多负面的影响,因而加强城乡基础设施建设,改善居民消费环境,也是当前一个不容忽视的重要问题。对于农村来讲,教育更是一个刻不容缓的问题,教育水平落后,居民素质低下,不仅严重阻碍居民收入水平的提高,也对居民较高层次的消费需求产生很大障碍,从多方面限制居民消费需求的形成和满足,在当前教育改革进程中,更应该考虑到城乡居民收入水平的差距,避免由于收入水平差异造成事实上教育机会的不平等,进一步拉大城乡居民的收入和消费水平差距。

# 第三篇　居民投资与消费替代行为

# 10　消费—储蓄[①]替代行为的一般分析

　　前面两篇分别从投资和消费方面对居民的行为进行了分析。尽管从行为目的和影响因素来看两者存在着差异,但是对居民而言,投资和消费这两种行为是密切相关的。作为一个同时具有收入和欲望的人,居民的行为可以看作是受个人收入和时间两者限制的经济行为。作为一个理性的经济人,居民实施行为的目的是为了获得最大化的效用。为此,居民要考虑不同消费品和投资品的相对价格,尤其要考虑投资和消费在时间上的机会成本,这就需要居民把所拥有的资源在消费和投资之间进行选择和配置。

　　由于从长期看,居民当前的投资会转化为更多的未来消费,因此消费与投资替代行为的实质是居民将其收入在当前消费和未来消费之间分割的比率问题。也就是说,当居民收入水平一定时,当前的消费和投资之间具有此消彼长的替代关系。

　　在现代经济学理论中,不少经济学家论述过有关消费与投资之间的替代关系。在不同的前提和假设所形成的不同的消费函数理论中,两者的替代关系也呈现不同的特点。

---

　　① 本章所提储蓄除特别说明外,均指居民收入的消费剩余,而储蓄存款仅指银行储蓄存款。

## 10.1 凯恩斯的绝对收入假定消费函数

凯恩斯认为,人们的消费支出是由人们当期的可支配收入决定的。当人们的可支配收入增加时,其用于消费的数额也会增加,但是消费增量在收入增量中的比重是下降的,因此随收入的增加,人们消费的部分在收入中的比重是下降的,而投资部分在收入中所占的比例则是上升的。[①]

由于在凯恩斯的消费函数理论中,消费与投资仅由收入决定,因此它们之间的替代关系是非常稳定的。

在凯恩斯提出绝对消费函数理论后,他的许多支持者运用横截面资料进行了实证研究。实证研究结果支持凯恩斯的理论。把人们按收入划分为几个等级,很容易发现人们的消费支出随收入增加而增加,但边际消费倾向(Marginal Propensity to Consume,MPC)呈递减趋势,较高收入组的居民,其边际消费倾向低于较低收入组的居民,而其边际储蓄倾向高于较低收入组的居民。这显然支持凯恩斯平均消费倾向随收入上升而下降的观点。但是,凯恩斯的绝对消费函数理论也有着致命的缺点,这是由两次外来的冲击而显现出来的。对凯恩斯绝对收入假定消费函数理论的冲击首先来自西蒙·库兹涅茨按交叠的十年发表的1869—1938年美国国民收入与产品估计。[②] 其估计见表10.1。

从表10.1中可以看出,平均消费倾向并没有随收入的上升而稳定下降,而是一直保持着相对稳定,除大萧条时期人们收入减少导致其上升到0.9以上,其余年份均维持在0.84—0.89之间。这同凯恩斯平均消费倾向递减的说法显然是对立的。

---

① 凯恩斯:《就业、利息和货币通论》,徐毓枬译,商务印书馆1963年版。
② 加德纳·阿克利:《宏观经济理论》,陈彪如译,上海译文出版社1981年版。

表 10.1　1869—1938 年国民收入与消费支出（按 1929 年的价格）

| 十年 | 国民收入（十亿美元）(1) | 消费支出（十亿美元）(2) | 平均消费倾向(3) | 人均国民收入（美元）(4) |
| --- | --- | --- | --- | --- |
| 1869—1878 | 9.3 | 8.1 | 0.86 | 215 |
| 1874—1883 | 13.6 | 11.6 | 0.86 | 278 |
| 1878—1888 | 13.9 | 15.3 | 0.85 | 326 |
| 1884—1893 | 21.0 | 17.7 | 0.84 | 344 |
| 1889—1898 | 24.2 | 20.2 | 0.84 | 357 |
| 1894—1903 | 29.8 | 25.4 | 0.85 | 401 |
| 1899—1908 | 37.3 | 32.3 | 0.86 | 458 |
| 1904—1913 | 45.0 | 39.1 | 0.87 | 502 |
| 1909—1918 | 50.6 | 44.0 | 0.87 | 517 |
| 1914—1923 | 57.3 | 50.7 | 0.89 | 546 |
| 1919—1928 | 69.0 | 62.0 | 0.89 | 612 |
| 1924—1933 | 73.3 | 68.9 | 0.94 | 607 |
| 1929—1938 | 72.0 | 71.0 | 0.99 | 572 |

资料来源：加德纳·阿克利：《宏观经济理论》，陈彪如译，上海译文出版社 1981 年版，第 262 页。

为调和这一矛盾，阿瑟·斯密瑟斯提出了长短期消费函数。[①] 他认为消费是绝对收入水平的函数，但短期消费函数与长期消费函数不同，长期消费函数中消费与收入成比例，而短期消费函数中两者不成比例，它有正截距，具有 $C=C_0+cY$ 的形式。斯密瑟斯认为，短期消费函数并非固定的，它随着时间的推移而逐渐提高。因为随着时间推移，一些收入以外的因素如城市化、新的消费热点形成并计入通常生活的程度会使消费函数的位置逐渐提高。

斯密瑟斯根据美国 1923 年至 1940 年的资料，求出包括时间因素的消费函数如下：

$$C = 76.58 + 0.76Y + 1.15(t - 1922)$$

---

[①] 加德纳·阿克利：《宏观经济理论》，陈彪如译，上海译文出版社 1981 年版，第 263—265 页。

其中 $C$ 为人均消费；$Y$ 为人均实际可支配收入；$t$ 为时间,以年为单位。上式表明,短期消费函数以每年 1.15 美元的距离向上移动,这与收入无关。根据该短期函数推算过去的消费,接近于库兹涅兹的估计。根据不同年份收入水平的观察值 $Y_1$、$Y_2$、$Y_3$ 及对应消费水平的观察值,可以得到 $A$、$B$、$D$ 等不同的消费点,它们分别处在长期消费函数 $C1$、$C2$、$C3$ 上。把 $A$、$B$、$D$ 连接,即可得到消费的长期趋势,而此长期消费函数正好具有 $C=Ky$ 的形态。斯密瑟斯消费函数虽然仍被称作绝对收入消费函数,但是从长期看,人们在消费与投资之间的替代还是受到了收入以外的因素的影响。

对凯恩斯绝对消费函数的第二次冲击来自于第二次世界大战以后经济生活中消费所呈现出的不规律性。第二次世界大战中政府开支庞大,因此许多经济学家预言,战后政府开支的锐减将导致经济停滞,因为人们的消费需求只与收入有关,在收入不可能骤增的情况下,消费支出也不可能有多大变化。但是战后美国经济并没有出现萧条,反而因总消费占总收入的比重超过了战前水平而引发了通货膨胀。经济学在对这一现象的研究中发现,正是人们的消费需求在战时被抑制,强迫储蓄产生了大量财富导致了这一现象的发生。这说明仅用收入来说明消费者的消费和储蓄行为,在现实中是远远不够的。

## 10.2　杜森贝里的相对收入假定消费函数

在凯恩斯之后,杜森贝里从对消费者行为的分析和设定入手,提出了相对收入假定消费函数。[①]　相对收入假说的分析是基于两个假定。

---

① 杜森贝里(James S. Dussenberry):《所得、储蓄与消费者行为之理论》,侯家驹译,台湾银行经济研究室 1968 年版。

首先,与绝对消费水平相比,人们更关心自己与他人相比的相对消费水平。因此,效用函数应该是:

$$U = U\left(\frac{C_0}{R_0}, \cdots, \frac{C_T}{R_T}\right)$$

其中,$R_i$ 是其他人的消费的加权平均值。这样,只有个人的消费相对于平均消费上升时,效用才会增加。一个人的消费在其收入中所占的比例取决于他在收入分配中所处的位置。对于收入水平低于平均水平的人,其消费在收入中所占的比例就比较高。这是因为他要用较低的收入维持既定的平均的消费标准。对于收入水平高于平均水平的人,其消费在收入中所占的比例就比较低,因为他只要用较少的收入就可以维持既定的平均消费标准。这样,在将人口按照收入进行分组后,收入水平越高的组,其平均消费倾向就越低,而收入水平越低的组,其平均消费倾向就越高。其次,现期消费不仅受现期最高消费水平的影响,而且受以前曾经达到的最高消费水平的影响。杜森贝里认为,从已经达到的消费水平上降下来要比减少收入中进行储蓄的比例困难得多。这就是平常所说的消费不可逆性,也即中国古语中的"由奢入俭难"。这意味着,储蓄在收入中所占的比例取决于现期收入和从前的高峰收入的相对水平:

$$\frac{S}{Y} = \alpha_0 + \alpha_1 \frac{Y}{Y'}$$

其中,$Y$ 是现期实际可支配收入,$Y'$ 是从前曾经达到的高峰收入。当现期收入相对于从前的高峰收入上升时,储蓄在收入中所占的比例上升;当现期收入相对于从前的高峰收入下降时,储蓄在收入中所占的比例下降。

根据消费和储蓄的关系,可以得出杜森贝里的消费函数:

$$\frac{C}{Y} = (1 - \alpha_0) - \alpha_1 \frac{Y}{Y'}$$

当收入沿着趋势增长时,从前的高峰收入将总是上一期的收入,因此,$Y'/Y$就等于1加上实际收入增长率,两者之和是一个常数。因此,消费在收入中所占的比例也是一个常数,即平均消费倾向保持不变。这说明在长期中 MPC=APC。在短期,实际收入围绕长期增长趋势上下波动,消费在收入中所占的比例将随着收入的波动反向变动。这说明,在短期中,从前的高峰收入保持不变时,MPC<APC。

将杜森贝里对消费行为的短期分析和长期分析结合起来,就可以得出消费函数中著名的"棘轮效应",即短期消费函数曲线像棘轮一样,对消费的下降起着阻滞的作用,也即意味着,当收入离开长期增长趋势时的短期边际消费倾向小于当收入沿着长期增长趋势时的长期消费倾向。

尽管杜森贝里的消费函数中,消费者的消费行为是由周围平均的消费行为所决定的,但它并没有脱离凯恩斯理论的分析框架。消费者虽然具有后顾行为,但从本质上讲,消费与投资的选择仍然是一时的,投资(或者储蓄)仍然是被动适应消费与收入关系的结果。

由于经验研究上的严重欠缺,以及与理性选择理论的假设不一致,这一理论现在已不再受人注意。

## 10.3 莫迪里安尼等的生命周期假定消费函数

凯恩斯和斯密瑟斯的消费函数,只是简单地注意到,某一时期个人的消费和投资的选择,受到该期收入的制约。莫迪里安尼却认为,人类行为的经验表明,个人消费或储蓄行为并不仅与现期收入有关,他总是试图把自己一生的全部收入在消费和投资(亦即现期消费和延期消费)之间作最佳分配,从而获得最大效用。一般地,一个人在年轻时和年老时的收入水平相对较低,而在中年时的收入水平相对较高。为实现一生消费的效用最大化,一个人在其一生的消费的现值不超过他一生的收入现值的条件下,会尽可能使他在一生中的消费保持恒定。这样,一个人在生命的早期或晚期会是一个借款者或称负储蓄者,而在中年时则是一个正储蓄者。因此,从总体上说,在一生中,虽然收入是不稳定的,但消费却相当稳定。①

假定第 $m$ 个人不愿意任何一期的消费出现大的波动,这样,如果他的未来收入的现值增加,他的任一期的消费都将成比例地上升,即:

$$C_t^m = k^m \cdot PV_t^m \qquad 0 < k^m < 1$$

$k^m$ 的大小取决于消费者的效用函数的形式、消费者的时间偏好率以及利率等因素。如果现期的或未来的收入增加,使消费者一生收入的现值增加,那么消费者现期消费的增量是收入的现值的增量与 $k^m$ 的乘积。如果人口的年龄分布和收入分布是相当稳定的,消费者的时间偏好率也是相当稳定的,我们就可以通过各量加总的方法得到一个稳定的总消费函数:

$$C_t = k \cdot PV_t$$

生命周期消费函数的出现解释了消费函数理论中存在的几个问题。首先,根据生命周期假说,如果随机地选择一个人口样本,并根据收入水平对它进行分类,则高收入组所包含的中年人的比例必然高,消费在其收入中所占的比例必然较低。因此,收入水平越高的样本组,平均消费倾向越低,这就说明了横截面资料研究中 MPC<APC 的现象。第二,根据生命周期假说,在短期,资产存量是既定的,短期消费函数有一个大于 0 的截距项,又由于总消费函数的曲线斜率总是小于或等于 1,因此短期内必然有 MPC<APC。第三,根据生命周期假说,在收入沿

---

① 莫迪里安尼等:"效用分析与消费函数——等横截面资料的一个解释",载于肯尼斯·栗原编:《凯恩斯学派经济学》,蔡受百译,商务印书馆 1964 年版。

趋势增长时,资产存量不断增加,由于总消费要等于总收入,长期消费函数是一条经过原点、斜率为1的直线,因此 MPC=APC。

生命周期假说也存在明显的缺陷。首先,在估计未来的预期劳动收入时,它假定未来预期劳动收入是现期劳动收入的某一比例。这意味着现期劳动收入的变动是持久性的。但是,现期劳动收入的变动很可能是暂时性的。更有甚者,有时现期劳动收入的增加是以未来劳动收入的减少为代价的。其次,生命周期假说认为老年人是负储蓄者,但是实际数据显示,老年人往往是正储蓄者,这也在一定程度上降低了生命周期假说解释预算研究结果的能力。

## 10.4　弗里德曼的持久收入假定消费函数

持久收入假定的消费函数是由弗里德曼首先提出的。[1] 弗里德曼消费函数的基本出发点与莫迪里安尼是相同的,即认为尽管收入在人的一生中是不稳定的,但消费却是平稳的。这种函数也假定消费者行为的目的是效用最大化。在持久收入理论中,持久收入和暂时收入是两个重要的概念。因为持久收入的概念包含有预期的收入,因此没有任何直接的方式来估算它。在弗里德曼的时间序列分析中,他把任何一年的持久收入作为十七年期间的实际的或精确的收入的加权平均数。当年的精确收入按33%加权,它的前一年按22%加权,其余十五年以此类推,权数急剧下降。暂时性收入则是指消费者没有预期到的收入。它可以是正的、负的或为零。换言之,暂时性收入是现期收入与持久收入的离差。与这两个概念对应,弗里德曼认为一个人的消费也

---

[1]　Friedman, M., *A Theory of the Consumption Function*, 1957, Princeton University Press, Princeton.

可以分为持久消费和暂时性消费。暂时性消费也可以为正、为负或为零。他假定持久消费取决于持久收入,与暂时收入无关,暂时消费由暂时收入决定,也与持久收入无关。从长远看,每一家庭的持久消费与其持久收入有一固定比例,即 $C_p = KY_p$,也就是说,在长远中,持久收入用于消费和投资的部分都是固定的。此外,弗里德曼认为,持久消费和暂时性消费之间也没有相关关系,即一个人的暂时性收入的增加,并不会立即对他的消费产生影响。对这一假设的一个可能的解释是,消费与消费支出不同。在正常情况下,暂时性收入的增加,不会立即改变人们的购买数量,即消费支出。人们会积攒收入,即进行储蓄,等到攒到一定数额后才会购买耐用消费品。这是因为在正常情况下,人们的非耐用消费品的购买是一个常量。即使暂时性收入的增加立即增加了人们的消费品的购买,但是,由于消费活动是对所购买的消费品的使用,是一个长期的过程,所以,暂时性收入的增加对暂时性消费的影响依然是微不足道的。在持久收入假说中,储蓄的波动主要是由收入中的暂时收入的波动所造成的。因为暂时收入的储蓄倾向非常高。由此可见,在持久收入假定消费函数中,消费者的选择行为受消费者一生收入的约束,同时与收入构成密切相关。

生命周期消费函数与持久收入消费函数本质上是相同的,两者都是以消费者根据长期收入进行消费和投资的选择行为为基础的,它们合称为前瞻的消费理论。但是持久收入假说与生命周期假说相比有一个明显的不足。在生命周期假说中,财产对消费的影响能够被清楚地解释,而在持久收入假说中,财产收入是隐含在持久收入的决定中的。因此,财产收入对消费的影响要通过对持久收入决定的影响来说明,从而变得不明显了。

同凯恩斯和杜森贝里的消费函数中的消费者相比,前瞻的消费理论中的消费者有了根本不同。首先,前瞻的消费理论中,居民行为的目的是实现跨时效用最大化,而前两者的消费理论中,消费者所追求的是一时效用最大化,这就决定了消费者在消费与投资的选择上表现出不同的特点。其次,凯恩斯的消费者考虑的是短期,杜森贝里的消费者考虑的则是过去收入和消费水平,它们都不含有不确定性。而在前瞻理论中,由于把未来预期收入作为一个重要因素纳入分析框架,因而必须考虑不确定性因素,这使消费者的风险意识加强,风险预期和规避风险行为长期化。

由于考虑到不确定性的存在,因而在现期消费与延期消费的选择上,人们更偏好当前的消费,这就要求在考虑未来的消费时必须进行贴现。我们一般把利率近似等同于时间贴现率。

值得注意的是,凯恩斯的绝对消费函数理论与前瞻的消费函数理论具有不同的政策含义。根据绝对收入假定消费函数理论,政府减税会引起消费者可支配收入的增加,从而引起消费支出的增加;反之,政府增加税收会引起消费者可支配收入的减少,从而引起消费支出的减少。根据前瞻的消费函数理论,当政府减少税收时,只有减税被认为能够引起消费者长期可支配收入的增加时,消费支出才会增加;反之,当政府增加税收时,只有增税被认为能够引起消费者长期可支配收入的减少时,消费支出才会减少。

## 10.5　理性预期的消费函数

在前瞻的消费函数理论中虽然考虑到了预期,但这种预期是适应性预期,即消费者是根据过去和现在的实际收入来预期未来的实际收入的。预期的长期收入中没有包含可能影响人们未来收入的全部信息。70年代起,一些经济学家已经开始使用理性预期方法来估计长期收入,并进一步解释消费函数理论。在这种情况下,人们运用宏观经济模型,结合所有过去的经验和当前可以得到的相关信息来估计自己的持久收入。霍尔(R.Hall)把持久收入假定和理性预期相结合,认为消费函数的形式是:

$$C_t = \lambda + C_{t-1}$$

其中,$C_t$是现期的消费,$C_{t-1}$是前期的消费。① 这一函数意味着,人们在 $t$ 期的消费和投资行为,是由 $t-1$ 期的消费行为所决定的,$C_{t-1}$ 包含了所有可以得到的信息。这意味着,人们的消费支出沿长期趋势呈现出随机行走的特征。根据随机行走假说,现期消费反映了人们可以得到的所有信息,现期消费的变动与过去的经验是无关的。在此理论中,消费者的消费和投资行为的选择,受跨代预算的约束,其目的也发展到追求跨代效用最大化。

上面我们分析了消费者消费与投资选择的几种模型。在现实社会中,随着市场经济的发展,经济社会中的人越来越呈现出理性人的特征。与凯恩斯和杜森贝里的消费者相比,他们更接近前瞻理论和理性预期理论中的消费者。他们预期一生的收入,并以此来对各期消费和投资作出选择,他们规避风险并以跨时效用最大化为行为目标。他们会考虑所有可能的影响因素,据以对自己的资源作出最优配置。

## 10.6　跨时效用最大化

一旦消费者对自有资源实施了跨时配置,则他所获得效用就不仅取决于他每一期所消费的物品,而且取决于预期将来的消费,取决于现有资产的单纯占有(作为安全感的来源)以及将来资产的预期。对消费者来说,现在的消费同投资(即预期将来的消费)之间存在着替代关

---

① Hall, Robert E., "Stochastic Implications of the Life Cycle-Permanent Income Hypothesis: Theory and Evidence", *Journal of Political Economics*, 1978, Vol. 86, No. 6.

系。现在消费的减少可以从两方面使将来的消费变得更大些:(1)现在因消费减少而发生的储蓄可以使人们在未来进行负储蓄;(2)更多的资产会带来更多的将来收入,从而可以增加将来的消费。

在居民实施跨时预算后,原有的效用函数 $U=U(C)$ 就变形为 $U=U(C_1,C_2,\cdots,C_T)$,其中 $T$ 为消费期数。消费者关于消费与储蓄在时间维度上的最佳配置问题,就变为对目标函数 $U=U(C_1,C_2,\cdots,C_T)$ 求最大值的问题。

为分析简便,我们假定一个人的生命包含两期,即工作时期和退休以后,假定市场利率为 $r$,个人没有流动约束。

我们假设消费者并没有从别人那儿继承财产,也不留财产给后人,这样,消费者所面临的预算约束是:

$$C_1 + \frac{C_2}{1+r} = Y_1 + \frac{Y_2}{1+r}$$

对消费者来说,由于缺乏预见和自我控制能力,或者更确切地说是由于未来的不确定性,与等额的未来消费相比,他们更偏好当前的消费。[①]因此相对现在满足来说,将来的满足是要贴现的,假定未来效用的主观贴现率为 $m$。这样,消费者跨时效用最大化问题就成为在约束条件 $C_1 + \frac{C_2}{1+r} = Y_1 + \frac{Y_2}{1+r}$ 下对 $U=U(C_1,C_2)$ 求最大值的问题。

由于我们考虑的效用是正常情况下的正效用,且消费者各期消费的边际效用相互独立,因此可以假定效用函数是对数形式 $U(C)=\ln C$,并在各期上可分可加,写出效用函数和约束条件如下:

$$\max\ U = \ln C_1 + \frac{\ln C_2}{1+m}$$

---

① 帕廷:《货币、利息与价格:货币理论与价值理论的统一》,邓瑞索译,中国社会科学出版社 1996 年版。

$$\text{s.t.} \quad C_1 + \frac{C_2}{1+r} = Y_1 + \frac{Y_2}{1+r}$$

构造拉哥朗日函数：

$$\max L = \ln C_1 + \frac{\ln C_2}{1+m} + \lambda \left( Y_1 - C_1 + \frac{Y_2}{1+r} - \frac{C_2}{1+r} \right)$$

一阶条件：

$$\frac{\partial L}{\partial C_1} = \frac{1}{C_1} - \lambda = 0$$

$$\frac{\partial L}{\partial C_2} = \frac{1}{1+m} \cdot \frac{1}{C_2} - \frac{\lambda}{1+r} = 0$$

$$\frac{\partial L}{\partial \lambda} = Y_1 - C_1 + \frac{Y_2}{1+r} - \frac{C_2}{1+r} = 0$$

$$\Rightarrow C_1 = \frac{1}{\lambda}$$

$$C_2 = \frac{1+r}{(1+m)\lambda}$$

$$\Rightarrow \frac{C_2}{C_1} = \frac{1+r}{(1+m)} \Rightarrow C_2 = \frac{1+r}{1+m} C_1$$

又因为 $U(C) = \ln C$

$$\therefore U'(C) = \frac{1}{C}$$

$$\therefore \frac{U'(C_2)}{U'(C_1)} = \frac{1+m}{1+r}$$

从上面的最优消费的两期模型中我们可以得出如下结论：

第一，消费者决定在哪一期多消费些还是少消费些取决于实际利率 r 和 m 的比较。当 r>m 时，$\frac{U'(C_2)}{U'(C_1)} = \frac{1+m}{1+r} < 1$，说明第二期的边际消费效用小于第一期。为使两期消费的边际效用相等（此时消费者跨

时效用最大),应该加大第一期消费或减少第二期消费,或同时进行。反之,如果 $r<m$,则应该减少第一期消费,增加第二期消费。只有当 $r=m$,即市场利率同消费者主观偏好率相同时,消费者的第一期和第二期的边际消费效用才会相等。

第二,由于 $C_2 = \dfrac{1+r}{1+m}C_1$,当市场利率 $r$ 和时间偏好率 $m$ 固定时,$C_2$ 唯一地取决于 $C_1$,这正是霍尔随机行走模型中的消费特征。

# 11 消费函数研究的新进展
## ——预防性储蓄理论

在莫迪里安尼等人的生命周期假说和弗里德曼的永久收入假说(两者合称为 Life Cycle/Permanent Income Hypothesis,LC/PIH,即生命周期-持久收入假说)中,居民一生效用总和最大化目标要求各期消费服从一条较为平滑的消费路径。因此,储蓄的作用表现为平滑各期消费。但是过去几十年,尤其是近十几年从经验研究中得到的一个主要教训是:根据 LC/PIH 模型所作出的预测并不像先前认为的那样具有普遍性,一旦假定收入是不确定的,会在有劳动收入的经济生命时期内有较大波动,并且消费者是厌恶不确定性的,储蓄就会变得比标准的 LC/PIH 模型所推测的更多一些。基于此,LC/PIH 模型现在正被一种称为预防性储蓄的理论(the theory of precautionary saving)所修改和补充。预防性储蓄理论,作为生命周期-持久收入模型的一个实用且前景广阔的扩充,强调储蓄不仅仅是为了在生命周期内扩展配置其资源,同时也是为了对不确定性事件像收入冲击加以保险。这个理论为储蓄研究提供了许多有用的观察视角,可以解决储蓄文献中面临的许多困惑,同时也对当前我国居民的消费行为提供部分解释。

## 11.1 预防性储蓄理论的产生和发展

预防性储蓄是指风险厌恶(risk aversion)的消费者为预防未来不

确定性导致的消费水平的急剧下降而进行的储蓄,这种不确定性主要是由收入的波动所致。

最早尝试找到支持预防性储蓄动机的是费歇尔(Fisher,1956)和弗里德曼(Friedman,1957)。费歇尔和弗里德曼发现许多证据支持当个人的职业包含更有风险的收入时他们将储蓄更多——这同预防性储蓄相一致。[1] 而后斯金纳(Skinner,1988)发现最有风险的职业——自我雇佣者和商人,有较低的储蓄率。[2] 但是,职业是对消费者所面临的不确定性的一个极其粗糙的度量,正如斯金纳所说,如果较少风险厌恶的个人自己选择进入收入有较高风险的职业,预防性储蓄理论就不必然意味着这些职业中的人储蓄更多。最近的文献在处理这一问题时通过个人的或其工作的性质,得出了不同的结果。其中一个很新颖的方法是由吉索、雅培利和特利吉斯(Guiso,Jappelli,and Terlizzese,1992)提出的。[3] 他们使用意大利家庭户的资料,发现那些报告他们来年有一个更大的预期收入变动的人其消费只略微低一点,同时财产积累略微高一点。

虽然有关预防性储蓄的理论工作多年以前就在进行,但预防性储蓄是否是一个重要的经验现象这一问题开始受到重视,是由于现实中存在的有关消费行为和家庭财产分布的一些困惑无法从现存的储蓄或消费理论中得到解释。其中至少有三个经验困惑在文献中经常出现。第一个是消费对当期收入的敏感性。霍尔和米什金(Hall and Mishkin,

---

[1] Fisher, Malcolm, "Exploration ln Saving Behavior", *Oxford University Institute Statistics Bulletin*, 18 (August 1956): 201 – 227. Friedman, M., *A Theory of the Consumption Function*, Princeton University Press, Princeton, NJ, 1957.

[2] Skinner, Jonathan, "Risky Income, Life Cycle Consumption, and Precautionary Savings", *Journal of Monetary Economics*, 22 (September 1988): 237 – 255.

[3] Guiso, Luigi, Lullio Jappelli, and Daniele Terlizzese, "Earnings Uncertainty and Precautionary Savings", *Journal of Monetary Economics*, 30 (1992): 307 – 337.

1982)将消费的变化同收入变化所引致的人力及非人力财富增加的平均值之间的差额定义为过度敏感,结果发现食物消费对收入的暂时增加部分过度敏感。① 第二个困惑与消费在时间上的预期增长有关。在所有的具有在时间上可分割效用的消费的确定性模型中,如果利率小于时间偏好率,则消费的增长率应该是负的。而迪顿(Deaton,1986)、辛格尔顿(Singleton,1985)已经指出很长时间以来美国的总消费增长率都是正的,尽管真实利率非常低(近乎零)而时间偏好率又被假定为是正的。② 第三个困惑与老年人的储蓄行为有关。关于老年人在退休期间是否是负储蓄有些争论。米雷(Mirer,1979)和丹齐格等(Danziger et al.,1983)使用跨地区数据,证明老年人在退休期间不会进行负储蓄。③ 赫德(Hurd,1987)则使用分组调查数据反对这一观点,认为老龄家庭的财富确实在不断下降。④ 伯恩海姆等(Bernheim et al.,1985)认为当私人养老金和社会保险年金被恰当估价并包括在财富中时,则退休者很少或几乎不会花光他们的财富。⑤

上述每一个困惑都基于确定性或确定性等价水准点。这些研究所得出的暗示是:消费经常不是理性或前瞻的,或者借入限制是重要的。

---

① Hall, R. E. and F. Mishkin, "The Sensitivity of Consumption to Transitory Income: Estimate from Panel Data on Households", *Econometrica*, 50 (1982): 461–481.

② Deaton, Angus, "Life-Cycle Models of Consumption: Is the Evidence Consistent with the Theory?" *National Bureau of Economic Research Working Paper*, No.1910, 1986. Singleton, Kenneth J., "Specification and Estimation of Intertemporal Asset Pricing Models", *Manuscript*, Carnegie Mellon University, 1985.

③ Mirer, Thad, "The Wealth-Age Relation Among the Aged", *The American Economic Review*, LXIX (1979), 435–443. Danziger, Sheldon, Jacques Van Der Gaag, Eugene Smolensky, and Michael Taussig, "The Life-Cycle Hypothesis and the Consumption Behavior of the Elderly", *Journal of Post Keynesian Economics*, V (1982—1983): 208–227.

④ Hurd, Michael, "Savings of the Elderly and Desired Bequests", *The American Economic Review*, LXXVII(1987): 249–265.

⑤ Bernheim, B.Douglas et al.(1985), "The Strategic Bequest Motive", *Journal of Political Economics*, Vol.93, No.6, 1985.

它们均无法从现存的消费理论中得到解释。正是在这种情况下,一个从新的视角研究消费与储蓄行为的理论出现了,它就是预防性储蓄理论。可以说预防性储蓄理论的出现是基于标准的 LC/PIH 模型的失败。

但是,经济计量学对家庭储蓄或财富的经验分析提供的仅是混乱的有关预防性动机的证据。乔纳森·斯金纳(Jonathan Skinner, 1988)发现在自我雇佣者和商人中有较低的储蓄率,而他们的收入按常规看法比领取年薪和月薪的工作者更不确定。[1] 克伦·迪南(Karen Dynan, 1993)使用有关消费的抽样调查数据去估计相对谨慎的系数,发现谨慎程度太小,以至于预防性动机不能解释数据中存在的主要经验困惑。[2] 其他研究则发现了更多的对预防性储蓄观点的支持(Carroll and Andrew Samwick, 1992; Luigi Guiso et al., 1992)。[3]

困扰先前研究的多数困难都与确认和度量家庭所面临的收入不确定的指标有关。验证预防性储蓄模型要求构造一种测度方法,它既可以抓住收入不确定性又与影响储蓄的其他因素不相关。对于从前的多数经验方法来说,这一要求被证明是难以达到的。

一些研究已经检验了不确定性对消费模式的影响。达达诺尼(Dardanoni, 1991)使用英国家庭的数据,发现在不同职业和行业分组中平均消费随收入方差的变大而降低。[4] 但是迪南(1993)发现当变化

---

[1] Skinner, Jonathan, "Risky Income, Life Cycle Consumption, and Precautionary Savings", *Journal of Monetary Economics*, 22 (September 1988): 237–255.

[2] Dynan, Karen E., "How Prudent are Consumers", *Journal of Political Economy*, 101 (December 1993): 1104–1113.

[3] Carroll, Christopher D., and Andrew A., Samwick, "How Important is Precautionary Savings", *Working Paper Series*, No.145, Board of Governors of the Federal Reserve System, 1992. Guiso, Luigi, Lullio Jappelli, and Daniele Terlizzese, "Earnings Uncertainty and Precautionary Savings", *Journal of Monetary Economics*, 30 (1992): 307–337.

[4] Dardanoni, Valentino, "Precautionary Savings Under Income Uncertainty: A Cross-Sectional Analysis", *Applied Economics*, 23 (1991): 153–160.

受教育、职业和行业的左右时,消费支出的季度变化不是消费增长率的一个明显的预测者。[1] 卡罗尔(Carroll,1994)则发现未来收入不确定性的变动或方差的系数对当前消费不具备统计上显著的效应。[2] 但是在金博尔(Kimball,1990)的"等价谨慎溢价"中这种效应上升了一些,可以明显降低当前消费。[3]

但是,在不确定性同财富之间可能的确存在着某种密切的联系。在已有的研究中已经考虑了不确定性对财富持有的效应。卡萨罗西安(Kazarosian,1994)发现家庭收入的方差是财富-收入比率的一个正向的预言者,这与预防性储蓄是一致的。[4] 但是,这个结果也可能只是反映了这样一个事实:即一个正的(或负的)暂时收入冲击将会导致当前财富的上升(或下降),而这与一些没有预防性储蓄特征的消费模式也是相一致的。卡罗尔和萨姆威克(Carroll and Samwick,1994)加入家庭户主的受教育程度和职业调整方差克服了这一问题。[5] 他们也发现收入不确定性是家庭的财富-收入比率的一个重要的预言者。但是,他们的结果对样本是否包括老工人和自我雇佣者以及农民是敏感的。此外,吉索、雅培利和特利吉斯(Guiso,Jappelli and Terlizzese,1992)发现收入风险通过降低对风险资产的需求显著地影响家庭资产组合选择,这与预防性储蓄是一致的。[6] 斯塔-麦克卢尔(Starr-Mccluer,1996)发

---

[1] Dynan, Karen E., "How Prudent are Consumers", *Journal of Political Economy*, 101 (December 1993): 1104–1113.

[2] Carroll, Christopher, "How Does Future Income Affect Current Consumption?" *The Quarterly Journal of Economics*, 109 (February 1994): 111–148.

[3] Kimball, Miles S., "Precautionary Savings in the Small and in the Large", *Econometrica*, 58 (January 1990): 53–73.

[4] Kazarosian, Mark, "Precautionary Savings-A Panel Study", *Mimeo*, 1994.

[5] Carroll, Christopher D., and Andrew A.Samwick, "How Important is Precautionary Savings", *Working Paper Series*, No.145, Board of Governors of the Federal Reserve System, 1992.

[6] Guiso, Luigi, Lullio Jappelli, and Daniele Terlizzese, "Earnings Uncertainty and Precautionary Savings", *Journal of Monetary Economics*, 30 (1992): 307–337.

现一旦将健康保险范畴这一外生因素纳入考虑,健康保险会降低家庭的金融资产持有。① 吉索、雅培利和特利吉斯(1992)则提供了经验证据,支持那些面对较高的未保险风险的人们将会购买更多的保险以抵御其他未加保险的风险。② 列文(Levin,1995)研究了医疗支出和政府健康项目的不确定性如何影响对健康保险的需求。③ 这些都从正面为预防性储蓄的存在提供了证据。

## 11.2 预防性储蓄理论的模型、检验及其问题

迄今为止,尽管预防性储蓄理论的研究取得了一些成果,但大多数的此类讨论是在经验的真空中进行的。正如前面所说,几乎没有令人信服的关于预防性储蓄重要与否的证据。困扰先前研究的一个根本性难题在于如何构造一种测度方法,它既可以衡量未来收入的主观不确定性,同时又与影响储蓄的其他因素不相关。对从前的多数研究来讲这一要求被证明是难以达到的。现有的文献中存在多个预防性储蓄理论,这些理论既不相同,也难以彼此说服,这种状况从根源上讲就是由于人们对收入不确定性的不同看法。换句话说,有多少关于人们收入不确定性的假设,就有多少种关于预防性储蓄的理论。

从现存的文献看,可以把对收入不确定性的处理方法大致归结为三类:

一类是使用模拟方法,即假定一个特别的储蓄模型是正确的,并且

---

① Martha Starr-Mccluer, "Health Insurance and Precautionary Savings", *The American Economic Review*, 86 (1996): 285 – 299.

② Guiso, Luigi, Lullio Jappelli, and Daniele Terlizzese, "Earnings Uncertainty and Precautionary Savings", *Journal of Monetary Economics*, 30 (1992): 307 – 337.

③ Levin, "Demand for Health Insurance and Precautionary Motives for Savings among the Elderly", *Journal of Public Economics*, July 1995, 57 (3), 337 – 367.

可以计算出模型所暗示的预防性储蓄的数量。这类方法由科特利科夫（Kotlikoff, 1988）、斯金纳（Skinner, 1988）和泽尔德斯（Zeldes, 1989）、卡巴雷罗（Caballero, 1991）等提出。① 使用这种方法已经证明,给定真实的参数值,收入不确定性会产生相当大数量的储蓄和财富。例如,斯金纳（1988）和卡巴雷罗（1991）发现收入不确定性可以解释美国家庭净财富的60%。但是这种方法的缺点在于由于不同的模型中没有单一充分的统计量去归纳消费者面对的不确定性的程度,因此,两种具有相同的均值和方差的分布可能推导出截然不同的储蓄行为。

第二类是使用间接变量代替风险的计量经济学方法。例如用户主职业等代替家庭所面临的风险状况。这种方法的最大问题是,由于时间序列研究只依赖于反映累积的风险的替代因素,而个人风险——有可能是决定预防性储蓄的主要因素——倾向于将累积的过程过滤掉。在跨地区的研究中,风险替代几乎毫无例外地与其他消费者影响因素联系在一起,要区别它们是真正在度量风险还是捕捉到了其他因素是不可能的。更根本地,风险指示因素是一个主观的自我选择问题。弗里德曼（1957）最初提出并在20世纪80年代末由斯金纳（1988）重新采用的方法②——使用基于职业的变量来区分不同风险类型的家庭的方法最近受到了挑战。

---

① Kotlikoff, Laurence J., "Health Expenditures and Precautionary Saving", in L. Kotlikoff, ed., *What Determines Saving?* Cambridge: MIT Press, 1988. Skinner, Jonathan, "Risky Income, Life Cycle Consumption, and Precautionary Savings", *Journal of Monetary Economics*, 22 (September 1988): 237–255. Zeldes, Stephen P., "Optimal Consumption with Stochastic Income: Deviations from Certainty Equivalence", *The Quarterly Journal of Economics*, 104 (May 1989): 275–298. Caballero, Ricardo J., "Earnings Uncertainty and Aggregate Wealth Accumulation", *The American Economic Review*, 81 (1991): 859–871.

② Friedman, M., *A Theory of the Consumption Function*, Princeton University Press, Princeton, NJ, 1957. Skinner, Jonathan, "Risky Income, Life Cycle Consumption, and Precautionary Savings", *Journal of Monetary Economics*, 22 (September 1988): 237–255.

第三类方法是由吉索、雅培利和特利吉斯(1992)提出的,他们使用自我报告的未来收入的主观风险的分布来测度家庭所面临的不确定性。① 吉索等使用 1989 年和 1990 年的意大利家庭收入和财富调查(Survey of Household Income and Wealth,SHIW)资料,利用人们主观估计的来年收入的不确定性,研究了人力财富不确定性对消费的影响。这种研究方法是新颖的,为预防性储蓄理论的研究开辟了一种新的道路,并避免了使用间接变量代替风险的弊端。但是这种方法受限于被调查人对被询问的问题的理解程度(很难设想一位普通居民具有同计量经济学家一样精确的信息),并且这种方法对理论研究所要求的长期期界的不确定性无能为力。

除此之外,还有另外一些方法在研究预防性储蓄中被使用,例如通过观察拥有不同的已保险财产和未保险财产组合的家庭的消费、储蓄行为,推测不确定性对人们行为的影响等。在下面的部分中,我们将注意力集中到一些影响比较大的预防性储蓄理论模型上,以了解预防性储蓄理论研究中所取得的进展和目前仍存在的混乱状况。

### 11.2.1　泽尔德斯(Zeldes)的预防性储蓄模型②

1.模型的构建

考虑一个具有常相对风险厌恶(Constant Relative Risk Aversion,CRRA)的效用方程的消费者,假定他可以活多期并选择最优的当前消费和对未来消费的应急计划,以最大化他一生在时间上可分割的效用的预期值。不确定性的唯一源泉是外生的未来劳动收入,同时不存在

---

① Guiso, Luigi, Lullio Jappelli, and Daniele Terlizzese, "Earnings Uncertainty and Precautionary Savings", *Journal of Monetary Economics*, 30 (1992): 307-337.
② Zeldes, Stephen P., "Optimal Consumption with Stochastic Income: Deviations from Certainty Equivalence", *The Quarterly Journal of Economics*, 104 (May 1989): 275-298.

个人可以通过交易来抵御不确定性的市场。在每一个时期 $t(t=1,\cdots,T$, 这里 $T<\infty$), 消费者选择 $C_t$ 以最大化期望效用:

$$\max E_t \sum_{j=0}^{T-t} \left(\frac{1}{1+\delta}\right)^j U(C_{t+j})$$

条件是:

$$W_{t+1} = (W_t - C_t)(1 + R) + Y_{t+1}$$
$$C_t \geq 0$$
$$W_T - C_T \geq 0$$

式中, $W_t$ 是 $t$ 期的金融财富(已经收到收入并且还没有消费); $R$ 代表 $t$ 期与 $t+1$ 期之间的真实利率; $Y_t$ 是 $t$ 期的劳动收入; $C_t$ 是 $t$ 期的消费; $E_t$ 是基于 $t$ 期信息条件下的期望; $U$ 是一期效用方程; $T$ 是非随机的死亡日期。

在这一模型中, 个人有 CRRA 效用方程, 面对不确定的劳动收入流并具有无风险的借入、借出技术, 同时他们都追求最优化。与确定性的模型相比, 个人最优化行为所选择的消费对暂时收入的敏感过高, 消费的预期增长太高而消费水平太低。

假定 $r$ 始终不变并等于 $\delta$(简单的 LC/PIH 模型认为任一时期的消费都与一生资源的现值成比例,这一比率是恒定并且独立于一生资源的)。亚力(Yaari, 1964)[1]表明对不确定性模型来说, 如果比例假说成立(对所有的 $r$ 和 $\delta$), 那么效用函数将是 CRRA 效用函数。当 $r=\delta$ 时, 比例假说在确定性情况下对任一凹状效用函数均成立(为此, 此处主要考虑 $r=\delta$)。

与前相比, 泽尔德斯所建立的这一模型有几个明显的提高。首先,

---

[1] Yaari, Menachem E., "On the Consumer's Lifetime Allocation Process", *International Economic Review*, V (1964): 304–317.

利用这一模型可以计算出预防性储蓄的最优量。其次,利用这一模型可以计算消费对持久和暂时收入变化的最优的敏感度。最后,这一模型还可以计算消费在不同时间上的预期增长率。

对任何凹状效用函数,在变化的而不是确定的未来收入情况下,下面是消费的最优解:

$$C_{CEQ,t} = k_{T-t+1}(W_t + HW_t)$$

$$k_{T-t+1} = \left(\frac{r}{1+r}\right)\left\{\frac{1}{1-[1/(1+r)]^{T-t+1}}\right\}$$

$$HW_t = E_t \sum_{j=1}^{T-t}(1+r)^j Y_{t+j}$$

这个结论就是通常所称的 LC/PIH 模型,同时也即文献中常规使用的消费函数(Flavin,1981;Hall and Mishkin,1982)。[①] 消费与包括人力财富 $HW_t$ 和非人力财富 $W_t$ 的一生资源的预期现值成比例。人力财富是时期 $t$ 的预期未来劳动收入的贴现值。不变比例 $k$ 是现在放弃一美元而在未来每一期收到的补偿值。当 $r=0$ 时,$k_{T-t+1}$ 等于 $1/(T-t+1)$,即余下的生命期的倒数。这个解暗示 $C_t = E_t C_{t+j}$ 对所有的 $j \geq 0$,期望消费都是不变的。对任何确定性模型中的凹状效用函数,上述结论都是成立的。但是当收入是随机变量时,对一个最大化模型来说,这一般就是不正确的。要使上述结论也是随机收入情况下的一般解的必要条件是:

(1)时期效用函数 $U(C_t)$ 是二次型的;

(2)$C_t$ 允许从 $-\infty$ 到 $+\infty$ 变动。

如果这些条件满足,那么消费就等同于不存在不确定性时的值。

---

[①] Flavin, Marjorie A., "The Adjustment of Consumption to Changing Expectations about Future Income", *Journal of Political Economy*, LXXXIX (1981): 974 – 1009. Hall, R.E. and F.Mishkin, "The Sensitivity of Consumption to Transitory Income: Estimate from Panel Data on Households", *Econometrica*, 50 (1982): 461 – 481.

这被称作确定性等价(certainty equivalence, CEQ)解。泽尔德斯将CEQ 定义为确定性等价下的最优消费,即:

$$C_{CEQ,t} = k_{T-t+1}(W_t + HW_t)$$

的解。除非另有说明,消费函数是指在给定时点上的金融资产的函数。确定或确定性等价条件下的时间 $t$ 的消费函数是一条斜率等于 $k_{T-t+1}$ 的向上倾斜的直线。如果我们给这个人额外的一美元作为金融财富,它的 $k_{T-t+1}$ 将在今天被花费掉。$W_t$ 是一生资源,是确定的;$Y_t$ 是收入对未来收入流的偏离。

在确定性等价下,消费对当前收入的敏感度是:

$$\frac{dC_{CEQ,t}}{dY_t} = k_{T-t+1}\left[\sum_{j=0}^{T-t}\left(\frac{\partial E_t Y_{t+j}}{\partial Y_t}\right)\left(\frac{1}{1+r}\right)^j\right]$$

正如弗莱文(Flavin)所表明的那样,在确定性等价下,当前收入的边际消费倾向主要依赖于收入的时间序列性质和当前收入对预期未来收入变动的反映程度。

在他的模型中,泽尔德斯假定消费者有标准的 CRRA 效用函数而不是二次型的效用函数,即:

$$U(C) = C^{1-A}/(1-A)$$

$A$ 是相对风险厌恶系数。在许多情况下,这一消费函数看上去与确定性等价所意味的非常不同。

2.泽尔德斯模型的结论

泽尔德斯的模型的建立是基于分组调查数据中对个人所面对的收入不确定性的估计。霍尔和米什金(1982)假定收入可以分解成两个部分,即遵循随机行走的持久性部分和暂时性部分。[①] 与此相关,对收入的冲击也分为独立的两部分。在泽尔德斯的谨慎储蓄模型中吸收了

---

① Hall, R.E.and F.Mishkin, "The Sensitivity of Consumption to Transitory Income: Estimate from Panel Data on Households", *Econometrica*, 50 (1982): 461–481.

这一假定。泽尔德斯对预防性储蓄模型进行经验分析的结果是,在个人拥有的财富是 200 美元时,预防性储蓄是最优消费的 20%。就是说,如果没有收入不确定性,消费将比在不确定性下的消费高出 20%。在财产的较低水平上,确定性等价水准点戏剧化地高估了消费的最优水平。在财富达到 500 美元时,预防性储蓄是最优消费水平的 7%。这就表明在美国财富积聚的一个显著的部分可以归因于谨慎储蓄。此外,泽尔德斯还证明,那些相对于预期的将来收入(不确定的)拥有较低的当前财产(确定的)的人,其收入的暂时性变化的边际消费倾向要大于其他人。这并不是"穷"对"富"的反应,因为这并不是当前财富的绝对数量,而是相对未来劳动收入的比例。

泽尔德斯检验了消费对预期将来收入的变化的敏感程度。他得出的结论是,与确定性等价水准点相关,个人最优化地对当前收入或财富"过度反应",同时对预期的将来收入"过低反应"。同有风险的未来劳动收入相比,当前财产在消费函数中扮演了一个比在确定性等价中更重要的角色。

标准的消费函数提出了一个消费同"持久收入"之间的线性关系,"持久收入"被定义为非人力财富的年金值和预期未来收入的贴现值。泽尔德斯的结果暗示这样一个消费函数很可能是错误的,特别是在较低的财富水平上。泽尔德斯对此提出了一种可能的补救方法,即把人力财富加到非人力财富上并给它一个小于 1 的权数,或者以一个更高的贴现率贴现将来收入。这会对标准的消费函数有一些改进,但是,它仍将遗漏消费函数的一些重要方面。因为给予人力财富的权重不是恒定的,而是依赖于与非人力财富相关的人力财富的量,这表明下面的式子是对真正的消费函数的一个更好的逼近:

$$C = k[W + x(W/HW)]$$

$x$ 是给予人力财富的权重($0<x<1$),它是一生资源中非人力财富部分

的增函数。上面的函数可能更好地拟合前面看到的消费函数,然而它仍然是不精确的,它只是与真正的最优消费函数更为逼近。

虽然泽尔德斯所提出的预防性储蓄模型可以有助于解释一些经验困惑,然而仍然有一些附加的暗示既与经验文献不一致,也没有在其文中仔细地被检验过。

首先,如果预防性储蓄是重要的,就意味着可以预期个人将积聚大量的财富。但是证据看起来表明家庭仅积累相对较少的财富。

其次,此理论暗示对一个给定均值的未来收入和给定水平的金融财产,未来收入有较大不确定性的个人将储蓄更多。但有关这一问题的经验证据却是让人困惑的。弗里德曼(1957)发现农民和自我雇佣者的平均储蓄率高于其他人,并将这种不同归因于这些人收入中所面临的较大的不确定性。[1] 马尔科姆·费歇尔(1956)发现了类似的结果。[2] 但是,更近的研究中,斯金纳(1988)发现自我雇佣者和农民比其他职业的人储蓄得更少。[3] 正如迈尔(Mayer, 1972)所指出的,这些研究并没有提出能表明这组人比其他人面临更大的收入不确定性的证据。[4] 同时,经验检验也无法保持很多变量像金融资产的水平、年龄收入路径的斜率及风险厌恶程度等不变,这使得所有的解释都不令人信服,并且不同的解释之间难以相互说服。看起来还需要更多的工作去检验预防性储蓄理论。

---

[1] Friedman, M., *A Theory of the Consumption Function*, Princeton University Press, Princeton, NJ, 1957.

[2] Fisher, Malcolm, "Exploration in Saving Behavior", *Oxford University Institute Statistics Bulletin*, 18 (August 1956): 201-227.

[3] Skinner, Jonathan, "Risky Income, Life Cycle Consumption and Precautionary Savings", *Journal of Monetary Economics*, 22 (September 1988): 237-255.

[4] Mayer, Thomas, *Permanent Income, Wealth, and Consumption*, Berkely, CA: University of California Press, 1972.

3.对泽尔德斯模型的评价

大多数宏观教材中所描述的简单的 LC/PIH 模型认为,个人的当前消费将基于金融财产和预期将来劳动收入的折现而定,通过这种方式消费被预期在一生中将是大致恒定的。在确定性模型中,这个结果是正确的,但是当未来劳动收入是随机的时候,要保证这一结论仍然成立就必须假定效用函数是二次型的,同时消费可以为负。当效用函数被假定是标准的 CRRA 型时,闭合的解不再被得到。为此,许多研究者将注意力集中在跨时期的欧拉方程所暗示的结果上。泽尔德斯的预防性储蓄模型给出了一个非常精确的对最优消费函数的逼近,它检验了作为金融财富和收入水平的函数的消费,并给出了消费在时间上的应急性变化的路径。

泽尔德斯所得的消费函数看上去与普通的确定性等价水准点截然不同。当一生资源的确定部分相对于风险部分很小,即金融资产相对于人力资本很小时,这一结论尤为正确。在这种条件下,个人的谨慎储蓄是很大的,泽尔德斯得出结论认为预防性储蓄能代表美国家庭总储蓄的一个较显著的部分。这样,失业和其他保险的上升可能有助于解释美国储蓄率的稳定下降。另外结果还表明,当前财产(包括刚收到的收入和确定的未来收益)在影响当前消费决策方面比未来的随机劳动收入有更大的权重。这并不是仅通过较高的未来劳动收入折现率就可以得到补偿的。

泽尔德斯的结果还表明,具有 CRRA 效用的理性人将最优化地对暂时收入过度敏感,储蓄"太多",并有较高的消费的预期增长率。这就意味着必须重新考虑确定性等价模型是否是恰当的假定,特别是在较低水平的金融财富上。泽尔德斯的结果隐含地解释了实际经济生活中的三个困惑:消费对暂时收入的过度敏感,消费的高增长率,老年人的过低支出。

## 11.2.2 迪南(Dynan)的预防性储蓄模型[①]

1.模型构建

在众多的研究预防性储蓄的文献中,也有一些文献对预防性储蓄的显著性提出质疑,认为预防性储蓄在家庭的总储蓄中只占有一个很小的比例。迪南的研究就证明了这一观点。与其他研究成果相比,迪南的研究有两点独特之处:

第一,她使用消费变化的方差而不是收入波动作为对不确定性的度量,因为一个追求最优化行为的家庭的消费变化仅是对收入中未预期到的变化的反应,这种未预期到的变化代表了真正的风险。

第二,迪南的研究给出了对相对谨慎系数的明确估值。与许多研究结论相异,迪南的研究结果表明预防性储蓄不是消费者行为中的一个重要部分。结果还表明消费者的谨慎度不仅小于多数研究的结论,甚至小到与广泛接受的风险厌恶观点不一致的程度。

同往常一样,消费者在时期 $t$ 面对

$$\max_{C_{i,t+j}} E_t \Big[ \sum_{j=0}^{T-t} (1+\delta)^{-j} U(C_{i,t+j}) \Big]$$

条件是:

$$A_{i,t+j+1} = (1+r_i) A_{i,t+j} + Y_{i,t+j} - C_{i,t+j}$$

$A_{it}$是给定的, $A_{i,T+1} = 0$

其中,$E_t$ 是 $t$ 期信息条件下的期望;$T$ 是死亡时间;$C_{it}$ 是消费;$Y_{it}$ 是劳动收入,$A_{it}$ 是时期 $t$ 的非人力财富;$\delta$ 表示时间偏好率,它被假定在时间上和不同家庭之间都是恒定的;$r_i$ 表示税后真实利率,它随消费者 $i$ 的不同而变动。效用在时间上可加并且是凹状的,劳动收入是不确定的。

---

[①] Dynan, Karen E., "How Prudent are Consumers", *Journal of Political Economy*, 101 (December 1993): 1104 – 1113.

处理消费者的最优化问题产生了下述一阶条件（$j=1$ 时）：

$$\left(\frac{1+r_i}{1+\delta}\right) E_t [U'(C_{i,t+1})] = U'(C_{it})$$

这个条件表明较大的不确定性与较大的储蓄相联系。当效用的三阶导数为正时，不确定性的上升会提高预期的消费变动，它反过来意味着当边际效用是凸状的时候边际效用会较高。要满足上式，$t$ 期的消费将下降而储蓄上升。

运用二阶泰勒展式展开 $U'(C_{i,t+1})$ 并代入上式得：

$$E_t\left[\frac{C_{i,t+1} - C_{it}}{C_{it}}\right] = \frac{1}{\xi}\left(\frac{r_i - \delta}{1 + r_i}\right) + \frac{\rho}{2} E_t\left[\left(\frac{C_{i,t+1} - C_{it}}{C_{it}}\right)^2\right]$$

其中，$\xi = -C_{it}(U''/U')$ 是相对风险厌恶系数，$\rho = -C_{it}(U'''/U'')$ 是相对谨慎系数（定义见 Kimball，1990）。① 如果 $\rho$ 是正的，那么较高的预期消费增长（反映较高的储蓄）与较高的预期消费增长的平方（反映较高的不确定性）是相联系的。这种情况对 CRRA 效用函数即：

$$U(C) = -\theta^{-1}\exp(-\theta c)$$

和常数绝对风险厌恶（Constant Absolute Risk Aversion，CARA）函数即：

$$U(C) = (1-\gamma)^{-1}C^{1-\gamma}$$

是成立的。它对二次型效用即：

$$U''' = 0$$

是不成立的。在那种情况下，消费者的效用被不确定性的存在影响，但他们的行为不会因此而改变。

$$E_t\left[\frac{C_{i,t+1} - C_{it}}{C_{it}}\right] = \frac{1}{\xi}\left(\frac{r_i - \delta}{1 + r_i}\right) + \frac{\rho}{2} E_t\left[\left(\frac{C_{i,t+1} - C_{it}}{C_{it}}\right)^2\right]$$

表明了一种使用消费的分组调查资料来测度预防性动机强度的方法。

---

① Kimball, Miles S., "Precautionary Savings in the Small and in the Large", *Econometrica*, 58 (January 1990): 53-73.

可以估计：

$$\frac{1}{M}\sum_{t=1}^{M}GC_{it}+\mu_i=\frac{1}{\xi}\left(\frac{r_i-\delta}{1+r_i}\right)+\frac{\rho}{2}\left(\frac{1}{M}\sum_{t=1}^{M}GC_{it}^2\right)+\upsilon_i+\eta_i$$

其中，$GC_{it}$ 是个人在时期 $t$ 的消费增长；$M$ 代表样本中的时期数；$\mu_i$ 和 $\upsilon_i$ 是与用样本均值代替期望值所联系的误差项；$\eta_i$ 代表改变消费增长的边际效用的"口味变动"冲击。合并误差项得：

$$\text{avg}(GC)_i=\frac{1}{\xi}\left(\frac{r_i-\delta}{1+r_i}\right)+\frac{\rho}{2}\text{avg}(GC^2)_i+\varepsilon_i$$

误差 $\varepsilon_i$ 与 $\text{avg}(GC^2)_i$ 是相互关联的，因此二阶段最小平方用于得到 $\rho/2$ 的一致期望。$\rho$ 的大小决定预防性储蓄动机的强度。在广泛使用 CRRA 效用函数下，$\rho=\gamma+1$。对 $\gamma$ 的普遍选择是从 1 变化到 4，这样 $\rho$ 的预期在 2 到 5 之间。

2.模型的估计结果

在迪南的模型中，她使用的数据来源于 1985 年的消费者支出调查（Consumer Expenditure Survey，CEX），它包含约 5000 户家庭的收入、人口统计特征、季度支出模式等信息。对于一个给定家庭，它的支出在此次调查中被连续记录四个季度。耐用消费品支出被从分析中排除了，因为它们影响效用多于一个季度，而这影响效用在时间上可分的假定。

迪南使用这些数据进行处理的结果表明，家庭收入变动与消费变动的相关性只有 0.15，收入变动的方差同消费变动方差之间的相关系数只有 0.17。这样低的相关系数意味着给定消费的变动，收入的较大的变动是可能的。此外，家庭的食品消费增长和非耐用消费品及劳务消费增长之间的相关系数是 0.46，而它们的方差之间的相关系数为 0.28。

CEX 中包含几个可以预测不确定性的变量，从而是计算 $\text{avg}(GC^2)$ 的很好的工具：男女户主的职业、行业、受教育程度、挣钱的人数及调查前 12 个月的利息或红利收入。虽然年龄可能与不确定性相关,但它是一个不恰当的工具,因为它可能作为一个口味转移因素从而出现在误差项 $\varepsilon_i$ 中。

虽然 CEX 调查的是调查对象较短时间内的变动,而这意味着实际的消费增长的平方是对风险的一个不确切的测度,但是二阶段最小平方一般将产生 $\rho$ 的一致的估计。进一步,如果消费增长平方仅反应噪声,那么它将不可能获得 $\rho$ 的准确的估计。事实上, $\rho$ 可以相当精确地被估计。

迪南使用三套工具交替估计了 $\mathrm{avg}(GC^2)$ 的大小。第一套包括所有的工具,第二套忽略教育,第三套忽略职业和行业。允许 $(r_i - \delta/1 + r_i)$ 在家庭之间变动和不变分别估计了 $\mathrm{avg}(GC^2)$。表 11.1 列出了作者分析的结果。

**表 11.1　迪南使用三套工具估计的 $\mathrm{avg}(GC^2)$ 基本结果**

|  | \multicolumn{3}{c}{r 在家庭之间不变} | \multicolumn{3}{c}{r 在家庭之间变动} |
| --- | --- | --- | --- | --- | --- | --- |
|  | (1) | (2) | (3) | (1) | (2) | (3) |
| \multicolumn{7}{c}{第一阶段 F-检验} |
| 教育 | 0.013 |  | 0.000 | 0.014 |  | 0.000 |
| 职业 | 0.980 | 0.657 |  | 0.784 | 0.290 |  |
| 行业 | 0.675 | 0.501 |  | 0.562 | 0.442 |  |
| 挣钱人数 | 0.104 | 0.094 | 0.131 | 0.362 | 0.309 | 0.338 |
| 初始财产 | 0.577 | 0.455 | 0.597 | 0.298 | 0.240 | 0.353 |
| 一阶段 $R^2$ | 0.053 | 0.040 | 0.041 | 0.062 | 0.047 | 0.047 |
| \multicolumn{7}{c}{第二阶段结果} |
| $(r_i-\delta)/(1+r_i)$ |  |  |  | 0.098 | 0.108 | 0.116 |
|  |  |  |  | (0.852) | (0.851) | (0.872) |
| $\mathrm{avg}(GC^2)_i$ | 0.028 | 0.012 | 0.146 | 0.045 | 0.029 | 0.156 |
|  | (0.088) | (0.109) | (0.109) | (0.087) | (0.108) | (0.109) |
| 暗含的 $\rho$ | 0.056 | 0.024 | 0.292 | 0.090 | 0.058 | 0.312 |
|  | (0.176) | (0.218) | (0.218) | (0.164) | (0.216) | (0.218) |

由表 11.1 中可以看出,第一阶段结果表明这些工具只能解释消费变动的很小一部分。对第二阶段回归的 $R^2$ 统计值为 0.040 到 0.062,只有对关于受教育程度的虚拟变量结果拒绝它们相关系数为零的假设。

在第二阶段中,对利率项的估计系数是很小的正数,有非常大的标准误差。对 $\mathrm{avg}(GC^2)$ 系数的估计显示了风险对消费增长的正的效应。这正是预防性储蓄假说所预计的:有较大风险的家庭储蓄得较多。但是暗含的相对谨慎系数非常小,标准误差也非常小。因此,无法拒绝相对谨慎是零的假设,估计的范围低于许多研究强调的预防性储蓄的潜在显著性。这样,预防性储蓄动机在消费者行为中表现为一个不太重要的部分。实际上,迪南所估计的预防性动机的强度有可能太小,$\rho$ 的最高估计值为 0.312,并以 95% 的置信水平处于 −0.124—0.748 之间。因此,在一个有合理参数的 CRRA 效用方程范围内可以拒绝相对谨慎的假说。进一步,考虑更普遍的效用函数,它有递减的绝对风险厌恶,并假定额外财富的增加将导致个人增加对风险资产的持有。金博尔和韦伊(Kimball and Weil, 1991)证明对任何这样的效用函数,相对谨慎的系数都要大于相对风险厌恶系数。[①] 麦拉和普雷斯科特(Mehra and Prescott, 1985)引用了许多研究归纳出相对风险厌恶的系数至少是 1,他们对历史性等价溢价的分析暗示这一系数可能大于 10。[②] 与此相比,此处对谨慎系数如此小的估计是令人吃惊的。为解决这一问题,迪南在其分析中考虑了偏差的两个可能来源:家庭流动约束的存在和家庭自己对风险环境的选择。结果表明,在考虑流动约束后,有较高财富

---

[①] Kimball, Miles S., and Weil, Philippe, "Precautionary Saving and Consumption Smoothing across Time and Possibilities", *Manuscript*. Ann Arbor: Univ.Michigan, 1991.

[②] Mehra, Rajnish, and Prescott, Edward C., "The Equity Premium: A Puzzle", *Journal of Monetary Economy*, 15 (March 1985): 145–161.

的家庭相对谨慎系数比较高。但是即使对这些家庭来说,$\rho$ 为零的假设也无法被拒绝。

厌恶风险的家庭比那些对风险无所谓的家庭更可能选择收入可预测的职业。但是对一个给定的收入不确定性水平,风险厌恶的家庭将进行更多的预防性储蓄。如果选择效应比谨慎效应更强,那么将看到面临较少风险的家庭储蓄更多,迪南模型中的 $\rho/2$ 的估计值将是负的。这就是说,一个导致迪南模型中 $\rho$ 较小的原因有可能是由于不同家庭之间不同的 $\rho$,而这与估计结果所用的工具有关。但是,即使考虑到流动约束和自我选择,迪南的相对谨慎系数仍旧接近零,即预防性储蓄在家庭的总财富中仍然并不是一个重要的部分。

迪南的研究有很多可资借鉴的东西,但它对谨慎动机的研究结果与普遍接受的风险厌恶相悖这一点,说明对这一结果还需要更进一步的探讨。

### 11.2.3　布拉德列·K.威尔逊(Bradley K.Wilson)的预防性储蓄模型[①]

前面所介绍的预防性储蓄模型有一个共同之处,就是它们在考虑消费支出时所指的都是非耐用消费品。耐用消费品由于对消费者所提供的服务超过一期,因而被排除在分析之外。而威尔逊(1998)则认为假定耐用品和非耐用品的效用是可分的,将非耐用消费品和耐用消费品都考虑在一个模型内,对预防性储蓄的精确估计更重要。

1.模型

一个家庭被假定解决下面的动态最优化问题:

---

① Bradley K. Wilson, "The Aggregate Existence of Precautionary Saving: Time-Series Evidence from Expenditure on Nondurable and Durable Goods", *Journal of Macroeconomics*, 20 (Spring 1998): 309 - 323.

## 11 消费函数研究的新进展

$$\max_{CN_{t+j},K_{t+j}} E_t \sum_{j=0}^{T-t} (1+\beta)^{-j} U(CN_{t+j}, K_{t+j})$$

条件是:

$$A_{t+j+1} = (1+r)(A_{t+j} - CN_{t+j} - P_D CD_{t+j}) + Y_{t+j+1}$$

$A_t$ 是给定的, $A_{T+1} = 0$

$$K_{t+j+1} = (1-\delta) K_{t+j} + CD_{t+j+1}$$

其中,$E_t$ 代表时期 $t$ 所获得信息条件下的期望;$T$ 代表死亡时间;$\beta$ 是时间偏好率;$CN_t$ 是家庭在非耐用消费品上的支出;$K_t$ 是提供服务给家庭的耐用品存量;$Y_t$ 是劳动收入,也即不确定性的唯一来源;$A_t$ 是非人力财富;$CD_t$ 是时期 $t$ 家庭在耐用品上的总支出;$r$ 代表真实税后利率;$P_D$ 代表相对价格比例;$\delta$ 代表耐用品存量的折旧率。为突出消费同劳动收入不确定性之间的关系,税后真实利率和相对价格比例都假定为常数。效用函数 $U(\cdot)$ 在时间上可加并且是凹状的,即

$$U' > 0, U'' < 0$$

处理家庭面临的最优化问题产生下列一阶条件:

$$\left(\frac{1+r}{1+\beta}\right) E_t [U_{CN}(CN_{t+1}, K_{t+1})] = U_{CN}(N_t, K_t)$$

$$\left(\frac{1+r}{1+\beta}\right) E_t [U_K(CN_{t+1}, K_{t+1})] = U_K(CN_t, K_t)$$

上式遵循下面的跨时效用条件:

$$U_{CN}(CN_t, K_t) = \left(\frac{1+r}{r+\beta}\right) \frac{1}{P_D} U_K(CN_t, K_t)$$

上面的条件表明当非耐用品和耐用品的边际效用都是凸状时,较高水平的储蓄与较大的收入不确定性相关联。这是因为收入不确定性在消费的边际价值很高时包含更多可能状态,从而提高了未来消费的价值。

将消费同收入不确定性正式联系起来需要假定一个特定的效用函

数,它至少有正的三阶导数,然后运用二阶泰勒级数逼近欧拉方程。在既考虑非耐用消费品又考虑耐用消费品的情况下,CRRA 将不允许闭合形式的物品变动同收入不确定性之间的关系。但是 CARA 效用函数可以允许这种逼近,因此,威尔逊采用了 CARA 效用函数:

$$U(CN_t, K_t) = -\frac{1}{\gamma}e^{-\gamma CN_t} - \frac{1}{\rho}e^{-\rho K_t}$$

其中,$\gamma$ 是非耐用品的绝对风险厌恶系数;$\rho$ 是耐用品的绝对风险厌恶系数。伯南克(Bernanke,1985)发现没有证据表明耐用品和非耐用品的效用是不可分的,因此假定它们可分。① 二阶泰勒逼近产生下列结果:

$$\Delta CN_t = \frac{r-\beta}{\gamma} + \frac{\gamma \Psi^2}{2} \text{var}_{t-1}(Y_t) + \varepsilon_{CN_t}$$

$$\Delta CD_t = \frac{(r-\beta)\delta}{\rho} + \frac{\rho \theta^2}{2} \text{var}_{t-1}(Y_t)$$

$$- \frac{\rho \theta^2}{2}(1-\delta) \text{var}_{t-2}(Y_{t-1})$$

$$- (1-\delta) \varepsilon_{CD,t-1} + \varepsilon_{CD,t}$$

对 $X = (CN, CD)$,$\Delta X = X_t - X_{t-1}$,$\Psi = \rho/(\rho + P_D \gamma)$,$\theta = \gamma/(\rho + P_D \gamma)$,$\varepsilon_{CN,t}$,$\varepsilon_{CD,t}$ 是期望误差。如果 $\gamma$ 和 $\rho$ 都是正的,那么未来劳动收入的不确定性的上升将导致非耐用品和耐用品消费向上波动。对预期未来劳动收入上升的家庭来说,它将通过降低当前对耐用品和非耐用品的支出以预防这种波动。随着时间的推进和预防性财富的增加,支出将转而上升。正是这种随支出上升而来的预防性财富的下降产生了对消费的向上的修正。

但是,与非耐用品不同,耐用品可以在多于一个时期内向消费者提

---

① Bernanke, "Adjustment Cost, Durables, and Aggregate Consumption", *Journal of Monetary Economics*, 15 (January 1985): 41-68.

供服务,这样预防性财富中对耐用品的过去支出将降低这种向上的修正。给定一个收入不确定性的度量,上式表明了一种估计预防性储蓄的经验存在的方法。

2.模型的估计结果

对预防性储蓄的一个经验上的估计,正如前面提到的,需要找到一个测度劳动收入不确定性的方法。方法之一是用一个或一套变量表示,它们与不确定性密切相关(见 Dynan,1993)。[①] 这种方法的缺点是,有关消费对收入不确定性上升的任何反应的估计都完全依赖于所选择的工具的性质。这样更直接地测量劳动收入的条件方差也许是最优的选择。威尔逊提出了下面的非耐用品和耐用品及劳动收入三个随机变量的自回归条件异方差(Autoregressive Conditional Heteroskedasticity,ARCH)模型作为估计预防性储蓄总体存在性的一个方法:

$$\Delta Y_t = \alpha_0 + \sum_{i=1}^{p} \alpha_{1i} \Delta Y_{t-i} + \sum_{j=1}^{q} \alpha_{2j} \varepsilon_{1,t-j} + \varepsilon_{1,t}$$

$$\Delta CN_t = \Psi_0 + \left(\frac{\Psi_1}{2}\right) h_{11,t} + \varepsilon_{2,t}$$

$$\Delta CD_t = \theta_0 + \left(\frac{\theta_1}{2}\right) h_{11,t} - \left(\frac{\theta_1}{2}\right) (1-\delta) h_{11,t-1}$$

$$- (1-\delta) \varepsilon_{3,t-1} + \varepsilon_{3,t}$$

$$h_{ii,t} = K_j + \sum_{j=1}^{n(i)} v_{ij} \varepsilon_{i,t-j}^2 \qquad 对 i = 1,2,3$$

$$h_{ij,t} = \eta_{ij} \sqrt{h_{ii,t}} \sqrt{h_{jj,t}} \qquad 对 i \neq j$$

此处 $h_{ii,t} = var_{t-1}(\varepsilon_{i,t})$; $h_{ij,t} = cov_{t-1}(\varepsilon_{i,t}, \varepsilon_{j,t})$; $E_{t-1}(\varepsilon_{i,t}) = 0$

$\Psi_1$ 和 $\theta_1$ 在统计上显著决定了总体预防性储蓄的变动。但是,需要指出的是,这些估计自身不会告诉我们有关预防性储蓄的强度。在预

---

① Dynan, Karen E., "How Prudent are Consumers", *Journal of Political Economy*, 101 (December 1993): 1104 – 1113.

防性储蓄模型中,这种强度由预防性溢价所测度。在威尔逊的模型中,预防性溢价有两部分:$(\gamma\Psi)^2$表示非耐用品部分,$(\gamma\theta)^2$是耐用品部分,$(\gamma\Psi)^2=(\rho\theta)^2$。根据定义,这些溢价表示预期的收入不确定性的百分比,消费支出将依此降低以避免未来的收入风险。考虑到上面方程的前两个,预防性溢价变为$\gamma\Psi_1$和$\rho\theta_1$。不幸的是,在这个分析中,对预防性动机强度的估计是困难的,因为虽然$\Psi_1$和$\theta_1$在方程中被定义,但是风险厌恶的系数却没有。为了得到这些系数,我们必须知道耐用品的相对价格$(P_D)$。通过指定这一相对价格的一个合理的范围,预防性动机的强度就可以被估计。

本节所用的数据来自美国商业部门对耐用消费品支出、非耐用消费品支出和税后劳动收入的观测。所有数据都是季度数据,以1987年的美元数为基期数。估计的时间是1954—1993年。

威尔逊在两种程度的收入不确定性上估计了预防性储蓄的总体重要性:(1)当15%的季度收入面临风险时;(2)当30%的季度收入面临风险。作为总储蓄的一个部分,预防性储蓄数量列在表11.2中(假定年人均收入40000美元,季度储蓄率为10%)。如表所示,当季度收入的15%面临风险时,预防性储蓄占总储蓄的5%—10%。提高风险收入的百分比使储蓄中可归因于收入不确定性的部分上升,当30%的季度收入处于风险中时,预防性储蓄占到总储蓄的9%—21%。尽管比例上升了,但是预防性储蓄的数量仍太小从而不能在总财富积累中担当重要角色。

表11.2 威尔逊在两种程度的收入不确定性上估计的预防性储蓄的比重

| 预防性溢价 | 预防性储蓄占总储蓄的比重 ||
| --- | --- | --- |
| | 15%的收入是风险收入时 | 30%的收入是风险收入时 |
| 0.032 | 0.10 | 0.21 |
| 0.023 | 0.07 | 0.15 |
| 0.015 | 0.05 | 0.09 |

此外,它也低于先前许多研究中的估计。应该指出的是,上述结果是在考虑只有55%的总消费支出时得到的,劳务支出被上面的估计所忽略了。加入劳务支出后,它对预防性储蓄的总体存在性没有影响:$\Psi_1$和$\theta_1$仍保持显著。相关价格不变,所估计的预防性储蓄的比例见表11.3。

表11.3 加入劳务支出后所估计的预防性储蓄的比例

| 预防性溢价 | 预防性储蓄占总储蓄的比重 | |
|---|---|---|
| | 15%的收入是风险收入时 | 30%的收入是风险收入时 |
| 0.183 | 0.55 | 1.22 |
| 0.160 | 0.48 | 1.06 |
| 0.139 | 0.42 | 0.93 |

显然,当考虑的总消费包括劳务支出在内时会导致预防性储蓄比例的大幅上升。在15%的季度收入是风险收入时,预防性储蓄占总储蓄的比例为42%—55%。当30%的季度收入是风险收入时,所有的储蓄都是预防性的。

最后的结果再怎么重视也不过分。这些结果表明,美国的储蓄可以主要由收入的波动来解释。这样,直接或间接地降低收入风险头寸的政府保险项目和税收对总财富积累有重要的作用。部分劳务具有与耐用品相同的性质,它们可以在多于一期的时间内向消费者提供服务,因此,把它们划为非耐用品可能不准确。但是,把它们包括在对预防性储蓄在总财富积累中的重要性的分析中是很重要的。

应当说,不管结论准确与否,威尔逊的研究给出了一个新的测量收入不确定性的方法。

### 11.2.4 缓冲存货储蓄模型[①]

缓冲存货储蓄模型是由卡罗尔(Carroll,1993)等人提出的。假定

---

① Carroll, Christopher, "Buffer Stock Saving and the Life Cycle/Permanent Income Hypothesis", *Mimeo*, Board of Governors of the Federal Reserve System, 1993.

消费者是有预防性储蓄动机的消费者,并且如果消费者预期未来有更高收入,同时又是不耐心的,他们就会倾向于选择大于当前收入的消费。在这种情况下消费者就会表现出卡罗尔所称的缓冲存货储蓄行为。这种理论认为储蓄相当于一种缓冲存货,消费者持有资产(储蓄)以便在境况艰难时维持消费而在境况如意时增加消费。缓冲存货储蓄者一般有一个财富对持久收入的目标比率,如果低于目标,预防性储蓄动机将战胜不耐心从而加大储蓄;在相反的情况下,不耐心就会占上风从而使消费者选择负储蓄。

1.模型构建

假定消费者将面对下面的跨时最优化问题:

$$\max \quad E_t \sum_{i=t}^{T} \beta^{i-t} U(C_i)$$
$$\text{s.t.} \quad W_{t+1} = R(W_t + Y_t - C_t)$$
$$Y_t = P_t V_t$$
$$P_T = G_t P_{t-1} N_t$$

其中,$Y$ 是现期劳动收入;$P$ 是面临多种冲击的持久劳动收入;$V$ 是持久收入在每期的分配比率;$N$ 是对数形式分布的对永久性收入形成冲击的白噪声;$G=(1+g)$ 是持久收入的增长因素;$W$ 是净财富存货;$R=(1+r)$ 是名义利率;$\beta=1/1+\sigma$ 是贴现因素;$\sigma$ 是贴现率。效用方程采用常相对风险厌恶形式:

$$U(C) = \frac{C^{1-\rho}}{1-\rho}$$

任一期的最优消费将依赖于总的当前资源(总财富)、当前总资产和当期收入:

$$X_t = W_t + Y_t$$
$$X_{t+1} = R(X_t - C_t) + Y_{t+1}$$

对卡罗尔的模型进行经验检验的结果表明,缓冲存货模型适合于大多数人在45岁或50岁以前的行为。如果消费者依此模型行动并面临收入冲击,他的目标财富的对数与不确定性之间的关系就应该大致是线性的,并且显著正向相关。这与美国联邦储备委员会1983年所作的对消费者的金融调查中,有43%的消费者认为为意外情况作准备是储蓄的主要原因是一致的。

2.模型的估计结果

使用一种恰当的对收入不确定性的度量对任何想估计预防性储蓄重要性的经验估计来说都是至关重要的。在卡罗尔的研究中提出了至少两种测度不确定性的方法,它们都可以较好地估计对收入分布进行反应的最优的预防性储蓄。方法之一是基于金博尔(1990)所提出的一个对不确定性的简单理论测度,即等价性预防溢价(equivalent precautionary premium,EPP),如果$C_e$和$C_u$分别为确定情况和不确定情况下的消费,同时$U'(C_e-\Psi)=E[U'(C_u)]$,则$\Psi$称为等价性预防溢价。[①] 另一个是与理论无关的度量,即收入对数的方差的对数(the Log of Variance of the Log of the Income,LVARLY)。

卡罗尔等的缓冲存货储蓄模型除证明预防性储蓄存在于大多数人的行为中外,还对目前存在于现实中的几个无法被标准的LC/PIH模型和凯恩斯模型所解释的事实作出了说明。

(1)消费/收入平行。现实数据表明消费增长同收入增长在一年或更长时期内是非常接近的,这一现象称为消费/收入平行。这种现象是很有趣的,因为在无限制的标准的LC/PIH模型中无法解释:在此模型中消费增长的模式由口味决定而独立于收入的时间值。对此现象的粗略归纳是消费者有缓冲存货储蓄行为,因此消费增长近乎与收入增

---

① Kimball, Miles S., "Precautionary Savings in the Small and in the Large", *Econometrica*, 58 (January 1990): 53–73.

长平行,直到大约45岁或50岁,在此年龄左右消费者转向为退休储蓄,这使得退休前几年的储蓄率高一些。

(2)消费收入偏离。对单个家庭来说,消费经常与当期收入远离。这一问题很久以前已经为弗里德曼使用同一逻辑解释过:消费之所以并不是一对一地对收入的暂时冲击反应,是因为资产可用作存货消费以抵消这种冲击。[1]

(3)消费者持有过高的流动性财富的事实难以用标准的LC/PIH或凯恩斯模型来解释,但对将财富作为吸收对收入的随机冲击的缓冲储蓄模型来说,它就是一个自然结果。

缓冲存货储蓄为研究宏观、微观消费、储蓄提供了一种新的方法,并解决了一些标准的LC/PIH模型无法提供答案的困惑。但受模型条件所限,它不能解释所有消费者的行为,并且对理解家庭投资毫无帮助。因此,它并不是一个一般化的消费模型,对这一模型的完善还有许多工作有待继续。

### 11.2.5 吉索(Guiso)等的预防性储蓄模型[2]

**1.理论模型**

路易吉·吉索(Luigi Guiso)等遵循了卡巴雷罗(Caballero,1990)[3]和韦伊(Weil,1990)[4]等人所提出的一个储蓄模型,假定家庭在一个无限期界中最大化其在时间上可分的效用函数,并且有常绝对谨慎

---

[1] Friedman, M., *A Theory of the Consumption Function*, Princeton University Press, Princeton, NJ, 1957.

[2] Guiso, Luigi, Lullio Jappelli, and Daniele Terlizzese, "Earnings Uncertainty and Precautionary Savings", *Journal of Monetary Economics*, 30 (1992): 307-337.

[3] Caballero, Ricardo J., "Consumption Puzzle and Precautionary Savings", *Journal of Monetary Economics*, 25 (January 1990): 113-136.

[4] Weil, "Equilibrium Asset Prices with Undiversifiable Income Risk", *Discussion Paper* No.1507, Harvard Institute of Economic Research, Harvard University, August 1990.

(constant absolute prudence,CAP),税后收入 y 遵循随机行走过程:

$$y_t = \alpha y_{t-1} + (1-\alpha) y^e + \varepsilon_t$$

其中,α 度量收入变动的持续性程度;$\varepsilon_t$ 是随机项;$y^e$ 是预期收入。

消费者选择一系列消费值以最大化其预期效用:

$$\max -\frac{1}{\theta} E \sum_{i=0}^{\infty} \beta^i \exp(-\theta C_{i+t})$$

$$\text{s.t.} \quad W_t = RW_{t-1} + y_t - C_t$$

$$y_t = \alpha y_{t-1} + (1-\alpha) y^e + \varepsilon_t$$

其中,$W_t$ 是期末财富;$C_t$ 为消费;$R$ 为利率,假定其为常数;$\theta$ 用以衡量消费者的谨慎度;$\beta$ 用以衡量时间偏好率。这一最优化问题的解有两部分,一是消费的确定性等价水平,二是预防性储蓄。在利率等于贴现率($\beta R=1$)的情况下:

$$C_t = \frac{R-1}{R-\alpha}\left(y_t + \frac{1-\alpha}{R-1}y^e + W_t\right) - \frac{\Pi}{R}$$

$$\Pi = \frac{R-\alpha}{\theta R}\log\left[E\exp\left(-\frac{\theta R}{R-\alpha}\varepsilon\right)\right]$$

上面第一个式子的第一项是当收入确定并等于 $E(y_t)$ 时的最优消费水平,Π 是储蓄的预防性部分,当收入冲击(Income Shock)是正态分布时,Π 简化为:

$$\Pi = \frac{\theta R}{R-\alpha}\sigma^2$$

它随收入冲击的方差 $\sigma^2$ 以及收入持续度 α 和谨慎度 θ 的上升而上升。上述方程的含义是如果谨慎度是正的,不确定性会降低当前消费的最优水平。

利用上述模型,并且使用意大利家庭户自我报告的主观未来收入不确定性,吉索等估算出收入不确定性(收入方差),并由此估算出标准差与收入的比($\sigma/y$)大约为 1.8%。在一般的预防性储蓄研究中收入冲击的标准误差(Standard Error)大约为当前收入的10%—20%(见Skinner,1988;Caballero,1990;Carroll,1991)。也就是说,吉索等估计的意大利居民的不确定性大约只有使用美国分组调查数据的1/10—1/5。这一结果可能受到下述几个因素的影响:

(1)不同方法的误差不同;

(2)美国人所面临的收入不确定性高于意大利人;

(3)使用分组调查数据的方法可能夸大了收入的不确定性。

2.收入不确定性对消费的影响

为检验预防性储蓄的存在性,吉索等提出了下述消费方程:

$$C_i = \lambda L_i - \mu \sigma_i^2$$

$i$表示家庭户,上式左边第一部分是一生资源$L$的确定性等价的部分$\lambda$,$L$是人力财富与非人力财富之和;第二部分是预防性成分,在一般假定下,它与收入冲击的方差成比例。

使用我们上述提到的数据,吉索等估计预防性储蓄大约等于永久性收入的0.1%,而财富中因预防性原因而持有的部分大约为1.8%。

归纳吉索等人的观点,收入不确定性是影响居民储蓄率水平的,但预防性储蓄仅可以解释家庭净财富的2%。换言之,收入不确定性即文献中不确定性最常被研究的来源不能解释财富积累的大部分。

但是吉索等人认为他们的研究结果并非对预防性储蓄的重要性有任何怀疑,而仅说明除收入不确定性外,也许有其他一些更重要的风险类型,像健康和死亡风险等是储蓄的主要决定因素。

3.对吉索等人模型的评述

吉索等人的研究方法是新颖而有创意的,为测度不确定性提供了一种新的方法。但是这一模型也有明显的缺陷:

其一,吉索等所用的调查方法中,家庭被询问关于他们下一年的预期收入的分布。但是,在他们的模型中,理论上恰当的对不确定性的测度应是一生收入的方差,而不是下一年收入的方差。此外,显然被调查对象中有相当大一部分人并不真正理解被询问的问题(例如,许多家庭要回答明显与不确定性有关的变量的点期望)。

其二,吉索等人的估计方程都是从消费者有常绝对风险厌恶的效用函数模型中推出的。这种模型具有一些讨厌的特性,包括在看似正确的参数值下推测出许多年轻家庭的负的消费值。此外,常绝对风险厌恶令人难以信服。举例说,常绝对风险厌恶效用推断:一个每年消费上百万元的消费者将和一个年均消费仅几千元的消费者在面对下一年将减少一千元消费时的反应是相同的。而直觉告诉我们事实可能并非如此,绝对风险厌恶很可能是下降的,因为面对一个给定的风险数时,较富有的消费者将倾向于付诸较少的预防性行为。

从前述的理论模型中可以看出对预防性储蓄研究的一个核心问题是:预防性储蓄是否存在?如果存在它重要吗(即在家庭总财富中可归因于预防性动机的部分是否足够大,以至于成为财富积累的重要因素之一)?

遗憾的是,无论是遵循纯理论方法的研究还是采用经验方法的研究,都因为无法在不确定性和财富之间建立一种简单且一致的关系而陷入了相当混乱的情况。对预防性储蓄是否存在的问题,大多数研究都作出了肯定的回答。分歧出现在第二个问题上。在理论文献中,对财富可归因于预防性动机的估计从仅为0.7%(Krussell Smith,1994)到50%(Hubbard,Skinner and Zeldes,1994;Zeldes,1997)[1]甚至更多都

---

[1] Krusell Smith, "The Construction of U.S. Consumption Data: Some Facts and Their Implications", *Quarterly Review of the Federal Reserve Bank of St.Louis*, 73 (November 1994): 36-51.Hubbard, R.Glenn, Jonathan Skinner, and Stephen P.Zeldes, "The Importance of Precautionary Motives for Explaining Individual and Aggregate Saving", in Allan H.Meltzer and Charles I.Plosser, eds., *The Carnegie-Rochester Conference Series on Public Policy*, XL (1994), Amsterdam: North Holland.Zeldes, Stephen P., "Consumption and Liquidity Construction: an Empirical Investigation", *Journal of Political Economy*, July 1997.

有。这种结果在很大程度上起因于参数选择的不同。在理论上对预防性储蓄进行估计的最早的例子是斯金纳(1988),他用泰勒近似值来逼近那些具有常相对风险厌恶的消费者的生命周期消费模型。[1] 结果他发现在他的参数值下,预防性储蓄可以解释整个财富的56%。卡巴雷罗运用分析方法,分析具有常相对风险厌恶效用的永久收入模型,并得出结论,认为来源于对收入不确定性进行预防性的部分超过可观察的美国净财富的60%。[2] 在经验文献中,对预防性储蓄的估计范围也相当广泛。吉索等的研究表明,那些有较大的来年收入的主观方差的消费者的消费只是在边际意义上较低,而且财富也略微偏高,其结论是起源于收入不确定性的预防性储蓄的比重小于2%,可以忽略。[3] 而达达诺尼(Dardanoni,1991)检验了跨地区的英国农户的数据,并证明不同职业和行业群体的平均消费与跨地区群体的收入方差负相关,他声称"多于60%的储蓄……是来自于对未来收入风险的预防"。[4]

由于缺乏对预防性储蓄是否重要这一核心问题的令人信服的证据,预防性储蓄理论仍然还只是一个有前途的待发展的理论。一旦结果证明预防性储蓄在经济上是重要的,那么不确定性和预防性储蓄行为就会对理解宏观、微观领域的消费和储蓄行为起重要作用。

## 11.3　预防性储蓄理论同风险厌恶理论的类比

正如前面所言,尽管预防性储蓄从理论角度讲是大有前途的,但不

---

[1] Skinner, Jonathan, "Risky Income, Life Cycle Consumption and Precautionary Savings", *Journal of Monetary Economics*, 22 (September 1988): 237－255.

[2] Cahallero, Ricardo J., "Earnings Uncertainty and Aggregate Wealth Accumulation", *American Economic Review*, 81 (1991): 859－871.

[3] Guiso, Luigi, Lullio Jappelli, and Daniele Terlizzese, "Earnings Uncertainty and Precautionary Savings", *Journal of Monetary Economics*, 30 (1992): 307－337.

[4] Dardanoni, Valentino, "Precautionary Savings Under Income Uncertainty: A Cross-Sectional Analysis", *Applied Economics*, 23 (1991): 153－160.

幸的是,无论是理论上的还是经验上的研究、分析都遇到了一个共同的难题,那就是如何获得有关风险的准确测度或者说在不确定性和财富之间建立一个简单的模型。正如卢萨尔迪(Lusardi,1998)等人曾详细论述过的,要做到这一点,你必须确认许多对不同人来讲差异非常明显的可观察的风险外源。① 有些人,像卡罗尔和萨姆威克(Carroll and Samwick,1992),曾利用从可观察到的收入过程中收入的变动来代替风险。② 但是,这种方法对收入中出现的计量误差以及消费者知道多少经济学家所不知道的信息是非常敏感的。其他一些学者像斯金纳(1988)曾使用其他变量如家庭户主的职业来代替风险。但是如果居民是根据各自风险规避的程度来选择其职业,这种方法就难以让人满意。1992年吉索和其他人曾使用过一种新颖而有创意的方法。他们使用的资料是以意大利家庭户为样本的有关居民的将来收入的主观概率分布。但是,这项工作的问题之一是这类问题对被调查对象来说是不易理解的。

在预防性储蓄的研究过程中,一些学者注意到效用方程的正的三阶导数意味着预防性储蓄动机的存在,也就是说,未来收入的不确定性将降低当前消费,提高当前储蓄。这样,效用方程的三阶导数的轨迹会决定预防性储蓄动机的有无,正如二阶导数的轨迹决定风险厌恶的存在与否一样。人们由此意识到,在预防性储蓄同风险厌恶间应该存在一种稳定的类似关系。由于研究不确定条件下的消费者选择行为的风险厌恶理论已有了很大的进展,因此,如果两者之间确实存在着稳定的类似,我们就可以利用其相似性,借助风险厌恶理论的方法和结论来推

---

① Lusardi, Annamaria, "On the Importance of the Precautionary Saving Motive", *The American Economic Review*, May 1998, Vol.88, No.2.

② Carroll, Christopher D., and Andrew A.Samwick, "How Important is Precautionary Savings", *Working Paper Series*, No.145, Board of Governors of the Federal Reserve System, 1992.

动对预防性储蓄尤其是对其量化(包括谨慎程度等)的研究。

### 11.3.1 风险厌恶与谨慎

从贝努力开始,风险厌恶就同凹状的效用方程联系在了一起。到 20 世纪 60 年代,普拉特和阿罗发现:

$$r(x) = -v''(x)/v'(x) \quad (绝对风险厌恶)$$

和

$$xr(x) = -xv''(x)/v'(x) \quad (相对风险厌恶)$$

是关于风险厌恶程度的最好的测度。

在预防性储蓄的研究过程中,从 60 年代末开始,许多学者(包括 Leland, 1968; Sandmo, 1970)发现对风险进行反映的预防性储蓄是同凸状的边际效用联系在一起的,或者说是同冯纽曼-摩根斯坦效用方程的正的三阶导数联系在一起的。① 更一般地,如果个人的效用是一个可控制变量 $\delta$ 与一个外生随机变量 $\theta$ 的函数,那么他所面对的问题是:

$$\max Ev(\theta,\delta) \tag{1}$$

一阶条件是:

$$E\frac{\partial v}{\partial \delta} = 0 \tag{2}$$

如果 $\frac{\partial v}{\partial \delta}$ 在 $\theta$ 上是凸状的,外生变量 $\theta$ 的增大将导致 $\delta$ 的最优选择的增长,这类似于凹状效用方程表明风险厌恶一样。利用同上面相同的数学结论,给定两个效用方程 $v_1(\theta,\delta)$、$v_2(\theta,\delta)$ 和一个固定的 $\delta$ 初值,如果 $\eta_2(\theta,\delta) > \eta_1(\theta,\delta)$ 对所有的 $\theta$ 都成立,那么 $\partial v_2(\theta,\delta)/\partial \delta =$

---

① Leland, Hayne E., "Saving and Uncertainty: The Precautionary Demand for Saving", *Quarterly Journal of Economics*, 82 (1968): 465-473. Sandmo, Agnar, "The Effect of Uncertainty on Saving Decisions", *Review of Economic Studies*, XXXVII (1970): 353-360.

$h(\partial v_1(\theta,\delta)/\partial\delta)$,$h(\cdot)$是单调递增的,并且如果 $[\partial^2 v(\theta,\delta)/\partial\theta\partial\delta]>0$,则 $h(\cdot)$ 就是凹状的;反之,它是凸状的。如果 $\partial v_2(\theta,\delta)/\partial\delta$ 是 $\partial v_1(\theta,\delta)/\partial\delta$ 的凹状或凸状变换,那么间接效用方程 $v_2$ 意味着与 $v_1$ 不同程度的 $\delta$ 的最优选择对风险的敏感度。

如果将决策变量的最优选择对风险的敏感度定义为谨慎,那么 $\eta(\theta,\delta)$ 是对绝对谨慎的度量,$\theta\eta(\theta,\delta)$ 是对相对谨慎的度量,这正如 $r(x)$ 是绝对风险厌恶的度量,$xr(x)$ 是相对风险厌恶的度量一样。谨慎用来表明个人在面对不确定性时为自己作准备,这同风险厌恶形成对照,后者表明个人有多么不喜欢风险,并且一有可能就尽量避开它。

预防性储蓄的测定是风险对决策变量效应的一个例证,它简单直观,且有重要的意义。

### 11.3.2 预防性储蓄同风险厌恶之间的类似

为在预防性储蓄和风险厌恶之间建立对应关系,我们首先建立一个表示消费—储蓄决策的简单模型。假定消费者一生只有两个时期,消费者的效用在时间上可分可加,在其生命周期的第二个阶段,消费者将面对劳动收入的不确定性。

为进一步简化分析,假定无风险收益率和其他收益率对消费者来说都是外生的,在面对不完善的市场时,消费者不能借到多于自己人力财富最小值的约束只有在第二期的末尾才会约束消费者。

既然利率是外生的,很容易计算出所有项的现值,这样就可以在不丧失一般性的前提下,将真实的无风险回报率看作零。最后,我们进一步假定劳动供给是无弹性的,劳动收入可以看作是天上掉下来的馅饼。

在上述假定下,消费者的决策问题变为:

$$\max_c u(c) + Ev(w_0 - c + y) \tag{3}$$

其中,$u$ 是第一时期的效用函数;$c$ 是第一期消费;$E$ 是建立在第一时期信息基础上的期望;$v$ 是第二期的效用函数;$w_0$ 是消费者的初始财产加上他的第一期的劳动收入(第一期消费决策必须作出前收到的);$y$ 是第二期的劳动收入。

为便于分析,将第二期收入 $y$ 分解成它的期望 $\bar{y}$ 和一个平均风险为零的 $\tilde{y}$,$w = w_0 + \bar{y}$,即第二期的平均收入加上初始财产得到人力和非人力财富的总和。定义 $s = w - c$,即总财富减去消费即为储蓄。在上述条件下,公式(3)可写成:

$$\max u(c) + Ev(w - c + \tilde{y}) \tag{4}$$

(4)式的一阶条件是:

$$u'(c) = Ev'(w - c + \tilde{y}) \tag{5}$$

从(5)中可以清楚地看到,第二期收入风险 $\tilde{y}$ 影响第一期消费是通过影响第二期的期望边际效用实现的。当期望边际效用不被以二次效用形式发生的零均值风险影响时,确定性等价就会产生。即使不存在确定性等价,如果有一个数量 $\Psi^*$ 可以平衡风险 $\tilde{y}$ 对第二期期望边际效用的影响,即 $\Psi^*$ 满足:

$$v'(w - c) = Ev'(w - c + \tilde{y} + \Psi^*) \tag{6}$$

则第一期的消费将不受风险 $\tilde{y}$ 加上补偿性谨慎溢价 $\Psi^*$ 的影响。类似地,如果存在一个等价性谨慎溢价 $\Psi$ 满足:

$$v'(w - c + \Psi) = Ev'(w - c + \tilde{y}) \tag{7}$$

消费者用确定的代价 $\Psi$ 来消除风险不会改变他的第一期的最优消费的数量。从(4)和(5)中知道,补偿性谨慎溢价用以表明消费者需要用多少财富来平衡风险对消费形成的影响,反映到图形上,补偿性谨慎溢价表明在给定的消费水平上第一期消费方程将因风险而右移多远。类似地,等价性谨慎溢价表明风险的消除所导致的消费方程的左移。

### 11.3.3 结论

风险厌恶理论同预防性储蓄理论之间的类比是简单而明确的。边际效用的负值$-v'$在预防性储蓄理论中扮演了同效用方程本身在风险厌恶理论中相同的角色。比如说,$v$的凹状$[v''(\cdot)<0]$表明风险厌恶,而$-v'$的凹状$[v'''(\cdot)>0]$则意味着正的预防性储蓄动机。正如阿罗-普拉特指数所表明的风险厌恶强度一样,预防性储蓄理论中绝对谨慎指数是:

$$\eta(s) = -\frac{[-v'(s)]''}{[-v(s)]'} = -\frac{v'''(s)}{v''(s)} \tag{8}$$

到此,绝对风险厌恶同绝对谨慎之间的类比已经非常清晰了,任何有关风险厌恶的理论都可以将$v$替换成$(-v')$而应用于预防性储蓄理论。对研究收入不确定性对消费的影响的预防性储蓄理论而讲,这是一条可供选择的道路。

## 11.4 保险与预防性储蓄相关关系的分析

预防性储蓄是作为对生活中"雨天"的防备而出现的,因而诸如失业等可能导致"下雨"的因素及健康和失业保险等作为"雨伞"的因素都与预防性储蓄密切相关。许多学者分别对这些因素同预防性储蓄的关系进行了研究。然而,结论就像预防性储蓄是否重要一样陷入混乱。我们以几个研究为例。

### 11.4.1 健康保险和预防性储蓄

许多研究预防性储蓄的学者认为,在美国所有年龄家庭组中出现储蓄下降和收入上升同时发生的现象,可能是因为社会保险项目降低了谨慎储蓄的需要(Summers, Lawrence and Carroll, 1987; Zeldes, 1989)。①

虽然现存的研究都强调与收入相联系的不确定性,并假定收入是不确定性的唯一来源,但是事实上其他类型的风险也是重要的。特别是家庭的健康支出与收入联系很密切,并且年度之间变化也很大。虽然私人保险和政府保险项目降低了家庭面临的风险度,但是对健康支出的补助毕竟只是一部分,还留有支出的重要的不确定性。既然与健康有关的风险是可觉察到的,预防性动机就应该促使家庭积累更多储蓄来防御这类风险。玛莎·斯塔-麦克卢尔曾深入研究了这一问题。②

假定其余情况相同,一个未保险的家庭在健康支出方面要比一个已保险的家庭面临更大的不确定性,因此,有更强的激励去持有资产以防备可能出现的意外和疾病。这样,如果预防性动机是重要的,我们将预期未保险的家庭有较高的财产持有。玛莎·斯塔-麦克卢尔使用1989年消费者金融调查(Survey of Consumer Finances, SCF)的数据估计了健康保险同财富之间的关系。估计的结果很出乎意料:参加保险的家庭持有比未参加保险的家庭高得多的财富。这表明储蓄同健康相关联的原因与不确定性和预防性动机无关。即使在控制年龄、持久收入和其他因素的情况下,结果也一样:保险同财富间有显著的正向关系。

三个因素可以对这个意料之外的结果负点责。一是为了获得医疗补助(medicaid),一个家庭的银行账户或其他类似资产不能超过一个

---

① Summers, Lawrence, and Chris Carroll, "Why is U.S. National Saving So Low?", *Brookings Papers on Economic Activity* (1987): 607–635. Zeldes, Stephen P., "Optimal Consumption with Stochastic Income: Deviations from Certainty Equivalence", *The Quarterly Journal of Economics*, 104 (May 1989): 275–298.

② Martha Starr-Mccluer, "Health Insurance and Precautionary Savings", *American Economic Review*, 86 (1996): 285–299.

具体的限额,一般来说这一限额为 1000 美元。因此,有较低收入的家庭将使他们的资产持有较低以得到医疗补助和其他福利(Hubbard et al.,1995)。① 但这种现象只能解释未保险的人的较低的财产持有,而不能说明健康保险同财富之间的正向关系。第二是储蓄同保险之间的联系反映了参保家庭和未参保家庭未纳入度量的收入差别。因为保险是昂贵的,一个提供健康保险的工作比不提供保险的工作有较高的总报酬。另外,提供健康保险的公司也很可能提供其他福利像养老保险等。这样,虽然参加保险的家庭面临着更小的收入和健康支出的不确定性,但对一个给定的年薪或月薪水平,他们的总的补偿可能更高。因此,在其他情况相同的情况下,他们的储蓄也更高。第三是选择因素。如果有更强的风险厌恶程度的家庭选择保险而较少风险厌恶的家庭选择不保险,那么选择保险的家庭就可能因为更高的风险厌恶而储蓄更多。

总之,尽管有关健康支出的不确定性是很重要的,然而在保险同财富之间还是有与预防性观点的解释相反的很显著的正向关系。虽然选择和其他因素无疑对此有影响,但还是难以建立在健康支出上面临较大不确定性的家庭储蓄更多的观点。

### 11.4.2 失业保险和预防性储蓄

未来收入不确定性的一个重要影响因素从而也是预防性储蓄的潜在决定因素是失业。

社会保险项目的参与(除失业保险外)和预防性储蓄动机间的关系已经被研究过。谢辛斯基和韦斯(Sheshinski and Weiss,1981)、阿贝尔(Abel,1985)、科特利科夫(Kotlikoff,1988)等人认为,在一个有功

---

① Hubbard, R.Glenn, Jonathan Skinner, and Stephen P.Zeldes, "Precautionary Saving and Social Insurance", *Journal of Political Economy*, CIII (1995): 360–399.

能性资本市场但没有年金市场的部分均衡模型中,当生命长度不确定时,社会保险将明显降低预防性储蓄,但会提高个人福利。① 哈伯德、斯金纳和泽尔德斯(Hubbard, Skinner and Zeldes, 1994、1995)发展了一个预防性储蓄模型,这个模型包括不确定性的收入、不加保险的必要的医疗支出、生命长度和一个由平均的社会保险项目提供的最低水平的消费。② 他们得出结论认为社会保险通过两种机制明显降低储蓄:一是通过提供对消费的净福利保险抵消掉部分对预防性储蓄的需要,二是利用税收拿走个人的消费以满足政府援助的需要。科特利科夫(Kotlikoff, 1988)对公众健康保险的分析的模型提供了相同的结论。③

汉森和伊姆罗赫罗格鲁(Hansen and Imrohoroglu, 1992)模拟了在一个动态均衡模型中失业保险的潜在福利收益,其中代理人的生命是无限的,他储蓄的唯一动机是缓冲失业冲击。他们发现失业保险的引入可以提高福利,在最优收益替代和没有道德风险的情况下,储蓄降为零。④ 在提供一个最优失业保险获益决定的有趣分析的同时,汉森和伊姆罗赫罗格鲁(1992)的模型潜在高估了美国的失业保险对储

---

① Sheshinski, E. and Yoran Weiss, "Uncertainty and Optimal Social Security Systems", *The Quarterly Journal of Economics*, 96 (1981): 189 – 206. Abel, Andrew B., "Precautionary Saving and Accidental Bequests", *The American Economic Review*, 75 (September 1985): 777 – 791. Kotlikoff, The Laurence J., "Health Expenditures and Precautionary Saving", in L. Kotlikoff, ed., *What Determines Saving*? Cambridge: MIT Press, 1988.

② Hubbard, R. Glenn, Jonathan Skinner, and Stephen P. Zeldes, "The Importance of Precautionary Motives for Explaining Individual and Aggregate Saving", in Allan H. Meltzer and Charles I. Plosser, eds., *The Carnegie-Rochester Conference Series on Public Policy*, XL (1994), Amsterdam: North Holland. Hubbard, R. Glenn, Jonathan Skinner, and Stephen P. Zeldes, "Precautionary Saving and Social Insurance", *Journal of Political Economy*, CIII (1995): 360 – 399.

③ Kotlikoff, Laurence J., "Health Expenditures and Precautionary Saving", in L. Kotlikoff, ed., *What Determines Saving*? Cambridge: MIT Press, 1988.

④ Hansen, Gary D., and Ayse Imrohoroglu, "The Role of Unemployment Insurance in an Economy with Liquidity Constraints and Moral Hazard", *Journal of Political Economy*, 100 (February 1992): 118 – 142.

蓄的挤出效应。这基于两个原因:首先,既然模型中储蓄的唯一动机是缓冲失业冲击,财产积累当然不合情理地低。在没有失业保险获益的情况下,他们模型所产生的财产—收入比率是0.5或者更少,在存在失业保险时几乎是零。实际上,美国居民的总财富—收入比率是大于1的,1992年的消费者金融调查表明家庭平均的财富—收入比率是1.8。第二,他们模型中的失业保险项错误地理解了美国失业保险的结构,这高估了它对预防性储蓄的影响。在他们模型中,一个工人可以无限制地收到失业保险收益,而实际上收益被限制在失业之后的六个月,同时失业保险收益替代项在他们模型中是失业前工资的一个恒定比率,这忽略了实际中最小和最大的失业保险收益水平,结果是失业保险对储蓄的效果在他们的模型中不切实际地被夸大了。

埃里克·M.恩根(Eric M. Engen)和乔纳森·格鲁伯(Jonathan Gruber)考察了失业保险同财富积累的关系。[1] 他们的结论验证了预防性储蓄理论所暗示的:失业保险的存在会降低预防性储蓄,失业保险替代每提高10%,将降低金融财产持有的1.4%到5.6%,因此,失业保险挤出了大约50%的私人储蓄。同时,这种效应对面临较高的失业风险的个人更高。

1.理论框架

在研究中,埃里克·M.恩根(1992)和乔纳森·格鲁伯扩展了生命周期的框架,使之包括由两个源泉产生的收入风险:一是正的失业可能性;二是有关工资、工作条件的不确定性。个人是前瞻、风险厌恶和谨慎的(Prudence是指储蓄以预防不确定性的倾向,见Kimball,1990)[2],

---

[1] Engen, Eric M., "Consumption and Saving in Life Cycle Model with Stochastic Earnings and Mortality Risk", *Mimeo*, University of California-Los Angels, 1992.

[2] Kimball, Miles S., "Precautionary Savings in the Small and in the Large", *Econometrica*, 58 (January 1990): 53-73.

因此,他们为预防未来收入的下降而储蓄,同时也为退休而储蓄。

假定一个人在 21 岁时进入模型,确定可以活到 75 岁。在时期 $t$,个人选择消费 $C_t$ 和对未来消费的一个应急计划 $(C_{t+1},\cdots,C_D)$ 以最大化预期的一生效用:

$$EUI_t = E_t \Big[ \sum_{j=t}^{D} (1+\delta)^{t-j} U(C_j) \Big]$$

$E_t$ 是时期 $t$ 可获得信息条件下的期望,$D$ 是可能的生命长度,$\delta$ 是时间偏好率,$U(\cdot)$ 是连续效用函数。

为便于处理,假定:(1)个人没有明显的遗赠动机;(2)劳动提供和退休决策是外生的;(3)效用在时间上可分;(4)私人消费的效用函数是 CRRA 型的,这意味着风险劳动收入会导致谨慎储蓄:

$$U(C_t) = C_t^{1-\gamma}/(1-\gamma), \quad 如果 \gamma \neq 1$$
$$U(C_t) = \ln(C_t), \quad 如果 \gamma = 1$$

$\gamma$ 是相对风险厌恶系数,消费的跨时期替代弹性为 $1/\gamma$。

消费数量的选择依赖于消费者在时期 $t$ 的金融财富 $W_t$。$W_t$ 由下式决定:

$$W_t = [W_{t-1} - C_{t-1}^*](1 + r^*)$$
$$+ (1 - R_t)[S_t Y_t^* + (1 - S_t) B_t^*] + R_t P_t^*$$

其中 $B_t^*$ 是失业并有资格申请的收益;$P_t^*$ 是保险金收入;净资本收入(确定的)为 $(W_{t-1} - C_{t-1}^*) r^*$。

既然消费者的生命期是确定的,消费者不允许在欠债的情况下死去,因此,对消费者财富的限制是 $W_{D+1} \geq 0$。

2.估计结果

在前面假定的基础上,埃里克·M.恩根和乔纳森·格鲁伯估计了失业保险(Unemployment Insurance,UI)对年龄在 25—64 岁之间的个人的平均资产—收入比率的影响(见表 11.4)。

## 11 消费函数研究的新进展

表 11.4  UI 对财产积累和消费者福利的影响

| 参数 | 没有 UI 时 财产/收入 | 有 UI 时 财产/收入 | △财产/收入 | 消费者的福利变化 |
|---|---|---|---|---|
| 初始值 | 3.61 | 2.25 | −1.36 | 8.30 |
| γ = 2 | 3.07 | 1.86 | −1.21 | 4.90 |
| γ = 3 | 3.92 | 2.48 | −1.44 | 17.90 |
| δ = 0.06 | 3.30 | 1.94 | −1.36 | 8.80 |
| δ = 0.04 | 3.94 | 2.61 | −1.35 | 8.70 |
| (1−P1) = 0.04 | 3.97 | 2.56 | −1.41 | 9.80 |
| (1−P1) = 0.02 | 3.20 | 1.94 | −1.26 | 5.30 |

$\gamma$ 是风险厌恶系数,$\delta$ 是时间偏好率,P1 是就业/失业概率。

由表中可以看出,在没有 UI 的情况下,工作的个人的资产—收入比是 3.61,在这种情况下,预防性储蓄约占总储蓄的 80%。引入 UI 后储蓄积累大大降低,平均的财产—收入比降低了 38%,降为 2.25。同时,通过对失业的风险加以保险,UI 提高了谨慎的、厌恶风险的消费者的预期效用(提高 8.3%)。从表中还可以看出,对风险厌恶程度越高的消费者 UI 的效应越大。表的最后一列告诉我们,失业风险越高,UI 提供的福利就越大。

表 11.5 是生命周期各阶段个人的储蓄率对引进 UI 的反应情况。当工人逐渐变老时,他们的储蓄将因两个原因而变得对 UI 不太敏感。首先,较老的工人一般能积累较多的谨慎储蓄,这降低了 UI 对储蓄的边际效应;其次,老工人面临的失业的年数较少。因此,对大于 45 岁的人来说,UI 引入的效应仅是 45 岁前的一半。

表 11.5  UI 对不同年龄段的财富积累的效应

| 年龄 | 没有 UI 时 财产/收入 | 有 UI 时 财产/收入 | △财产/收入 |
|---|---|---|---|
| 25—34 | 1.12 | 0.48 | −0.64 |
| 35—44 | 2.39 | 1.26 | −1.13 |
| 45—54 | 4.15 | 2.80 | −1.35 |
| 55—65 | 5.96 | 4.66 | −1.30 |

### 3.对 UI 与总储蓄关系的经验估计

埃里克·M.恩根和乔纳森·格鲁伯使用一般均衡模型引入对 UI 效应的分析,并使用交叠世代模型进行估计,结果模型所产生的资产—收入比率为 3.79。经验估计的结论同模型的预测是一致的:UI 挤出了私人储蓄,这种挤出随失业风险的扩大而上升,随年龄增长而下降。但是就数量而言,经验结果同模型的预测差别是很大的。经验估计的 UI 的效应要远小于模型的预测。这可能出于两个原因:一是经验估计中计算的是 UI 对金融资产的效应,而它只是总资产的一小部分,这使 UI 的效应要低于使用流动资产的模型。二是我们忽略了对失业的其他形式的保险,而这些保险部分降低了谨慎储蓄的需要。

在降低储蓄的同时,失业保险通过弥补保险市场的缺失提高了消费者的福利。此外,保险还有其他的代价和收益应当考虑。

# 12 影响居民消费与投资替代行为的因素分析

在居民跨时效用最大化模型中,我们为分析简便,只将收入、利率、主观贴现率纳入模型,并作了简单分析。实际上,利率对居民选择行为的影响是非常复杂的。而且居民的选择行为还受到预期、财富、耐用品存量等多种因素的影响。在这一章中,我们将分析这些因素是如何影响居民的选择行为的。

## 12.1 利息率对居民替代行为的影响

在古典学派的理论中,利率是影响人们储蓄的主要决定因素。但是今天看来,并没有明显的经验根据支持这一观念。虽然我们可以直观地认定,利息率对任一水平上的可支配收入在消费和储蓄之间的分配有一定影响,但是,我们并不能说较高的利息率必然意味着较大的收入比例分配于储蓄。我们所能肯定的是:利息率对储蓄有影响,使之增加或减少,但总的来说,两者之间的关系是不密切的。

首先,从消费者的储蓄行为开始。一般说来,消费者具有正的时间偏好,即他偏好现在的 1 元钱更甚于将来的 1 元钱。消费者之所以放弃部分现在的消费,将之储蓄起来(即化为迟延的消费),是因为他预期在将来可以获得比现在更多的消费。假设在他的消费时期内价格是稳定的,则他从储蓄中所获利息所增加的消费即是比现在增加的消费。

前面我们曾分析过现实中的消费者更接近前瞻理论和理性预期理论中的消费者,因而他们总是处于最优的消费路径上。这意味着对于在 $t$ 期消费 1 元及将它持有一段时期后再消费它是无差异的,即 1 元钱在 $t$ 期等于 1 元钱在 $t+1$ 期的边际效用,或者具体一点说,将 1 元购买力从 $t$ 期转移到 $t+1$ 期的主观机会成本是储蓄可能获得的利息在 $t+1$ 期能够买到的商品的效用。

如果我们假定某人的时间偏好是既定的,则他的储蓄将随利息率的变动而变动。较高的利息率意味着,如果他在 $t$ 期放弃部分消费,那么在 $t+1$ 期就可以得到更多的消费,利率越高,增加的将来消费越多,这就会鼓励居民在消费与储蓄间更倾向于储蓄。但较高的利息率也同时增加将来的收入,对于跨时预算的消费者来说,他会因收入现值的增大而加大当前的消费。因此,对特定的个人而言,利息率的提高是鼓励他减少当前消费增加储蓄以换取将来更多的消费,还是因预期收入的增加从而增大现期的消费、减少储蓄,这取决于替代效应(高利率使储蓄增加)和收入效应(提高利率使现期消费增加,储蓄减少)的力量对比。

我们用斯勒茨基方程具体表述利率变动的效应。设现期收入和消费为 $m_1, C_1$,现期价格为 $P_1$,利率为 $r$,写出斯勒茨基方程:

$$\frac{\Delta C_1^t}{\Delta P_1} = \frac{\Delta C_1^S}{\Delta P_1} + (m_1 - C_1) \frac{\Delta C_1^m}{\Delta m}$$

$$(-) \qquad\qquad (+)$$

方程左边表示需求的总变动,右边第一项表示利率变动的替代效应,由于利率提高就像同明天的消费相比提高今天的消费价格一样,所以现期消费价格 $P_1$ 上升表明 $C_1$ 将下降,这样右边第一项符号为负。

最右边一项是消费随收入的变动,由于我们考虑的是正常商品,所以其符号为正。这样,整个表达式符号也即总需求的升降就取决于

($m_1$-$C_1$)的符号。

如果某消费者是借款者,即$C_1$>$m_1$,则($m_1$-$C_1$)是负的,从而整个表达式是负的。其含义是,如果消费者是一个借款者,则利率的上升必定会使他减少当期消费。这一点凭直观印象也可以得到,因为对一借款者来说,利率的提高意味着他将来要为今天的借款支付更多的利息。这样,在其他条件不变的情况下,利率的提高将对某些分期付款的耐用消费品起抑制作用,因为这类消费品多数要借款消费。

对一个收入大于消费的人来说,由于$m_1$-$C_1$>0,因而整个效应是不确定的。总效应是负的替代效应和正的收入效应的和。此时,对不同的人总效应是不同的。对于那些储蓄只占收入较小比例的人来说,替代效应要大于收入效应,因而其总需求与利率升降反向变动。对于那些储蓄倾向较高的人来说,其收入效应要大于替代效应,其总需求与利率同向变动。

因此,对整个社会来讲,利息率变动对需求与储蓄的效应是无法确定的。在这一点上,现代经济学家采取了与古典经济学家不同的立场:他们虽然承认利率对居民的消费和储蓄有重要影响,但它们之间并无简单、明确的系统关系存在。尽管如此,但大多数的估计显示替代效应大于收入效应,因此,实际利率的增加或降低对储蓄的增加或减少有一点正的效应。①

## 12.2 预期对居民替代行为的影响

消费与投资的选择不仅受收入、利率等实际因素的影响,同时也与消费者关于各种变动的预期有关。消费者有关社会、政治、经济等各方

---

① 斯蒂格利茨:《经济学》,高鸿业等校译,中国人民大学出版社1997年版,第194页。

面的预期都会反映到消费者的经济行为当中,并对其产生影响。此处我们着重分析有关收入、价格和支出三方面预期对消费者替代行为的影响。

第一,收入预期。对于一个以效用最大化为行为目标的消费者来说,理性行为的简单逻辑意味着,一个预期将来收入增加的消费者显然要比一个预期收入不变的消费者要多消费一些。由于人们总是试图跨时期优化配置其资源,因此,同预期收入降低的人们相比,当人们预期收入增加时,他们必然要适当减少储蓄甚至进行负储蓄,而不像以前那样储蓄。这种区别尽管不是显著的,但却是始终一致的。

第二,价格预期。我们在第2篇曾分析了消费者的消费支出同可支配收入之间的关系,其中涉及消费品物价水平现实的变动同可支配收入现实的变动之间的关系,我们的结论是建立在消费者的行为只决定于实际实现的变动的基础上的。但是,在实际生活中,有时可支配收入同消费品价格同比增加或下降时,消费支出却会增加或减少,这意味着人们对价格进一步变动的预期影响了人们的消费行为。换句话说,当人们预期未来价格会进一步上涨时,尽管实际可支配收入并没有上升,但人们还是增加了实际消费支出。相反,当人们预期将来价格会更低时,尽管人们实际可支配收入并没有降低,但消费者仍然会降低当前消费,增加储蓄,实现消费行为的后延。

但是,对人们价格预期行为的进一步研究表明,当价格上涨达到一定程度后,人们对物价上涨的厌恶驱使人们倾向于削减消费支出,[1]人们对通货膨胀的预期在某种程度上起着抑制消费支出的作用。[2] 由此可见,就价格预期对消费与储蓄替代关系的影响来说,结论

---

[1] 加德纳·阿克利:《宏观经济理论》,陈彪如译,上海译文出版社1981年版,第320页。
[2] 帕廷:《货币、利息与价格》,邓瑞索译,中国社会科学出版社1996年版,第157页。

是比较模糊的。

第三,支出预期。消费者的消费和储蓄行为还受到来自支出方面因素的影响,其中主要是预期支出。所谓预期支出是指对支出在未来变动的一种估计。由于人们储蓄的动机之一是应付未来支出的不确定性,因此当收入基本固定时,预期支出的变动就会强化或弱化人们的储蓄动机,相应导致人们减少或增加现期消费,从而影响居民在消费和储蓄之间的分配比例。一般来说,预期支出的上升会导致现期消费的减少,这是因为人们为应付预期增加的支出,而不得不将收入的更大比例用于储蓄。反之,在预期支出减少的情况下,人们的储蓄压力就会减轻,从而加大现期消费。

## 12.3 财富效应

在讨论消费倾向时,凯恩斯并没有提供一个关于财富的重要性或其相关性的系统分析。但是,他也并非完全没有考虑。许多引用《就业、利息和货币通论》的文章都提到了财富价值的实际变化,也就是说资本价值的突然改变——即凯恩斯明确提到的少数几个影响消费倾向在短期变化的重要因素之一。财富效应影响消费倾向的原理是:当其他条件相同时,一个家庭的储蓄越多,它积累更多金钱的愿望就愈小。如果大多数家庭的反应都是如此的话,当一个社会中的个人在一段时期内财富普遍增加的话,可支配收入中就会有更多部分用于消费而较小部分用于储蓄,从而使整个消费函数向右上方移动。

财富的这种效应,并不单是来自人们持有货币或其他财产在数量上的扩张,而是由所拥有货币数的实际价值决定的,即由货币余额 $m$ 与物价水平 $p$ 之比决定的。在消费者的财富构成中,一部分采取房产、地产或证券的形式。当价格上升或下降时,这类财富大体上同等上升或下降,从而实际价值不变。而消费者财富的另一部分(主要是货币和公债)却有较恒定的货币价值。所以物价下跌时,这类财富的实际价值就会增加。根据前瞻的消费理论,财富的增加可以刺激消费,使可支配收入中用于现期消费的部分增大。这一财富对消费的引致效应首先是由庇古提出的,所以称为庇古效应,有时也叫实际余额效应。

尽管消费者所拥有的财富数量和他的可支配收入用于消费的部分之间存在着明确的联系,可是财富效应的发挥,需要在限定条件下方可。由于上层收入家庭的边际消费倾向很低,因此,财富量的增加如果集中于上层收入家庭之手,则其对消费的刺激很小或根本没有。也就是说,财富效应发挥作用的前提是社会增长的财富必须比较均匀地分配在各阶层。

实际上,在现实生活中研究财富效应是很困难的,即使我们接受这一理论连同它的限制条件,我们也无法说明这种效应的数量大小。但是,又正是这种效应的数量大小才使它在居民的替代行为中或举足轻重或无关紧要。

## 12.4　耐用消费品存量

耐用消费品存量对居民选择行为的影响,主要是通过其对总消费中的耐用消费品支出部分的影响而实现的。在居民的消费支出中,耐用消费品支出波动是较大的。购买耐用消费品的支出受到消费者现有耐用消费品的存量及这一存量的役龄构成的影响。如果在某个时点上,家庭耐用消费品存量比较大,由于耐用消费品可以在较长时间内消费,那么,在接下来的几年中,家庭用于购买耐用消费品的支出就会比较小,从而使收入的较大部分用于储蓄。反之,如果某时点上,家庭拥有的耐用消费品存量较小,那么在随后几年中,居民就会加大耐用消费品方面的支出。这一方面会使收入中用于消费的比例加大,另一方面,由于耐用品价值较大,消费者还会动用过去的储蓄或者向银行借款,使消费由未来提前到现在。

另外,家庭所拥有的耐用消费品存量的役龄也对居民的选择行为有一定影响。在购买耐用品后的较短期内,即使收入增加,居民一般也不会考虑耐用品更新问题。当耐用品即将进入更新期时,居民就会加大储蓄份额,以便对原有耐用品进行更新。对于处于不同发展阶段的国家,耐用品存量的役龄对耐用品支出的影响大小是有显著区别的。高收入国家,一是因为居民收入高,二是由于多数高收入国家都有一个发达的市场体系易于把旧有的商品处理掉,因而对这些国家的消费者来说,他们更新耐用品往往不是因为这些耐用品的使用年限已接近尾声,而仅可能是因为市场上开发出了功能更全、款式更新的新品种。受收入条件限制,低收入国家的居民往往是到必要时才会对原有耐用品进行更新。

## 12.5 新的消费热点的形成与转换

居民的消费支出是由满足基本生活需要的支出和非基本生活需要的支出两部分组成。满足基本的生活需要是生存和发展的前提条件,因而这部分支出不具有选择性。换句话说,我们所说的居民在消费和投资之间替代,实质是指居民在非基本生活消费和投资之间的选择行为。

但是,满足基本生活需要的消费同满足非基本生活需要的消费之间并没有不可逾越的界限。满足居民基本生活需要的消费支出相对收入而言存在滞后性,是由过去的收入决定的,而满足非基本生活需要的消费支出不存在滞后性,是由当期收入决定的。[①] 当一段时期内,居民收入稳定增长,从而形成稳定的收入预期时,人们就会调整自己的基本生活消费,把许多新出现的消费品,或原来已存在但对居民来说属于非基本生活需要的消费品纳入通常生活之中。这会使居民的基本消费不断增加,从而提高总消费函数,影响了居民在消费和储蓄之间的选择。

---

[①] 杨晓兴、李岳:"基本消费理论及上海市城镇居民消费特征的演变",《经济研究》1997年第9期。

# 13　中国居民消费与投资替代行为的历史演变

前面几章中,我们对居民的选择行为和影响因素,用现有的现代经济学理论进行了一般分析。当我们把目光从一般市场经济中的消费者转向我国的居民时,不难发现,他们同发达的市场经济下的消费者有着极其显著的差异。在他们身上,出现了一些用传统经济理论无法解释的现象。之所以出现这种情况,乃是因为传统的经济理论中均没有考虑到制度变量,而正是这一点,对正从传统的计划经济体制向现代市场经济体制转轨中的我国的居民行为起到了至关重要的影响作用。在本章及以下几章中,我们试图把制度因素纳入分析,具体考察我国消费者的消费、投资选择行为的历史演变过程和现状,以及对我国居民选择行为产生重要影响的因素,在最后,我们还将针对现状,提出一些政策建议。

鉴于我国居民的跨时预算行为经历了一个从无到有到强化的过程,我们将其分为三段分别研究。一段到改革开放之前,另一段从1979年到1991年,第三段则从1992年至今。之所以将其在1991年前后分开,是因为1992年初,邓小平南方谈话及其后召开的党的十四大之后,中国改革的趋向明确为市场化,自此中国改革的市场化进程发展迅猛,而居民行为也与从前有了较大不同。

## 13.1 新中国成立至1978年：传统体制下居民的消费—储蓄替代行为

自从人类社会出现了消费后的剩余开始，人类就面临着一个在消费和储蓄之间的分割比率问题。但只有当这种选择是消费者考虑到自己的长期效用而做出的主动、积极的选择，且其形式不仅是消费后延，还包括消费提前时，它才具有跨时预算的性质。从现实约束看，消费者要做到这一点，必须满足三个条件：一是消费者必须是较发达经济中较成熟的消费者，他们具备跨时预算以追求效用最大化的观念和能力；二是消费者所处的经济环境是较发达的市场经济体制，具备居民跨时预算的客观条件，如有发达的信用制度和资本市场，完善的社会保障和保险制度等等；三是居民有一定的资产存量，以保证在靠借贷实行跨时预算不可能时，仍然可以依靠其拥有的资产做到跨时规划其消费。而在我国传统的经济体制下，各方面原因导致居民并没有经济学意义上的选择行为。

第一，自新中国成立至1978年，我国一直实行严格的计划经济，生产、消费、投资等经济变量，都由中央计划者安排、控制。由于新中国成立后我国经济所面临的首要任务是实现工业化，因此，中央计划者所实行的一切计划都要服从调动一切可能资源实行高积累从而高投资的目标。整个经济活动的运行过程是：首先由中央确定国民收入中消费和积累的比例，然后根据此比例安排生产，然后再根据可供消费的商品数量安排消费基金，并以工资形式发放给居民。由于这部分收入事先已有计划好的消费品与其相适应，所以消费者并没有必要事先对自己的消费和储蓄做出计划。

第二，传统体制下，高积累、低消费的政策导向使居民可支配收入很低,很多年份中可支配收入大体上只能满足现期生活需要,1952—1978年人均货币收入平均为98.5元。因此,家庭收入中基本上不包含为投资而进行的储蓄,即使有少量储蓄,也仅是消费之后的"剩余",这可能是由于消费品短缺而形成的强迫储蓄,也可能仅仅出于节俭美德而从基本消费中节省下来的。由于剩余收入太少,居民储蓄没有也不可能有明确目标,从而储蓄本身成为储蓄的目标,这显然也不是居民根据效用最大化原则所做的选择。

第三,传统体制下,与低工资收入相伴随的是国家的高福利政策。国家统包了国有企业职工的医疗、住房、保险及退休后的工资。消费者对未来的预期是无风险的,从而减弱了消费者储蓄的动机,使其将大部分收入用于现期消费,1978年,居民人均消费支出占其货币收入的97%。或者即使有少量储蓄,也多以银行储蓄存款的形式存在,形成潜在的购买力。而像住房储蓄、养老保险等属于远期消费的支出,在居民的预算中很小或根本没有。

第四,居民实施跨时预算,必须存在消费信贷等金融机制,使居民不仅可以通过储蓄使消费后延,也可以通过信贷,使消费提前,从而实现一生消费的平衡。而在我国传统体制下,除去少量银行和信用社农贷、预购定金及民间信贷外,并不存在严格意义上的消费信贷。即使把上面所列项目计入消费信贷,其数额也很少(见表13.1)。这也从另一方面证明传统体制下跨时预算的不可能性。

表13.1　1978年以前居民借贷收入情况　　　(年人均元)

| 类别 | 农民 | 非农民 |
| --- | --- | --- |
| 货币收入总额 | 67.96 | 274.09 |
| 　借贷收入 | 6.48 | 19.91 |
| 　占货币收入(%) | 9.60 | 7.00 |
| 　　其中从金融机构借入 | 0.53 | 没有资料 |
| 　　占货币收入(%) | 0.80 | 没有资料 |

(续表)

| 类别 | 农民 | 非农民 |
|---|---|---|
| 货币支出总额 | 69.49 | 274.45 |
| 借贷支出 | 5.29 | 20.75 |
| 占货币支出(%) | 7.60 | 7.60 |
| 其中归还金融机构借款 | 0.64 | 没有资料 |
| 占货币收入(%) | 0.70 | 没有资料 |

资料来源:臧旭恒:《中国消费函数分析》,上海三联书店1994年版,第107页。

## 13.2 1979—1991年:双轨制下居民行为中开始出现跨时预算的迹象

1978年后,随着消费者外部约束环境的改变,如消费选择自由的增大、流动约束的放松及不确定性的增大,居民行为也发生了相当大的改变。其消费行为开始由凯恩斯的短视的消费者向新古典的消费者转变。其消费目标开始由现期一时效用最大化转为跨时效用最大化。形成这一转变的根本原因,在于改革所带来的发展,使居民具备了实施跨时消费的条件。

第一,1978年后收入大幅度上升,并且收入初步人力资本化。表13.2是1978—1991年中国城乡居民收入增长情况。

表13.2 城乡居民收入 (元)

| 年份 | 1978 | 1980 | 1985 | 1986 | 1987 | 1988 | 1989 | 1990 | 1991 |
|---|---|---|---|---|---|---|---|---|---|
| 城镇人均可支配收入 | 343.40 | 477.60 | 739.10 | 899.60 | 1002.20 | 1181.40 | 1375.70 | 1510.20 | 1700.60 |
| 农村人均纯收入 | 133.60 | 191.30 | 397.60 | 423.80 | 462.60 | 544.90 | 601.50 | 686.30 | 708.30 |

资料来源:根据《中国统计年鉴》1981—1992年各卷有关数据整理。

由表13.2中可以看到,城乡居民收入增长都很快。从1978到

1991年,城镇人均可支配收入增长了3.95倍,年均增长速度为30.4%,同期农村人均纯收入从133.6元上升到708.3元,增长了4.3倍,年均增长速度为33.1%。居民收入的大幅增长,使居民有了一定的消费剩余,从而具备了跨时预算的前提条件。

这一时期居民收入的另一个特点是收入开始与人力资本挂钩,在城镇表现为居民收入中奖金激励、工资与效益挂钩等,在农村则由于全面推行家庭联产承包责任制,收入完全由市场决定。收入与人力资本的联系,改变了过去旱涝保收的状况,使居民在意识上开始重视从长期来安排自己的消费。

第二,居民开始有了一定的资产积累,有了依靠动用资产储备实施跨时预算的可能。1978年后,居民拥有的各种资产量迅速增大,到80年代初,人均各种资产存量数已远远超过人均收入数,1980、1985、1987、1990年分别为人均收入的136%、173%、201%、237%。其中,金融资产到1982年已接近相当于人均收入的一半,1980、1985、1987、1990年人均金融资产分别为人均纯收入的35%、58%、77%、107%。居民资产存量的绝对数也已可观,在80年代初人均300多元,80年代中760多元,1986年接近1000元,1987年超过1000元,1989年1800多元,1990年突破2000元。从居民资产数量,尤其是金融资产数量看,居民已开始具有跨时预算的资产基础。

第三,消费品市场逐步放开,居民有了较大的选择自由。1978年后,中国经济逐渐演变为一种混合经济,除粮食和部分副食品以及城镇住房仍实行配给制外,消费品市场几乎完全放开。80年代初按市场交易的社会产品比重不到10%,1989年则上升到近60%。加上改革所释放出来的活力使各种商品和服务激增,在这种情况下,消费者有了自由选择商品消费的可能性。正如前面我们曾分析过的,只有当消费或储蓄是居民按自己意愿所作出的选择时,居民的行为才真正是经济学上所说的替代行为。

第四,改革所带来的一系列变动,使生活中的不确定性增加,居民开始对未来形成风险预期,因而从主观上具备了实施跨时预算的要求。从农村看,1979年后开始普遍推行的家庭联产承包责任制使农村居民的未来收入风险明显加大,除原有的气候风险外,还面临市场波动所带来的收入的不确定性风险,因而这一时期农民的风险意识开始强化。同时,城镇由于前面所提到的收入的部分人力资本化,也使城镇收入的不确定性加大,因而也开始形成风险规避行为。表现在替代行为上,则是这一时期城乡居民的储蓄存款率大幅上升。1978年每百元个人当年货币收入的储蓄存款率仅为1.8%,1991年则增到17%,13年间增长了8.4倍。

第五,居民收入剩余的增加,使储蓄开始有明确的目标。根据中国社会科学院经济研究所居民行为课题组关于《我国居民收入、消费、储蓄及其意向调查资料》的统计,城乡居民储蓄动机分布见表13.3。

表13.3 城乡居民储蓄动机分布表　　　　　　(%)

| 储蓄动机 | 城市 | 农村 |
| --- | --- | --- |
| 购买耐用消费品 | 22.1 | 7.7 |
| 供养子女或老人 | 31.1 | 24.1 |
| 婚丧嫁娶或防不时之需 | 31.0 | 11.2 |
| 年老后的生活保障 | 9.0 | 3.3 |
| 为子女留下遗产 | 1.3 | 0.8 |
| 收入提高后不知买什么 | 1.4 | 0.6 |
| 为利息收入 | 0.5 | 0.3 |
| 为建房 | - | 24.2 |
| 为生产 | - | 27.8 |
| 其他 | 3.7 | - |

注:储蓄动机是指城乡居民进行储蓄的第一位动机。
资料来源:《经济研究资料》1988年第13期。

从表 13.3 中可以看出,城乡居民的储蓄目的都非常明确,城镇居民最主要的是购买耐用消费品、供养子女或老人及婚丧嫁娶或不时之需,而农村居民则主要是建房积累和发展生产以及供养子女或老人。城乡储蓄动机与当时的消费热点是相符合的。80 年代风靡城镇的消费热点是耐用消费品,而农村则是建房热。尽管从储蓄目标看,这一时期居民的储蓄大多还是近期储蓄,或者说是待消费型,但毕竟包含了部分平衡一生消费的动机。因而我们认为这一时期居民的替代行为中开始出现跨时预算的迹象。

总之,1978 年后,由于消费者所面临的外部消费环境的改变,其消费行为也发生了相应的变化,其行为已从短视型过渡到新古典型;其效用目标已不再只是现期一时效用最大化,而是开始追求跨时期的效用最大化。

## 13.3　1992 年至今:市场经济条件下居民替代行为开始逐步向前瞻消费理论中的消费者行为转变

1992 年春,以邓小平南方谈话为契机,中国加快了向市场经济的转轨。多项涉及居民的深层次的改革全面展开,住房、医疗、教育、社会保障改革纷纷登台。这一切直接触及了影响居民消费行为的深层次的制度因素,使消费者行为呈现出许多前所未有的特征。消费者理性在这一时期随同市场因素对居民日常生活的渗透而增强。人们的效用目标已不再局限于短期,而是试图跨越生命周期来获得一生效用的最大化。人们的约束也不再仅仅是当期收入,而是包含预期未来收入在内的一生总收入。

消费者行为的这种根本性转变,与市场经济的大发展是分不开的。

1992年以后,居民收入继续稳步增长,资产积累达到相当规模,消费品市场也已完全放开,居民的消费选择有了前所未有的自由。这一切都给了居民实施跨时预算提供了充分的可能性。

### 13.3.1 居民跨时替代行为的条件

在这一时期,消费者外部环境的改变,从必要性和可能性两方面促成了居民跨时替代行为的形成。

从必要性讲,传统计划经济体制向市场经济体制的转轨,从另一个角度看也是从一种超稳定的经济运行状态向变化的经济运行状态的转变。在这种转变的过程中,一方面收入人力资本化倾向越来越明显,另一方面宏观经济的波动对居民收入和支出的影响也越来越大,居民未来的收支都出现了较大的不确定性,为避免将来消费水平的下降,居民必须提早作准备,这就从客观上提出了跨时配置其资源的要求。

从可能性上讲,一方面进入90年代后随着收入进一步提高,居民手中的资产尤其是金融资产有了较大幅度的提高,这使居民具备了动用资产跨期消费的基础,另一方面,消费信贷逐步发展,并越来越引起社会的重视,使居民预支未来的收入有了可能性。

首先,城乡居民收入的不断提高,使其资产有了相当规模。表13.4是1992年以来城乡人均收入的增长情况。从表中可以看出,城乡居民人均收入有了相当惊人的提高。城镇居民人均可支配收入1992—1998年间增长了3398.5元,增长率为167.7%,年均递增速度为9.0%。农村居民人均纯收入同期增长了1378元,增长率为175.8%,年均递增率为9.4%。如此快速的收入增长,是同期国民收入快速增长的结果,也是国民收入分配向居民个人倾斜的结果。

表 13.4　城乡居民人均收入状况　　　　　　(元,%)

| 年份 | 城镇人均可支配收入 | 增长率 | 农村人均纯收入 | 增长率 |
|---|---|---|---|---|
| 1992 | 2026.60 | 19.2 | 784.00 | 10.6 |
| 1993 | 2577.40 | 27.2 | 921.60 | 17.6 |
| 1994 | 3496.20 | 35.6 | 1221.00 | 32.5 |
| 1995 | 4283.00 | 22.5 | 1577.70 | 29.2 |
| 1996 | 4838.90 | 13.0 | 1926.10 | 22.1 |
| 1997 | 5160.30 | 6.6 | 2090.10 | 8.5 |
| 1998 | 5425.10 | 5.1 | 2162.00 | 3.4 |

资料来源:根据《中国统计年鉴》1993—1998 各卷有关数据整理。

收入的快速增长,使城乡居民资产存量大增。表 13.5 是城乡居民金融资产存量与收入的对比,从表中可以看出,城镇居民人均金融资产存量远高于同期人均收入,农村居民人均金融资产也呈现不断上升的势头。从资产构成看(根据表 1.1、表 1.2 数据计算),城镇居民人均金融资产占人均总资产的比重不断上升,1992—1997 年分别为 78.1%、78.4%、80.7%、82.4%、83.6%和 83.9%,而同期农村为 33%、34.5%、38.1%、39.1%、40.4%、39.5%。

表 13.5　城乡居民人均收入与资产存量　　　　　(元,%)

| 年份 | 城镇人均可支配收入 | 城镇人均金融资产存量 | 资产存量/收入 | 农村人均纯收入 | 农村人均金融资产存量 | 资产存量/收入 |
|---|---|---|---|---|---|---|
| 1992 | 2026.60 | 3346.36 | 165.1 | 784.00 | 408.17 | 52.1 |
| 1993 | 2577.40 | 4146.94 | 160.9 | 921.60 | 494.89 | 53.7 |
| 1994 | 3496.20 | 5901.95 | 168.8 | 1221.00 | 675.42 | 55.3 |
| 1995 | 4283.00 | 7795.42 | 182.0 | 1577.70 | 836.68 | 53.0 |
| 1996 | 4838.90 | 9807.04 | 202.7 | 1926.10 | 1059.40 | 55.0 |
| 1997 | 5160.30 | 11328.00 | 219.5 | 2090.10 | 1287.31 | 61.6 |
| 1998 | 5425.10 | 12672.42 | 233.6 | 2162.00 | 1495.64 | 69.2 |

资料来源:根据表 1.2 及《中国统计年鉴》1993—1999 年各卷有关数据整理计算。

从资产的绝对数额、相对于收入比重及其构成上,都可以看出,居民已充分具备了跨时预处的可能。

其次,随着金融体制的不断完善,各种有价证券的发行及商品销售方式的多样化,消费信贷有了一定发展,借贷收支数额越来越大,从而使预期收入较高的居民可以透支。表 13.6 和表 13.7 是 1992—1997 年城乡居民人均货币收入和借贷收支情况。

表 13.6　农村居民人均借贷收支情况　　　　　（元,%）

| 年份 | 货币收入 | 其中:借贷收入 | 借贷收入占货币收入 | 货币支出 | 其中:借贷支出 | 借贷支出占货币支出 |
|---|---|---|---|---|---|---|
| 1992 | 808.16 | 164.53 | 20.4 | 895.44 | 126.23 | 14.1 |
| 1993 | 1080.75 | 170.60 | 15.8 | 1005.77 | 136.29 | 13.6 |
| 1994 | 1442.87 | 209.39 | 14.5 | 1330.40 | 174.40 | 13.1 |
| 1995 | 1882.49 | 286.93 | 15.2 | 1766.67 | 220.86 | 12.5 |
| 1996 | 2309.39 | 382.38 | 16.6 | 2137.39 | 249.90 | 11.7 |
| 1997 | 2516.37 | 385.16 | 15.3 | 2297.30 | 337.55 | 14.7 |

资料来源:《中国农村住户调查资料》及《中国统计年鉴》1993—1998 年各卷有关数据。其中 1992 年借贷收入为 1991 年和 1993 年的平均数。

表 13.7　城镇居民人均借贷收支状况　　　　　（元,%）

| 年份 | 货币收入 | 其中:借贷收入 | 借贷收入占货币收入 | 货币支出 | 其中:借贷支出 | 借贷支出占货币支出 |
|---|---|---|---|---|---|---|
| 1992 | 2427.46 | 395.93 | 16.3 | 2369.18 | 442.41 | 18.7 |
| 1993 | 3142.21 | 559.05 | 17.8 | 3078.61 | 593.93 | 19.3 |
| 1995 | 5092.52 | 804.44 | 15.8 | 4983.43 | 880.49 | 17.7 |
| 1996 | 5703.53 | 858.74 | 15.1 | 5566.74 | 995.74 | 17.9 |
| 1997 | 6196.09 | 1007.55 | 16.3 | 6012.30 | 1066.44 | 17.7 |
| 1998 | 6707.40 | 1249.06 | 18.6 | 6569.29 | 1246.34 | 19.0 |

资料来源:根据《中国城镇居民家庭收支调查资料》《中国物价和城镇居民家庭收支调查资料》1993—1999 年各卷有关数据整理。

无论是农村居民还是城镇居民,其人均借贷收支占货币收支的比重都比 90 年代前有了显著提高。其中城镇居民借贷收支占货币收支的比重 1992 年以来均在 15% 以上,农村均在 12% 以上。

尽管借贷收支在居民货币收支中的比重仍然不是太大,但已使居民跨时预算所面临的流动约束大大放松。加上较大规模的人均资产存量,居民跨时预算已完全具备了可行性。

### 13.3.2 居民跨时预算的表现

实际上,从现实来看,居民的跨时预算早已不再仅仅是理论上的可能性,而是切切实实包含在居民的消费行为中。我们可以从多方面来验证这一点。

首先,做居民1992—1997年当期消费对收入的回归,结果如下:

城镇:$C=41.8+0.81Y$

$R^2=0.999$   $D.W.=2.5$   $F$检验值$=7384$

农村:$C=79.1+0.76Y$

$R^2=0.99$   $D.W.=1.5$   $F$检验值$=673.7$

从回归结果中可以看出,居民现期收入对现期消费仍有相当的解释力,表现在边际消费倾向城乡仍分别为0.81和0.76。但是,同前两个时期相比,这种解释力是逐步下降的。1952—1977年期间,使用消费对收入回归所得的系数城镇为0.95,农村为0.96,说明这一时期居民的现期消费完全由现期收入所决定,没有给其他经济变量(包括滞后收入)留下任何解释的位置。1978—1991年期间,这一系数分别为0.85和0.87,说明除现期收入外,其他变量有了一定的解释力。1992年后的数据表明,居民在当期消费—储蓄的选择上,不仅考虑了当期收入,而且也考虑到了其他的经济变量。

其次,从居民的储蓄动机看,储蓄已从待消费型向财产积累型转变。1993年底,上海市对居民进行第九次储蓄问卷调查,调查结果显示,对居民来说,排在储蓄动机前几位的分别是:为子女教育34.3%、为取得存款利息33.7%、为养老28.65%。[①] 1996年国家统计局城调队对

---

① 顾铭德等:"存款倾向加强,储蓄动机稳定",《金融时报》1994年2月20日。

部分城市居民家庭进行的储蓄动机调查的结果则表明,在储蓄动机前几位的分别是:为子女教育 17.8%、防急需 13%、防病 11.3%、养老 10.5%。同 80 年代城镇储蓄主要为购买耐用消费品,农村为建房相比,我国居民的储蓄动机已发生了根本性的改变,由原来的近期消费转为中长期消费,或者说储蓄已由待消费型转向了财产积累型,具有了财富上的意义,是居民为平衡一生消费而进行的准备。

这一点,也可以从居民储蓄存款的结构上看出来。1992 年后,城乡居民的储蓄存款中,定期储蓄所占比重相当高,1992—1996 年,城镇人均为 79.45%,农村人均为 79.6%。居民储蓄动机和结构的变化一方面是收入增加和体制改革深入的结果,同时这种储备型的财产积累也为住房、医疗、教育等改革的进一步深入奠定了基础。

表 13.8 城乡储蓄存款构成 (%)

| 年份 | 1992 | 1993 | 1994 | 1995 | 1996 |
|---|---|---|---|---|---|
| 城镇定期存款比重 | 81.1 | 78.5 | 78 | 80 | 80 |
| 农村定期存款比重 | 79 | 79 | 80 | 79 | 81 |

资料来源:根据《中国统计年鉴》1993—1998 年各卷有关数据整理。

总之,1992 年后,由于消费环境的巨大改变,居民的跨时替代行为真正形成,自此我国居民也由凯恩斯短视的消费者过渡到了前瞻消费理论中的消费者。但是,同标准的前瞻理论中的消费者相比,我国居民的消费—储蓄行为又表现出自己的个性特征,出现了许多标准的前瞻理论无法解释的现象。

## 13.4 中国居民替代行为中的特殊表现及其成因

### 13.4.1 中国居民替代行为中的特殊表现

第一,在居民消费—储蓄替代行为中,个人储蓄存款增长率长期、持续高于 GDP 的增长率和人均收入增长率(见表 13.9)。储蓄是收入减去消费后的剩余,因此,收入增长是决定居民替代行为的最重要因素,也是储蓄增长的源泉。尽管从改革开放至今,我国居民的收入有了显著提高,但从表中可以看出自 1988—1998 年持续十一年储蓄存款增长率远高于 GDP 和人均收入的增长率,这是标准的前瞻消费理论所无法解释的。

表 13.9　储蓄增长率与其他指标的比较　　　　　　(%)

| 年份 | GDP 增长率 | 城镇人均可支配收入增长率 | 农村人均纯收入增长率 | 储蓄增长率 |
| --- | --- | --- | --- | --- |
| 1988 | 11.3 | 17.9 | 17.8 | 23.7 |
| 1989 | 4.1 | 16.4 | 10.4 | 35.4 |
| 1990 | 3.8 | 9.8 | 14.1 | 36.7 |
| 1991 | 9.2 | 12.6 | 3.2 | 29.5 |
| 1992 | 14.2 | 19.2 | 10.6 | 29.1 |
| 1993 | 13.5 | 27.2 | 17.6 | 29.3 |
| 1994 | 12.6 | 35.6 | 32.5 | 41.5 |
| 1995 | 10.5 | 22.5 | 29.2 | 37.8 |
| 1996 | 9.6 | 13.0 | 22.1 | 29.9 |
| 1997 | 8.8 | 6.6 | 8.5 | 20.1 |
| 1998 | 7.8 | 5.1 | 3.4 | 15.4 |

资料来源:根据《中国统计年鉴》1999 年卷有关数据整理计算。

第二,个人储蓄倾向异常高。我国城镇居民边际储蓄倾向在 1987—1996 年的十年间,有六年超过 0.5,1990 年竟高达 0.94,说明居民当年的收入增量几乎没有用于增加消费,全部选择了当期储蓄,这在人均收入仅几百美元,恩格尔系数仍高达 50% 左右的中国是相当令人奇怪的。有人对此的解释是:中国居民的高储蓄倾向是以牺牲相当大部分的非食物性消费为代价的。[1]

---

[1] 谢平:"经济制度转轨中的个人储蓄行为",《经济体制比较研究》1997 年第 1 期。

第三,高储蓄率与高通货膨胀率长期并存,甚至出现实际利率为负情况下的储蓄高增长。1987—1996 年间,居民储蓄增长率平均为 29.3%,而在此期间,实际利率竟有六年为负。尽管新古典经济理论认为利率同储蓄率之间并无显著的正向关系,但一般都认为利率的替代效应大于其收入效应。特别对人均储蓄还仅有 3000 多元,利息收入在总收入中所占比重甚小的中国,收入效应应小于替代效应,因此,储蓄应与利率呈明显正向相关关系。但实际情况远非如此,在 1994 年通货膨胀率高达 21.7%,名义利率仅为 10.98% 的情况下,居民储蓄竟以 45.77% 的速度增长。即使考虑保值储蓄,实际利率也不过为零,储蓄增速何以如此之高,这是前瞻的消费理论所无法解释的。

### 13.4.2 导致中国居民替代行为特殊表现的原因

之所以在居民的替代行为中出现了许多标准的前瞻消费理论所无法解释的现象,原因有三个方面:一是东西方文化背景不同所致;二是标准的前瞻理论中没有包含制度变量,而中国居民却正好处于一个制度变迁日新月异的特殊阶段,制度变迁对居民行为的影响非常大,因而居民的替代行为中包含了制度变量,正是这一点,使居民储蓄行为呈现异常;三是预防性储蓄的存在,也提高了居民替代行为中的储蓄倾向。

第一,文化背景的不同,使东西方消费者行为出现差别。以儒家文化为核心的东亚传统文化使人们习惯于较多地考虑后代生活,从而节俭消费和增加储蓄。尽管西方消费模式近几年对我国居民的冲击很大,但沿袭了几千年的文化传统短期内不会根本改变。而前瞻消费理论是以西方市场经济下的居民行为为观察对象的,因而它与中国居民的行为会有不一致的地方。

第二,制度变迁影响居民的储蓄行为,使之超常速增长。

(1)改革的深化,使居民收入中货币收入比重上升,实物性收入比重下降,从而促进了金融储蓄的增长。在相当长的时间里,我国居民的收入中相当一部分是以实物形式获得的。随着改革的深入,特别是1990年以后居民收入分配关系的进一步理顺,居民的收入分配形式发生了很大变化(见表13.10)。货币收入在总收入中的比重稳步上升,从1990年的79.16%增长到了1996年的86.21%,与此同时,实物收入则呈现显著缩小之势,由1990年的20.84%下降到1996年的13.79%。居民收入的这种货币化倾向,一方面促进了社会分工的发展,加速了经济增长,从而使居民储蓄增长获得了有保障的源泉;另一方面,货币化的收入减少了储蓄的成本,避免了实物储蓄所带来的保管费和折旧费,从而促进了储蓄的增长。

表13.10 城镇居民收入分配形式变化趋势 (%)

| 年份 | 1987 | 1988 | 1989 | 1990 | 1991 | 1992 | 1993 | 1994 | 1995 | 1996 |
|---|---|---|---|---|---|---|---|---|---|---|
| 实物收入 | 22.08 | 20.59 | 20.79 | 20.84 | 18.27 | 17.83 | 17.73 | 14.24 | 12.78 | 13.79 |
| 货币收入 | 77.92 | 79.41 | 79.21 | 79.16 | 81.73 | 82.17 | 82.27 | 85.76 | 87.22 | 86.21 |

资料来源:引自彭兴韵:"市场化进程中的中国居民储蓄分析",《金融研究》1998年第7期。

(2)制度变迁带来的收支两方面的不确定性的加大,强化了居民的风险预期,这是导致居民替代行为非常态的最主要原因。一方面,收入与宏观经济波动、微观企业效益和企业人力资本的联系日益密切,从而未来收入的不确定性开始加大,为防备未来消费下降,消费者不得不提高积累率以早作准备。另一方面,医疗、教育、社会保障、住房等改革,加大了未来的个人支出预期,这自然会引致居民提高储蓄以积累所需支付的未来支出。

(3)在改革过程中,迅速崛起了一批高收入阶层。这个阶层在总人口中所占比重虽小,但其收入及财产远高于一般居民。根据1997年的城镇居民家庭收支调查资料,占调查户10%的最高收入户平均人均收入10251元,是最低收入户的41倍多。如果将家庭户数均匀分成5等份,则拥有存款最多的20%的家庭占有全部存款的48%。这部分高收入阶层的储蓄倾向相当高,因而也带动了整个储蓄的超常高速增长。

第三,预防性储蓄的存在,是解释中国居民替代行为异常化的一个重要因素。预防性储蓄理论是作为生命周期-持久收入理论的一个扩充而出现的。它主要研究当个人面对不同程度的不确定性时可能存在的储蓄态度。它认为消费者是厌恶风险的,消费者储蓄的目的不仅仅是为了平衡一生的消费,同时也是为了应付不确定性事件所带来的风险。这种不确定性在现实中普遍存在,集中反映在居民未来收入的不确定性上。在考虑不确定性的情况下,消费者财富的积聚就不再仅仅是持久性收入的函数,它还应当包含消费者的风险偏好、消费者所面临的不确定性等参数。现在的核心问题是:预防性储蓄重要吗?即在家庭总财富中可归因于预防性动机的部分是否足够大,以至于成为财富积累的重要因素之一?

预防性储蓄理论对我国居民当前消费行为的解释度有多大还有待进一步研究。但从前面对我国居民所面临的不确定性的分析中可以看出,由于制度变迁所带来的不确定性的加大,预防性储蓄理论会在一定程度对当前居民的消费行为提供解释。

# 14 城镇居民和农村居民消费—储蓄替代行为分析

由于1991年以前城乡居民消费—储蓄替代行为在许多书中已有详细论述①,因此本章中不涉及1991年之前的城乡居民替代行为,而只对1992年至今的居民消费—储蓄替代行为进行探讨。

## 14.1 城乡居民替代行为的共性

1992年以来,随着经济生活逐步市场化,城镇和农村居民的选择行为同以前相比,都有了根本性改变,主要反映在以下几方面:

### 14.1.1 消费和储蓄水平同时显著提高

表14.1是城镇和农村人均生活消费和人均储蓄的资料,从表中我们可以看出,1992—1998年,消费水平显著提高,农村人均生活消费从659元增加到1590元,增加了931元,增长了1.41倍,年均递增速度为6.0%;同期城镇人均生活消费由1672元增至4331元,增加了2659元,增长了1.59倍,平均递增速度为8.0%。在消费支出增长的同时,人均储蓄也呈快速增长势头,1992—1998年,农村人均储蓄从338元增加到1223元,年均递增速度达17.5%;而城镇则由2681元增加到11261

---

① 臧旭恒:《中国消费函数分析》,上海三联书店1994年版。

元,年均递增速度为21.4%。

表14.1 城乡居民消费支出与储蓄状况 （元,%）

| 年份 | 人均生活消费支出 | | 消费支出增长速度 | | 人均储蓄额 | | 增长速度 | |
| --- | --- | --- | --- | --- | --- | --- | --- | --- |
| | 城镇 | 农村 | 城镇 | 农村 | 城镇 | 农村 | 城镇 | 农村 |
| 1992 | 1672 | 659 | 15.0 | 6.30 | 2681 | 338 | 20.6 | 24.3 |
| 1993 | 2111 | 769 | 26.3 | 16.7 | 3486 | 420 | 30.1 | 24.2 |
| 1994 | 2851 | 1016 | 35.1 | 32.1 | 4870 | 563 | 39.7 | 34.1 |
| 1995 | 3538 | 1310 | 24.1 | 28.9 | 6672 | 721 | 37.0 | 28.1 |
| 1996 | 3919 | 1572 | 10.8 | 20.0 | 8581 | 887 | 28.6 | 23.1 |
| 1997 | 4186 | 1617 | 6.8 | 2.9 | 10009 | 978 | 16.6 | 10.3 |
| 1998 | 4331 | 1590 | 3.5 | -1.7 | 11261 | 1230 | 12.5 | 25.7 |

注:1997年人均储蓄额根据1996年数据估算而得。
资料来源:根据《中国统计年鉴》1993 1999年各卷有关数据整理计算。

居民消费和储蓄水平提高的根本原因是同期农村和城镇居民人均收入水平的提高。1992—1998年农村和城镇居民人均收入年均增长速度分别高达9,4%、9.0%,绝对数分别从784元增加到2162元和从2027元增加到5425元。这一时期收入的较高速增长导致了居民的消费和储蓄的同时迅增。

### 14.1.2 居民的替代行为更趋理性

随着市场经济的发展和消费环境的放宽,居民的选择行为更加理性。80年代,我国居民消费最明显的特点是消费的集中性或称雷同性。这种集中性是相对于城乡居民内部而言的,这一时期,在城乡两大集团内部,由于收入水平、消费起点、消费领域、消费嗜好及消费环境等因素的雷同,居民消费高度一致。其表现在农村是"建房热"风靡各地;而在城镇,则是耐用消费品的迅速普及。在农村居民的生活消费支出中,居住支出大都在20%以上,而在城镇,新的三大件即彩电、冰箱和洗衣机,从1985年到1991年仅用了6年,其普及率就分别从

17.21%、6.58%和48.25%上升到68.41%、48.7%和80.58%。

这种消费结构,从城乡居民各自的情况看,都是不合理的。农村人均居住面积虽大,但同期耐用品和文娱消费均落后,而城镇的耐用消费品普及虽快,但人均住房面积却一直很小,1987年人均仅8.5m$^2$。

1992年以后,随着收入差距的拉大和消费者的不断成熟,居民的替代行为更趋理性,即使在通货膨胀率高达21.7%的1994年,也并没有发生类似1988年的抢购现象,而是保持了较正常的消费增长。在扣除通货膨胀以后,1993—1995年消费品零售额增长率分别为15%、9%和12%,与1991—1992年相比,并无太大波动。另外,消费开始呈现出多样性、广泛性和高层次性,对某些产品的排浪式消费也未在经济生活中再次出现。在城镇,以空调、录像机和组合音响为代表的新一代耐用消费品的普及比80年代耐用消费品普及速度相比大为减低,1992—1997年,上述产品普及率分别上升了15.1、12.28和11.88个百分点。

尽管1992年以后城乡居民的行为呈现出某些相似性,但由于城乡在消费环境和消费主体方面存在较大差异,特别由于中国居民消费—储蓄选择的制度环境完全不同于西方市场经济体制,处在一个从传统计划经济体制向市场经济体制过渡的体制变迁过程中,外生的制度变化成为影响消费者行为的最重要因素;而城乡制度变迁呈现出不同特点,因而城乡居民的替代行为也表现得大为不同。

## 14.2 城乡居民替代行为的差别

由于我国传统上是一个二元结构并存的国家,因此,城乡之间一直存在较大差别。这种差别的存在,主要反映在两方面:一是消费环境的差异;二是消费主体的差异。这两方面的差异性导致了城乡居民的替代行为也各有特点。

从消费环境看,差别主要体现在:

第一,收入差距。从绝对数额看,城镇居民人均可支配收入与农村居民人均纯收入的绝对差额,由1978年的209.8元到1996年的2912.8元,1997年的3070.2元到1998年的3263.1元,其差距不断扩大。由于收入是决定居民替代行为的根本因素,因此,城乡收入差距的存在必然会导致替代行为的差异。

第二,制度变迁影响不同。就农村来说,自1979年实行家庭联产承包责任制后,除一些具体的制度安排如价格体制等的变迁外,其基本的制度安排没有再发生过根本性的变化,因而农村居民的选择行为近几年没有太大变化。与此不同,我国一系列大的制度变迁,如社会保障制度、就业制度、医疗保险及住房制度的变迁,都与城镇居民的生活息息相关,因而1992年后城镇居民的替代行为同以前相比有了根本性的改观,其主要表现是当上述制度改革的信号发出时,城镇人均储蓄增幅开始远高于农村人均储蓄增长幅度。

表14.2 城乡居民人均收入与储蓄情况 (%)

| 年份 | 人均收入增长率 城镇 | 人均收入增长率 农村 | 人均储蓄增长率 城镇 | 人均储蓄增长率 农村 | 人均储蓄率 城镇 | 人均储蓄率 农村 |
|---|---|---|---|---|---|---|
| 1992 | 19.2 | 10.6 | 20.6 | 24.3 | 22.6 | 8.4 |
| 1993 | 27.2 | 17.6 | 30.1 | 24.2 | 31.3 | 8.9 |
| 1994 | 35.6 | 32.5 | 39.7 | 34.1 | 39.6 | 11.7 |
| 1995 | 22.5 | 29.2 | 37.0 | 28.1 | 42.1 | 10.0 |
| 1996 | 13.0 | 22.1 | 28.6 | 23.1 | 39.5 | 8.6 |
| 1997 | 6.6 | 8.5 | 16.6 | 10.3 | 27.7 | 4.4 |
| 1998 | 5.1 | 3.4 | 12.5 | 13.1 | 23.1 | 4.4 |

资料来源:根据《中国统计年鉴》1993—1999年各卷有关数据整理计算。

从表14.2中可以看出,1995年后,城镇居民人均可支配收入增长率开始低于农村,但储蓄增长率依然高于农村,且储蓄率远高于农村。这是因为城镇居民在传统体制下,一直享有社会保障、就业、医疗保险和住房等方面制度安排的优惠,而改革使这种优惠逐步消失,越来越依靠居民个人帐户,因而其替代选择中倾向于储蓄就不足为怪了。

第三,城乡之间不同的收入结构影响替代行为。在农村居民的纯收入中,有相当一部分是实物性收入,1995年实物性收入占农村居民人均纯收入的37.4%,1996年为36.7%,1997年为32.8%。尽管随着市场经济的不断发展,实物收入的比重呈明显降低趋势,但其在总收入中仍占着相当比重,这意味着货币性收入相对较低,而居民的消费—储蓄选择行为所依据的则主要是货币性收入,因而较大的实物性收入的存在降低了农村居民的储蓄倾向,这也可以部分解释上表中农村居民人均储蓄率远低于城镇的现象。城镇居民的收入中虽然也存在一部分实物性收入,但1990年以后实物收入的比重已降低到20%以下,1994—1997年进一步降低到15%以下,这部分收入对城镇居民行为的影响显然远低于农村。同时,在城镇居民的收入中,工资外收入一直占有相当比重,1978年为总收入的10.2%,此后稳步增长,到1991年达到32.1%,而根据国家税务局的估算,职工从就业单位获得的工资外收入相当于工资收入的比重,1994年高达50%。基本工资外收入从理论上讲属于暂时收入,根据生命周期假说,暂时收入的大部分将用于储蓄。因此,城镇居民的收入中工资外收入比重的迅速上升为城镇高达40%左右的人均储蓄率提供了一种解释。根据国外学者的研究,我国长期收入的边际储蓄倾向在31%和35%之间,而短期收入的边际储蓄倾向则在54%和56%之间。[①] 1994—1998年虽然城镇可支配收入增长速度明显放慢,但个人工资外收入增长仍然很快,所以居民储蓄率及储蓄增长都保持了较高水平。

---

[①] 世界银行经济考察团:《中国:宏观经济稳定与工业增长》,中国财政经济出版社1990年版,第95页。

由于居民的消费行为从根本上讲也是由消费环境所决定的,因而城乡长期存在的不同的消费环境也形成了城乡居民不同的行为特征。一方面,同城镇家庭户相比,每一个农村家庭既是一个消费单位,同时也是一个生产单位,他们所面临的收入风险远高于城镇,因此,虽然农村家庭的财产积累也是由其持久性收入所决定,但他们的边际储蓄倾向要高于城镇;另一方面,农村的传统习惯使人们较多地考虑后代生活,从而节俭消费和增加储蓄,而城镇居民受市场经济和西方消费模式的冲击比农村要大,因而其行为同传统体制下相比变化非常大,更多地是以自己的效用最大化为目标。城乡消费者上述两方面的差别,反映在消费—储蓄替代行为中,就是在相同的货币收入水平的城乡居民之间,如果扣除不可比的因素,农村居民的消费倾向比城市居民低得多。

## 14.3 农村居民的消费—储蓄替代行为

1978年以前,农户是凯恩斯型消费者,是近视和原始的,后顾意识和攀附意识都比较弱。此后,经过十几年外部环境的变化,农户已由传统体制下的消费者向市场经济体制下的消费者转变。从消费环境看,一方面,农户购买消费品已不受限额、短缺的约束,消费选择有了较大自由,其约束主要是预算约束。同时农户的自给性消费逐步减少,商品性消费逐步增加。另一方面,农户财产的增加及借贷收支的加大,使居民所面临的流动约束放松。农村人均储蓄存款,1992—1996年分别为338.1元、419.5元、563.0元、720.9元和887.4元,另外1997年农户累计借贷款1227.7元,占农户现金支出的33%,1997年农户的金融资产与消费总额之比已达到82.35%。流动约束的放松,使居民的跨时预算有了条件。从消费主体看,农户的风险预期增强,其消费目标也由一时效用最大化转为跨时效用最大化。

第一,农村居民的消费倾向。表14.3是农村居民的平均消费倾向和边际消费倾向,从表中我们可以看出,平均消费倾向呈明显下降趋势,1992—1998年下降了10.5个百分点。这是农村居民收入水平提高的结果。从边际消费倾向看,1992—1998年农村居民经历了一个先上升后下降的过程,边际消费倾向从1992年的0.513上升到1995年的0.869,而后开始下降,1997年骤降为0.274。1993—1995年较高的边际消费倾向部分由同期的通货膨胀所致,而1997年异常低的边际消费倾向直接是由当年的农民消费支出过少所致。令人不解的是,1998年农村居民的边际消费倾向为负值,这在理论上是讲不通的,因为随着收入的增长,消费多少也应增长一些。出现这种现象可能是1998年过低的物价指数所致。

表14.3 农村居民消费倾向

| 年份 | 1992 | 1993 | 1994 | 1995 | 1996 | 1997 | 1998 |
| --- | --- | --- | --- | --- | --- | --- | --- |
| 平均消费倾向 | 0.841 | 0.845 | 0.833 | 0.831 | 0.816 | 0.774 | 0.736 |
| 边际消费倾向 | 0.513 | 0.810 | 0.823 | 0.869 | 0.712 | 0.274 | -0.373 |

资料来源:根据《中国统计年鉴》1993—1999年各卷有关数据计算。

第二,农村居民的储蓄动机推测。由于现有资料中没有有关农民储蓄动机的资料,因而我们只能从农村居民的消费轨迹中去推测其储蓄动机。改革开放以来,改善居住条件一直是我国农村居民消费支出的重点。近几年来,彩电、冰箱、摩托车等耐用消费品支出也出现了迅速增加的势头。由于消费的攀比与示范效应,因此在我国相当一部分地区尤其是发达地区的农村,住房和家电等耐用消费品成了年轻人成婚的前提条件。由于这种消费攀比效应的存在,不少地方的农村居民几乎倾其毕生精力为其子女筹办婚事。由于住房和耐用消费品等需要一次性支付较大数额的资金,因而对收入仍较低的农村居民来说改善居住和购买耐用消费品就成为储蓄的首要动机。

除此之外,由于子女受教育在农村越来越引起重视,加之随经济、社会的发展,养子防老的观念渐趋淡薄,以及独生子女越来越多,因而为子女教育攒钱和养老将在农村居民的储蓄动机中呈上升趋势。

第三,在具体的资产选择上,农村更注重实物资产,但金融资产的比重也呈快速上升势头。表 14.4 是 1992—1997 年农村居民人均资产构成状况。

表 14.4　农村居民资产构成　　　　　　（％）

| 年份 | 1992 | 1993 | 1994 | 1995 | 1996 | 1997 |
| --- | --- | --- | --- | --- | --- | --- |
| 实物资产比重 | 67.0 | 65.5 | 61.9 | 60.9 | 59.6 | 60.5 |
| 金融资产比重 | 33.0 | 34.5 | 38.1 | 39.1 | 40.4 | 39.5 |

资料来源:根据本书表 1.2 有关数据计算。

由表 14.4 可以看出,农村居民的资产中实物资产所占比重一直在 50%以上,这与农村资本市场不发达、金融资产形式单一、金融意识淡薄有一定关系,同时也与我们前面对农村居民储蓄动机的分析结果是一致的。即由于农村居民储蓄的最重要动机是建房,因而金融资产积累到一定程度就会转化为住房资产,所以实物资产的比重会一直高于金融资产。

## 14.4　城镇居民的消费—储蓄替代行为

尽管城镇商品化程度和居民收入都高于农村,且在接受外来信息方面优于农村,按道理其消费行为应比农村居民更接近于标准的前瞻理论中的消费者,但事实上,城镇居民的行为仍与标准的前瞻消费理论出现了较大背离,主要表现在居民长期持续的高储蓄率与储蓄增长率上。之所以出现这种情况,是由于随着我国经济体制由计划经济向市场经济的转变,教育、医疗、住房、就业、劳保等制度都在进行相应的改革。虽然制度改革的方法和进程会有所不同,但基本趋势是一致的,即原先由国家或集体负担的费用逐步转为由个人负担或个人、集体与国家共同负担;原先"正式工"稳定递增的持久收入会因失业、下岗等因素而受到威胁。也就是说,制度变迁的直接结果,一方面使居民收入处于动态的不稳定之中,另一方面又使居民不得不个人支出更多的原先由国家或集体负担的费用。从居民消费—储蓄替代的角度看,这种制度变迁的影响是使居民在替代行为中更偏好积累,从储蓄角度看,则会引发储蓄动机的转变。

第一,城镇居民的消费倾向。表14.5是城镇居民1992—1998年的消费倾向,从表中可以看出,1992—1998年城镇居民的平均消费倾向基本上稳定在0.80—0.826之间,没有明显的上升或下降趋势。边际消费倾向除1995年与1997年外均低于年均消费倾向,说明居民收入增量中有较多部分用于积累。1995年较高的边际消费倾向是1994年高通货膨胀的滞后影响,而1997年的情况则是由于收入增长率的大幅度降低。

表14.5 城镇居民消费倾向

| 年份 | 1992 | 1993 | 1994 | 1995 | 1996 | 1997 | 1998 |
| --- | --- | --- | --- | --- | --- | --- | --- |
| 平均消费倾向 | 0.825 | 0.819 | 0.816 | 0.826 | 0.810 | 0.811 | 0.798 |
| 边际消费倾向 | 0.669 | 0.798 | 0.805 | 0.873 | 0.685 | 0.832 | 0.794 |

资料来源:根据《中国统计年鉴》1993—1999年各卷有关数据计算。

从收入增长和消费增长的情况看,两者基本吻合,但同期的储蓄存款率却远高于收入增长率(见表14.6)。1992—1998年可支配收入年均递增9.0%,同期消费年均递增8.0%,而储蓄年均递增速度却高达21.4%。这一点可以由上文中所提及制度变迁导致的不确定性加大和城镇居民的收入结构变化来解释。

表 14.6　城镇居民收入与消费增长情况　　　　　　(%)

| 年份 | 1992 | 1993 | 1994 | 1995 | 1996 | 1997 | 1998 |
|---|---|---|---|---|---|---|---|
| 可支配收入增长率 | 19.2 | 27.2 | 35.6 | 22.5 | 13.0 | 6.6 | 5.1 |
| 消费增长率 | 15.0 | 26.3 | 35.1 | 24.1 | 10.8 | 6.8 | 3.5 |
| 储蓄增长率 | 20.6 | 30.1 | 39.7 | 37.0 | 28.6 | 16.7 | 12.5 |

资料来源：同表 14.5。

第二，城镇居民的储蓄动机。与前文的分析相一致，有关对城镇居民储蓄动机的调查资料证实了制度变迁对居民消费—储蓄替代行为的决定性影响。表 14.7 是根据 1996 年国家统计局城调队对部分城市居民家庭的调查情况编制的。

表 14.7　城镇居民储蓄目的排序表　　　　　　　　(%)

| 项目 | 子女教育 | 防急需 | 防病 | 养老 | 子女婚嫁 | 购置耐用消费品 | 装修房屋 | 购房 |
|---|---|---|---|---|---|---|---|---|
| 百分比 | 17.8 | 13.0 | 11.3 | 10.5 | 9.5 | 7.7 | 6.0 | 4.2 |

资料来源：根据国家统计局城调队"中国城镇居民的金融资产"(《中国统计》1997 年第 2 期)提供的数据整理。

由表中可以看出，排在前四项的为子女教育、防急需、防病、养老，比重合计达 52.6%，而在 20 世纪 80 年代以前，城镇居民储蓄的动机则主要是为子女婚嫁和购置耐用消费品，这说明为预防制度变迁所带来的不确定性已成为储蓄的主要目的。

表 14.8　城镇居民资产构成　　　　　　　　　　(%)

| 年份 | 金融资产比重 总计 | 有价证券/金融资产 | 储蓄性保险/金融资产 | 实物资产比重 |
|---|---|---|---|---|
| 1992 | 78.1 | 12.4 | 1.1 | 21.9 |
| 1993 | 78.4 | 10.0 | 1.1 | 21.6 |
| 1994 | 80.7 | 12.3 | 0.7 | 19.3 |
| 1995 | 82.4 | 9.5 | 0.8 | 17.6 |
| 1996 | 83.6 | 7.6 | 0.9 | 16.7 |
| 1997 | 83.9 | 6.8 | 1.1 | 16.1 |
| 1998 | 82.1 | 6.4 | 1.3 | 17.9 |

资料来源：该表根据表 1.1 有关数据计算。

第三,与农村居民相比,城镇居民在具体资产形式选择上更偏重金融资产,在金融资产当中又以储蓄存款为主。从表14.8中可以看出,城镇居民总资产中的金融资产比重不断上升,而在金融资产中,有价证券比重并没有像人们想象的那样稳步上升,反而一路下跌。其原因与城镇居民储蓄动机密切相关。由于应付制度变迁所带来的不确定性是人们储蓄的主要动机,因而人们更注重资产的安全性,这是近几年金融资产中有价证券比重下降的主要原因。

# 15 影响中国居民替代行为因素的实证分析

## 15.1 利息率

我们曾在第 12 章论述过,利息率的高低,通过替代效应和收入效应的对比,对居民的消费—储蓄替代行为基本上没有明确的、系统的、规律性的影响。即利息率的高低,同居民的储蓄率高低之间并无显著的正向相关关系。这种结论暗含的一个前提是利率是随市场状况自由波动的。但在我国,利率由中央银行规定,不能自由变动,因而一旦发生变动对社会经济生活的影响可能会有所不同。因此,有必要对我国利率在居民替代行为中的作用进行实际考察。表 15.1 是 1988—1998 年我国利率与储蓄存款的有关情况。

表 15.1 利率与储蓄存款情况 (亿元,%)

| 年份 | 一年期名义利率 | 通胀率 | 实际利率 | 储蓄存款余额 | 储蓄增长率 |
| --- | --- | --- | --- | --- | --- |
| 1988 | 8.64 | 18.5 | -9.86 | 3801.50 | 23.69 |
| 1989 | 11.34 | 17.8 | -6.46 | 5146.90 | 35.39 |
| 1990 | 8.64 | 2.1 | 6.54 | 7034.20 | 36.67 |
| 1991 | 7.56 | 2.9 | 4.66 | 9107.00 | 29.51 |
| 1992 | 7.56 | 5.4 | 2.16 | 11545.40 | 26.73 |
| 1993 | 10.98 | 13.2 | -2.22 | 14762.40 | 31.68 |
| 1994 | 10.98 | 21.7 | -10.72 | 21518.80 | 41.54 |

(续表)

| 年份 | 一年期名义利率 | 通胀率 | 实际利率 | 储蓄存款余额 | 储蓄增长率 |
|---|---|---|---|---|---|
| 1995 | 10.98 | 14.8 | -3.82 | 29662.30 | 37.84 |
| 1996 | 7.47 | 6.1 | 1.37 | 38520.80 | 29.86 |
| 1997 | 6.87 | 0.8 | 6.07 | 46279.80 | 20.14 |
| 平均值 | 9.10 | | -1.23 | | 31.27 |

资料来源:根据《中国统计年鉴》1998年卷有关数据整理计算。

从表15.1中可以看出1988—1997年十年间,实际利率的变化无明显规律性,其中有五年为负数,十年的平均值为-1.23%,如果考虑1988—1995年的保值储蓄,则十年实际利率数值平均为2.08%。而居民储蓄存款在此十年间一直是高速递增势头,即便在实际利率达-10.72%的1994年,仍保持了41.54%的高增长。这说明实际利率对储蓄存款的变化基本没有解释力。

从名义利率看,十年间的均值为9.10%。从表15.1中可以看出,名义利率对储蓄增长率有一定的解释力,表现在当年名义利率高于十年间均值的年份,储蓄存款增长率也高于其十年的均值,如1989年及1993—1995年;当年名义利率低于十年间平均值的年份,储蓄增长率也相应低于均值,如1988年、1991—1992年和1996—1997年,例外情况只有1990年一年。

我们用$S$表示储蓄增长率,$R_1$表示一年期名义利率,$R_2$表示实际利率,作$S$对$R_1$和$R_2$的回归模型,回归结果如下:

(1)对名义利率的回归结果:

$$S = 5.74 + 2.80 R_1$$

$R^2 = 0.70$　　$S.E. = 2.377$　　$F$检验值$= 13.89$　　$D.W.$检验值$= 2.5$

(2)对实际利率的回归结果:

$$S = 31.31 - 0.89 R_2$$

$R^2 = 0.8285$　　$S.E. = 2.377$　　$F$检验值$= 24.15$　　$D.W.$检验值$= 2.01$

回归结果与我们上面的分析是一致的。当年名义利率与储蓄存款增长率有一定的相关性,而实际利率则与其相关性较小。这种结果也许可以用消费者的有限理性来说明。由于消费者在进行消费—储蓄选择时,名义利率是直接的参考因素,实际利率则由于价格因素而无法明确、及时地获得,因而名义利率对居民的替代行为比实际利率更有解释力。

近两年来,国家为解决当前消费需求不足问题,已多次下调名义利率,希望借此影响居民在消费—储蓄选择行为中更倾向于消费。但实际情况是,在降息之后,储蓄存款增速并没有出现大幅下降。对此有一些不同的解释,一种认为,利率对居民的替代行为并无影响;另一种认为,利息率对储蓄存款的调节效应存在时滞,因而其影响在稍后时期才能充分发挥出来;还有一种认为,影响储蓄的因素是多方面的,其增减是诸多因素合力的结果,因此并不能单纯由两个变量数值的增减变化,断定其相关与否。

总的来说,我国当前名义利率与储蓄增长率之间存在正向相关关系。现实中的事实支持这一结论,如中国人民银行在1996年5月和9月两次调低利率后,山东省居民的净储蓄额(存入额-支出额)比1995年下降了18.7%。[①] 但是,利率对储蓄的影响不是第一位的,特别在人均储蓄额还比较小的情况下,比起预期收入和收入结构的变动来讲,利率所起的作用是很小的,并且现在收入和预期收入的差距越大,利率所起的作用就越有限。按照生命周期假说,储蓄是为了平衡一生的消费,所以为抵消预期未来收入下降所造成的消费下降,即使利率为负,人们也照样储蓄。

---

[①] 山东省城调队:《山东省物价与人民生活调查统计年鉴》1997年卷,第24页。

## 15.2 预期

### 15.2.1 收入预期

改革到今天,个人收入由于与企业经营状况的联系变得较为紧密了,因而与宏观经济波动也开始产生联动效应。正如前面所分析到的,当居民预期未来收入会下降时,为平衡消费,居民就会压缩当前消费以增加积累。中国目前所出现的有效需求不足是否与居民的收入预期有关呢? 答案是肯定的。

第一,前面分析过,从收入构成看,城镇居民的收入构成中非工资收入所占比重一直较大并呈上升势头。这种收入带有暂时性的特点,因而人们无法预期将来这部分收入的变动会如何。特别是以货币化、透明化为趋向的工资改革,更使人们对此产生了不乐观预期。

第二,虽然从改革至今,城乡居民收入一直快速上升,但增速在近几年却呈明显下降态势。城镇人均可支配收入增速 1994—1998 年分别为 35.6%、22.5%、13%、6.6% 和 5.1%,而同期农村人均纯收入增长率为 32.5%、29.2%、22.1%、8.5% 和 3.4%,增速下降趋势都很明显。这是国民经济增长速度放慢的结果,也是控制国民收入分配继续向个人收入倾斜的结果,在短期内这种趋势不会逆转,因而人们的收入预期会进一步降低。1995 年底中国人民银行第十六次城乡居民储蓄问卷调查结果表明,有 35.1% 的储户认为收入会有所增加,比 1994 年同期下降 39.4%;48.3% 的储户认为收入会基本不变;16.6% 的储户认为收入会减少。

第三,除收入增长率下降影响居民的消费—储蓄替代行为外,收入增长的波动性也会影响居民收入的分割。这是因为收入波动性加大,同样会降低人们的收入预期。当收入较快增长时,人们会怀疑其持久性;当收入下降时,人们则会意识到收入的不稳定性。收入的波动通过这种心理作用,使消费者变得更谨慎。表 15.2 和表 15.3 是 1991 年以来城乡居民收入的波动性情况——收入增长率的标准差。我们以当年人均可支配收入和纯收入增长率为基点,并取前七年数据,以八年为期,计算出其标准差。

表 15.2　城镇居民人均可支配收入增长率方差

| 年份 | 1991 | 1992 | 1993 | 1994 | 1995 | 1996 | 1997 |
|---|---|---|---|---|---|---|---|
| 收入增长率方差 | 10.44 | 11.29 | 15.32 | 23.1 | 21.86 | 22.83 | 25.82 |

表 15.3　农村居民人均纯收入增长率方差

| 年份 | 1991 | 1992 | 1993 | 1994 | 1995 | 1996 | 1997 |
|---|---|---|---|---|---|---|---|
| 收入增长率方差 | 12.42 | 11.76 | 13.53 | 23.07 | 25.59 | 26.4 | 26.97 |

从表 15.2 中可以看出,城镇居民人均可支配收入增长率的波动是逐年加大的。逐渐加大的收入增长波动性,对解释 1994 年以来收入增长率下降,经济紧缩时期的高储蓄增长率有着重要的意义。改革初期收入的持续增长,给人们造成了一种错觉,认为收入会持久性这样增长下去,当时的一切收入(包括奖金、实物等),都被认为具有"持久性收入"的性质。进入 90 年代以后,经济开始发生规律性的周期扩张,人们逐渐意识到经济发展不是平稳的,并且经济的波动会导致居民收入发生波动,这就使人们对未来收入增长率的预期大幅下降,从而消费也变得更为谨慎。

对农村居民来说,由于其收入绝大部分是家庭经营所得,其增长与宏观经济状况的联系较城镇更为密切,市场上价格的波动会影响农产品价格,从而影响农村居民收入,表现在表 15.3 中,是近几年收入增长率的方差上升很快,并且大于同期的城镇指标。收入增长波动性的加大,加上农民原本谨慎的消费特征是近两年农村消费疲软的重要原因之一。

第四,失业的存在不仅加大了收入增长率的波动,同时也使收入的绝对数额的减少成为可能。收入绝对额的方差可以通过 $P(1-P)Y^2$ 计量(假设失业保险替代率为0), $P$ 为失业概率, $Y$ 为现行职工工资收入。按照卡斯特经济评价中心1998年7月对北京、上海、重庆、武汉、广州等五城市的调查结果,有68.6%的人认为自己将来可能会面临失业,这必然会降低人们对未来的收入的预期。前面所提及的预防性储蓄的存在,应与此种预期密切相关。

从目前中国的现实情况看,除经济增长内生的波动性外,更加之制度变迁所带来的外生波动,使居民收入的波动性远比成熟的市场经济国家的居民收入波动性为大,从而其对居民替代行为的影响也远高于西方国家。

### 15.2.2 支出预期

随着我国经济体制由计划经济向市场经济的转变,教育、住房、医疗、劳保等制度也必然进行相应的变革。虽然制度改革的方法和进程会有所不同,但基本趋势是一致的。那就是:原先由国家或集体负担的费用逐步转变为由个人、集体与国家共同负担。这必然加大居民的未来支出预期。这种加大的支出预期,限制了居民的现期消费,表现在:居民的储蓄动机中最主要的是应付未来支出的不确定性,这一动机在居民全部储蓄动机中的权重高达50%以上。从这一点上可以看到,要降低居民当前的储蓄倾向,改变居民的支出预期将是非常重要的一方面。而要改变居民的支出预期,就必须加快各项改革步伐,使各项改革措施尽快到位。因为支出预期影响居民替代行为,主要是预期中所包含的不确定性。

### 15.2.3 价格预期

在我国,居民的通货膨胀预期经历了一个从无到有的发展过程。在改革开放初期,由于各种价格并未完全放开,因而价格的升幅相当平稳,1979—1984年六年间平均通货膨胀率仅为2.8%。1985年出现的改革以来第一次较高的通货膨胀率为8.8%,此后又于1988、1989、1993、1994、1995年分别出现了18.5%、17.8%、13.2%、21.7%和14.8%的高通货膨胀率。可以说从1985年起,居民逐渐形成了对通货膨胀的预期。表15.4是1987—1996年我国通货膨胀率与社会消费品零售总额增长率以及储蓄增长率情况。

表15.4 1987—1996年我国通货膨胀率、社会消费品零售总额增长率和储蓄增长率　　　　　　　　(%)

| 年份 | 1987 | 1988 | 1989 | 1990 | 1991 | 1992 | 1993 | 1994 | 1995 | 1996 |
|---|---|---|---|---|---|---|---|---|---|---|
| 社会消费品零售总额增长率 | 16.9 | 23.8 | 11.7 | 2.5 | 13.7 | 17.7 | 28.4 | 30.5 | 26.8 | 20.1 |
| 储蓄增长率 | 37.3 | 23.7 | 35.4 | 36.7 | 29.5 | 26.7 | 31.7 | 41.5 | 37.8 | 29.9 |
| 通货膨胀率 | 7.3 | 18.5 | 17.8 | 2.1 | 2.9 | 5.4 | 13.2 | 21.7 | 14.8 | 6.1 |

资料来源:根据《中国统计年鉴》1988—1998年各卷有关数据整理计算。

从表15.4中可以看出,1988年出现高通货膨胀时,消费品零售总额大幅增长,而同期居民储蓄存款增速大减。出现这种情况,是因为当时居民意识到即将进行的各项改革会引起物价普遍上升,而这将会减少居民收入和储蓄的实际价值,因此居民不惜减少储蓄,抢购实物以进行保值。而在经历了几次通货膨胀的冲击后,一方面居民对通货膨胀开始有了一定的承受力,另一方面居民也开始形成对远期通货膨胀的预期,即人们开始意识到未来的物价还会进一步提高,这两方面的因素会在高通货膨胀时期加大人们的储蓄,1993—1995年的情况正是如此。在1994年达21.7%的通货膨胀率下,虽然社会消费品零售总额增长率高达30.5%,但储蓄增长率更高达41.5%。也就是说,在空前高的通货膨胀水平下,居民并没有出现1988年的抢购风潮。当然,两者的增长在很大程度上是由当年高达30%以上的收入增长率所致。

总之,对我国居民价格预期影响替代行为分析的结果,与第12章中的结论基本符合,即较高的通货膨胀预期一方面可能会加大当前的消费,另一方面,如果人们考虑到较远期的情况,通货膨胀在某种程度上也起着抑制消费增加储蓄的作用。总之,就价格预期对我国居民替代行为的影响来说,结论也是模糊的。

## 15.3 财富效应

根据第12章中我们对财富效应的诠释,当物价下跌时,消费者手中拥有的一部分财富,主要是货币和公债的实际价值会上升,从而会刺激消费。1997年至今,我国物价水平逐步回落,1997年底甚至出现了负的物价指数。按道理,财富效应应在此时充分发挥作用,拉动市场消费需求,然而现实中我们却并没有感受到这种力量。究其原因,就在于财富效应发挥作用的一个前提,是社会增长的财富应比较均匀地分配在各阶层。而中国近几年经济增长的结果,却与此有所不同。表15.5是1997年城镇居民不同收入组收入的对比。

由表15.5可以看出,不同收入档次的居民家庭收入差距拉大。最低收入户的收入在1997年出现负增长,同比下降0.6%,而收入是最低收入户4倍多的最高收入户收入增幅竟高达11%,按这种情况继续发展下去,不同收入组居民的收入差距只会越来越大。从农村看,东、中、西部收入差距也进一步拉开。从财产性收入方面看,1997年最高收入户的财产性收入是最低收入户的10.9倍。由于高收入阶层的消费倾向远低于中低收入阶层,因而贫富差距的日益拉大,必然影响财富效应的发挥,并造成严重的社会问题。这也从另一个方面指出,中国目前所形成的低水平的市场过剩状况,从长期解决措施看,必须通过税收及其他宏观调控措施,抑制贫富分化,这是解决有效需求不足的根本措施。

表 15.5　1997 年城镇居民不同收入组的收入对比　　　　(%)

|  | 最低收入户 | 低收入户 | 中等偏下户 | 中等户 | 中等偏上户 | 高收入户 | 最高收入户 |
| --- | --- | --- | --- | --- | --- | --- | --- |
| 比值* | 1.0 | 1.3 | 1.6 | 2.0 | 2.5 | 3.1 | 4.2 |
| 收入增幅 | -0.6 | 2.5 | 5.0 | 7.0 | 8.0 | 9.4 | 11.0 |

注:* 以最低收入户的收入为 1。
资料来源:根据《中国物价及城镇居民家庭收支调查统计年鉴》1998 年卷有关数据计算。

## 15.4　耐用消费品存量

耐用消费品存量对居民替代行为的影响主要是通过其对总消费中的耐用品支出部分的影响实现的。表 15.6 是 1988—1998 年中国城镇居民耐用品存量及其增长率和人均消费支出增长率情况。

表 15.6　城镇居民耐用消费品存量、增长率及
人均消费支出增长率　　　　(元,%)

| 年份 | 人均耐用消费品存量 | 增长率 | 人均消费支出增长率 |
| --- | --- | --- | --- |
| 1988 | 491.84 | 20.1 | 24.8 |
| 1989 | 564.78 | 14.8 | 9.7 |
| 1990 | 594.39 | 5.2 | 5.6 |
| 1991 | 609.48 | 2.5 | 13.7 |
| 1992 | 626.19 | 2.7 | 15.0 |
| 1993 | 726.02 | 15.9 | 26.3 |
| 1994 | 870.85 | 19.9 | 35.1 |
| 1995 | 1037.18 | 19.1 | 24.1 |

(续表)

| 年份 | 人均耐用消费品存量 | 增长率 | 人均消费支出增长率 |
|---|---|---|---|
| 1996 | 1184.54 | 14.2 | 10.8 |
| 1997 | 1351.93 | 14.1 | 6.8 |
| 1998 | 1543.99 | 14.2 | 3.5 |

资料来源:根据《中国统计年鉴》1989—1999年各卷有关数据整理计算。

从表15.6中可以看出,耐用消费品支出的波动性是相当大的,并且这种波动是间隔性的。这是由耐用消费品本身的特点决定的。因其使用寿命较长,且正如第12章中所分析的,在收入较低的国家,受收入水平和不完善市场体系的限制,居民在购买耐用消费品后,短期内或者说不到不得已时不会因新品种、新款式的出现而对其更新。

从表15.6中还可以看出,耐用消费品支出波动较大的年份,人均消费支出波动也较大,这说明两者具有较大的相关性。

使用城镇1988—1998年耐用消费品存量和耐用消费品支出进行的回归结果如下:

$$D_2 = 14.9 + 0.20 D_1,$$

$$R^2 = 0.96 \quad D.W.检验值 = 1.5 \quad F 检验值 = 119.7$$

其中,$D_1$为耐用消费品存量;$D_2$为耐用消费品支出。回归结果表明两者之间有一定相关性,但从$D_1$的系数仅为0.2看,相关程度不高。这说明我国当前,耐用消费品存量对居民替代行为存在一定影响,但作用不是太大。

## 15.5 新的消费热点的形成与转换

20世纪80年代我国消费需求呈现数量扩张状态,城乡居民购买力大幅度增长。这一时期消费的最大特征是全国性耐用消费品热和消费热点的频繁转换。在80年代初期,居民支出主要投向黑白电视机、单门小容积冰箱、单卡录音机和单缸洗衣机。80年代中期，彩电、双门冰箱、双卡录音机和双缸洗衣机开始进入居民家庭。80年代末期，大屏幕平面直角遥控彩电、大容积冰箱、全自动洗衣机、高级音响和录音机等开始进入部分居民家庭。整个80年代，耐用消费品成为全国的消费热点。它直接促成了工业结构从传统轻工业向现代轻工业的跃进，也大大拉动了居民的消费需求。在农村，建房也一度成为农村居民的消费热点。

在一定程度上，20世纪80年代以数量扩张为主的消费扩张是引发促成80年代中后期的通货膨胀的重要原因之一。这次严重的通货膨胀又促成了居民对通货膨胀的预期，引起了1988年全国性的大抢购。1988年社会消费品零售总额增长率高达23.8%，此后，消费品市场开始降温。1989年8月全国出现了改革开放后的第一次社会商品零售额的负增长。自此，中国消费品市场以家用电器为主要内容的第一次消费结构剧变期结束，市场进入平稳增长阶段。

进入90年代后，一方面，空调、录像机和组合音响成为城镇居民新的消费热点，但其普及速度远低于80年代彩电、冰箱、洗衣机的普及速度。后者在1985年每百户拥有量仅为17.21台、6.58台和48.29台，1991年就迅速上升到68.41台、48.7台和80.58台，普及率六年间分别上升了51.2个百分点、42.12个百分点和32.29个百分点。而空调、录像机和组合音响在1992年的每百户拥有量分别为1.19台、10.04台和3.99套，至1997年底，分别上升为16.29台、21.32台和15.32台，五年间普及率只分别上升了15.1个百分点、11.28个百分点和11.88个百分点。新的三大件普及速度较慢，难以对居民的消费—储蓄选择产生重大影响，从而也不能成为领头热销的主流商品，推动和支撑市场需求规模的不断扩大。另一方面，由于城乡之间存在消费的梯次结构，因此，90年代农村消费的热点应是80年代城镇的热点，但是由于农村居民收入水平较低和水、电、交通等消费环境不配套,80年代畅销城镇的三大件至今也未在农村掀起消费浪潮。

目前,由于消费需求疲软、市场出现过剩,培植新的消费热点以提高居民的消费倾向开始被广泛重视。一方面,在城镇,人们企望住房和轿车能成为新一轮消费浪潮的主导;另一方面,在农村,人们则企望通过改善农村消费环境,使以家电为主的耐用消费品下乡从而解决农村市场的疲软状况。从理论上讲,如果这两方面的措施都能到位,启动消费需求的目标是可以达到的。

有的人曾以上海市为例,将人均储蓄存款对人均收入和人均住宅面积进行了回归,结果显示人均居住面积每提高一个平方米,人均储蓄额将降低634.7元。[1] 这说明如果住房市场真正启动起来,居民储蓄倾向将会大大降低。

但是,住房要真正成为消费热点,现实中还面临着很多约束条件,最主要的是人均收入还很低,而住房价格则相对较高。据调查,1995年全国各类商品房平均每平方米售价为1640元,按此推算,一套70平方米的住宅,需要11.5万元,而1995年城镇人均可支配收入为4283元,按此推算,双职工(三口之家)购买一套住房,即使不吃不喝也需要13.4年的积累。在这种情况下,凭收入一次性付款买房对大多数城镇居民来说是不现实的。加上我国消费信贷还不发达,因而住宅要真正成为城镇消费热点,还需要一段时间的货币积累,这是不以我们的意志为转移的。

从农村看,农村居民人均纯收入1996年为1926.1元,按可比价格大体相当于城镇居民80年代末的水平,因此从收入水平上已具备了大

---

[1] 顾军蕾:"从个人储蓄的来源和运用模型看上海人的储蓄观",《世界经济文汇》1998年第7期。

量购买耐用消费品的能力。但农村消费环境的改善也不是朝夕即可办到的事,因此农村消费市场的启动也需要一定时间。

从以上分析看出,由于原有的消费热点已基本饱和,新的消费热点短期又难以形成,因而居民消费近期仍会保持"断层",居民的消费—储蓄替代行为也不会有太大改变。

本篇主要研究了各种消费理论中替代行为的不同类型和中国居民消费替代行为的历史演变过程,并对影响中国居民替代行为的因素进行了实证分析。分析所得出的结论是:

(1)中国居民的替代行为已由凯恩斯模型中短视的消费者转向了前瞻理论中的消费者。消费者替代行为的目标不再是现期效用最大化,而是跨生命周期的效用最大化。这一变化主要是由消费者所面临的外部消费环境的改变所致。

(2)在影响中国居民的替代行为的因素中,除收入外,制度变量是最重要的解释变量。它一方面促成了中国消费者替代行为向跨时期预算的转变,另一方面也使中国居民的替代行为出现不同于前瞻理论的个性特征。

(3)城镇与农村居民的替代行为存在较大差别,这一方面是由他们的收入差距所造成的,另一方面也与他们各自不同的消费传统与消费环境有关。

由于中国近几年来出现了全面的市场过剩,消费需求不足已成为制约国民经济发展的一个重要因素。从历史上看,最终消费需求对 GDP 的贡献率进入 90 年代以来一直保持在 60% 左右,因而有效启动居民消费需求,已成为当务之急。从本篇的分析可以看出,由于居民的替代行为已由现期一时转变为跨时期预算,因而启动市场需求必须从长、短期对策分别入手。

短期看,国家应从各方面入手培植当前的消费热点。包括大力发展消费信贷,以促进城镇的住房消费等;改善农村用水用电条件,促进家电等耐用消费品在农村的普及。由于名义利率对我国居民的储蓄有一定影响,加上目前中国实际利率高于日本、东南亚等国,因此可以进一步降低利率,增加现期购买力。

从中长期看,首先,由于制度变迁所带来的不确定性的增加是影响居民储蓄的重要因素,因此应加快各项改革的进程,改变居民的预期,以减弱居民的储蓄动机;其次,应逐步提高居民收入,前面的分析证明收入仍然是影响我国居民替代行为的最重要因素,因此提高居民的收入,改变居民对未来收入的不乐观预期,将会大大降低居民的储蓄倾向;最后,由于收入差距过大抑制了居民的消费需求,应当运用税收等宏观调控措施,适当缩小收入差距,提高全民的消费倾向。

# 第四篇 居民资产与消费变化趋势预测

# 16 居民资产变化趋势预测

## 16.1 预测模型的理论描述

### 16.1.1 引言

我们生活的世界充满了不确定性。知识的积累、科学技术的发展以及天生的好奇心,促使人们观察世间万象、探索各种各样的规律。对自然科学而言,人类确实发现了自然界中的许多"精确"的规律,取得了辉煌的、值得骄傲的进步。比如,天文学家对日食、月食、彗星的到来等现象可以给出精确到分钟的预见。人类在认识自我和社会生活方面虽然也取得了巨大的成绩,但对社会经济活动的预见远不如自然科学。也许,对自然界的研究是"认识世界",因为自然规律是客观的,我们只需要去努力发现它,这一活动中的主体与客体是分离的;然而,对于社会经济活动来说,尽管也有比较大的规律、原则必须遵循,但人们可以更多地发挥自己的主观能动性,去"创造世界",只不过受客观和人为条件的限制,人们对自己创造性活动的未来情景不能有确切的描绘。借助自然科学的技术、理论和人们认识社会的理念,应用于社会经济活动的预测方法产生了,使人们能够在一定条件下描绘出未来的"蓝图"。社会越能稳定地变迁,预测的准确性越高,特别是外推的预测技术。社会经济活动的预测模型,或者说社会经济活动的规律不是一成不变的,即使预测结果恰好得以实现,也并不能完全归功于人们的"先见之明",亦不能自认为找到了社会发展的最优路径。因为在研究社会经济活动中,主体和客体无法分割,模型结果具有"自我实现"的特征,即未来的结果依赖于现在的努力,而已经预测的结果也同时影响、诱导着人们实现此目标的实践活动。这是依照客观规律预见未来的自然现象之发生与社会经济未来事件之预测的一个显著差别。

  经济学中用于预测的模型应该足够精确地描述社会经济某些特定方面的运行,具有明确的经济学含义,反映人们所观察到的现实现象背后的所谓"运行机制"。例如,消费结构的预测模型(如 ELES、AIDS 模型)都是由事先假定的一类效用函数之受约束的最优化问题推导出来的,所描述的消费行为与经济学中的消费者追求效用最大化相一致,因此,模型描述的是某些消费者最优选择的结果。金融经济学中的居民资产组合也是个体理性选择的结果,这涉及对个体在不确定性条件下选择行为的描述,主流方法认为,不确定性条件下的个体在预算约束下追求期望效用最大化。一方面,当给定资产价格后,个体可依据预算约束下的期望效用最大化原则,形成自己的最优资产组合;另一方面,个体在各自的预算约束下追求期望效用最大化所导致的市场均衡可以用于金融资产的定价,典型的模型是资本资产定价模型(Capital Asset Pricing Model, CAPM)。当描述运行机制的模型不容易建立时,人们常常采用对现象结果本身的变化过程寻找统计规律,这就是常用于预测的"时间序列模型"。它假定时间序列中的某些模式是可以在时间上再现的,可以用于外推未来,但没有对数据模式背后的运行机制作出解释。

  因对经济计量学作出奠基性贡献而荣获 1989 年诺贝尔经济学奖的挪威经济学家 T.哈维尔莫认为,"从人类福利的角度来说,经济计量学的任务是试图从以往的数据中提取有用的信息,为任何经济社会所预期实现的目标服务"。"信息与知识是有益于人类的","经济计量学的用处源于这样的信念：即使我们不能解决利益冲突集团间的争论，我们至少可以消除那些由于缺少信息和知识而引起争论的因素"。① 基于这种理解，我们认为，社会科学研究应用经济计量学主要是从历史资料中发现有价值的信息，使人们吸取经验教训，减少重复犯相同的错误。多数对社会经济活动的研究，特别是特定课题而非大型综合性研究，应用外推式预测模型的目的主要不在于给出一个未来社会某方面的最优蓝图②，而是使人们认识到：如果环境不变的条件下按目前的行为进行下去的话，将来可能会发生什么；若觉得这样的未来远离你的理想，请查寻原因以免犯错误，若预测结果满意，也不要盲目追随，请根据具体条件的变化调整自己的目标。

本篇的预测是仅仅利用时间序列对居民资产、消费水平、消费结构的未来走势、构成作出粗略的预测，目的是期望从中发现一些值得引起人们关注的信息和问题。如果这些信息能够促使人们对居民资产、消费等问题的现状和发展趋势有更进一步清醒认识的话，预测分析的目的就达到了，当然希望对政策制定者有所参考。

### 16.1.2 趋势预测模型的基本思想和数理依据

我们采用趋势预测模型中的二次移动平均模型（Double Moving Average Model），它是移动平均模型的扩展。其主要假设和数理推导如下：③

---

① 哈维尔莫在1989年诺贝尔经济学获奖典礼上的演说"经济计量学与福利国家"，载自T.哈维尔莫：《经济计量学的概率论方法》，秦朵译，商务印书馆1994年版，第148页。

② 也许，国家统计局、国家信息中心、国家计划与发展委员会或国务院发展研究中心等部门在综合研究的基础上，能够给出国家未来发展的可行蓝图。

③ 尼克·T.森姆波勒斯（Nick T.Thomopoulos）：《应用预测法》，林伟仁译，（台湾）科技图书股份有限公司1983年版。

对于时间序列$\{x_j\}$，$j=0,1,2,\cdots$，将最近一期($T$)的水平用$a_T$表示，且

$$a_T = E(x_T) = a + bT$$

即$T$期的水平是序列随机变量的期望值且为时间的线性函数。以此为基础，假设过去第$j$个时期的期望值满足：

$$E(x_{T-j}) = a_T - bj \qquad j=0,1,\cdots,T-1$$

未来第$\tau$时期的期望值为：

$$E(x_{T+\tau}) = a_T + b\tau \qquad \tau=1,2,3,\cdots$$

预测模型的任务是由历史观测值估计$a_T$和$b$，记为$\hat{a}_T$、$\hat{b}$，那么，未来第$\tau$时期的预测值为：

$$\hat{x}_{T+\tau} = \hat{a}_T + \hat{b}_T \qquad \tau=1,2,3,\cdots$$

先选择计算移动平均所用的时期数$N$，计算序列的两个移动平均值$M_T$和$M_T^{(2)}$：

$$M_T = \frac{x_T + x_{T-1} + \cdots + x_{T-N+1}}{N} = \frac{1}{N}\sum_{j=0}^{N-1} x_{T-j}$$

$$M_T^{(2)} = \frac{M_T + M_{T-1} + \cdots + M_{T-N+1}}{N} = \frac{1}{N}\sum_{j=0}^{N-1} M_{T-j}$$

$M_T$为最近$N$个序列观测值的算术平均值，$M_T^{(2)}$为最近$N$个平均值的平均。为简化计算，可利用下列迭代关系：

$$M_T = M_{T-1} + \frac{x_T - x_{T-N}}{N}$$

$$M_T^{(2)} = M_{T-1}^{(2)} + \frac{M_T - M_{T-N}}{N}$$

把$x_j$看作随机变量，对$M_T$求期望，得

$$E(M_T) = \frac{1}{N}\sum_{j=0}^{N-1} E(X_{T-j})$$

$$= \frac{1}{N}\sum_{j=0}^{N-1}(a_T - bj) = a_T - \left(\frac{N-1}{2}\right)b$$

同理，

$$E[M_T^{(2)}] = \frac{1}{N}\sum_{j=0}^{N-1} E(M_{T-j})$$

$$= \frac{1}{N}\sum_{j=0}^{N-1}\left[a_T - bj - \left(\frac{N-1}{2}\right)b\right]$$

$$= a_T - (N-1)b$$

依据矩估计方法，以 $M_T$、$M_T^{(2)}$、$\dot{a}_T$、$\dot{b}$ 分别替代 $E(M_T)$、$E[M_T^{(2)}]$、$a_T$ 和 $b$，得

$$M_T = \dot{a}_T - \left(\frac{N-1}{2}\right)\dot{b}$$

$$M_T^{(2)} = \dot{a}_T - (N-1)\dot{b}$$

因此

$$\dot{a}_T = 2M_T - M_T^{(2)}$$

$$\dot{b} = \frac{2}{N-1}[M_T - M_T^{(2)}]$$

未来第 $\tau$ 时期的预测值用下式计算：

$$\hat{x}_{T+\tau} = \dot{a}_T + \dot{b}\tau \qquad \tau = 1,2,3,\cdots$$

## 16.2 城镇居民资产变化趋势预测

城镇居民的资产分为金融资产和实物资产。金融资产包括手持现金、储蓄存款、有价证券和储蓄性保险，实物资产包括耐用消费品和住宅两项。我们的方法是先根据各类资产的历史数据发现它们已经显露出来的变化趋势，然后选择合适的预测模型进行预测。

### 16.2.1 城镇居民资产的历史变化

我们对城镇居民人均资产历史变化的一个基本判断是：自 20 世纪

80年代以来,城镇居民资产存量始终以较高的速度增长,实物资产的增长滞后于金融资产的增长,金融资产的增长状况对全部资产的增长有决定性作用。金融资产中储蓄存款占绝对主导地位,1989年及以后,有价证券超过了手持现金居于第二位,储蓄性保险居第四位,如表16.1;人均总资产、金融资产和实物资产的存量变化过程如图16.1所示。

表16.1 城镇居民人均金融资产构成 (%)

| 年份 | 手持现金 | 储蓄存款 | 有价证券 | 储蓄性保险 | 年份 | 手持现金 | 储蓄存款 | 有价证券 | 储蓄性保险 |
|---|---|---|---|---|---|---|---|---|---|
| 1978 | 18.69 | 81.31 | | | 1989 | 10.54 | 76.79 | 11.72 | 0.95 |
| 1979 | 17.58 | 82.42 | | | 1990 | 8.97 | 80.04 | 10.09 | 0.90 |
| 1980 | 16.59 | 83.41 | | | 1991 | 8.19 | 79.62 | 11.27 | 0.92 |
| 1981 | 16.13 | 83.85 | 0.02 | | 1992 | 6.38 | 80.11 | 12.38 | 1.13 |
| 1982 | 14.14 | 83.25 | 2.61 | | 1993 | 4.78 | 84.07 | 10.01 | 1.14 |
| 1983 | 13.63 | 82.59 | 3.78 | | 1994 | 4.42 | 82.51 | 12.33 | 0.75 |
| 1984 | 14.75 | 81.89 | 3.35 | | 1995 | 4.15 | 85.58 | 9.50 | 0.77 |
| 1985 | 14.70 | 79.34 | 5.59 | 0.37 | 1996 | 4.03 | 87.50 | 7.61 | 0.86 |
| 1986 | 13.78 | 76.30 | 9.25 | 0.67 | 1997 | 3.71 | 88.36 | 6.85 | 1.08 |
| 1987 | 11.85 | 77.76 | 9.44 | 0.96 | 1998 | 3.52 | 88.86 | 6.36 | 1.26 |
| 1988 | 12.76 | 73.64 | 12.60 | 1.02 | | | | | |

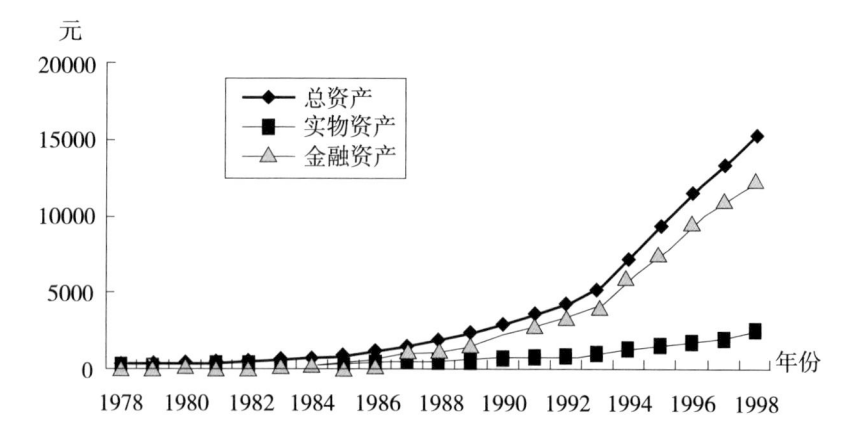

图16.1 城镇居民人均资产的变化过程

### 16.2.2 城镇居民人均资产变化趋势预测的方案

我们分别预测手持现金、储蓄存款、有价证券、储蓄性保险等项的预测值,然后加总得到城镇居民金融资产的预测值。对实物资产也是采用分别预测耐用消费品、住宅,然后加总的方法。本预测按当年货币数量测算,没有剔除通货膨胀因素,给出两个预测方案,四种预测结果:

**方案 I**:估计出预测方程 $\hat{x}_{T+\tau} = \hat{a}_T + \hat{b}\tau$ 后,先以 1998 年为基准($T=1998$)给出 1999、2000 年的预测值($\tau=1,2$);把此预测值当作样本观测值,连同以前的观测值重新估计 $\hat{a}_T$、$\hat{b}$,得到新的预测方程,用新的方程给出下两年($\tau=1,2$)的预测值;再把此预测值当作样本观测值,连同以前的观测值重新估计 $\hat{a}_T$、$\hat{b}$,得到更新的预测方程,用新的方程给出下两年($\tau=1,2$)的预测值;……

在估计参数 $a_T$ 和 $b$ 时,采用 $N=3$ 和 $N=6$ 分别计算的方法,得到不同的预测结果,$N$ 的取值越大,结果越反映了时间比较长的平滑趋势。

**方案 II**:估计出预测方程 $\hat{x}_{T+\tau} = \hat{a}_T + \hat{b}\tau$ 后,以 1998 年为基准($T=1998$),直接给出 2005 年和 2010 年的预测结果。计算移动平均所用的时期数分别取 $N=3$ 和 $N=6$,得到参数 $a_T$ 和 $b$ 的不同估计值 $\hat{a}_T$、$\hat{b}$,从而有不同的预测结果。

### 16.2.3 城镇居民人均资产变化趋势预测:方案 I

1. 取 $N=3$

为了使读者清楚地了解预测的动态过程,我们给出"手持现金"项的详细预测过程。见表 16.2,其他各项的预测过程作为本章后的附录 16A。表 16.3 汇总了 $N=3$ 时方案 I 各类资产的预测值,表 16.4 是预测方案 I($N=3$)中各类资产占总资产的比例。

表 16.2　城镇居民人均手持现金（$N=3$）

| 年份 | $x_t$ | $M_t$ | $M_t^{(2)}$ | $\hat{a}_t$ | $\hat{b}$ | $\hat{x}_{t+1}$ | $\hat{x}_{t+2}$ |
|---|---|---|---|---|---|---|---|
| 1998 | 446.01 | 420.75 | 375.66 | 465.84 | 45.09 | 500.93 | 546.02 |
| 1999 | 500.93 | 455.90 | 418.81 | | | | |
| 2000 | 546.02 | 497.65 | 458.10 | 537.20 | 39.55 | 576.75 | 616.30 |
| 2001 | 576.75 | 541.23 | 498.26 | | | | |
| 2002 | 616.30 | 579.69 | 539.53 | 619.99 | 40.34 | 660.33 | 700.67 |
| 2003 | 660.33 | 617.79 | 579.57 | | | | |
| 2004 | 700.67 | 659.10 | 618.86 | 699.34 | 40.24 | 739.58 | 779.82 |
| 2005 | 739.58 | 700.19 | 659.03 | | | | |
| 2006 | 779.82 | 740.02 | 699.77 | 780.27 | 40.25 | 820.52 | 860.77 |
| 2007 | 820.52 | 779.97 | 740.06 | | | | |
| 2008 | 860.77 | 820.37 | 780.12 | 860.62 | 40.25 | 900.87 | 941.12 |
| 2009 | 900.87 | | | | | | |
| 2010 | 941.12 | | | | | | |

在此方案中,城镇居民的人均总资产由1998年的15458.09元增加到2005年的33619.16元和2010年的46834.02元,年增长率分别为11.74%和9.68%。其中,金融资产增长快于总资产的增长,年增长率分别相应为12.29%、10.05%;金融资产占总资产的比重由1998年的81.98%到2005年的84.87%和2010年的85.39%,分别增加了2.89和3.41个百分点,实物资产所占比例相应下降。居民资产构成中,手持现金持续下降共0.88个百分点;储蓄存款持续上升了6.45个百分点,上升幅度最大;有价证券持续下跌了2.27个百分点;储蓄性保险呈缓慢上升趋势;实物资产占总资产的比例均呈下降趋势。储蓄存款是城镇居民资产持有的大头。各类资产在不同阶段的名义增长率如表16.5所示。

表 16.3 城镇居民资产变化预测方案 I（$N=3$）的综合计算

(元)

| 年份 | 金融资产 ||||| 实物资产 |||| 总资产 |
|---|---|---|---|---|---|---|---|---|---|
| | 手持现金 | 储蓄存款 | 有价证券 | 储蓄性保险 | 合计 | 耐用消费品 | 住宅 | 合计 | |
| 1998 | 446.01 | 11260.87 | 805.76 | 159.78 | 12672.42 | 1543.99 | 1241.68 | 2785.67 | 15458.09 |
| 1999 | 500.93 | 13210.43 | 872.20 | 183.60 | 14767.16 | 1692.31 | 1249.60 | 2941.91 | 17709.07 |
| 2000 | 546.02 | 15197.25 | 920.36 | 214.42 | 16878.05 | 1858.39 | 1410.72 | 3269.11 | 20147.16 |
| 2001 | 576.75 | 17615.42 | 958.37 | 249.13 | 19399.67 | 2036.17 | 1664.24 | 3700.41 | 23100.08 |
| 2002 | 616.30 | 19812.09 | 1004.50 | 280.73 | 21713.62 | 2205.14 | 1846.93 | 4052.07 | 25765.69 |
| 2003 | 660.33 | 21887.61 | 1053.77 | 311.11 | 23912.82 | 2370.53 | 2006.01 | 4376.54 | 28289.36 |
| 2004 | 700.67 | 24060.62 | 1100.12 | 342.62 | 26204.03 | 2539.18 | 2188.70 | 4727.88 | 30931.91 |
| 2005 | 739.58 | 26271.39 | 1145.46 | 374.50 | 28530.93 | 2708.97 | 2379.26 | 5088.23 | 33619.16 |
| 2006 | 779.82 | 28447.03 | 1191.79 | 406.01 | 30824.65 | 2877.65 | 2561.95 | 5439.60 | 36264.25 |
| 2007 | 820.52 | 30610.38 | 1238.47 | 437.37 | 33106.74 | 3045.96 | 2742.04 | 5788.00 | 38894.74 |
| 2008 | 860.77 | 32785.73 | 1284.81 | 468.87 | 35400.18 | 3214.64 | 2924.74 | 6139.38 | 41539.56 |
| 2009 | 900.87 | 34966.14 | 1331.03 | 500.39 | 37698.43 | 3383.44 | 3108.31 | 6491.75 | 44190.18 |
| 2010 | 941.12 | 37140.52 | 1377.37 | 531.88 | 39990.39 | 3552.12 | 3291.01 | 6843.13 | 46834.02 |

表 16.4　城镇居民资产变化预测方案 I($N=3$)
中各类资产占总资产的比例　　　　　　　　　（%）

| 年份 | 手持现金 | 储蓄存款 | 有价证券 | 储蓄性保险 | 合计 | 耐用消费品 | 住宅 | 合计 | 总资产 |
|---|---|---|---|---|---|---|---|---|---|
| | 金融资产 | | | | | 实物资产 | | | |
| 1998 | 2.89 | 72.85 | 5.21 | 1.03 | 81.98 | 9.99 | 8.03 | 18.02 | 100 |
| 1999 | 2.83 | 74.60 | 4.93 | 1.04 | 83.39 | 9.56 | 7.06 | 16.61 | 100 |
| 2000 | 2.71 | 75.43 | 4.57 | 1.06 | 83.77 | 9.22 | 7.00 | 16.23 | 100 |
| 2001 | 2.50 | 76.26 | 4.15 | 1.08 | 83.98 | 8.81 | 7.20 | 16.02 | 100 |
| 2002 | 2.39 | 76.89 | 3.90 | 1.09 | 84.27 | 8.56 | 7.17 | 15.73 | 100 |
| 2003 | 2.33 | 77.37 | 3.72 | 1.10 | 84.53 | 8.38 | 7.09 | 15.47 | 100 |
| 2004 | 2.27 | 77.79 | 3.56 | 1.11 | 84.72 | 8.21 | 7.08 | 15.28 | 100 |
| 2005 | 2.20 | 78.14 | 3.41 | 1.11 | 84.87 | 8.06 | 7.08 | 15.13 | 100 |
| 2006 | 2.15 | 78.44 | 3.29 | 1.12 | 85.00 | 7.94 | 7.06 | 15.00 | 100 |
| 2007 | 2.11 | 78.70 | 3.18 | 1.12 | 85.12 | 7.83 | 7.05 | 14.88 | 100 |
| 2008 | 2.07 | 78.93 | 3.09 | 1.13 | 85.22 | 7.74 | 7.04 | 14.78 | 100 |
| 2009 | 2.04 | 79.13 | 3.01 | 1.13 | 85.31 | 7.66 | 7.03 | 14.69 | 100 |
| 2010 | 2.01 | 79.30 | 2.94 | 1.14 | 85.39 | 7.58 | 7.03 | 14.61 | 100 |

表 16.5　城镇居民资产变化预测方案 I($N=3$)中
各类资产的名义增长率　　　　　　　　　　（%）

| 年份 | 手持现金 | 储蓄存款 | 有价证券 | 储蓄性保险 | 合计 | 耐用消费品 | 住宅 | 合计 | 总资产 |
|---|---|---|---|---|---|---|---|---|---|
| | 金融资产 | | | | | 实物资产 | | | |
| 1998—2010 | 6.42 | 10.45 | 4.57 | 10.54 | 10.05 | 7.19 | 8.46 | 7.77 | 9.68 |
| 1998—2005 | 7.49 | 12.86 | 5.15 | 12.94 | 12.29 | 8.36 | 9.74 | 8.99 | 11.74 |
| 2005—2010 | 4.94 | 7.17 | 3.76 | 7.27 | 6.99 | 5.57 | 6.70 | 6.11 | 6.86 |

由表 16.5 看出,储蓄性保险占总资产的份额最小,但增长速度最快,伴随着社会保障制度的改革和居民风险意识的提高,储蓄性保险会有一段快速的发展时期。增长第二位的是储蓄存款,再次是住宅。有

两个普遍的现象:一是 $N=3$ 的方案中各类资产预测方程中的系数 $\hat{b}$ 在 2000 年以后几乎是常数;二是 2005 年以前的年名义增长率远大于 2005—2010 年之间的年增长率,储蓄存款和储蓄性保险的增长率尤为突出。究其原因,前者主要源于 $N=3$ 的方案取决于最近五年的居民资产状况,历史记录对预测序列影响较小,且预测序列的形成模式是非常相近的;后者的形成与前者相关,因为年增长绝对量相同,但基数不断增加,故名义增长率下降。

2. 取 $N=6$

我们给出"有价证券"项的详细预测过程。见表 16.6,其他各项的预测过程作为本章后的附录 16B。表 16.7 汇总了 $N=6$ 时方案 I 各类资产的预测值,表 16.8 是预测方案 I ($N=6$) 中各类资产占总资产的比例,表 16.9 是预测方案 I ($N=6$) 中各类资产在不同阶段的名义增长率。

表 16.6 城镇居民人均有价证券 ($N=6$)

| 年份 | $x_t$ | $M_t$ | $M_t^{(2)}$ | $\hat{a}_t$ | $\hat{b}$ | $\hat{x}_{t+1}$ | $\hat{x}_{t+2}$ |
| --- | --- | --- | --- | --- | --- | --- | --- |
| 1998 | 805.76 | 718.35 | 522.40 | 914.30 | 78.38 | 992.68 | 1071.06 |
| 1999 | 992.68 | 798.10 | 605.10 | | | | |
| 2000 | 1071.06 | 855.35 | 681.53 | 1029.17 | 69.53 | 1098.70 | 1168.23 |
| 2001 | 1098.70 | 915.01 | 752.69 | | | | |
| 2002 | 1168.23 | 985.38 | 820.88 | 1149.88 | 65.80 | 1215.68 | 1281.48 |
| 2003 | 1215.68 | 1058.68 | 888.48 | | | | |
| 2004 | 1281.48 | 1137.97 | 958.42 | 1317.52 | 71.82 | 1389.34 | 1461.16 |
| 2005 | 1389.34 | 1204.08 | 1026.08 | | | | |
| 2006 | 1461.16 | 1269.10 | 1095.04 | 1443.16 | 69.62 | 1512.78 | 1582.40 |
| 2007 | 1512.78 | 1338.11 | 1165.55 | | | | |
| 2008 | 1582.40 | 1407.14 | 1235.85 | 1578.43 | 68.52 | 1646.95 | 1715.47 |
| 2009 | 1646.95 | | | | | | |
| 2010 | 1715.47 | | | | | | |

表 16.7 城镇居民资产变化预测方案 I（$N=6$）的综合计算

(元)

| 年份 | 金融资产 ||||| 实物资产 |||  总资产 |
|---|---|---|---|---|---|---|---|---|---|
| | 手持现金 | 储蓄存款 | 有价证券 | 储蓄性保险 | 合计 | 耐用消费品 | 住宅 | 合计 | |
| 1998 | 446.01 | 11260.87 | 805.76 | 159.78 | 12672.42 | 1543.99 | 1214.68 | 2758.67 | 15431.09 |
| 1999 | 454.98 | 10127.00 | 992.68 | 137.11 | 11711.77 | 1533.37 | 1111.43 | 2644.80 | 14356.57 |
| 2000 | 487.63 | 11232.31 | 1071.06 | 151.66 | 12942.66 | 1651.74 | 1220.74 | 2872.48 | 15815.14 |
| 2001 | 555.32 | 13252.89 | 1098.70 | 178.24 | 15085.15 | 1848.99 | 1370.25 | 3219.24 | 18304.39 |
| 2002 | 593.60 | 14527.92 | 1168.23 | 195.14 | 16484.89 | 1981.91 | 1488.11 | 3470.02 | 19954.91 |
| 2003 | 623.17 | 16162.79 | 1215.68 | 221.58 | 18223.22 | 2122.91 | 1633.87 | 3756.78 | 21980.00 |
| 2004 | 660.35 | 17495.90 | 1281.48 | 239.94 | 19677.67 | 2257.46 | 1756.30 | 4013.76 | 23691.43 |
| 2005 | 685.67 | 18061.12 | 1389.34 | 244.69 | 20380.82 | 2344.58 | 1831.97 | 4176.55 | 24557.37 |
| 2006 | 720.86 | 19278.69 | 1461.16 | 261.09 | 21721.80 | 2471.78 | 1946.79 | 4418.57 | 26140.37 |
| 2007 | 769.52 | 20884.80 | 1512.78 | 282.87 | 23449.97 | 2631.13 | 2079.49 | 4710.62 | 28160.59 |
| 2008 | 806.57 | 22148.11 | 1582.40 | 299.85 | 24836.93 | 2762.52 | 2196.14 | 4958.66 | 29795.59 |
| 2009 | 839.24 | 23472.55 | 1646.95 | 319.21 | 26277.95 | 2891.70 | 2317.23 | 5208.93 | 31486.88 |
| 2010 | 875.87 | 24748.93 | 1715.47 | 336.60 | 27676.87 | 3023.12 | 2434.32 | 5457.44 | 33134.31 |

表 16.8　城镇居民资产变化预测方案 I($N=6$) 中
各类资产占总资产的比例　　　　　　（%）

| 年份 | 金融资产 |||||实物资产|||总资产|
|---|---|---|---|---|---|---|---|---|---|
| | 手持现金 | 储蓄存款 | 有价证券 | 储蓄性保险 | 合计 | 耐用消费品 | 住宅 | 合计 | |
| 1998 | 2.89 | 72.97 | 5.22 | 1.04 | 82.12 | 10.01 | 7.87 | 17.88 | 100 |
| 1999 | 3.16 | 70.53 | 6.91 | 0.96 | 81.58 | 10.68 | 7.74 | 18.42 | 100 |
| 2000 | 3.08 | 71.02 | 6.77 | 0.96 | 81.84 | 10.44 | 7.72 | 18.16 | 100 |
| 2001 | 3.03 | 72.40 | 6.00 | 0.97 | 82.41 | 10.10 | 7.49 | 17.59 | 100 |
| 2002 | 2.97 | 72.80 | 5.85 | 0.98 | 82.61 | 9.93 | 7.46 | 17.39 | 100 |
| 2003 | 2.83 | 73.53 | 5.53 | 1.01 | 82.91 | 9.66 | 7.43 | 17.09 | 100 |
| 2004 | 2.78 | 73.84 | 5.40 | 1.01 | 83.06 | 9.53 | 7.41 | 16.94 | 100 |
| 2005 | 2.79 | 73.54 | 5.65 | 1.00 | 82.99 | 9.55 | 7.46 | 17.01 | 100 |
| 2006 | 2.75 | 73.75 | 5.58 | 1.00 | 83.10 | 9.46 | 7.45 | 16.90 | 100 |
| 2007 | 2.73 | 74.16 | 5.37 | 1.00 | 83.27 | 9.34 | 7.38 | 16.73 | 100 |
| 2008 | 2.70 | 74.33 | 5.31 | 1.01 | 83.36 | 9.27 | 7.37 | 16.64 | 100 |
| 2009 | 2.66 | 74.54 | 5.23 | 1.01 | 83.46 | 9.18 | 7.36 | 16.54 | 100 |
| 2010 | 2.64 | 74.69 | 5.17 | 1.02 | 83.53 | 9.12 | 7.35 | 16.47 | 100 |

表 16.9　城镇居民资产变化预测方案 I($N=6$) 各类
资产在不同阶段的名义增长率　　　　　（%）

| 年份 | 金融资产 |||||实物资产|||总资产|
|---|---|---|---|---|---|---|---|---|---|
| | 手持现金 | 储蓄存款 | 有价证券 | 储蓄性保险 | 合计 | 耐用消费品 | 住宅 | 合计 | |
| 1998—2010 | 5.78 | 6.78 | 6.50 | 6.41 | 6.73 | 5.76 | 5.96 | 5.80 | 6.58 |
| 1998—2005 | 6.34 | 6.98 | 8.09 | 6.28 | 7.02 | 6.15 | 6.05 | 6.10 | 6.86 |
| 2005—2010 | 5.02 | 6.50 | 4.31 | 6.59 | 6.31 | 5.22 | 5.85 | 5.49 | 6.17 |

由于 $N=6$ 时的预测模型要由最近十一年的数据决定，平滑周期长，所以预测结果要"平缓"得多。在预测方案中，$N=6$ 时的总资产 2005 年和 2010 年的数额为 24557.37 元、33134.31 元，比 $N=3$ 时对

应的总资产 33619.16 元和 46834.02 元分别少了 9061.79 元、13699.71元,其中金融资产分别少了 8150.11 元、12314.02 元,是总差异的主要体现,而储蓄存款又是资产差异的最主要来源。从两个方案中资产的增长率也能体察到这一点。两个方案中总资产增长率的差异主要来源于金融资产增长率的差异。在两个方案的金融资产结构中,手持现金的增长率变化不大,储蓄存款差距最大,$N=3$ 时的三阶段(1998—2010,1998—2005,2005—2010)的增长率高达 10.45%、12.86% 和 7.17%,而 $N=6$ 时仅为 6.78%、6.98% 和 6.5%。这吻合了近几年居民储蓄存款持续增长,利率降低也未能见效的现象,主要原因是社会处于多变动时期,人们对未来不确定性的预期加大所致。

值得注意的是,$N=6$ 时的方案中有价证券的年名义增长率要比 $N=3$ 时大,而其他资产增长率均小于 $N=3$ 时。这一现象是由于近十几年城镇居民人均持有的有价证券从无到有,经历了一个快速发展的"短时期",1998 年人均有价证券持有 805.76 元,是 1988 年 158.51 元的 5 倍多,导致 1998 年 $M_t$ 与 $M_t^{(2)}$ 值差距的扩大,随后的预测值变大;到 2010 年 $N=6$ 时居民人均有价证券 1715.47 元,$N=3$ 时为 1377.37 元。我们认为,随着我国证券市场的进一步发展与完善,居民的投资渠道增多,有价证券的持有会有一个快速增长;储蓄性保险也会有长足的发展;人们对未来不确定性预期比较稳定后,储蓄存款的增长速度必将降低,所以,我们倾向于 $N=6$ 时的方案。

对于实物资产,随着福利分房的结束,尽管多数的家庭已经基本拥有了房产,但年轻的一代人未来生活中的一大目标就是买房,而且国家有住房信贷等许多鼓励购房的政策,近十年内房产可能还是会有较高的增长率,以 $N=3$ 的方案不为过。$N=6$ 的情景可用作耐用消费品的参照值。

### 16.2.4　城镇居民人均资产变化趋势预测:方案Ⅱ

取 $N=3$ 和 6 时的预测方程以及 2005 年和 2010 年的预测值列表如表 16.10 和表 16.11。

表 16.10　城镇居民资产变化预测方案Ⅱ中各类资产在不同阶段的名义增长率　　　　（%）

| | 年份 | 金融资产 | | | | | 实物资产 | | | 总资产 |
|---|---|---|---|---|---|---|---|---|---|---|
| | | 手持现金 | 储蓄存款 | 有价证券 | 储蓄性保险 | 合计 | 耐用消费品 | 住宅 | 合计 | |
| $N=3$ | 1998—2010 | 7.02 | 9.93 | 4.72 | 10.38 | 9.58 | 7.11 | 7.89 | 7.46 | 9.23 |
| | 1998—2005 | 8.34 | 12.15 | 5.36 | 12.68 | 11.67 | 8.25 | 8.97 | 8.57 | 11.15 |
| | 2005—2010 | 5.20 | 6.89 | 3.84 | 7.24 | 6.72 | 5.53 | 6.40 | 5.93 | 6.60 |
| $N=6$ | 1998—2010 | 5.14 | 5.85 | 7.20 | 5.31 | 5.91 | 5.19 | 5.52 | 5.34 | 5.81 |
| | 1998—2005 | 5.55 | 5.84 | 8.89 | 4.97 | 6.03 | 5.48 | 5.50 | 5.49 | 5.94 |
| | 2005—2010 | 4.58 | 5.87 | 4.86 | 5.78 | 5.64 | 4.79 | 5.54 | 5.12 | 5.64 |

在这种直线预测方案中,就 2010 年的预测值来说,$N=3$ 时的人均手持现金预测值高于方案Ⅰ的两种情景;而 $N=6$ 时又低于方案Ⅰ的两种情景。$N=3$ 时的储蓄存款、有价证券介于方案Ⅰ的两种情景之间;$N=6$ 时的储蓄存款均低于方案Ⅰ的两种情景,有价证券均高于方案Ⅰ的两种情景。在直线预测方案中,$N=6$ 时的有价证券人均持有也高于 $N=3$ 时的方案;储蓄性保险的预测值差距较大,我们倾向于 $N=6$ 时按方案Ⅰ的结果。$N=6$ 时的方案Ⅱ预测的人均耐用消费品占总资产的比例最高,2005 年和 2010 年分别为 9.71%、9.33%;$N=3$ 时的方案Ⅰ比例最小,2005 年、2010 年分别是 8.06% 和 7.09%。我们取 $N=6$ 时方案Ⅰ的结果。

### 16.2.5　城镇居民人均资产变化趋势中性预测方案

在比较了四种预测结果后,我们认为方案Ⅰ比方案Ⅱ更适合中长期的预测,这种滚动式的递推思路能够反映预测过程的起伏,较大

表 16.11  城镇居民资产变化预测方案 II 的预测方程与结果

(元,%)

| | 资产类型 | | 预测方程 | 2005年($\tau=7$) | | 2010年($\tau=12$) | |
|---|---|---|---|---|---|---|---|
| | | | | 绝对值 | 比例 | 绝对值 | 比例 |
| N=3 | 金融资产 | 手持现金 | $\hat{x}_{T+\tau}=465.84+45.09\tau$ | 781.47 | 2.42 | 1006.92 | 2.26 |
| | | 储蓄存款 | $\hat{x}_{T+\tau}=11224.39+1986.43\tau$ | 25129.40 | 77.70 | 35061.55 | 78.70 |
| | | 有价证券 | $\hat{x}_{T+\tau}=824.04+48.16\tau$ | 1161.16 | 3.59 | 1401.96 | 3.15 |
| | | 保险 | $\hat{x}_{T+\tau}=152.78+30.82\tau$ | 368.52 | 1.14 | 522.62 | 1.17 |
| | | 合计 | | 27440.55 | 84.80 | 37993.05 | 85.30 |
| | 实物资产 | 耐用消费品 | $\hat{x}_{T+\tau}=1526.23+166.08\tau$ | 2688.79 | 8.31 | 3519.19 | 7.90 |
| | | 住宅 | $\hat{x}_{T+\tau}=1088.48+161.12\tau$ | 2216.32 | 6.85 | 3021.92 | 6.79 |
| | | 合计 | | 4905.11 | 15.20 | 6541.11 | 14.70 |
| | 总资产 | | | 32345.66 | 100.00 | 44534.16 | 100.00 |
| N=6 | 金融资产 | 手持现金 | $\hat{x}_{T+\tau}=422.34+32.64\tau$ | 650.85 | 2.82 | 814.07 | 2.68 |
| | | 储蓄存款 | $\hat{x}_{T+\tau}=9021.69+1105.31\tau$ | 16758.87 | 72.50 | 22285.43 | 73.30 |
| | | 有价证券 | $\hat{x}_{T+\tau}=914.30+78.38\tau$ | 1462.96 | 6.33 | 1854.86 | 6.10 |
| | | 保险 | $\hat{x}_{T+\tau}=122.56+14.55\tau$ | 224.41 | 0.97 | 297.16 | 0.98 |
| | | 合计 | | 19097.09 | 82.60 | 25251.52 | 83.10 |
| | 实物资产 | 耐用消费品 | $\hat{x}_{T+\tau}=1415.00+118.37\tau$ | 2243.59 | 9.71 | 2835.44 | 9.33 |
| | | 住宅 | $\hat{x}_{T+\tau}=1002.12+109.31\tau$ | 1767.29 | 7.65 | 2313.84 | 7.61 |
| | | 合计 | | 4010.88 | 17.40 | 5149.28 | 16.90 |
| | 总资产 | | | 23107.97 | 100.00 | 30400.80 | 100.00 |

的 N 值揭示了多期平滑中的波动。N＝6 时的方案 I 除住宅一项外均是比较适宜的结果,因此,住宅采用 N＝3 时方案 I 的结果,这主要从各项的增长率大小来作出判断的。我们得到下面比较中性的预测方案:

**表 16.12 城镇居民资产变化预测中性方案各类资产在不同阶段的名义增长率** (%)

| 年份 | 手持现金 | 储蓄存款 | 有价证券 | 储蓄性保险 | 合计 | 耐用消费品 | 住宅 | 合计 | 总资产 |
|---|---|---|---|---|---|---|---|---|---|
| 1998—2010 | 5.78 | 6.78 | 6.50 | 6.41 | 6.73 | 5.76 | 8.46 | 7.06 | 6.79 |
| 1998—2005 | 6.34 | 6.98 | 8.09 | 6.28 | 7.02 | 6.15 | 9.74 | 7.83 | 7.17 |
| 2005—2010 | 5.02 | 6.50 | 4.31 | 6.59 | 6.31 | 5.22 | 6.70 | 5.97 | 6.25 |

（表头金融资产包含手持现金、储蓄存款、有价证券、储蓄性保险、合计；实物资产包含耐用消费品、住宅、合计）

在这个中性预测方案中,城镇居民人均总资产 1998—2010 年间的增长率 6.79% 略低于国民生产总值的预计增长率 7.5%。[①] 其中,住宅的名义增长率最大,超出 7.5% 近 1 个百分点,2005 年住宅资产将超过耐用消费品,成为居民资产中的第二大项。实际的住宅资产数额可能比这里的预测值要大,因为住房改革的落实、房地产市场的发展,会在某一较短的时期内使城镇居民的住宅资产有较大的增长。资产各项的增长率多数是先增后减,只有储蓄性保险除外。有价证券前七年的增长率高达 8.09%,仅次于住宅增长率 9.74%,高于同期储蓄性保险的增长率 6.28% 和总资产的年增长率 7.17%;但有价证券后五年的增长率 4.31% 在各资产项中增长率最小,低于同期总资产的年增长率 6.25%;保险在后五年的增长率 6.59% 仅次于住宅,远大于有价证券的增长率,这是

---

[①] 十五大提出到 2010 年力争使我国国民生产总值比 2000 年翻一番。1999 年我国国民生产总值为 81910.99 亿元,按照 2000 年增长 8% 计算,2000 年的国民生产总值应当达到 88500 亿元。以此为基数,到 2010 年国民生产总值翻一番,应当达到 177000 亿元,十年中至少年平均增长率应当达到 7.5%。

表 16.13 城镇居民资产变化预测中性方案的实际预测值

(元)

| 年份 | 金融资产 手持现金 | 储蓄存款 | 有价证券 | 保险 | 合计 | 实物资产 耐用消费品 | 住宅 | 合计 | 总资产 |
|---|---|---|---|---|---|---|---|---|---|
| 1998 | 446.01 | 11260.87 | 805.76 | 159.78 | 12672.42 | 1543.99 | 1241.68 | 2785.67 | 15458.09 |
| 1999 | 454.98 | 10127.00 | 992.68 | 137.11 | 11711.77 | 1533.37 | 1249.60 | 2782.97 | 14494.74 |
| 2000 | 487.63 | 11232.31 | 1071.06 | 151.66 | 12942.66 | 1651.74 | 1410.72 | 3062.46 | 16005.12 |
| 2001 | 555.32 | 13252.89 | 1098.70 | 178.24 | 15085.15 | 1848.99 | 1664.24 | 3513.23 | 18598.38 |
| 2002 | 593.60 | 14527.92 | 1168.23 | 195.14 | 16484.89 | 1981.91 | 1846.93 | 3828.84 | 20313.73 |
| 2003 | 623.17 | 16162.79 | 1215.68 | 221.58 | 18223.22 | 2122.91 | 2006.01 | 4128.92 | 22352.14 |
| 2004 | 660.35 | 17495.90 | 1281.48 | 239.94 | 19677.67 | 2257.46 | 2188.70 | 4446.16 | 24123.83 |
| 2005 | 685.67 | 18061.12 | 1389.34 | 244.69 | 20380.82 | 2344.58 | 2379.26 | 4723.84 | 25104.66 |
| 2006 | 720.86 | 19278.69 | 1461.16 | 261.09 | 21721.80 | 2471.78 | 2561.95 | 5033.73 | 26755.53 |
| 2007 | 769.52 | 20884.80 | 1512.78 | 282.87 | 23449.97 | 2631.13 | 2742.04 | 5373.17 | 28823.14 |
| 2008 | 806.57 | 22148.11 | 1582.40 | 299.85 | 24836.93 | 2762.52 | 2924.74 | 5687.26 | 30524.19 |
| 2009 | 839.24 | 23472.55 | 1646.95 | 319.21 | 26277.95 | 2891.70 | 3108.31 | 6000.01 | 32277.96 |
| 2010 | 875.87 | 24748.93 | 1715.47 | 336.60 | 27676.87 | 3023.12 | 3291.01 | 6314.13 | 33991.00 |

否预示着居民对待风险和收益的一种认识上的转换,我们将拭目以待。从中性预测方案的结构看,手持现金、有价证券、耐用消费品等项占总资产的比例表现出先增后降的趋势,储蓄存款、储蓄性保险和住宅呈稳步上升态势。

**表 16.14　城镇居民资产变化预测中性预测方案结构**　　　　（%）

| 年份 | 手持现金 | 储蓄存款 | 有价证券 | 储蓄性保险 | 合计 | 耐用消费品 | 住宅 | 合计 | 总资产 |
|---|---|---|---|---|---|---|---|---|---|
| | 金融资产 | | | | | 实物资产 | | | |
| 1998 | 2.89 | 72.85 | 5.21 | 1.03 | 81.98 | 9.99 | 8.03 | 18.02 | 100 |
| 1999 | 3.14 | 69.87 | 6.85 | 0.95 | 80.80 | 10.58 | 8.62 | 19.20 | 100 |
| 2000 | 3.05 | 70.18 | 6.69 | 0.95 | 80.87 | 10.32 | 8.81 | 19.13 | 100 |
| 2001 | 2.97 | 71.26 | 5.91 | 0.96 | 81.11 | 9.94 | 8.95 | 18.89 | 100 |
| 2002 | 2.92 | 71.52 | 5.75 | 0.96 | 81.15 | 9.76 | 9.09 | 18.85 | 100 |
| 2003 | 2.79 | 72.31 | 5.44 | 0.99 | 81.53 | 9.50 | 8.98 | 18.47 | 100 |
| 2004 | 2.74 | 72.53 | 5.31 | 0.99 | 81.57 | 9.36 | 9.07 | 18.43 | 100 |
| 2005 | 2.73 | 71.94 | 5.53 | 0.98 | 81.18 | 9.34 | 9.48 | 18.82 | 100 |
| 2006 | 2.69 | 72.05 | 5.46 | 0.98 | 81.19 | 9.24 | 9.58 | 18.81 | 100 |
| 2007 | 2.67 | 72.46 | 5.25 | 0.98 | 81.36 | 9.13 | 9.51 | 18.64 | 100 |
| 2008 | 2.64 | 72.56 | 5.18 | 0.98 | 81.37 | 9.05 | 9.58 | 18.63 | 100 |
| 2009 | 2.60 | 72.72 | 5.10 | 0.99 | 81.41 | 8.96 | 9.63 | 18.59 | 100 |
| 2010 | 2.58 | 72.81 | 5.05 | 0.99 | 81.42 | 8.89 | 9.68 | 18.58 | 100 |

## 16.3　农村居民资产变化趋势预测

农村居民的资产分为金融资产和实物资产。金融资产包括手持现金、储蓄存款;实物资产包括生产性固定资产、住宅、非住宅住房三项,总资产实际上是金融资产和实物资产的合计。关于农村居民资产为何如此分类,本书第 1 章已经有所交代。考虑到数据的完整性,样本取 1982—1998 年的数据。

### 16.3.1 农村居民人均资产变化趋势预测:方案 I

1. 取 $N=3$

与城镇居民资产预测类似,我们给出农村居民"人均生产性固定资产"项的详细预测过程,见表 16.15,其他各项的预测过程作为本章后的附录 16C。表 16.16 汇总了 $N=3$ 时方案 I 各类资产的预测值,表 16.17 是预测方案 I($N=3$)中各类资产占总资产的比例,表 16.18 是农村居民资产变化预测方案 I($N=3$)中各类资产的年均名义增长率。

表 16.15　农村居民人均生产性固定资产($N=3$)

| 年份 | $x_t$ | $M_t$ | $M_t^{(2)}$ | $\hat{a}_t$ | $\hat{b}$ | $\hat{x}_{t+1}$ | $\hat{x}_{t+2}$ |
| --- | --- | --- | --- | --- | --- | --- | --- |
| 1998 | 257.27 | 230.39 | 201.92 | 258.86 | 28.47 | 287.33 | 315.80 |
| 1999 | 287.33 | 258.49 | 230.45 | | | | |
| 2000 | 315.80 | 286.80 | 258.56 | 315.04 | 28.24 | 343.28 | 371.52 |
| 2001 | 343.28 | 315.47 | 286.92 | | | | |
| 2002 | 371.52 | 343.53 | 315.27 | 371.79 | 28.26 | 400.05 | 428.31 |
| 2003 | 400.05 | 371.62 | 343.54 | | | | |
| 2004 | 428.31 | 399.96 | 371.70 | 428.22 | 28.26 | 456.48 | 484.74 |
| 2005 | 456.48 | 428.28 | 399.95 | | | | |
| 2006 | 484.74 | 456.51 | 428.25 | 484.77 | 28.26 | 513.03 | 514.29 |
| 2007 | 513.03 | 484.75 | 456.51 | | | | |
| 2008 | 514.29 | 504.02 | 481.76 | 526.28 | 22.26 | 548.54 | 570.80 |
| 2009 | 548.54 | | | | | | |
| 2010 | 570.80 | | | | | | |

表 16.16　农村居民资产变化预测方案 I($N=3$)的汇总　　(元)

| 年份 | 实物资产 ||||  金融资产 ||| 总资产合计 |
| --- | --- | --- | --- | --- | --- | --- | --- | --- |
| | 生产性固定资产 | 住宅 | 非住宅房屋 | 合计 | 储蓄存款 | 手持现金 | 合计 | |
| 1998 | 257.27 | 1460.91 | 379.60 | 2097.78 | 1229.62 | 266.02 | 1495.64 | 3593.42 |
| 1999 | 287.33 | 1634.84 | 428.09 | 2350.26 | 1400.19 | 309.45 | 1709.64 | 4059.90 |
| 2000 | 315.80 | 1816.24 | 477.32 | 2609.36 | 1569.40 | 354.67 | 1924.07 | 4533.43 |

（续表）

| 年份 | 实物资产 ||||金融资产 ||| 总资产合计 |
|---|---|---|---|---|---|---|---|---|
| | 生产性固定资产 | 住宅 | 非住宅房屋 | 合计 | 储蓄存款 | 手持现金 | 合计 | |
| 2001 | 343.28 | 2001.53 | 526.70 | 2871.51 | 1736.39 | 400.89 | 2137.28 | 5008.79 |
| 2002 | 371.52 | 2183.63 | 575.88 | 3131.03 | 1904.72 | 446.31 | 2351.03 | 5482.06 |
| 2003 | 400.05 | 2564.53 | 624.99 | 3589.57 | 2073.67 | 491.42 | 2565.09 | 6154.66 |
| 2004 | 428.31 | 2546.56 | 674.17 | 3649.04 | 2242.09 | 536.82 | 2778.91 | 6427.95 |
| 2005 | 456.48 | 2728.96 | 723.37 | 3908.81 | 2410.31 | 582.34 | 2992.65 | 6901.46 |
| 2006 | 484.74 | 2910.99 | 772.55 | 4168.28 | 2578.72 | 627.75 | 3206.47 | 7374.75 |
| 2007 | 513.03 | 3092.90 | 821.72 | 4427.65 | 2747.19 | 673.12 | 3420.31 | 7847.96 |
| 2008 | 514.29 | 3274.93 | 870.90 | 4660.12 | 2915.60 | 718.53 | 3634.13 | 8294.25 |
| 2009 | 548.54 | 3457.00 | 920.08 | 4925.62 | 3083.99 | 763.95 | 3847.94 | 8773.56 |
| 2010 | 570.80 | 3639.03 | 969.26 | 5179.09 | 3252.40 | 809.32 | 4061.72 | 9240.81 |

表16.17　农村居民资产变化预测方案 I($N=3$) 中各类资产占总资产的比例　　　　　　（％）

| 年份 | 实物资产 ||||金融资产 ||| 总资产合计 |
|---|---|---|---|---|---|---|---|---|
| | 生产性固定资产 | 住宅 | 非住宅房屋 | 合计 | 储蓄存款 | 手持现金 | 合计 | |
| 1998 | 7.16 | 40.66 | 10.56 | 58.38 | 34.22 | 7.40 | 41.62 | 100 |
| 1999 | 7.08 | 40.27 | 10.54 | 57.89 | 34.49 | 7.62 | 42.11 | 100 |
| 2000 | 6.97 | 40.06 | 10.53 | 57.56 | 34.62 | 7.82 | 42.44 | 100 |
| 2001 | 6.85 | 39.96 | 10.52 | 57.33 | 34.67 | 8.00 | 42.67 | 100 |
| 2002 | 6.78 | 39.83 | 10.50 | 57.11 | 34.74 | 8.14 | 42.89 | 100 |
| 2003 | 6.50 | 41.67 | 10.15 | 58.32 | 33.69 | 7.99 | 41.68 | 100 |
| 2004 | 6.66 | 39.62 | 10.49 | 56.77 | 34.88 | 8.35 | 43.23 | 100 |
| 2005 | 6.61 | 39.54 | 10.48 | 56.64 | 34.92 | 8.44 | 43.36 | 100 |
| 2006 | 6.57 | 39.47 | 10.48 | 56.52 | 34.97 | 8.51 | 43.48 | 100 |
| 2007 | 6.54 | 39.41 | 10.47 | 56.42 | 35.01 | 8.58 | 43.58 | 100 |
| 2008 | 6.20 | 39.48 | 10.50 | 56.18 | 35.15 | 8.66 | 43.82 | 100 |
| 2009 | 6.25 | 39.40 | 10.49 | 56.14 | 35.15 | 8.71 | 43.86 | 100 |
| 2010 | 6.18 | 39.38 | 10.49 | 56.05 | 35.20 | 8.76 | 43.95 | 100 |

表 16.18　农村居民资产变化预测方案 I ($N=3$) 中各类资产的年均名义增长率　　　(%)

| 年份 | 实物资产 生产性固定资产 | 住宅 | 非住宅房屋 | 合计 | 金融资产 储蓄存款 | 手持现金 | 合计 | 总资产 |
|---|---|---|---|---|---|---|---|---|
| 1998—2010 | 6.87 | 7.90 | 8.13 | 7.82 | 8.44 | 9.72 | 8.68 | 8.19 |
| 1998—2005 | 8.54 | 9.34 | 9.65 | 9.30 | 10.09 | 11.84 | 10.42 | 9.77 |
| 2005—2010 | 4.57 | 5.92 | 6.03 | 5.79 | 6.17 | 6.80 | 6.30 | 6.01 |

在这个方案中,农村居民人均总资产1998—2010年间的年名义增长率为8.19%,高于预计的国民生产总值同期的年名义增长率7.5%,而且,只有生产性固定资产的年均名义增长率低于7.5%,这应该是个好趋势,有利于缩小城乡差异。按照这个方案,"十五"期间农村居民人均资产持有将有较大的增加,储蓄存款和手持现金的年增长率超过10%。2005—2010年的增长率低于前七年的增长率,增长最低的仍是生产性固定资产。非住宅房屋的高增长说明了农村居民居住条件的进一步改善;金融资产的高增长说明农村居民生活的富裕;手持现金的增多是农村居民生活货币化程度提高的体现,暗示着农村市场的潜在购买力;储蓄存款的高增长是农村居民确实富裕的体现,还是对未来预期的不确定性、为某些较大支出(如盖房、嫁娶等)的强制性积累? 但愿是前者。从各类资产占总资产的比例看,农村居民实物资产的份额十三年下降了2.33个百分点,其中主要是生产性固定资产和住宅的变化,非住宅房屋几乎没变;金融资产上升了2.33个百分点。

2. 取 $N=6$

这里给出农村居民"人均手持现金"项的详细预测过程,见表16.19,其他各项的预测过程作为本章后的附录16D。表16.20汇总了$N=6$时方案 I 各类资产的预测值,表16.21是预测方案I($N=6$)中各类资产占总资产的比例,表16.22是农村居民资产变化预测方案I($N=6$)中各类资产的年均名义增长率。

表 16.19  农村居民人均手持现金（$N=6$）

| 年份 | $x_t$ | $M_t$ | $M_t^{(2)}$ | $\hat{a}_t$ | $\hat{b}$ | $\hat{x}_{t+1}$ | $\hat{x}_{t+2}$ |
|---|---|---|---|---|---|---|---|
| 1998 | 266.02 | 160.05 | 109.51 | 210.59 | 20.22 | 230.81 | 251.03 |
| 1999 | 230.81 | 186.02 | 124.52 | | | | |
| 2000 | 251.03 | 209.12 | 144.42 | 273.81 | 25.88 | 299.69 | 325.56 |
| 2001 | 299.69 | 239.76 | 170.68 | | | | |
| 2002 | 325.56 | 265.35 | 197.95 | 332.76 | 26.96 | 359.72 | 386.68 |
| 2003 | 359.72 | 288.80 | 224.85 | | | | |
| 2004 | 386.68 | 308.92 | 249.66 | 368.17 | 23.70 | 391.87 | 415.57 |
| 2005 | 391.87 | 335.76 | 274.62 | | | | |
| 2006 | 415.57 | 363.18 | 300.29 | 426.07 | 25.16 | 451.23 | 476.38 |
| 2007 | 451.23 | 388.44 | 325.08 | | | | |
| 2008 | 476.38 | 413.58 | 349.78 | 477.37 | 25.52 | 502.89 | 528.41 |
| 2009 | 502.89 | | | | | | |
| 2010 | 528.41 | | | | | | |

表 16.20  农村居民资产变化预测方案 I（$N=6$）的汇总表  （元）

| 年份 | 实物资产 生产性固定资产 | 住宅 | 非住宅房屋 | 合计 | 金融资产 储蓄存款 | 手持现金 | 合计 | 总资产合计 |
|---|---|---|---|---|---|---|---|---|
| 1998 | 257.27 | 1460.91 | 379.60 | 2097.78 | 1229.62 | 266.02 | 1495.64 | 3593.42 |
| 1999 | 259.26 | 1443.86 | 383.91 | 2087.02 | 1249.41 | 230.81 | 1480.22 | 3567.24 |
| 2000 | 279.59 | 1564.01 | 419.02 | 2262.62 | 1373.57 | 251.03 | 1624.60 | 3887.22 |
| 2001 | 313.39 | 1750.43 | 470.07 | 2533.88 | 1566.76 | 299.69 | 1866.45 | 4400.33 |
| 2002 | 336.09 | 1882.73 | 508.20 | 2727.02 | 1703.50 | 325.56 | 2029.06 | 4756.08 |
| 2003 | 359.51 | 2038.87 | 551.41 | 2949.79 | 1849.22 | 359.72 | 2208.94 | 5158.73 |
| 2004 | 382.40 | 2174.97 | 590.30 | 3147.67 | 1987.52 | 386.68 | 2374.20 | 5521.87 |
| 2005 | 397.79 | 2257.83 | 590.30 | 3245.92 | 2083.04 | 391.87 | 2474.91 | 5720.82 |
| 2006 | 419.53 | 2386.02 | 654.00 | 3459.56 | 2214.86 | 415.57 | 2630.43 | 6089.98 |
| 2007 | 446.66 | 2542.26 | 697.76 | 3686.68 | 2374.97 | 451.23 | 2826.20 | 6512.87 |
| 2008 | 469.10 | 2673.82 | 697.76 | 3840.67 | 2510.44 | 476.38 | 2986.82 | 6827.50 |
| 2009 | 491.06 | 2809.60 | 774.38 | 4075.05 | 2645.10 | 502.89 | 3147.99 | 7223.04 |
| 2010 | 513.51 | 2942.17 | 812.49 | 4268.16 | 2780.84 | 528.41 | 3309.25 | 7577.41 |

表 16.21　农村居民资产变化预测方案 I ($N=6$) 中
各资产占总资产的比例　　　　　　　　　　（%）

| 年份 | 实物资产 生产性固定资产 | 住宅 | 非住宅房屋 | 合计 | 金融资产 储蓄存款 | 手持现金 | 合计 | 总资产 |
|---|---|---|---|---|---|---|---|---|
| 1998 | 7.16 | 40.66 | 10.56 | 58.38 | 34.22 | 7.40 | 41.62 | 100 |
| 1999 | 7.27 | 40.48 | 10.76 | 58.51 | 35.02 | 6.47 | 41.49 | 100 |
| 2000 | 7.19 | 40.23 | 10.78 | 58.21 | 35.34 | 6.46 | 41.79 | 100 |
| 2001 | 7.12 | 39.78 | 10.68 | 57.58 | 35.61 | 6.81 | 42.42 | 100 |
| 2002 | 7.07 | 39.59 | 10.69 | 57.34 | 35.82 | 6.85 | 42.66 | 100 |
| 2003 | 6.97 | 39.52 | 10.69 | 57.18 | 35.85 | 6.97 | 42.82 | 100 |
| 2004 | 6.93 | 39.39 | 10.69 | 57.00 | 35.99 | 7.00 | 43.00 | 100 |
| 2005 | 6.95 | 39.47 | 10.32 | 56.74 | 36.41 | 6.85 | 43.26 | 100 |
| 2006 | 6.89 | 39.18 | 10.74 | 56.81 | 36.37 | 6.82 | 43.19 | 100 |
| 2007 | 6.86 | 39.03 | 10.71 | 56.61 | 36.47 | 6.93 | 43.39 | 100 |
| 2008 | 6.87 | 39.16 | 10.22 | 56.25 | 36.77 | 6.98 | 43.75 | 100 |
| 2009 | 6.80 | 38.90 | 10.72 | 56.42 | 36.62 | 6.96 | 43.58 | 100 |
| 2010 | 6.78 | 38.83 | 10.72 | 56.33 | 36.70 | 6.97 | 43.67 | 100 |

表 16.22　农村居民资产变化预测方案 I ($N=6$) 中
各项资产的年均增长率　　　　　　　　　　（%）

| 年份 | 实物资产 生产性固定资产 | 住宅 | 非住宅房屋 | 合计 | 金融资产 储蓄存款 | 手持现金 | 合计 | 总资产 |
|---|---|---|---|---|---|---|---|---|
| 1998—2010 | 5.93 | 6.01 | 6.55 | 6.10 | 7.04 | 5.88 | 6.84 | 6.41 |
| 1998—2005 | 6.42 | 6.42 | 6.51 | 6.43 | 7.82 | 5.69 | 7.46 | 6.87 |
| 2005—2010 | 5.24 | 5.44 | 6.60 | 5.63 | 5.95 | 6.16 | 5.98 | 5.78 |

我们对农村居民人均资产持有历史状况的一个基本看法是：自80年代以来，我国农村居民资产持有一直保持了较高的增长率，1984年以前支持增长变化较大，此后处于相对平稳的增长状态，但随着资产基数的增加，资产存量的增长率有不断趋缓的态势。与城镇居民金融资产占总资产的80%以上相反，农村居民的实物资产占其总资产的多数，而且住宅、房屋就占了50%左右。随着城镇住房改革的深入，城镇居民的资产结构也会发生实质性变化。另一个值得关注的现象是农村居民资产结构的"超常"稳定性。方案Ⅰ的两种结果显示了几乎相同的资产结构，各项资产占总资产的比例相差不到1个百分点，只是金融资产占总资产比例几乎不变的情况下，$N=6$时的储蓄存款比$N=3$时多了不到2个百分点。这吻合了农村居民资产平稳变化的事实。

从资产的绝对数量看，$N=3$时的结果高于$N=6$时的预测结果，既然结构变化不大，我们倾向于采用$N=3$的预测方案。这不仅是我们的一种期盼农村居民尽快致富、缩小城乡差别的强烈愿望，而且，如果农村居民资产存量的增长率不断趋缓的态势继续下去，城乡差别、贫富差距、收入两极化等矛盾的扩大必将发展到完全为社会所不可承受，势必会严重影响社会稳定，阻碍经济发展与改革的推进。这也与党的宗旨和国家的意愿水火不相容。可以说，目前这一矛盾已经到了相当严重的程度，至少已经接近不可承受的边缘。

### 16.3.2　农村居民人均资产变化趋势预测：方案Ⅱ

取$N=3$和$N=6$时的预测方程以及2005年和2010年的预测值列表如下：

表 16.23　农村居民资产变化预测方案 II 的预测方程与结果

(元,%)

<table>
<tr><th colspan="2">资产类型</th><th>预测方程</th><th colspan="2">2005 年($\tau=7$)</th><th colspan="2">2010 年($\tau=12$)</th></tr>
<tr><td colspan="2"></td><td></td><td>绝对值</td><td>比例</td><td>绝对值</td><td>比例</td></tr>
<tr><td rowspan="5">$N=3$</td><td>实物资产</td><td></td><td></td><td></td><td></td><td></td></tr>
<tr><td>　生产性固定资产</td><td>$\hat{x}_{T+\tau}=258.86+28.47\tau$</td><td>453.15</td><td>6.64</td><td>600.50</td><td>6.48</td></tr>
<tr><td>　住宅</td><td>$\hat{x}_{T+\tau}=1453.44+181.4\tau$</td><td>2723.24</td><td>39.50</td><td>3630.24</td><td>39.20</td></tr>
<tr><td>　非住宅房屋</td><td>$\hat{x}_{T+\tau}=378.86+49.23\tau$</td><td>723.47</td><td>10.50</td><td>969.62</td><td>10.50</td></tr>
<tr><td>　合计</td><td></td><td>3904.86</td><td>56.60</td><td>5200.36</td><td>56.10</td></tr>
<tr><td rowspan="4">金融资产</td><td>储蓄存款</td><td>$\hat{x}_{T+\tau}=1230.98+169.21\tau$</td><td>2415.45</td><td>35.00</td><td>3261.50</td><td>35.20</td></tr>
<tr><td>手持现金</td><td>$\hat{x}_{T+\tau}=264.23+45.22\tau$</td><td>580.77</td><td>8.42</td><td>806.87</td><td>8.71</td></tr>
<tr><td>合计</td><td></td><td>2996.22</td><td>43.40</td><td>4068.37</td><td>43.90</td></tr>
<tr><td>总资产</td><td></td><td>6901.08</td><td>100.00</td><td>9268.73</td><td>100.00</td></tr>
<tr><td rowspan="5">$N=6$</td><td>实物资产</td><td></td><td></td><td></td><td></td><td></td></tr>
<tr><td>　生产性固定资产</td><td>$\hat{x}_{T+\tau}=238.92+20.336\tau$</td><td>381.27</td><td>6.95</td><td>482.95</td><td>6.81</td></tr>
<tr><td>　住宅</td><td>$\hat{x}_{T+\tau}=1323.70+120.15\tau$</td><td>2164.77</td><td>39.50</td><td>2765.54</td><td>39.00</td></tr>
<tr><td>　非住宅房屋</td><td>$\hat{x}_{T+\tau}=348.80+35.106\tau$</td><td>594.55</td><td>10.80</td><td>770.08</td><td>10.90</td></tr>
<tr><td>　合计</td><td></td><td>3140.59</td><td>57.20</td><td>4018.57</td><td>56.70</td></tr>
<tr><td rowspan="4">金融资产</td><td>储蓄存款</td><td>$\hat{x}_{T+\tau}=1125.25+124.16\tau$</td><td>1994.37</td><td>36.30</td><td>2615.17</td><td>36.90</td></tr>
<tr><td>手持现金</td><td>$\hat{x}_{T+\tau}=210.593+20.22\tau$</td><td>352.13</td><td>6.42</td><td>453.23</td><td>6.40</td></tr>
<tr><td>合计</td><td></td><td>2346.50</td><td>42.80</td><td>3068.40</td><td>43.30</td></tr>
<tr><td>总资产</td><td></td><td>5487.04</td><td>100.00</td><td>7086.97</td><td>100.00</td></tr>
</table>

表 16.24　农村居民资产变化预测方案 II 中
各项资产的年均增长率　　　　　（%）

|  | 年份 | 实物资产 |  |  |  | 金融资产 |  |  | 总资产 |
|---|---|---|---|---|---|---|---|---|---|
|  |  | 生产性固定资产 | 住宅 | 非住宅房屋 | 合计 | 储蓄存款 | 手持现金 | 合计 |  |
| $N=3$ | 1998—2010 | 7.32 | 7.88 | 8.13 | 7.86 | 8.47 | 9.69 | 8.70 | 8.22 |
|  | 1998—2005 | 8.59 | 9.30 | 9.65 | 9.28 | 10.12 | 11.80 | 10.43 | 9.77 |
|  | 2005—2010 | 5.56 | 5.92 | 6.03 | 5.90 | 6.19 | 6.80 | 6.31 | 6.08 |
| $N=6$ | 1998—2010 | 5.39 | 5.46 | 6.07 | 5.57 | 6.49 | 4.54 | 6.17 | 5.82 |
|  | 1998—2005 | 5.78 | 5.78 | 6.62 | 5.93 | 7.15 | 4.09 | 6.65 | 6.23 |
|  | 2005—2010 | 4.84 | 5.02 | 5.31 | 5.05 | 5.57 | 5.18 | 5.51 | 5.25 |

方案 II 的两种预测结果形成的资产结构又有惊人的相似,$N=3$ 时的结果与 $N=3$ 时的方案 I 相当吻合,$N=6$ 时的方案 II 所给出的结果最小,我们不希望看到这种情况的出现。因此,对农村居民资产持有的预测我们采用 $N=3$ 时方案 I 所给出的最"乐观"的结果,并期待着看到的情景远好于这种"乐观"。

## 16.4　城乡居民资产预测的比较分析

本节的目的是对以上确定的城乡居民人均资产预测方案作一对比分析,以期察看城乡差距及其今后的走势,使其对政策制定者有所参考。

### 16.4.1　城乡居民人均资产总量的比较

为便于对比分析,我们列举了总资产、实物资产(单列住宅)、金融资产(单列储蓄存款和手持现金)在 1998、2005 和 2010 年的绝对数值,并计算了以农村居民人均资产为 100 时的城乡差距对比。

表 16.25　城乡居民人均各项资产的预测值　　　　　　（元）

| 年份 | | 实物资产 | | 金融资产 | | | 总资产 |
|---|---|---|---|---|---|---|---|
| | | 总计 | 其中:住宅 | 总计 | 储蓄存款 | 手持现金 | |
| 1998 | 城镇居民 | 2758.67 | 1214.68 | 12672.42 | 11260.87 | 446.01 | 15431.09 |
| | 农村居民 | 2097.78 | 1460.91 | 1495.64 | 1229.62 | 266.02 | 3593.42 |
| 2005 | 城镇居民 | 4723.84 | 2379.26 | 20380.82 | 18061.12 | 685.67 | 25104.66 |
| | 农村居民 | 3908.81 | 2728.96 | 2992.65 | 2410.31 | 582.34 | 6901.46 |
| 2010 | 城镇居民 | 6314.13 | 3291.01 | 27676.87 | 24748.93 | 875.87 | 33991.00 |
| | 农村居民 | 5179.09 | 3639.03 | 4061.72 | 3252.40 | 809.32 | 9240.81 |

表 16.26　城乡居民人均各项资产的预测值的差距（以农村居民为 100）

| 年份 | | 实物资产 | | 金融资产 | | | 总资产 |
|---|---|---|---|---|---|---|---|
| | | 总计 | 其中:住宅 | 总计 | 储蓄存款 | 手持现金 | |
| 1998 | 城镇居民 | 131.50 | 83.14 | 847.29 | 915.80 | 167.66 | 429.43 |
| | 农村居民 | 100.00 | 100.00 | 100.00 | 100.00 | 100.00 | 100.00 |
| 2005 | 城镇居民 | 120.85 | 87.18 | 681.03 | 749.33 | 117.74 | 363.76 |
| | 农村居民 | 100.00 | 100.00 | 100.00 | 100.00 | 100.00 | 100.00 |
| 2010 | 城镇居民 | 121.91 | 90.44 | 681.41 | 760.94 | 108.22 | 367.83 |
| | 农村居民 | 100.00 | 100.00 | 100.00 | 100.00 | 100.00 | 100.00 |

从差距比例表中看出,城乡居民人均资产持有量的差距有缩小的趋势,但十年间城乡人均总资产持有差距减缩尚不足三分之一。估计实物资产的差距会较小,但实物资产的内容却大不相同,实物资产价值量的趋近一方面归功于城镇住房制度的改革,另一方面是家用电器价格的下降。我们是用城镇居民的中性方案与农村居民的乐观方案来对比的,即使如此,城乡差距的缩小还是较慢,我们期待着有切实的制度和政策的创新,使城乡差距尽快缩小。

### 16.4.2　城乡居民人均资产增长率的比较

为了说明以上城乡居民资产持有差距的缩小是以怎样的步伐进行的,我们汇总了城乡居民人均各项资产预测值的增长率。由表 16.27,

农村居民1998—2010年之间的人均总资产年均名义增长率高于城镇居民1.4个百分点,手持现金增长率相差近4个百分点;由于城镇住房制度的改革增加了城镇居民的住宅支出,实物资产中住宅的增长率城镇居民略高于农村居民。"十五"期间是居民资产快速增长的重要时期,要缩小城乡之间现存的巨大差距,"十五"期间的发展是至关重要的。但预测显示,2005—2010年期间,农村居民的总资产增长率仍落后于城镇居民,差距会更大,希望这不是真的。

表16.27　城乡居民人均各项资产预测值的增长率　　　　(%)

| 年份 | | 实物资产 | | 金融资产 | | | 总资产 |
|---|---|---|---|---|---|---|---|
| | | 总计 | 其中:住宅 | 总计 | 储蓄存款 | 手持现金 | |
| 1998—2010 | 城镇居民 | 7.06 | 8.46 | 6.73 | 6.78 | 5.78 | 6.79 |
| | 农村居民 | 7.82 | 7.90 | 8.68 | 8.44 | 9.72 | 8.19 |
| 1998—2005 | 城镇居民 | 7.83 | 9.74 | 7.02 | 6.98 | 6.34 | 7.17 |
| | 农村居民 | 9.30 | 9.34 | 10.42 | 11.84 | 10.09 | 9.77 |
| 2005—2010 | 城镇居民 | 5.97 | 6.70 | 6.31 | 6.50 | 5.02 | 6.25 |
| | 农村居民 | 5.79 | 5.92 | 6.30 | 6.17 | 6.80 | 6.01 |

发展是实现下个世纪新的战略目标的基础,从新世纪开始,我国将进入全面建设小康社会,加快推进现代化的新的发展阶段。今后五到十年,是我国经济和社会发展的重要时期,是进行经济结构战略性调整的重要时期,也是完善社会主义市场经济体制和扩大对外开放的重要时期。在我们的预测中,农村居民2000年的人均总资产为4533.43元,2010年达到8773.56元;城镇居民2000年为16005.12元,2010年达到33991元,接近或超过翻一番。为缩小城乡差距,农村居民家庭收入的增长速度必须远高于国内生产总值的增长速度,如果在客观上能够实现,也需要在观念上首先转变,给农村居民以各方面的"国民待遇"。关于这一点我们在下一章还要论述。

### 16.4.3 城乡居民人均资产结构的比较

城乡居民人均资产结构的一个显著特点是,城镇居民的金融资产占总资产的比例高达 80% 以上,储蓄存款是总资产的主要部分,农村居民的实物资产占总资产的 50% 多,且住宅是大头。这对于生活质量、对国民经济发展的作用是很不一样的。

表 16.28　城乡居民人均资产预测的结构比较　　　（%）

| 年份 | | 实物资产 总计 | 其中:住宅 | 金融资产 总计 | 储蓄存款 | 手持现金 | 总资产 |
|---|---|---|---|---|---|---|---|
| 1998 | 城镇居民 | 18.02 | 8.03 | 81.98 | 72.85 | 2.89 | 100 |
|  | 农村居民 | 58.38 | 40.66 | 41.62 | 34.22 | 7.40 | 100 |
| 2005 | 城镇居民 | 18.82 | 9.48 | 81.18 | 71.94 | 2.73 | 100 |
|  | 农村居民 | 56.64 | 39.54 | 43.36 | 34.92 | 8.44 | 100 |
| 2010 | 城镇居民 | 18.58 | 9.68 | 81.42 | 72.81 | 2.58 | 100 |
|  | 农村居民 | 56.05 | 39.38 | 43.95 | 35.20 | 8.76 | 100 |

由此联想到,改革开放以来,我国经济迅速发展大幅度提高了城乡居民的生活水平。但与此同时,收入分配方面的矛盾也变得越来越突出,并开始影响到社会的稳定和国民经济的健康发展。第一,居民收入差距太大。基尼系数是国际上通行的衡量收入差距的指标。一般来说,低于 0.3 属于收入过分均等;高于 0.4 属于差距过大。我国改革开放前,除城乡差距外,无论是城市居民内部还是农村居民内部,收入差距都不大。但我国城乡目前的居民收入基尼系数已经达到 0.45 左右。第二,贫富阶层明显分化。随收入差距的逐步扩大,一个富裕阶层已经形成。1997 年由国家统计局等六部委联合进行的城镇生活调查结果显示,占总调查户 8.74% 的富裕家庭拥有 60% 的金融资产。另据一项全国范围的抽样调查,截止到 1999 年 6 月末,城镇 20% 的最高收入户拥有 48.5% 的全部收入,而 20% 的最低收入户只拥有 7.1% 的全部收

入,两者的比差为6.8∶1;城镇20%金融资产最多的家庭,所拥有的金融资产占全部城市居民金融资产总量的55.4%,20%金融资产最少的城镇家庭,仅占全部金融资产的1.5%,两者的比差为36.9∶2。① 国家统计局1998年的调查结果显示,农村20%高收入户存款占农户总存款额的比重高达55%,而14.6%年人均纯收入在1000元以下的农户所拥有的存款尚不足存款总额的3%。在高收入群体中,已经不乏私人财富逾千万元甚至更高者。与此同时,贫困阶层也明显分化出来。农村目前还有几千万的人尚未解决温饱;据1999年多部委完成的入户调查结果,农村人均月收入和支出不足100元的家庭占总家庭样本数的比例超过6%,规模已相当大。第三,收入分化存在明显的群体特征。主要表现为城乡差距、地区差距以及行业和部门差距等几个方面。其中,问题最大的是城乡差距和地区差距。另外,高低收入层分化,特别是贫困阶层构成也有明显的群体特征。在农村,主要是贫困地区农民;在城镇,除少部分鳏、寡、孤、独、病、残等社会弱者外,主要集中在经济效益不好的国有、集体企业在职(下岗)职工群体和部分退休职工群体。

有一个问题值得注意,20世纪80年代及90年代初期居民收入差距的扩大,基本上是在绝大多数居民收入水平或多或少普遍提高基础上的差距扩大,但90年代中期以来的很多情况显示,收入差距扩大已经开始有新的特点。如国家统计局在部分城市的调查结果显示,1999年20%低收入户中,实际收入较上年降低的比例均超过70%,有些城市则超过90%,一些农村调查也显示出类似特点。显然,这样的差距扩大与收入普遍提高基础上的差距扩大有着非常不同的含义。目前的收入差距扩大并非都是合理制度安排的结果,有些是由于诸多不合理

---

① 汝信等主编:《2001年:中国社会形势分析与预测》,社会科学文献出版社2001年版,第14页。

甚至非法因素,因而造成了收入差距的过分悬殊,导致了公众对分配过程和分配结果的不满。今后一个时期特别是在"十五"期间,必须对此问题给予足够的重视。

## 附录 16A:方案 I($N=3$)对城镇居民人均资产持有的预测

**附表 16A－1　城镇居民人均储蓄存款($N=3$)**

| 年份 | $x_t$ | $M_t$ | $M_t^{(2)}$ | $\hat{a}_t$ | $\hat{b}$ | $\hat{x}_{t+1}$ | $\hat{x}_{t+2}$ |
|---|---|---|---|---|---|---|---|
| 1998 | 11260.87 | 8837.96 | 6851.53 | 11224.39 | 1986.43 | 13210.82 | 15197.25 |
| 1999 | 13210.43 | 11017.70 | 8854.39 | | | | |
| 2000 | 15197.25 | 13222.98 | 11026.21 | 15419.75 | 2196.67 | 17615.42 | 19812.09 |
| 2001 | 17615.42 | 15341.16 | 13193.95 | | | | |
| 2002 | 19812.09 | 17541.59 | 15368.58 | 19714.60 | 2173.01 | 21887.61 | 24060.62 |
| 2003 | 21887.61 | 19771.71 | 17551.49 | | | | |
| 2004 | 24060.62 | 21920.11 | 19744.47 | 24095.75 | 2175.64 | 26271.39 | 28447.03 |
| 2005 | 26271.39 | 24073.21 | 21921.69 | | | | |
| 2006 | 28447.03 | 26259.68 | 24084.33 | 28435.03 | 2175.35 | 30610.38 | 32785.73 |
| 2007 | 30610.38 | 28442.93 | 26258.61 | | | | |
| 2008 | 32785.73 | 30614.38 | 28439.00 | 32789.76 | 2175.38 | 34966.14 | 37140.52 |
| 2009 | 34966.14 | | | | | | |
| 2010 | 37140.52 | | | | | | |

**附表 16A－2　城镇居民人均有价证券($N=3$)**

| 年份 | $x_t$ | $M_t$ | $M_t^{(2)}$ | $\hat{a}_t$ | $\hat{b}$ | $\hat{x}_{t+1}$ | $\hat{x}_{t+2}$ |
|---|---|---|---|---|---|---|---|
| 1998 | 805.76 | 775.88 | 727.72 | 824.04 | 48.16 | 872.20 | 920.36 |
| 1999 | 872.20 | 817.95 | 782.68 | | | | |
| 2000 | 920.36 | 866.11 | 819.98 | 912.24 | 46.13 | 958.37 | 1004.50 |
| 2001 | 958.37 | 916.97 | 867.01 | | | | |
| 2002 | 1004.50 | 961.07 | 914.72 | 1007.42 | 46.35 | 1053.77 | 1100.12 |
| 2003 | 1053.77 | 1005.55 | 961.20 | | | | |
| 2004 | 1100.12 | 1052.80 | 1006.47 | 1099.13 | 46.33 | 1145.46 | 1191.79 |
| 2005 | 1145.46 | 1099.78 | 1052.71 | | | | |

（续表）

| 年份 | $x_t$ | $M_t$ | $M_t^{(2)}$ | $\hat{a}_t$ | $\hat{b}$ | $\hat{x}_{t+1}$ | $\hat{x}_{t+2}$ |
|---|---|---|---|---|---|---|---|
| 2006 | 1191.79 | 1145.79 | 1099.45 | 1192.13 | 46.34 | 1238.47 | 1284.81 |
| 2007 | 1238.47 | 1191.90 | 1145.82 | | | | |
| 2008 | 1284.81 | 1238.35 | 1192.01 | 1284.69 | 46.34 | 1331.03 | 1377.37 |
| 2009 | 1331.03 | | | | | | |
| 2010 | 1377.37 | | | | | | |

附表 16A-3 城镇居民人均储蓄性保险（$N=3$）

| 年份 | $x_t$ | $M_t$ | $M_t^{(2)}$ | $\hat{a}_t$ | $\hat{b}$ | $\hat{x}_{t+1}$ | $\hat{x}_{t+2}$ |
|---|---|---|---|---|---|---|---|
| 1998 | 159.78 | 121.96 | 91.14 | 152.78 | 30.82 | 183.60 | 214.42 |
| 1999 | 183.60 | 155.11 | 121.92 | | | | |
| 2000 | 214.42 | 185.93 | 154.33 | 217.53 | 31.60 | 249.13 | 280.73 |
| 2001 | 249.13 | 215.72 | 185.59 | | | | |
| 2002 | 280.73 | 248.09 | 216.58 | 279.60 | 31.51 | 311.11 | 342.62 |
| 2003 | 311.11 | 280.32 | 248.04 | | | | |
| 2004 | 342.62 | 311.48 | 279.97 | 342.99 | 31.51 | 374.50 | 406.01 |
| 2005 | 374.50 | 342.74 | 311.52 | | | | |
| 2006 | 406.01 | 374.37 | 342.87 | 405.87 | 31.50 | 437.37 | 468.87 |
| 2007 | 437.37 | 405.96 | 374.36 | | | | |
| 2008 | 468.87 | 437.41 | 405.92 | 468.90 | 31.49 | 500.39 | 531.88 |
| 2009 | 500.39 | | | | | | |
| 2010 | 531.88 | | | | | | |

附表 16A-4 城镇居民人均耐用消费品（$N=3$）

| 年份 | $x_t$ | $M_t$ | $M_t^{(2)}$ | $\hat{a}_t$ | $\hat{b}$ | $\hat{x}_{t+1}$ | $\hat{x}_{t+2}$ |
|---|---|---|---|---|---|---|---|
| 1998 | 1543.99 | 1360.15 | 1194.07 | 1526.23 | 166.08 | 1692.31 | 1858.39 |
| 1999 | 1692.31 | 1529.41 | 1360.26 | | | | |
| 2000 | 1858.39 | 1698.23 | 1529.26 | 1867.20 | 168.97 | 2036.17 | 2205.14 |
| 2001 | 2036.17 | 1862.29 | 1696.64 | | | | |
| 2002 | 2205.14 | 2033.23 | 1864.58 | 2201.88 | 168.65 | 2370.53 | 2539.18 |
| 2003 | 2370.53 | 2203.94 | 2033.15 | | | | |
| 2004 | 2539.18 | 2371.61 | 2202.93 | 2540.29 | 168.68 | 2708.97 | 2877.65 |
| 2005 | 2708.97 | 2539.56 | 2371.71 | | | | |

（续表）

| 年份 | $x_t$ | $M_t$ | $M_t^{(2)}$ | $\hat{a}_t$ | $\hat{b}$ | $\hat{x}_{t+1}$ | $\hat{x}_{t+2}$ |
|---|---|---|---|---|---|---|---|
| 2006 | 2877.65 | 2708.60 | 2539.92 | 2877.28 | 168.68 | 3045.96 | 3214.64 |
| 2007 | 3045.96 | 2877.53 | 2708.56 | | | | |
| 2008 | 3214.64 | 3046.08 | 2877.40 | 3214.76 | 168.68 | 3383.44 | 3552.12 |
| 2009 | 3383.44 | | | | | | |
| 2010 | 3552.12 | | | | | | |

附表 16A-5　城镇居民人均住宅资产（$N=3$）

| 年份 | $x_t$ | $M_t$ | $M_t^{(2)}$ | $\hat{a}_t$ | $\hat{b}$ | $\hat{x}_{t+1}$ | $\hat{x}_{t+2}$ |
|---|---|---|---|---|---|---|---|
| 1998 | 1241.68 | 927.36 | 766.24 | 1088.48 | 161.12 | 1249.60 | 1410.72 |
| 1999 | 1249.60 | 1097.08 | 919.20 | | | | |
| 2000 | 1410.72 | 1291.66 | 1105.37 | 1477.95 | 182.69 | 1664.24 | 1846.93 |
| 2001 | 1664.24 | 1441.52 | 1276.75 | | | | |
| 2002 | 1846.93 | 1640.63 | 1457.94 | 1823.32 | 182.69 | 2006.01 | 2188.70 |
| 2003 | 2006.01 | 1839.06 | 1640.40 | | | | |
| 2004 | 2188.70 | 2013.88 | 1831.19 | 2196.57 | 182.69 | 2379.26 | 2561.95 |
| 2005 | 2379.26 | 2191.32 | 2014.75 | | | | |
| 2006 | 2561.95 | 2376.64 | 2193.94 | 2559.34 | 182.70 | 2742.04 | 2924.74 |
| 2007 | 2742.04 | 2561.08 | 2376.35 | | | | |
| 2008 | 2924.74 | 2742.91 | 2560.21 | 2925.61 | 182.70 | 3108.31 | 3291.01 |
| 2009 | 3108.31 | | | | | | |
| 2010 | 3291.01 | | | | | | |

## 附录 16B：方案 I（$N=6$）对城镇居民人均资产持有的预测

附表 16B-1　城镇居民人均手持现金（$N=6$）

| 年份 | $x_t$ | $M_t$ | $M_t^{(2)}$ | $\hat{a}_t$ | $\hat{b}$ | $\hat{x}_{t+1}$ | $\hat{x}_{t+2}$ |
|---|---|---|---|---|---|---|---|
| 1998 | 446.01 | 340.73 | 259.12 | 422.34 | 32.64 | 454.98 | 487.63 |
| 1999 | 454.98 | 383.51 | 290.61 | | | | |
| 2000 | 487.63 | 421.33 | 325.63 | 517.04 | 38.28 | 555.32 | 593.60 |
| 2001 | 555.32 | 460.03 | 362.93 | | | | |
| 2002 | 593.60 | 493.05 | 400.11 | 585.99 | 37.18 | 623.17 | 660.35 |
| 2003 | 623.17 | 526.79 | 437.57 | | | | |

（续表）

| 年份 | $x_t$ | $M_t$ | $M_t^{(2)}$ | $\hat{a}_t$ | $\hat{b}$ | $\hat{x}_{t+1}$ | $\hat{x}_{t+2}$ |
|---|---|---|---|---|---|---|---|
| 2004 | 660.35 | 562.51 | 474.54 | 650.48 | 35.19 | 685.67 | 720.86 |
| 2005 | 685.67 | 600.96 | 510.78 | | | | |
| 2006 | 720.86 | 639.83 | 547.19 | 732.46 | 37.05 | 769.52 | 806.57 |
| 2007 | 769.52 | 675.53 | 583.11 | | | | |
| 2008 | 806.57 | 711.02 | 619.44 | 802.61 | 36.63 | 839.24 | 875.87 |
| 2009 | 839.24 | | | | | | |
| 2010 | 875.87 | | | | | | |

附表 16B-2　城镇居民人均储蓄存款（$N=6$）

| 年份 | $x_t$ | $M_t$ | $M_t^{(2)}$ | $\hat{a}_t$ | $\hat{b}$ | $\hat{x}_{t+1}$ | $\hat{x}_{t+2}$ |
|---|---|---|---|---|---|---|---|
| 1998 | 11260.87 | 6258.41 | 3495.13 | 9021.69 | 1105.31 | 10127.00 | 11232.31 |
| 1999 | 10127.00 | 7499.45 | 4479.39 | | | | |
| 2000 | 11232.31 | 8790.28 | 5602.70 | 11977.86 | 1275.03 | 13252.89 | 14527.92 |
| 2001 | 13252.89 | 10187.51 | 6849.40 | | | | |
| 2002 | 14527.92 | 11496.90 | 8164.12 | 14829.68 | 1333.11 | 16162.79 | 17495.90 |
| 2003 | 16162.79 | 12760.46 | 9498.83 | | | | |
| 2004 | 17495.90 | 13799.63 | 10755.71 | 16843.55 | 1217.57 | 18061.12 | 19278.69 |
| 2005 | 18061.12 | 15121.99 | 12026.13 | | | | |
| 2006 | 19278.69 | 16463.22 | 13304.95 | 19621.49 | 1263.31 | 20884.80 | 22148.11 |
| 2007 | 20884.80 | 17735.20 | 14562.90 | | | | |
| 2008 | 22148.11 | 19005.23 | 15814.29 | 22196.17 | 1276.38 | 23472.55 | 24748.93 |
| 2009 | 23472.55 | | | | | | |
| 2010 | 24748.93 | | | | | | |

附表 16B-3　城镇居民人均储蓄性保险（$N=6$）

| 年份 | $x_t$ | $M_t$ | $M_t^{(2)}$ | $\hat{a}_t$ | $\hat{b}$ | $\hat{x}_{t+1}$ | $\hat{x}_{t+2}$ |
|---|---|---|---|---|---|---|---|
| 1998 | 159.78 | 86.19 | 49.82 | 122.56 | 14.55 | 137.11 | 151.66 |
| 1999 | 137.11 | 101.19 | 62.28 | | | | |
| 2000 | 151.66 | 119.10 | 76.86 | 161.34 | 16.90 | 178.24 | 195.14 |
| 2001 | 178.24 | 138.82 | 93.49 | | | | |
| 2002 | 195.14 | 157.32 | 111.41 | 203.22 | 18.36 | 221.58 | 239.94 |
| 2003 | 221.58 | 173.92 | 129.42 | | | | |

(续表)

| 年份 | $x_t$ | $M_t$ | $M_t^{(2)}$ | $\hat{a}_t$ | $\hat{b}$ | $\hat{x}_{t+1}$ | $\hat{x}_{t+2}$ |
|---|---|---|---|---|---|---|---|
| 2004 | 239.94 | 187.28 | 146.27 | 228.29 | 16.40 | 244.69 | 261.09 |
| 2005 | 244.69 | 205.21 | 163.60 | | | | |
| 2006 | 261.09 | 223.44 | 180.99 | 265.89 | 16.98 | 282.87 | 299.85 |
| 2007 | 282.87 | 240.89 | 198.01 | | | | |
| 2008 | 299.85 | 258.33 | 214.84 | 301.82 | 17.39 | 319.21 | 336.60 |
| 2009 | 319.21 | | | | | | |
| 2010 | 336.60 | | | | | | |

附表 16B-4　城镇居民人均耐用消费品($N=6$)

| 年份 | $x_t$ | $M_t$ | $M_t^{(2)}$ | $\hat{a}_t$ | $\hat{b}$ | $\hat{x}_{t+1}$ | $\hat{x}_{t+2}$ |
|---|---|---|---|---|---|---|---|
| 1998 | 1543.99 | 1119.08 | 823.16 | 1415.00 | 118.37 | 1533.37 | 1651.74 |
| 1999 | 1533.37 | 1253.64 | 931.75 | | | | |
| 2000 | 1651.74 | 1383.79 | 1051.50 | 1716.08 | 132.92 | 1848.99 | 1981.91 |
| 2001 | 1848.99 | 1519.09 | 1180.68 | | | | |
| 2002 | 1981.91 | 1651.99 | 1315.62 | 1988.36 | 134.55 | 2122.91 | 2257.46 |
| 2003 | 2122.91 | 1780.48 | 1451.35 | | | | |
| 2004 | 2257.46 | 1899.39 | 1581.40 | 2217.38 | 127.20 | 2344.58 | 2471.78 |
| 2005 | 2344.58 | 2034.60 | 1711.56 | | | | |
| 2006 | 2471.78 | 2171.27 | 1842.80 | 2499.74 | 131.39 | 2631.13 | 2762.52 |
| 2007 | 2631.13 | 2301.63 | 1973.23 | | | | |
| 2008 | 2762.52 | 2431.73 | 2103.18 | 2760.28 | 131.42 | 2891.70 | 3023.12 |
| 2009 | 2891.70 | | | | | | |
| 2010 | 3023.12 | | | | | | |

附表 16B-5　城镇居民人均住宅资产($N=6$)

| 年份 | $x_t$ | $M_t$ | $M_t^{(2)}$ | $\hat{a}_t$ | $\hat{b}$ | $\hat{x}_{t+1}$ | $\hat{x}_{t+2}$ |
|---|---|---|---|---|---|---|---|
| 1998 | 1214.68 | 728.85 | 455.58 | 1002.12 | 109.31 | 1111.43 | 1220.74 |
| 1999 | 1111.43 | 844.61 | 555.54 | | | | |
| 2000 | 1220.74 | 957.73 | 663.07 | 1252.39 | 117.86 | 1370.25 | 1488.11 |
| 2001 | 1370.25 | 1080.75 | 778.29 | | | | |
| 2002 | 1488.11 | 1205.36 | 899.28 | 1511.44 | 122.43 | 1633.87 | 1756.30 |
| 2003 | 1633.87 | 1339.84 | 1026.19 | | | | |

（续表）

| 年份 | $x_t$ | $M_t$ | $M_t^{(2)}$ | $\hat{a}_t$ | $\hat{b}$ | $\hat{x}_{t+1}$ | $\hat{x}_{t+2}$ |
|---|---|---|---|---|---|---|---|
| 2004 | 1756.30 | 1430.11 | 1143.07 | 1717.15 | 114.82 | 1831.97 | 1946.79 |
| 2005 | 1831.97 | 1550.20 | 1260.67 | | | | |
| 2006 | 1946.79 | 1671.21 | 1379.58 | 1962.84 | 116.65 | 2079.49 | 2196.14 |
| 2007 | 2079.49 | 1789.42 | 1497.69 | | | | |
| 2008 | 2196.14 | 1907.42 | 1614.70 | 2200.14 | 117.09 | 2317.23 | 2434.32 |
| 2009 | 2317.23 | | | | | | |
| 2010 | 2434.32 | | | | | | |

## 附录 16C：方案 I（$N=3$）对农村居民人均资产持有的预测

### 附表 16C-1　农村居民人均住宅资产（$N=3$）

| 年份 | $x_t$ | $M_t$ | $M_t^{(2)}$ | $\hat{a}_t$ | $\hat{b}$ | $\hat{x}_{t+1}$ | $\hat{x}_{t+2}$ |
|---|---|---|---|---|---|---|---|
| 1998 | 1460.91 | 1272.04 | 1090.64 | 1453.44 | 181.40 | 1634.84 | 1816.24 |
| 1999 | 1634.84 | 1456.31 | 1271.16 | | | | |
| 2000 | 1816.24 | 1637.33 | 1455.23 | 1819.43 | 182.10 | 2001.53 | 2183.63 |
| 2001 | 2001.53 | 1817.54 | 1637.06 | | | | |
| 2002 | 2183.63 | 2000.47 | 1818.44 | 2182.50 | 182.03 | 2564.53 | 2546.56 |
| 2003 | 2564.53 | 2183.23 | 2000.41 | | | | |
| 2004 | 2546.56 | 2364.90 | 2182.87 | 2546.93 | 182.03 | 2728.96 | 2910.99 |
| 2005 | 2728.96 | 2546.68 | 2364.94 | | | | |
| 2006 | 2910.99 | 2728.84 | 2546.81 | 2910.87 | 182.03 | 3092.90 | 3274.93 |
| 2007 | 3092.90 | 2910.95 | 2728.82 | | | | |
| 2008 | 3274.93 | 3092.94 | 2910.91 | 3274.97 | 182.03 | 3457.00 | 3639.03 |
| 2009 | 3457.00 | | | | | | |
| 2010 | 3639.03 | | | | | | |

### 附表 16C-2　农村居民人均非住宅房屋资产（$N=3$）

| 年份 | $x_t$ | $M_t$ | $M_t^{(2)}$ | $\hat{a}_t$ | $\hat{b}$ | $\hat{x}_{t+1}$ | $\hat{x}_{t+2}$ |
|---|---|---|---|---|---|---|---|
| 1998 | 379.60 | 329.63 | 280.40 | 378.86 | 49.23 | 428.09 | 477.32 |
| 1999 | 428.09 | 379.53 | 329.42 | | | | |
| 2000 | 477.32 | 428.34 | 379.16 | 477.52 | 49.18 | 526.70 | 575.88 |
| 2001 | 526.70 | 477.37 | 428.41 | | | | |

（续表）

| 年份 | $x_t$ | $M_t$ | $M_t^{(2)}$ | $\hat{a}_t$ | $\hat{b}$ | $\hat{x}_{t+1}$ | $\hat{x}_{t+2}$ |
|---|---|---|---|---|---|---|---|
| 2002 | 575.88 | 526.63 | 477.45 | 575.81 | 49.18 | 624.99 | 674.17 |
| 2003 | 624.99 | 575.86 | 526.62 | | | | |
| 2004 | 674.17 | 625.01 | 575.83 | 674.19 | 49.18 | 723.37 | 772.55 |
| 2005 | 723.37 | 674.17 | 625.01 | | | | |
| 2006 | 772.55 | 723.36 | 674.18 | 772.54 | 49.18 | 821.72 | 870.90 |
| 2007 | 821.72 | 772.55 | 723.36 | | | | |
| 2008 | 870.90 | 821.72 | 772.54 | 870.90 | 49.18 | 920.08 | 969.26 |
| 2009 | 920.08 | | | | | | |
| 2010 | 969.26 | | | | | | |

附表 16C-3　农村居民人均储蓄存款（$N=3$）

| 年份 | $x_t$ | $M_t$ | $M_t^{(2)}$ | $\hat{a}_t$ | $\hat{b}$ | $\hat{x}_{t+1}$ | $\hat{x}_{t+2}$ |
|---|---|---|---|---|---|---|---|
| 1998 | 1229.62 | 1061.77 | 892.56 | 1230.98 | 169.21 | 1400.19 | 1569.40 |
| 1999 | 1400.19 | 1232.70 | 1062.22 | | | | |
| 2000 | 1569.40 | 1399.73 | 1231.40 | 1568.06 | 168.33 | 1736.39 | 1904.72 |
| 2001 | 1736.39 | 1568.66 | 1400.37 | | | | |
| 2002 | 1904.72 | 1736.83 | 1568.41 | 1905.25 | 168.42 | 2073.67 | 2242.09 |
| 2003 | 2073.67 | 1904.92 | 1736.81 | | | | |
| 2004 | 2242.09 | 2073.49 | 1905.08 | 2241.90 | 168.41 | 2410.31 | 2578.72 |
| 2005 | 2410.31 | 2242.02 | 2073.48 | | | | |
| 2006 | 2578.72 | 2410.37 | 2241.96 | 2578.78 | 168.41 | 2747.19 | 2915.60 |
| 2007 | 2747.19 | 2578.74 | 2410.38 | | | | |
| 2008 | 2915.60 | 2747.17 | 2578.76 | 2915.58 | 168.41 | 3083.99 | 3252.40 |
| 2009 | 3083.99 | | | | | | |
| 2010 | 3252.40 | | | | | | |

附表 16C-4　农村居民人均手持现金（$N=3$）

| 年份 | $x_t$ | $M_t$ | $M_t^{(2)}$ | $\hat{a}_t$ | $\hat{b}$ | $\hat{x}_{t+1}$ | $\hat{x}_{t+2}$ |
|---|---|---|---|---|---|---|---|
| 1998 | 266.02 | 219.01 | 173.79 | 264.23 | 45.22 | 309.45 | 354.67 |
| 1999 | 309.45 | 264.83 | 217.59 | | | | |
| 2000 | 354.67 | 310.05 | 264.63 | 355.47 | 45.42 | 400.89 | 446.31 |
| 2001 | 400.89 | 355.00 | 309.96 | | | | |

（续表）

| 年份 | $x_t$ | $M_t$ | $M_t^{(2)}$ | $\hat{a}_t$ | $\hat{b}$ | $\hat{x}_{t+1}$ | $\hat{x}_{t+2}$ |
|---|---|---|---|---|---|---|---|
| 2002 | 446.31 | 400.62 | 355.22 | 446.02 | 45.40 | 491.42 | 536.82 |
| 2003 | 491.42 | 446.21 | 400.61 | | | | |
| 2004 | 536.82 | 491.52 | 446.11 | 536.93 | 45.41 | 582.34 | 627.75 |
| 2005 | 582.34 | 536.86 | 491.53 | | | | |
| 2006 | 627.75 | 582.30 | 536.89 | 627.71 | 45.41 | 673.12 | 718.53 |
| 2007 | 673.12 | 627.74 | 582.30 | | | | |
| 2008 | 718.53 | 673.13 | 627.72 | 718.54 | 45.41 | 763.95 | 809.32 |
| 2009 | 763.95 | | | | | | |
| 2010 | 809.32 | | | | | | |

## 附录16D：方案Ⅰ($N=6$)对农村居民人均资产持有的预测

### 附表16D-1 农村居民人均生产性固定资产($N=6$)

| 年份 | $x_t$ | $M_t$ | $M_t^{(2)}$ | $\hat{a}_t$ | $\hat{b}$ | $\hat{x}_{t+1}$ | $\hat{x}_{t+2}$ |
|---|---|---|---|---|---|---|---|
| 1998 | 257.27 | 188.08 | 137.24 | 238.92 | 20.34 | 259.26 | 279.59 |
| 1999 | 259.26 | 211.03 | 156.27 | | | | |
| 2000 | 279.59 | 233.92 | 177.15 | 290.68 | 22.71 | 313.39 | 336.09 |
| 2001 | 313.39 | 257.24 | 199.36 | | | | |
| 2002 | 336.09 | 279.41 | 222.20 | 336.63 | 22.89 | 359.51 | 382.40 |
| 2003 | 359.51 | 300.85 | 245.09 | | | | |
| 2004 | 382.40 | 321.71 | 267.36 | 376.06 | 21.74 | 397.79 | 419.53 |
| 2005 | 397.79 | 344.80 | 289.65 | | | | |
| 2006 | 419.53 | 368.12 | 312.02 | 424.22 | 22.44 | 446.66 | 469.10 |
| 2007 | 446.66 | 390.33 | 334.20 | | | | |
| 2008 | 469.10 | 412.50 | 356.38 | 468.62 | 22.45 | 491.06 | 513.51 |
| 2009 | 491.06 | | | | | | |
| 2010 | 513.51 | | | | | | |

附表 16D-2　农村居民人均住宅资产($N=6$)

| 年份 | $x_t$ | $M_t$ | $M_t^{(2)}$ | $\hat{a}_t$ | $\hat{b}$ | $\hat{x}_{t+1}$ | $\hat{x}_{t+2}$ |
|---|---|---|---|---|---|---|---|
| 1998 | 1460.91 | 1023.32 | 722.94 | 1323.70 | 120.15 | 1443.86 | 1564.01 |
| 1999 | 1443.86 | 1153.71 | 834.99 | | | | |
| 2000 | 1564.01 | 1287.36 | 956.59 | 1618.12 | 132.31 | 1750.43 | 1882.73 |
| 2001 | 1750.43 | 1429.07 | 1087.20 | | | | |
| 2002 | 1882.73 | 1562.52 | 1222.27 | 1902.77 | 136.10 | 2038.87 | 2174.97 |
| 2003 | 2038.87 | 1690.13 | 1357.69 | | | | |
| 2004 | 2174.97 | 1809.14 | 1488.66 | 2129.63 | 128.20 | 2257.83 | 2386.02 |
| 2005 | 2257.83 | 1944.80 | 1620.50 | | | | |
| 2006 | 2386.02 | 2081.81 | 1752.91 | 2410.70 | 131.56 | 2542.26 | 2673.82 |
| 2007 | 2542.26 | 2213.78 | 1883.70 | | | | |
| 2008 | 2673.82 | 2345.63 | 2014.22 | 2677.04 | 132.56 | 2809.60 | 2942.17 |
| 2009 | 2809.60 | | | | | | |
| 2010 | 2942.17 | | | | | | |

附表 16D-3　农村居民人均非住宅房屋资产($N=6$)

| 年份 | $x_t$ | $M_t$ | $M_t^{(2)}$ | $\hat{a}_t$ | $\hat{b}$ | $\hat{x}_{t+1}$ | $\hat{x}_{t+2}$ |
|---|---|---|---|---|---|---|---|
| 1998 | 379.60 | 261.04 | 173.27 | 348.80 | 35.11 | 383.91 | 419.02 |
| 1999 | 383.91 | 298.64 | 205.99 | | | | |
| 2000 | 419.02 | 336.64 | 241.33 | 431.95 | 38.12 | 470.07 | 508.20 |
| 2001 | 470.07 | 376.98 | 279.14 | | | | |
| 2002 | 508.20 | 415.28 | 318.05 | 512.51 | 38.89 | 551.41 | 590.30 |
| 2003 | 551.41 | 452.03 | 356.77 | | | | |
| 2004 | 590.30 | 487.15 | 394.45 | 579.85 | 37.08 | 590.30 | 654.00 |
| 2005 | 590.30 | 525.98 | 432.34 | | | | |
| 2006 | 654.00 | 565.15 | 470.43 | 659.87 | 37.89 | 697.76 | 697.76 |
| 2007 | 697.76 | 603.10 | 508.12 | | | | |
| 2008 | 697.76 | 641.01 | 545.74 | 736.27 | 38.11 | 774.38 | 812.49 |
| 2009 | 774.38 | | | | | | |
| 2010 | 812.49 | | | | | | |

附表 16D-4 农村居民人均储蓄存款 ($N=6$)

| 年份 | $x_t$ | $M_t$ | $M_t^{(2)}$ | $\hat{a}_t$ | $\hat{b}$ | $\hat{x}_{t+1}$ | $\hat{x}_{t+2}$ |
|---|---|---|---|---|---|---|---|
| 1998 | 1229.62 | 814.84 | 504.43 | 1125.25 | 124.16 | 1249.41 | 1373.57 |
| 1999 | 1249.41 | 953.09 | 620.02 | | | | |
| 2000 | 1373.57 | 1088.19 | 746.34 | 1430.03 | 136.73 | 1566.76 | 1703.50 |
| 2001 | 1566.76 | 1229.18 | 880.85 | | | | |
| 2002 | 1703.50 | 1365.19 | 1019.46 | 1710.93 | 138.29 | 1849.22 | 1987.52 |
| 2003 | 1849.22 | 1495.35 | 1157.64 | | | | |
| 2004 | 1987.52 | 1621.66 | 1292.11 | 1951.21 | 131.82 | 2083.04 | 2214.86 |
| 2005 | 2083.04 | 1760.60 | 1426.70 | | | | |
| 2006 | 2214.86 | 1900.81 | 1562.13 | 2239.50 | 135.47 | 2374.97 | 2510.44 |
| 2007 | 2374.97 | 2035.52 | 1696.52 | | | | |
| 2008 | 2510.44 | 2170.01 | 1830.66 | 2509.36 | 135.74 | 2645.10 | 2780.84 |
| 2009 | 2645.80 | | | | | | |
| 2010 | 2780.84 | | | | | | |

# 17 居民消费变化趋势预测

## 17.1 居民生活消费支出水平预测

在消费结构的预测中,我们利用了城镇居民的人均可支配收入和农村居民的人均纯收入作为各自的生活消费支出水平,即模型的因变量,按照本书第7章得到的扩展线性支出系统(ELES)模型进行预测。对居民生活消费支出水平的预测,我们采用第16章的二次移动平均模型。

### 17.1.1 城镇居民人均可支配收入水平预测

由于第7章扩展线性支出系统(ELES)模型的估计所使用的数据是按1998年不变价格表示的,故城镇居民1985—1998年的人均可支配收入也按1998年不变价格计算,如表17.1所示。城镇居民人均可支配收入年平均增长率为5.7%,其中,1986—1998年的增长率分别为13.60%、2.52%、-2.46%、0.17%、8.59%、7.06%、9.71%、9.57%、8.45%、4.88%、3.83%、3.46%、5.77%。按二次移动平均模型预测,$N=3$ 和 $N=4$ 的计算值都不如 $N=6$ 时的结果增加快,从 $N=6$ 时第16章的方案Ⅰ情况预测,得到表17.2的各年预测值(1998年不变价),1998—2005年的年均增长率为4.47%,2005—2010年年均增长率3.28%,1998—2010年间的年均增长率是3.96%。这些数据远低于第16章人均居民资产的名义增长率,但因这里是不变价格,不好与名义数据相比。

表 17.1　城镇居民 1985—1998 年的人均可支配收入
（1998 年不变价格）　　　　　　　　　　　（元）

| 年份 | 人均可支配收入 | 年份 | 人均可支配收入 |
|---|---|---|---|
| 1985 | 2639.64 | 1992 | 3831.00 |
| 1986 | 2998.67 | 1993 | 4197.72 |
| 1987 | 3074.23 | 1994 | 4552.34 |
| 1988 | 2998.48 | 1995 | 4774.80 |
| 1989 | 3003.71 | 1996 | 4957.89 |
| 1990 | 3261.77 | 1997 | 5129.52 |
| 1991 | 3492.00 | 1998 | 5425.50 |

表 17.2　城镇居民人均可支配收入预测值
（1998 年不变价格）　　　　　　　　　（元）

| 年份 | 人均可支配收入 | 年份 | 人均可支配收入 |
|---|---|---|---|
| 1999 | 5799.43 | 2005 | 7357.11 |
| 2000 | 6073.66 | 2006 | 7624.11 |
| 2001 | 6284.44 | 2007 | 7863.92 |
| 2002 | 6548.53 | 2008 | 8127.72 |
| 2003 | 6785.06 | 2009 | 8384.85 |
| 2004 | 7044.55 | 2010 | 8647.07 |

若按 $N=6$ 时第 16 章的方案 II 来预测，预测方程为 $\hat{x}_{T+\tau} = 5525.2 + 274.23\tau$，2005 年的预测值为 7444.81 元，年均增长率 4.62%；2010 年的预测值为 8815.98 元，1998—2010 年间的年均增长率为 4.13%，2005—2010 年的年均增长率为 3.44%。我们认为表 17.2 中的结果是可以接受的。

### 17.1.2　农村居民人均纯收入水平预测

农村居民 1985—1998 年的人均可支配收入按 1998 年不变价格计算如表 17.3 所示，年平均增长率为 4.17%，其中，1986—1998 年的增长率分别为 0.45%、4.13%、−1.37%、−8.05%、8.46%、0.90%、5.35%、3.26%、6.91%、9.07%、11.62%、5.51%、4.28%。由于最近三年农村居民

的人均纯收入下降的趋势较大,按二次移动平均模型预测,$N=3$ 的计算值不如 $N=6$ 时的结果增加快,从 $N=6$ 时第 16 章的方案 I 情况预测,得到表 17.4 的各年预测值(1998 年不变价),1998—2005 年的年均增长率为 4.53%,2005—2010 年年均增长率 3.86%,1998—2010 年间的年均增长率是 3.92%。

**表 17.3　农村居民 1985—1998 年人均纯收入**
**（按 1998 年不变价）** （元）

| 年份 | 人均纯收入 | 年份 | 人均纯收入 |
| --- | --- | --- | --- |
| 1985 | 1270.28 | 1992 | 1415.16 |
| 1986 | 1276.01 | 1993 | 1462.86 |
| 1987 | 1311.05 | 1994 | 1571.43 |
| 1988 | 1313.01 | 1995 | 1728.26 |
| 1989 | 1215.15 | 1996 | 1955.43 |
| 1990 | 1327.47 | 1997 | 2069.41 |
| 1991 | 1339.51 | 1998 | 2161.98 |

**表 17.4　农村居民人均纯收入预测值**
**（1998 年不变价格）** （元）

| 年份 | 人均纯收入 | 年份 | 人均纯收入 |
| --- | --- | --- | --- |
| 1999 | 2206.85 | 2005 | 2947.48 |
| 2000 | 2315.98 | 2006 | 3063.45 |
| 2001 | 2501.82 | 2007 | 3208.72 |
| 2002 | 2624.34 | 2008 | 3328.17 |
| 2003 | 2737.57 | 2009 | 3442.76 |
| 2004 | 2858.76 | 2010 | 3562.40 |

若按 $N=6$ 时第 16 章的方案 II 来预测,预测方程为 $\hat{x}_{T+\tau} = 2097.72 + 109.13\tau$,预测值不如上面的结果。在二次移动平均的滚动式预测过程中,随时间推移的年增长数量最大的是 122.52 元,按此数字的预测方程是 $\hat{x}_{T+\tau} = 2097.72 + 122.52\tau$,那么,2005 年的预测值为 2955.36 元,年均增长率 4.56%;2010 年的预测值为 3567.96 元,1998—2010 年间的年

均增长率为4.26%,2005—2010年的年均增长率为3.89%。考虑到"九五"期间,农民人均纯收入实际年均增长4%,因此,$N=6$时表17.4中的预测结果是可以接受的。我们也期望农民的纯收入有一个较高的增长,以缩小城乡差别。这也许是一厢情愿,但愿不是如此。

## 17.2 居民消费结构预测

我们拟利用第7章得到的时间序列模型和1998年的横截面模型来预测城乡居民的消费结构。时间序列模型告诉我们居民的消费结构按历史的大体发展趋势将会是什么样,横截面模型则表明:如果预测期的消费结构类似1998年的情景时的结果是什么。我们分别预测2005年和2010年城乡居民的消费结构。

### 17.2.1 城镇居民消费结构预测

1.时间序列模型

为便于阅读,我们把第7章得到的模型(表7.1)作为表17.5列出。从拟合优度看,除其他商品和服务一项外的各预测方程还是不错的。2005年和2010年城镇居民人均可支配收入分别为7357.11元和8647.07元,预测的绝对数值和结构如表17.6所示。

表17.5 城镇居民ELES参数估计值(时间序列数据)

| 消费支出项目 | $b_i$ | $\beta_i$ | $R^2$ | S.E. | D.W. |
| --- | --- | --- | --- | --- | --- |
| 食品 | 1190.85<br>(20.34) | 0.137<br>(10.40) | 0.9392 | 27.99 | 1.55 |
| 衣着 | 9.76<br>(0.12) | 0.100<br>(5.46) | 0.8101 | 39.13 | 0.66 |
| 居住 | −163.52<br>(26.27) | 0.106<br>(0.01) | 0.9825 | 10.93 | 2.16 |

(续表)

| 消费支出项目 | $b_i$ | $\beta_i$ | $R^2$ | S.E. | D.W. |
|---|---|---|---|---|---|
| 家庭设备用品及服务 | −182.03 (−6.98) | 0.098 (17.12) | 0.9799 | 10.85 | 1.87 |
| 医疗保健 | −208.30 (−6.37) | 0.073 (9.99) | 0.9345 | 15.64 | 0.52 |
| 交通通讯 | −231.14 (−4.05) | 0.083 (6.40) | 0.8540 | 33.74 | 0.21 |
| 文教娱乐用品及服务 | −423.91 (−7.46) | 0.165 (13.22) | 0.9668 | 23.66 | 0.59 |
| 其他商品和服务 | 136.80 (2.54) | 0.016 (0.34) | 0.2302 | 22.44 | 0.77 |

表 17.6 城镇居民 ELES 模型预测值（时间序列数据）

| 消费支出项目 | 1998 绝对数 | 1998 结构 | 2005 绝对数 | 2005 结构 | 2010 绝对数 | 2010 结构 |
|---|---|---|---|---|---|---|
| 食品 | 1926.89 | 44.45 | 2419.49 | 39.84 | 2375.50 | 34.65 |
| 衣着 | 480.86 | 11.09 | 745.47 | 12.28 | 874.47 | 12.75 |
| 居住 | 408.39 | 9.42 | 616.33 | 10.15 | 753.07 | 10.98 |
| 家庭设备用品及服务 | 356.83 | 8.23 | 538.97 | 8.87 | 665.38 | 9.71 |
| 医疗保健 | 205.16 | 4.73 | 328.77 | 5.41 | 422.94 | 6.17 |
| 交通通讯 | 257.15 | 5.93 | 379.50 | 6.25 | 486.57 | 7.10 |
| 文教娱乐用品及服务 | 499.39 | 11.52 | 790.01 | 13.01 | 1002.86 | 14.63 |
| 其他商品和服务 | 196.95 | 4.54 | 254.51 | 4.19 | 275.15 | 4.01 |
| 合计 | 4331.62 | 100.00 | 6073.05 | 100.00 | 6855.94 | 100.00 |

这里的数字是以 1998 年的不变价计算的，不容易与第 16 章的居民资产进行比较。2005 年城镇居民消费支出项目之和为 6073.05 元，比 1998 年的 4331.62 元增长 40.2%，年均增长率 4.95%；2010 年的预测值比 1998 年增长 58.28%，年均增长率 3.9%，2005—2010 年的预测值年均增长率 2.45%。1998 年城镇居民人均消费支出占人均可支配收入的 79.84%，这一比重 2005 年上升为 82.54%，2010 年又降至 79.28%。结构变化中，食品支出由 1998 年的 44.45% 降到 2005 年的 39.84% 和

表 17.7 城镇居民 ELES 参数估计值（1998 年各收入组横截面数据）

| 支出项目 | $b_i$ | $\beta_i$ | $R^2$ | S.E. | D.W. | 估计值 $V_i$ | 实际值 | 相对误差(%) |
|---|---|---|---|---|---|---|---|---|
| 食品 | 976.77<br>(11.89) | 0.169<br>(12.19) | 0.9550 | 109.70 | 1.31 | 1893.68 | 1926.89 | 1.72 |
| 衣着 | 31.61<br>(0.92) | 0.081<br>(13.97) | 0.9654 | 45.78 | 1.33 | 471.08 | 480.86 | 2.03 |
| 居住 | 118.20<br>(9.79) | 0.055<br>(26.86) | 0.9904 | 16.12 | 1.62 | 416.60 | 408.39 | 2.01 |
| 家庭设备用品及服务 | −202.31<br>(−5.23) | 0.106<br>(16.29) | 0.9743 | 51.64 | 1.19 | 372.79 | 356.83 | 4.47 |
| 医疗保健 | 44.99<br>(6.76) | 0.030<br>(26.51) | 0.9901 | 8.89 | 2.20 | 207.76 | 205.16 | 1.26 |
| 交通通讯 | −24.73<br>(−3.38) | 0.052<br>(42.00) | 0.9960 | 9.77 | 2.19 | 257.40 | 257.15 | 0.00 |
| 文教娱乐用品及服务 | 34.54<br>(5.53) | 0.086<br>(81.35) | 0.9989 | 8.35 | 1.51 | 501.13 | 499.39 | 0.35 |
| 其他商品和服务 | −52.01<br>(−5.94) | 0.047<br>(31.66) | 0.9930 | 11.69 | 1.38 | 202.99 | 196.95 | 3.07 |

2010年的34.65%;其他商品和服务到2010年下降0.5个百分点;其他各消费项目的比重呈上升态势,上升最多的是文教娱乐用品及服务,有2.1个百分点,其次是衣着1.7个百分点。

2.横截面模型

表17.7是利用1998年全国不同收入组相关数据得到的ELES估计参数。模型的拟合优度很高,估计值同实际值的相对误差均不超过5%,这表明1998年的居民各项支出和可支配收入之间存在稳定的函数关系。同样,利用2005年和2010年城镇居民人均可支配收入7357.11元和8647.07元,横截面模型预测的绝对数值和结构如表17.8所示。

表17.8 城镇居民ELES模型预测值(1998年横截面模型)

| 消费支出项目 | 1998 | | 2005 | | 2010 | |
|---|---|---|---|---|---|---|
| | 绝对数 | 结构 | 绝对数 | 结构 | 绝对数 | 结构 |
| 食品 | 1926.89 | 44.45 | 2220.12 | 40.13 | 2438.12 | 38.46 |
| 衣着 | 480.86 | 11.09 | 627.54 | 11.34 | 732.02 | 11.55 |
| 居住 | 408.39 | 9.42 | 522.84 | 9.45 | 593.79 | 9.37 |
| 家庭设备用品及服务 | 356.83 | 8.23 | 577.54 | 10.44 | 714.28 | 11.27 |
| 医疗保健 | 205.16 | 4.73 | 265.70 | 4.80 | 304.40 | 4.80 |
| 交通通讯 | 257.15 | 5.93 | 357.84 | 6.47 | 424.92 | 6.70 |
| 文教娱乐用品及服务 | 499.39 | 11.52 | 667.25 | 12.06 | 778.19 | 12.27 |
| 其他商品和服务 | 196.95 | 4.54 | 293.77 | 5.31 | 354.40 | 5.59 |
| 合计 | 4331.62 | 100.00 | 5532.60 | 100.00 | 6340.12 | 100.00 |

从结构上看,按横截面模型得到的预测结果比时间序列模型有较大的变化,但消费支出的货币数量不如时间序列模型,相差500余元。这暗示着,1998年以后随着可支配收入的递增,不同收入组用于消费支出的货币量增长不如全国平均的按时间序列计算增加的速度快,也说明在同一年中,居民消费支出的差别不如收入差别大。但同时也看出,由于两种模型中各消费项的边际消费倾向不同,导致预测的消费结

构有比较显著的变化。时间序列模型中食品的边际消费倾向 0.137 低于横截面模型中的 0.169，所以，在时间序列模型的预测中，2005、2010 年的恩格尔系数为 0.3984 和 0.3465，而横截面模型预测的恩格尔系数分别是 0.413 和 0.3846。根据联合国的规定，恩格尔系数小于 0.4 时居民消费进入小康水平。我们国家在"九五"期间，多数省份声称居民的消费已经进入小康水平，故时间序列模型的预测更能从恩格尔的意义上预示未来居民消费的富裕程度。尽管按时间序列模型的预测值有不少结构上的缺点，为保持模型的完整性，我们倾向于采用时间序列模型的预测值。

### 17.2.2 农村居民消费结构预测

1.时间序列模型

**表 17.9 农村居民 ELES 参数估计值（时间序列数据）**

| 消费支出项目 | $b_i$ | $\beta_i$ | $R^2$ | S.E. | D.W. |
| --- | --- | --- | --- | --- | --- |
| 食品 | 451.84<br>(14.51) | 0.195<br>(10.65) | 0.9419 | 16.72 | 1.21 |
| 衣着 | 19.05<br>(1.31) | 0.043<br>(5.00) | 0.7817 | 7.79 | 1.17 |
| 居住 | 98.51<br>(2.63) | 0.062<br>(2.82) | 0.5320 | 20.18 | 0.93 |
| 家庭设备用品及服务 | −15.14<br>(−1.71) | 0.048<br>(9.25) | 0.9243 | 4.76 | 0.95 |
| 医疗保健 | −17.68<br>(−4.84) | 0.040<br>(18.51) | 0.9820 | 1.96 | 2.20 |
| 交通通讯 | −66.60<br>(−21.13) | 0.058<br>(30.98) | 0.9928 | 1.69 | 1.30 |
| 文教娱乐用品及服务 | −125.35<br>(−9.88) | 0.132<br>(17.65) | 0.9780 | 6.81 | 1.01 |
| 其他商品和服务 | −20.05<br>(−1.49) | 0.028<br>(3.58) | 0.6472 | 7.24 | 0.85 |

表 17.9 列出了农村居民 1985—1998 年间历史数据（按 1998 年不

变价格)生成的扩展线性支出系统的估计方程,除居住、其他商品和服务、衣着三项的拟合优度较低外(分别是 0.5320、0.6472 和 0.7817),其他各项的拟合优度都在 0.92 以上。按照 2005、2010 年农村居民的人均纯收入分别为 2947.48 元和 3562.40 元,以时间序列模型预测的农村居民消费结构如表 17.10 所示。

表 17.10 农村居民 ELES 模型预测值及结构(时间序列数据)

| 消费支出项目 | 1998 绝对数 | 1998 结构 | 2005 绝对数 | 2005 结构 | 2010 绝对数 | 2010 结构 |
| --- | --- | --- | --- | --- | --- | --- |
| 食品 | 849.64 | 53.43 | 1026.60 | 48.64 | 1146.51 | 46.17 |
| 衣着 | 98.06 | 6.17 | 145.79 | 6.91 | 172.23 | 6.94 |
| 居住 | 239.62 | 15.07 | 281.25 | 13.32 | 319.38 | 12.86 |
| 家庭设备用品及服务 | 81.92 | 5.15 | 126.34 | 5.99 | 155.86 | 6.28 |
| 医疗保健 | 68.13 | 4.28 | 100.22 | 4.75 | 124.82 | 5.03 |
| 交通通讯 | 60.68 | 3.82 | 104.35 | 4.94 | 140.02 | 5.64 |
| 文教娱乐用品及服务 | 159.41 | 10.02 | 263.72 | 12.49 | 344.89 | 13.89 |
| 其他商品和服务 | 32.88 | 2.07 | 62.48 | 2.96 | 79.70 | 3.21 |
| 合计 | 1590.34 | 100.00 | 2110.75 | 100.00 | 2483.41 | 100.00 |

在此预测方案中,2005 年的人均消费支出为 2110.75 元,比 1998 年的 1590.34 元增长 32.72%,年均增长率为 4.13%;2010 年人均消费支出 2483.41 元,比 1998 年增长 56.15%,年均增长率 3.78%;2005—2010 年间的消费支出年均增长率是 3.31%。这几个人均消费支出的年均增长率都小于人均纯收入的预测值所对应的年均增长率 4.53%、3.92% 和 3.86%。恩格尔系数由 1998 年的 0.5343 减到了 2005 年的 0.4864 和 2010 年的 0.4617。再除去居住的比例下降外,其他各消费项占总消费支出的比例都呈上升趋势,但衣着变化不大。我们也希望看到农村居民的恩格尔系数和居住占总消费支出的比例均有下降趋势。

2.横截面模型

表 17.11 是利用 1998 年各省区市农村居民的纯收入和各类消费

表 17.11 农村居民 ELES 参数估计值（1998 年横截面数据）

| 支出项目 | $B_i$ | $\beta_i$ | $R^2$ | $S.E.$ | $D.W.$ | 估计值 $V_i$ | 实际值 | 相对误差（%） |
|---|---|---|---|---|---|---|---|---|
| 食品 | 303.59 (5.28) | 0.252 (9.89) | 0.7809 | 125.67 | 1.00 | 892.46 | 849.64 | 5.04 |
| 衣着 | 9.56 (0.66) | 0.042 (7.42) | 0.6768 | 27.53 | 0.86 | 99.58 | 98.06 | 1.55 |
| 居住 | −107.87 (−2.20) | 0.155 (7.15) | 0.8726 | 56.24 | 1.67 | 234.22 | 239.62 | 2.25 |
| 家庭设备用品及服务 | −62.57 (−2.68) | 0.066 (6.85) | 0.8640 | 24.75 | 1.80 | 82.61 | 81.92 | 0.84 |
| 医疗保健 | −8.22 (−0.87) | 0.035 (9.38) | 0.8029 | 16.41 | 1.67 | 72.59 | 68.13 | 6.55 |
| 交通通讯 | −56.93 (−7.19) | 0.052 (15.25) | 0.9167 | 15.03 | 1.76 | 59.88 | 60.68 | 1.32 |
| 文教娱乐用品及服务 | −33.21 (−2.19) | 0.087 (16.42) | 0.8286 | 37.56 | 1.48 | 151.05 | 159.41 | 5.24 |
| 其他商品和服务 | −15.16 (−3.95) | 0.021 (11.51) | 0.8238 | 9.44 | 1.48 | 34.33 | 32.88 | 4.41 |

支出的数据得到的扩展线性支出系统模型的预测模型。拟合优度不如城镇居民按收入组回归的预测方程,说明除收入水平外,农村居民的消费结构受环境、生活习惯等因素的影响很大,这从消费各项具有较大的方差以及同年的估计值与实际值有较大的相对误差也可以得到验证。不过,利用此横截面模型进行预测,可以粗略估计如果按1998年全国农村居民消费支出的分布状况发展下去,将来的格局大体是什么样子。按照2005、2010年农村居民的人均纯收入分别为2947.48元和3562.40元,以1998年横截面模型预测的农村居民消费结构如表17.12所示。

表17.12 农村居民ELES模型预测值及结构(1998年横截面数据)

| 消费支出项目 | 1998 绝对数 | 1998 结构 | 2005 绝对数 | 2005 结构 | 2010 绝对数 | 2010 结构 |
| --- | --- | --- | --- | --- | --- | --- |
| 食品 | 849.64 | 53.43 | 1046.35 | 49.31 | 1201.31 | 46.93 |
| 衣着 | 98.06 | 6.17 | 133.35 | 6.28 | 159.18 | 6.22 |
| 居住 | 239.62 | 15.07 | 348.99 | 16.45 | 444.30 | 17.36 |
| 家庭设备用品及服务 | 81.92 | 5.15 | 131.96 | 6.22 | 172.55 | 6.74 |
| 医疗保健 | 68.13 | 4.28 | 94.94 | 4.47 | 116.64 | 4.56 |
| 交通通讯 | 60.68 | 3.82 | 96.34 | 4.54 | 128.31 | 5.01 |
| 文教娱乐用品及服务 | 159.41 | 10.02 | 223.22 | 10.52 | 276.72 | 10.81 |
| 其他商品和服务 | 32.88 | 2.07 | 46.74 | 2.20 | 59.65 | 2.33 |
| 合计 | 1590.34 | 100.00 | 2121.89 | 100.00 | 2559.66 | 100.00 |

对照表17.10的时间序列模型之预测结果,按1998年的农村居民消费格局发展下去的话,2005年消费总支出2121.89元,比时间序列的预测结果高11.14元,2010年高出76.25元。不论从时间序列还是从1998年农村居民的消费格局出发,农村居民的消费总支出相差不大,从消费结构的构成看,也各有优缺点。相对于时间序列模型来讲,横截面的预测值中居住支出的比例在提高,农村居民纯收入的

较大一部分是用在盖房上,我们希望农村居民在住房条件不断改善的同时,其费用在总支出中有下降趋势。但家用设备的支出比例上升表明生活质量的上升,医疗保健和文教娱乐的支出比例的下降能减轻他们的负担。从历史的大趋势来说,我们倾向于时间序列模型的预测结果。

## 17.3 结语:居民消费预测的城乡比较及其他

我们在上一章对比了城乡居民人均资产持有之间的差距,本节将比较按时间序列模型预测的城乡居民消费结构的差距,并由此引发对与城乡居民收入差距有关的一些问题的探讨,以期我们对提高农民的生活水平、缩小城乡差距有足够的重视。

### 17.3.1 消费结构的城乡比较

从消费总支出看,1998年城镇居民人均4331.62元,农村居民人均1590.34元,城乡差距比是100∶36.71,比收入比稍大;2005、2010年的这一比例分别是100∶34.76和100∶36.22,没有多大变化。城乡居民人均各项消费支出的绝对额对比(以城镇为100)如表17.13所示。在农村居民消费总支出占城镇居民消费总支出大体不变的情况下,各消费项的对比有一些调整:虽然城乡居民的恩格尔系数均呈下降态势,但基数和速度不同,农村居民在食品上的支出占城镇居民的同项支出的比例有所提高;城乡居民在衣着、家庭设备用品及服务支出上的相对差距没有多少变化;由于城镇住房制度的改革增加了城镇居民的住宅支出,故这一项支出的城乡差距变化最大;农民在医疗保健、交通通讯、文教娱乐用品及服务、其他商品和服务等消费项上的支出增长高于城镇居民的支出增长,这些项的支出对比有缩小的趋势。据统计,1999年占全国人口69%的农村居民的消费支出在全国的消费市场中还占不到39%。①

表17.13 城乡居民各项消费支出预测值的对比(以城镇为100)

| 消费支出项目 | 1998 | 2005 | 2010 |
| --- | --- | --- | --- |
| 食品 | 44.09 | 42.43 | 48.26 |
| 衣着 | 20.39 | 19.56 | 19.70 |
| 居住 | 58.67 | 45.63 | 42.41 |
| 家庭设备用品及服务 | 22.96 | 23.44 | 23.42 |
| 医疗保健 | 33.21 | 30.48 | 29.51 |
| 交通通讯 | 23.60 | 27.50 | 28.78 |
| 文教娱乐用品及服务 | 31.92 | 33.38 | 34.39 |
| 其他商品和服务 | 16.69 | 24.55 | 28.97 |
| 合计 | 36.71 | 34.76 | 36.22 |

为了分析城乡居民的消费结构,我们把按比例的消费构成列成表17.14。农村居民的消费大项是食品和居住,衣着的城乡差别较大。城镇居民的食品支出由1998年的44.45降到了2010年的34.65,下降了近10个百分点,而农村居民由1998年的53.43降至2010年的46.17,下降7.26个百分点。从恩格尔系数看2010年农村居民的消费"层次"还不及1998年的城镇居民,落后了十几年。按联合国的规定,恩格尔系数在0.4与0.5之间时居民生活消费为小康水平,那么,我国农村居民的生活消费将在2005年前后才实现小康水平。在城镇居民的住宅支出占总支出的比例上升的同时,农村居民的这一比例下降了2.21个百分点。城乡居民在家庭设备用品及服

---

① 刘国光、王洛林、李京文主编:《中国经济前景分析——2000年春季报告》,社会科学文献出版社2000年版,第145页。

务、医疗保健、交通通讯、文教娱乐用品及服务各项的支出比例均呈上升趋势,其他商品和服务的支出比重城镇居民呈下降态势,而农村居民呈上升趋势。

表 17.14　城乡居民消费结构预测值的构成　　　　（%）

| 消费支出项目 | 1998 城镇 | 1998 农村 | 2005 城镇 | 2005 农村 | 2010 城镇 | 2010 农村 |
| --- | --- | --- | --- | --- | --- | --- |
| 食品 | 44.45 | 53.43 | 39.84 | 48.64 | 34.65 | 46.17 |
| 衣着 | 11.09 | 6.17 | 12.28 | 6.91 | 12.75 | 6.94 |
| 居住 | 9.42 | 15.07 | 10.15 | 13.32 | 10.98 | 12.86 |
| 家庭设备用品及服务 | 8.23 | 5.15 | 8.87 | 5.99 | 9.71 | 6.28 |
| 医疗保健 | 4.73 | 4.28 | 5.41 | 4.75 | 6.17 | 5.03 |
| 交通通讯 | 5.93 | 3.82 | 6.25 | 4.94 | 7.10 | 5.64 |
| 文教娱乐用品及服务 | 11.52 | 10.02 | 13.01 | 12.49 | 14.63 | 13.89 |
| 其他商品和服务 | 4.54 | 2.07 | 4.19 | 2.96 | 4.01 | 3.21 |
| 合计 | 100.00 | 100.00 | 100.00 | 100.00 | 100.00 | 100.00 |

正如我们已经表明的论点:预测的目的不在于精确地告诉人们未来将是什么样子,重要的是说明如果按模型暗含的"规律"发展下去的话,未来可能会是什么样,其目的是让人们从中获取信息,作为行动和制定政策的参考。我们对居民资产和消费结构的预测分析,进一步论证了城乡之间存在的巨大差别,重申把农业放在国民经济发展的首位、把农民生活水平的提高放在更高的政治原则上的重要性。农村居民是我国人口中的主体,他们的利益代表了最广大人民的根本利益。缩小城乡差别和收入分配的过大差距是我国社会主义基本制度所要求的。

### 17.3.2　城乡居民的人均收入比较

改革开放以来,城乡居民的收入差距经历了一个先逐步缩小而后又再度扩大的过程,1978年农村居民的纯收入相当于城镇居民生活费收入的42.3%,1985年农村居民的纯收入相当于城镇居民可支配收入的53.8%,1990年这一比例降为45.4%,1995年至1999年的这一比例分别是36.8%、39.8%、40.5%、39.9%和37.8%。[①] 从我们的模型分析看,2005、2010年的这一比例分别是40.06%和41.2%,差距几乎没有多大变化,而从绝对差额看反而增加了。从收入总量看,虽然我国农村居民人口是城镇居民人口的2倍多,但他们分配到的总收入在1988年只占全国总收入的57.1%,1995年这一比例下降为49.1%,而1999年又降成45.7%。[②]

### 17.3.3 城乡居民收入差距的成因分析

1. 收入来源分析

要分析城乡居民收入差距的成因,需要从对各自的收入来源的分析入手。农村居民的纯收入来源包括:工资性劳动报酬收入;家庭经营纯收入,其中包括家庭经营的种植业和畜牧业纯收入,第二、三产业纯收入;转移性和财产性收入。表17.15列出了主要年份农村居民人均纯收入中各项来源所占的比重。可以看出,近十几年来农村居民的工资性劳动报酬在纯收入中所占的比重持续增加,从1985年的18.04%上升到了1999年的28.52%;而在种植业和畜牧业上的收入比重呈下降的趋势,尤其是种植业,1985年为48.15%,1990年曾上升为51.99%,此后一路下跌至1999年的39.91%。

---

[①] 刘国光、王洛林、李京文主编:《中国经济前景分析——2000年春季报告》,社会科学文献出版社2000年版,第145页。

[②] 汝信等主编:《2001年:中国社会形势分析与预测》,社会科学文献出版社2001年版,第140页。

表 17.15　主要年份农村居民人均纯收入中
各项来源所占的比重① 　　　　　（元,%）

| 年份 | 名义纯收入 | 工资性劳动报酬收入 | 家庭经营纯收入 | 其中种植业 | 其中畜牧业 | 转移性和财产性收入 |
| --- | --- | --- | --- | --- | --- | --- |
| 1985 | 397.60 | 18.04 | 74.44 | 48.15 | 11.16 | 7.52 |
| 1990 | 686.31 | 20.22 | 75.56 | 51.99 | 9.52 | 4.22 |
| 1995 | 1577.74 | 22.42 | 71.35 | 49.13 | 7.08 | 6.23 |
| 1996 | 1926.07 | 23.41 | 70.74 | 47.99 | 7.32 | 8.86 |
| 1997 | 2090.13 | 24.62 | 70.46 | 45.12 | 8.84 | 4.92 |
| 1998 | 2162.00 | 26.55 | 67.81 | 42.97 | 7.82 | 5.64 |
| 1999 | 2210.00 | 28.52 | 65.54 | 39.91 | 7.14 | 5.94 |

在我国城镇居民家庭基本情况的抽样调查中,家庭就业人口分为七类:(1)国有经济单位职工;(2)集体经济单位职工;(3)其他经济类型职工;(4)个体经营者;(5)个体被雇人员;(6)离退休再就业人员;(7)其他就业人员。根据抽样资料可以计算出平均每户的人口和就业人口中七类人员的比例,借此计算出平均每人全部年收入中相应的来源,共十种:(1)国有单位职工工资;(2)集体及其他经济类型单位职工工资;(3)职工从工作单位得到的其他收入;(4)个体经营劳动者收入;(5)离退休再就业人员收入;(6)其他就业者收入;(7)其他劳动收入;(8)财产性收入;(9)转移性收入;(10)其他收入。这里,个体经营劳动者包括个体经营者和个体被雇人员;财产性收入包括利息、红利和其他财产租金收入;转移性收入包括离退休金、价格补贴、赡养收入、赠送收入、亲友搭伙费、记账补贴、出售财物收入和其他等八项。我们将主要年份城镇居民人均年收入的绝对数及其来源列为表17.16,表17.17是其按百分数计算的来源构成。

---

① 刘国光、王洛林、李京文主编:《中国经济前景分析——2000年春季报告》,社会科学文献出版社2000年版,第137页。

表 17.16 主要年份城镇居民人均年收入及其来源

(元)

| 年份 | 平均每人全部年收入 | 国有单位职工工资 | 集体及其他经济类型单位职工工资 | 职工从工作单位得到的其他收入 | 个体经营劳动者收入 | 离退休再就业人员收入 | 其他就业者收入 | 其他劳动收入 | 财产性收入 | 转移性收入 | 其他收入 |
|---|---|---|---|---|---|---|---|---|---|---|---|
| 1985 | 748.90 | 445.90 | 113.50 | 44.90 | 10.20 | 4.56 | 1.95 | 12.36 | 3.74 | 65.88 | 35.95 |
| 1990 | 1522.80 | 857.60 | 170.40 | 99.11 | 18.71 | 15.51 | 3.79 | 22.61 | 15.60 | 250.00 | 69.46 |
| 1995 | 4288.10 | 2590.00 | 400.40 | 228.70 | 90.60 | 42.86 | 8.44 | 96.91 | 90.43 | 734.80 | 4.92 |
| 1996 | 4844.80 | 2899.30 | 450.20 | 262.10 | 115.90 | 47.23 | 9.59 | 116.40 | 112.00 | 825.90 | 6.24 |
| 1997 | 5188.50 | 3221.50 | 514.20 | | 168.20 | 50.70 | 11.70 | 142.90 | 124.40 | 947.80 | 7.14 |
| 1998 | 5458.30 | 3288.70 | 517.49 | | 186.70 | 57.34 | 11.80 | 174.00 | 132.90 | 1083.00 | 6.45 |
| 1999 | 5888.80 | 3448.40 | 560.00 | | 221.90 | 60.39 | 15.60 | 190.90 | 128.70 | 1257.20 | 5.79 |

注：自 1997 年起，取消职工从工作单位得到的其他收入项，其值被计入相应的国有、集体单位职工收入中。

资料来源：《中国统计年鉴 2000》和《中国物价及城镇居民家庭收支调查统计年鉴》1997，1998 年卷。

表 17.17 主要年份城镇居民人均年收入及其来源构成

(元,%)

| 年份 | 平均每人全部年收入 | 国有单位职工工资 | 集体及其他经济类型单位职工工资 | 职工从工作单位得到的其他收入 | 个体经营劳动者收入 | 离退休再就业人员收入 | 其他就业者收入 | 其他劳动收入 | 财产性收入 | 转移性收入 | 其他收入 |
|---|---|---|---|---|---|---|---|---|---|---|---|
| 1985 | 748.90 | 59.54 | 15.16 | 6.00 | 1.36 | 0.60 | 0.26 | 1.65 | 0.50 | 8.80 | 4.80 |
| 1990 | 1522.80 | 56.32 | 11.19 | 6.51 | 1.22 | 1.01 | 0.25 | 1.48 | 1.02 | 16.40 | 4.56 |
| 1995 | 4288.10 | 60.40 | 9.34 | 5.33 | 2.11 | 1.00 | 0.20 | 2.26 | 2.11 | 17.10 | 0.11 |
| 1996 | 4844.80 | 59.84 | 9.29 | 5.41 | 2.39 | 0.97 | 0.20 | 2.40 | 2.31 | 17.00 | 0.13 |
| 1997 | 5188.50 | 62.09 | 9.91 |  | 3.24 | 0.97 | 0.23 | 2.75 | 2.40 | 18.30 | 0.14 |
| 1998 | 5458.30 | 60.25 | 9.48 |  | 3.42 | 1.05 | 0.22 | 3.19 | 2.43 | 19.80 | 0.12 |
| 1999 | 5888.80 | 58.56 | 9.51 |  | 3.76 | 1.02 | 0.26 | 3.24 | 2.19 | 21.30 | 0.10 |

对城镇居民收入来源进行分类后,可以分析各类因素变化对收入的影响。城镇居民平均每人全部年收入按名义额计算十四年间平均年增长率为15.87%;各分项的年均名义增长率分别为:国有单位职工工资15.73%,集体及其他经济类型单位职工工资12.08%,个体经营劳动者收入24.61%,离退休再就业人员收入20.27%,其他就业者收入16.01%,其他劳动收入21.59%,财产性收入28.75%,转移性收入23.44%,其他收入12%。考虑到1997年起取消了职工从工作单位得到的其他收入项,其值被计入相应的国有、集体单位职工收入之中,那么近几年城镇居民总收入中来自职工工资的比例在下降;从事个体经营劳动的收入、其他劳动收入和转移性收入等项占全部收入的比例在上升;除1999年外,财产性收入占全部收入的比例也呈上升趋势。城镇居民的收入来源有多元化势头。

2.制约农民收入增长的现实因素

我们关注的重点是城乡居民收入差距的问题,是城乡居民生活、工作等方面差别的问题,因此,把分析的注意力放在农村居民面临的体制上的某些障碍。

第一,买方条件下的农产品价格下跌,使农民来自第一产业的收入下降。表17.15显示,种植业和畜牧业收入是农村居民纯收入的主要来源(1999年是47.05%)。近几年,虽然农产品总量基本稳定,但粮、棉的收购价格和其他农产品的市场价格逐年下跌,综合跌幅达30%以上,[1]以务农为主的中西部地区的农村居民收入下降很多。1998年农村居民从农业中获得的收入出现负增长,1999年进一步扩大,这严重挫伤了农村居民的生产积极性和对农业的投入。有人估算,1999、2000

---

[1] 汝信等主编:《2001年:中国社会形势分析与预测》,社会科学文献出版社2001年版,第159页。

年与1996年相比,农村居民从农业生产中获得的收入各减少4000亿元,1997—2000年的四年中,农村居民减少收入16000亿元以上。① 农产品价格的下跌为近几年全国物价指数的持续下降做出了贡献,但这是以城乡居民收入差距的拉大和由此引发的诸多社会隐患为代价的。

第二,农村居民择业自由上的限制。在依靠农业生产发家致富极不景气的时候,外出打工谋生是很自然的做法,表17.15也表明了工资性劳动报酬收入在农村居民纯收入中日显重要的趋势,但是,农村居民在城市中的工作机会也遭遇了不幸。90年代后半期,大批国有企业出现亏损、职工下岗,城市的社会经济出现了问题,这时扭亏和脱困成了政府的重要工作目标,许多城市制定了限制使用农村民工的规定,②部分在岗的民工遭到清退。在90年代后半期实行宏观调控的几年内,流向农村的打工资金至少减少了三四千亿元。③

这种城乡劳动力择业、迁徙上的限制,始于1958年全国人大颁布的《中华人民共和国户口登记条例》,此后,中国城乡人口的自由流动和迁徙结束,至今没有实质性改变。④ 有人认为,"在我国农业、农村经济和国民经济之间的互动关系上,存在着一种恶性循环:农民无非农就业机会——大量剩余劳动力滞留在农业领域——农村劳动生产率低下——农民增收困难、购买力低下——农村市场无法启动,拉动内需受阻——国民经济发展受影响——无法吸纳更多的剩余劳动力——农民

---

① 汝信等主编:《2001年:中国社会形势分析与预测》,社会科学文献出版社2001年版,第162页。

② 例如,北京市劳动局颁布的《2000年本市允许和限制使用外地人员的行业和职业范围》的通告,将北京市限制使用外地人员的职业由1999年的34个增加到了103个。见刘国光、王洛林、李京文主编:《中国经济前景分析——2000年春季报告》,社会科学文献出版社2000年版,第141页。

③ 汝信等主编:《2001年:中国社会形势分析与预测》,社会科学文献出版社2001年版,第211页。

④ 同上书,第209页。

无非农就业机会。"并指出,为农村居民创造更多的非农就业机会是打破这一恶性循环的关键。①

第三,农村居民负担过重。农村居民负担过重是造成城乡收入差别的又一重要原因。虽然中央政府三令五申一再强调减轻农村居民负担,但这个问题一直没有得到根治,各种集资、摊派、名目繁多的收费屡禁不止,远远超过国家关于农村居民负担不超过上年人均纯收入5%的规定。1998年,农村固定观察点农户中,尽管人均纯收入比上年下降2.36%,但农户上交的"三提五统"仍比上年增长了1.4%,加上各种摊派和罚款,比缴纳的税金还多13%。② 1999年4月监察部的统计表明,中国已经累计取消了不合理的农村居民负担项目8000个。③ 乡镇、村的各类干部和工作人员大量增加,人浮于事,而他们的工资福利开支,绝大多数要由乡村自筹,这进一步增加了农村居民的负担。另外,分税制也给以农业生产为主的中西部欠发达地区的县、乡镇造成财政困难,九年义务教育的费用也落到了乡镇一级的财政上。农业部1998年对10个省区的调查表明,乡、村两级存在普遍的高额负债,乡级平均负债400万元,村级平均负债20万元。④

缩小城乡差距、增加农村居民收入很关键的时期是"十五"期间,因此,一定要采取有力措施,千方百计增加农村居民收入。减轻农村居民负担是增加农民收入的主要一环,而且具有重要的社会效应和政治意义。有些经济学家已经开始关注这一点,例如:呼吁义务教育方面的

---

① 刘国光、王洛林、李京文主编:《中国经济前景分析——2000年春季报告》,社会科学文献出版社2000年版,第154页。
② 范剑平主编:《居民消费与中国经济发展》,中国计划出版社2000年版,第241页。
③ 刘国光、王洛林、李京文主编:《中国经济前景分析——2000年春季报告》,社会科学文献出版社2000年版,第143页。
④ 汝信等主编:《2001年:中国社会形势分析与预测》,社会科学文献出版社2001年版,第163页。

负担、道路建设方面的负担、县市及乡镇政府费用方面的负担不应由农村居民承担;国家财政应该像对待城市义务教育、城市道路建设、城市基层政府费用一样来对待农村,拨足应给的资金;财政应该承担自己应当承担的责任,不能把自己应付的费用转嫁给农村居民。建议国家应进一步增加对农村实施生态环境建设与基础设施建设项目的投入,这既可以改善农村生产、生活条件,又可创造大量就业机会,直接或间接地增加农村居民的收入;为了促进贫困地区劳动力输出或移民,政府应当取消对农民工在城镇或外地就业的各种歧视性限制,如户口身份限制、工作岗位限制、工作待遇限制、子女就学限制,为他们提供就业信息和职业信息,强化对他们的就业和专业技能培训,以便使他们比较容易地进入劳动力市场;为农业产业结构调整提供技术、资金、信息、人才以及政策方面的支持;增加对农村基本公共卫生的投入,消除农村居民的"健康贫困";把发展农村教育作为扩大内需和公共支出的重要目标之一,增加农村教育资金投入,提供基本教育服务,保证所有孩子获得受教育的机会;增加对农业研发的投入,鼓励公共科研机构和私立机构竞争,恢复和资助农村科技推广站,提高农业科技人员的技术素质和生活待遇;减轻农村居民各类不合理负担,提高农村居民实际购买力;进一步增加扶贫资金投入并直接扶贫到户,等等。

# 参 考 文 献

爱德华·夏皮罗:《宏观经济分析》,杨德明等译,中国社会科学出版社1985年版。
奥利维尔·琼·布兰查德、斯坦利·费希尔:《宏观经济学(高级教程)》,刘树成等译,经济科学出版社1992年版。
陈琳、杨林泉:"城乡居民消费结构差异的聚类分析和物价指数的影响分析",《消费经济》1996年第5期。
戴维·罗默.《高级宏观经济学》,苏剑、罗涛译,商务印书馆1999年版。
邓英淘等:《中国预算外资金分析》,中国人民大学出版社1990年版。
刁永作:"需求拉动的经济分析",《社会科学动态》1999年第1期。
杜森贝里:《所得、储蓄与消费者行为之理论》,侯家驹译,台湾银行经济研究室1968年版。
樊纲等:《公有制宏观经济理论大纲》,上海三联书店1990年版。
范剑平主编:《居民消费与中国经济发展》,中国计划出版社2000年版。
弗里德曼:《弗里德曼文萃》,高榕等译,北京经济学院出版社1991年版。
符钢战等:《社会主义宏观经济分析》,学林出版社1986年版。
谷书堂主编:《社会主义经济学通论:中国转型期经济问题研究》,高等教育出版社2000年版。
顾海兵:"我国居民消费的特点与函数",《数量经济技术经济研究》1987年第12期。
郭立宏、高玲侠:"跨时期消费理论与消费信贷政策分析",《生产力研究》2000年第1—2期。
国家统计局城调队:"中国城市居民的金融资产",《中国统计》1997年第2期。
《国民收入统计资料汇编(1949—1985)》,国家统计局国民经济平衡统计司编,中国统计出版社1987年版。
哈尔·瓦里安:《微观经济学(高级教程)》,周洪等译,经济科学出版社1997年版。
赫伯特·A.西蒙:《人工科学》,武夷山译,商务印书馆1987年版。

加德纳·阿克利:《宏观经济理论》,陈彪如译,上海译文出版社 1981 年版。
蒋学模主编:《社会主义宏观经济学》,浙江人民出版社 1990 年版。
凯恩斯:《就业、利息和货币通论》,徐毓枬译,商务印书馆 1963 年版。
科尔内:《短缺经济学》,高鸿业校,经济科学出版社 1986 年版。
科尔内:《增长、短缺与效率》,崔之元、钱铭今译,四川人民出版社 1986 年版。
莱昂·瓦尔拉斯:《纯粹经济学要义或社会财富理论》,蔡受百译,商务印书馆 1989 年版。
李长风:《经济计量学》,上海财经大学出版社 1996 年版。
李实等:"中国城镇居民的财产分配",《经济研究》2000 年第 3 期。
李扬:《财政补贴经济分析》,上海三联书店 1990 年版。
李子奈:《计量经济学理论、方法和模型》,清华大学出版社 1992 年版。
厉以宁:《消费经济学》,人民出版社 1984 年版。
厉以宁主编:《中国宏观经济的实证分析》,北京大学出版社 1992 年版。
连建辉:"城镇居民资产选择与国民经济增长",《当代经济研究》1998 年第 2 期。
林白鹏等:《中国消费结构学》,经济科学出版社 1987 年版。
林白鹏等:《中国消费结构与产业结构关联研究》,中国财政经济出版社 1993 年版。
林白鹏、臧旭恒主编:《消费经济学大辞典》,经济科学出版社 2000 年版。
刘大可:"我国居民资产选择中存在的问题、成因和对策",《经济纵横》2000 年第 9 期。
刘方域:《消费经济学概论》,贵州人民出版社 1984 年版。
刘国光、戴圆晨等:《不宽松的现实和宽松的实现:双重体制下的宏观经济管理》,上海人民出版社 1991 年版。
刘国光、王洛林、李京文主编:《中国经济前景分析——2000 年春季报告》,社会科学文献出版社 2000 年版。
刘建国:"我国农户消费倾向偏低的原因分析",《经济研究》1999 年第 3 期。
刘明志:"中国的国内储蓄(1978—1996):趋势、构成和决定因素",《金融研究》1998 年第 5 期。
刘迎秋:《总需求变动规律与宏观改革选择》,陕西人民出版社 1993 年版。
柳随年等主编:《中国社会主义经济简史》,黑龙江人民出版社 1985 年版。
《"六五"期间我国城镇居民家庭收支调查资料》,国家统计局城市抽样调查总队编,中国统计出版社 1988 年版。
龙志和、周浩明:"中国城镇居民预防性储蓄实证研究",《经济研究》2000 年第 11 期。

罗伯特·E.霍尔、约翰·B.泰勒:《宏观经济学:理论、运行和政策》,陈勇民等译,中国经济出版社1988年版。

马克思:《资本论》,人民出版社1975年版。

茅于轼:"不是需求不足,而是信用不足",《经济参考报》1999年5月5日。

米哈尔·卡莱斯基:《社会主义经济增长理论导论》,符钢战译,上海三联书店1988年版。

莫迪里安尼等:"效用分析与消费函数对横断面资料的一个解释",载于肯尼斯·栗原编:《凯恩斯学派经济学》,蔡受百译,商务印书馆1964年版。

尼克·T.森姆波勒斯:《应用预测法》,林伟仁译,(台湾)科技图书股份有限公司1983年版。

帕廷:《货币、利息与价格:货币理论与价值理论的统一》,邓瑞索译,中国社会科学出版社1996年版。

彭兴韵:"市场化进程中的中国居民储蓄分析",《金融研究》1998年第7期。

齐天翔:"经济转轨时期的中国居民储蓄研究",《经济研究》2000年第9期。

秦朵:"居民消费与收入关系的总量研究",《经济研究》1990年第7期。

汝信等主编:《2001年:中国社会形势分析与预测》,社会科学文献出版社2001年版。

世界银行经济考察团:《中国:长期发展的问题和方案(主报告)》,中国财政经济出版社1985年版。

世界银行经济考察团:《中国:宏观经济稳定与工业增长》,中国财政经济出版社1990年版。

世界银行经济考察团:《中国:社会主义经济的发展》,财政部外事财务司组织译校,中国财政经济出版社1983年版。

斯蒂格利茨:《经济学》,高鸿业等校译,中国人民大学出版社1997年版。

T.哈维尔莫:《经济计量学的概率论方法》,秦朵译,商务印书馆1994年版。

塔尔科特·帕森斯、尼尔·斯梅尔瑟:《经济与社会:对经济与社会的理论统一的研究》,刘进等译,华夏出版社1989年版。

王宏伟:"中国农村居民消费的基本趋势及制约农民消费行为的基本因素分析",《管理世界》2000年第4期。

王美今、曾五一:"论我国经济体制改革前后宏观消费函数的演变",《数量经济技术经济研究》1990年第4期。

王于渐:"中国消费函数的估计与阐释",载于于景元等主编:《中国经济改革与发展之研究》,商务印书馆1990年版。

吴顺虎:"私人储蓄实证研究的进展",《学术月刊》2000年第3期。

西奥多·W.舒尔茨:《人力资本投资》,满斌、张蘅译,商务印书馆1990年版。
萧高励:"我国二元经济中消费函数的特殊性探微",《财经研究》1989年第2期。
谢平:"经济制度转轨中的个人储蓄行为",《经济体制比较研究》1997年第1期。
颜长跃、胡光华:"扩展线性支出系统与城镇居民消费结构的量化分析",《消费经济》1996年第12期。
杨晓兴、李岳:"基本消费理论及上海市城镇居民消费特征的演变",《经济研究》1997年第9期。
杨义群等:"收入内部构成部分估算的优化方法及其实证分析",《数量经济技术经济研究》1995年第9期。
叶海云:"试论流动性约束、短视行为与我国消费需求疲软的关系",《经济研究》2000年第11期。
尹世杰主编:《社会主义消费经济学》,上海人民出版社1983年版。
尹世杰主编:《中国消费结构研究》,上海人民出版社1988年版。
余永定、李军:"中国居民消费函数的理论与验证",《中国社会科学》2000年第1期。
袁志钢、宋铮:"城镇居民消费行为变异与我国经济增长",《经济研究》1999年第11期。
袁志钢、宋铮:"人口年龄结构、养老保险制度与最优储蓄率",《经济研究》2000年第11期。
约翰·内特等:《应用线性回归模型》,张勇等译,中国统计出版社1990年版。
约瑟夫·熊彼特:《经济分析史(第一卷)》,杨敬年译,商务印书馆1992年版。
约瑟夫·熊彼特:《经济分析史(第一卷)》,朱泱等译,商务印书馆1991年版。
臧旭恒、刘大可:"我国城乡居民储蓄及其宏观经济效应分析",《东岳论丛》1999年第2期。
臧旭恒、刘大可:"我国消费需求态势分析及政策选择",《南开经济研究》1999年第1期。
臧旭恒:《消费经济学:理论与实证分析》,山东大学出版社1996年版。
臧旭恒:《中国消费函数分析》,上海三联书店1994年版。
臧旭恒、朱春燕:"城乡居民消费—储蓄决策行为分析及启动消费需求的对策选择",《南开管理评论》1999年第4期。
臧旭恒、朱春燕:"预防性储蓄理论",《经济研究》2001年第1期。
张凤波:《中国宏观经济结构与改革》,中国财政经济出版社1987年版。
赵人伟、李实:"中国居民收入分配:城市、农村和区域",《改革》1992年第2期。
《中国城镇居民家庭收支调查资料》,1988—1995年各卷,国家统计局城市社会经济抽样调查队编,中国统计出版社。

中国经济体制改革研究室:《改革中的宏观经济》,四川人民出版社 1988 年版。

《中国贸易物价统计资料(1952—1983)》,国家统计局贸易物价统计司编,中国统计出版社 1984 年版。

中国农村发展问题研究组:《国民经济新成长阶段与农村发展(经济研究报告)》,浙江人民出版社 1987 年版。

《中国农村住户调查资料》(1996 年),国家统计局编。

《中国统计年鉴》1981—2000 年各卷,中国统计出版社。

《中国物价及城镇居民家庭收支调查统计年鉴》1996—1999 年各卷,国家统计局城市社会经济调查总队编,中国统计出版社。

朱春燕:"中国城镇居民消费—储蓄替代关系分析",《消费经济》1999 年第 1 期。

朱宪辰:"理性预期持久收入假设与检验方法",《数量经济技术经济研究》1993 年第 3 期。

邹至庄:《中国经济》,南开大学出版社 1984 年版。

Abel, Andrew B. (1985), "Precautionary Saving and Accidental Bequests", *The American Economic Review*, 75, 777 – 791.

Altig, David and Steven J. Davis (1992), "The Timing of Intergenerational Transfers, Tax Policy, and Aggregate Savings", *The American Economic Review*, Vol. 82, No.5, December.

Altonji, Josph G. et al. (1992), "Is the Extended Family Altruistically Linked? Direct Tests Using Micro Data", *The American Economic Review*, Vol.82, No.5, December.

Ando, Albert and Franco Modigliani (1963), "The Life Cycle Hypothesis of Saving: Aggregate Implications and Tests", *The American Economic Review*, Vol.53, No.1 – 2, March.

Begg, David K.H. (1982), *The Rational Expectations Revolution in Macroeconomics: Theories and Evidence*, Philip Allan.

Bernanke (1985), "Adjustment Cost, Durables, and Aggregate Consumption", *Journal of Monetary Economics*, 15, January, 41 – 68.

Bernheim, B. Douglas et al. (1985), "The Strategic Bequest Motive", *Journal of Political Economics*, Vol.93, No.6.

Bhalla, Suijit S. (1980), "The Measurement of Permanent Income and Its Application to Saving Behavior", *Journal of Political Economy*, Vol.88, No.4.

Biederman, Daniel K. (1993), "Permanent Income and Long-Run Stability in a

Generalized Multiplier/Accelerator Model", *Journal of Macroeconomics*, Vol.15, No.2.

Blanchard, Olivier Jean and N. Gregory Mankiw (1988), "Consumption: Beyond Certainty Equivalence", *The American Economic Review*, May, Vol.78, No.2.

Blanchard, Olivier Jean and S. Fischer (1994), *Lectures on Macroeconomics*, The MIT Press, Massachusetts.

Blundell, Richard and Ian Preston (1998), "Consumption Inequality and Income Uncertainty", *The Quarterly Journal of Economics*, May, Vol.113. No.2.

Bradley K. Wilson, (1998) "The Aggregate Existence of Precautionary Saving: Time-Series Evidence from Expenditure on Nondurable and Durable Goods", *Journal of Macroeconomics*, 20, 309–323.

Caballero, Ricardo J. (1990), "Consumption Puzzle and Precautionary Savings", *Journal of Monetary Economics*, 25, January, 113–136.

Caballero, Ricardo J. (1991), "Earnings Uncertainty and Aggregate Wealth Accumulation", *The American Economic Review*, Vol.81, 859–871.

Carroll, Christopher (1993), "Buffer Stock Saving and the Life Cycle/Permanent Income Hypothesis", *Mimeo*, Board of Governors of the Federal Reserve System.

Carroll, Christopher D. and Andrew A. Samwick (1992), "How Important is Precautionary Savings", *Working Paper Series*, No.145, Board of Governors of the Federal Reserve System.

Carroll, Christopher (1994), "How Does Future Income Affect Current Consumption?" *The Quarterly Journal of Economics*, 109, 111–148.

Chow, Gregory C. (1985), "A Model of Chinese National Income Determination", *Journal of Political Economics*, Vol.93, No.4.

Corbo, Vittorio et al. (1991), "Public Policies and Saving in Developing Countries", *Journal of Development Economics*, 36, 89–115.

Danziger, Sheldon, Jacques Van Der Gaag, Eugene Smolensky and Michael Taussig (1982–1983), "The Life-Cycle Hypothesis and the Consumption Behavior of the Elderly", *Journal of Post Keynesian Economics*, V, 208–227.

Dardanoni, Valentino (1991), "Precautionary Savings Under Income Uncertainty: A Cross-Sectional Analysis", *Applied Economics*, 23, 153–160.

Davidson, J.E.H. et al. (1978), "Econometric Modelling of the Aggregate Time-series Relationship between Consumers Expenditure and Income in the United Kingdom", *Economic Journal*, Vol.80.

Deaton A.and J.Muellbauer (1980), "An almost ideal demand system", *The American Economic Review*, June.

Deaton A.and J.Muellbauer (1980), *Economics and consumer behavior*, Cambridge University Press.

Deaton, Angus (ed., 1981), *Essays in the Theory and Measurement of Consumer Behaviour*, Cambridge University Press.

Deaton, Angus (1986), "Life-Cycle Models of Consumption: Is the Evidence Consistent with the Theory?", *National Bureau of Economic Research Working Paper*, No.1910.

Deaton, Angus (1991), "Saving and Liquidity Constraints", *Econometrica*, 59, 1121 - 1142.

Duesenberry, Jame S (1949), *Income, Saving and the Theory of Consumer Behavior*, Cambridge.

Duesenberry, James S. (1948), "Income Consumption Relations and Their Implications: Income, Employment, and Policy", Essays in Honor of Alvin H.Hansen, pp.54 - 81, W.W.Norton & Company, Inc. (*Readings in Macroeconomics*, Sec. Ed., ed.by M.G.Mueller, New York, 1971.)

Dynan, Karen E. (1993), "How Prudent are Consumers", *Journal of Political Economy*, 101, December, 1104 - 1113.

Engen, Eric M. (1992), "Consumption and Saving in Life Cycle Model with Stochastic Earnings and Mortality Risk", *Mimeo*, University of California-Los Angels.

—et al. (1988), *Macroeconomics: Theory, Performance and Policy*, Sec.Ed., New York.

Farrell, M.J. (1959), "The New Theories of the Consumption Function", *The Economic Journal*, Vol.69, December, pp.678 - 696.

Feder, Gershon et al. (1992), "The Determinants of Farm Investment and Residential Construction in Post-Reform China", *Economic Development and Cultural Change*, Vol.41, No.1, October.

Ferber, Robert (1962), "Research on Household Behavior", N.F.Keiser (ed.), *Readings in Macroeconomics Theory, Evidence, and Policy*, Prentic-Hall, Inc..

Fisher, Malcolm (1956), "Exploration in Saving Behavior", *Oxford University Institute Statistics Bulletin*, 18, August, 201 - 227.

Flavin, Marjorie A. (1997), "The Adjustment of Consumption to Changing Expectations about Future Income", *Journal of Political Economy*, LXXXIX (1981):

974－1009.

Fleissig, Adrian R. (1997), "The Consumer Consumption Conundrum: An Explanation", *Journal of Money, Credit, and Banking*, Vol, 29, No.2, May.

Friedman, (1957), *A Theory of the Consumption Function*, Princeton University Press, Princeton.

Friedman, Benjamin M. et al. (1992), "Money, Income, Prices, and Interest Rates", *The American Economic Review*, Vol.82, No.3, June.

Friedman, Milton (1973), "Consumer Economics: A Survey", *Journal of Economic Literature*, Vol.11, No.4, December.

Friedman, Milton (ed.) (1956), *Studies in the Quantity Theory of Money*, The University of Chicago Press.

Gali, Jordi (1991), "Budget Constraints and Time-series Evidence on Consumption ", *The American Economic Review*, Vol.81, No.5, Dec..

Goodfriend, Marvin (1992), "Information-Aggregation Bias", *The American Economic Review*, Vol.82, No.3, June.

Guiso, Luigi, Lullio Jappelli, and Daniele Terlizzese (1992), "Earnings Uncertainty and Precautionary Savings", *Journal of Monetary Economics*, 30, 307－337.

Gujarati, Damodar (1978), *Basic Econometrics*, McGraw-Hill Book Company, New York.

Hadjimatheou, George (1987), *Consumer Economics after Keynes: Theory and Evidence of the Consumption Function*, St.Martin's Press, New York.

Hall, R.E. and F.Mishkin (1982), "The Sensitivity of Consumption to Transitory Income: Estimate from Panel Data on Households", *Econometrica*, 50, 461－481.

Hall, Rodert E. (1978), "Stochastic Implications of the Life Cycle-Permanent Income Hypothesis: Theory and Evidence", *Journal of Political Economics*, Vol.86, No.6.

Hansen, Gary D.and Ayse Imrohoroglu (1992), "The Role of Unemployment Insurance in an Economy with Liquidity Constraints and Moral Hazard", *Journal of Political Economy*, Vol.100, February, 118－142.

Hansen, Lars Peter and Thomas J.Sargent (1980), "Formulating and Estimating Dynamic Linear Rational Expectations Models", Robert E.Lucas and Thomas Sargent (ed.), *Rational Expectations and Econometric Practice*, Vol.1, Minneapolis.

Hansen, Lass Peter and Thomas J. Sargent (1981), "Linear Rational Expectations Models for Dynamically Interrelated Variables ", Robert E.Lucas and Thomas Sargent ( ed. ) , *Rational Expectations and Econometric Practice*, Vol.1, Minneapolis.

Henderson, James M. et al. ( 1980 ) , *Microeconomics Theory: A Mathematical Approach*, 3th.Ed., McGraw-Hill Book Company.

Hicks, John ( 1985 ) , *Method of Dynamic Economics*, Clarendon Press, Oxford.

Hoover, Kevin D. et al. ( 1992 ) , "Causation, Spending, and Taxes: Sand in the Sandboxor Tax Collector for the Welfare State?" *The American Economic Review*, Vol.82, No.1, March.

Hoover, Kevin D. et al. ( 1991 ) , *The New Classical Macroeconomics*, Blackwell Press, Oxford.

Hubbard, R.Glenn, Jonathan Skinner, and Stephen P.Zeldes ( 1995 ) , "Precautionary Saving and Social Insurance", *Journal of Political Economy*, CIII, 360 – 399.

Hubbard, R.Glenn, Jonathan Skinner, and Stephen P.Zeldes ( 1994 ) , "The Importance of Precautionary Motives for Explaining Individual and Aggregate Saving", in Allan H.Meltzer and Charles I.Plosser, eds., *The Carnegie-Rochester Conference Series on Public Policy*, XL, Amsterdam: North Holland.

Hurd, Michael ( 1989 ) , "Mortality Risk and Bequests", *Econometrica*, 57, 779 – 814.

Hurd, Michael ( 1987 ) , "Savings of the Elderly and Desired Bequests", *The American Economic Review*, LXXVII, 249 – 265.

Ishikawa, Tsuno et al. ( 1984 ) , "The Bonus Payment System and Japanese Personal Savings", Masahiko Aoki ( ed. ) , *The Economic Analysis of the Japanese Firm*, North-Holland, Amsterdam.

Johnston, J. ( 1984 ) , *Econometric Methods*, 3th.Ed., McGraw-Hill Book Company, New York.

Keiser, Norman F. ( 1970 ) , "Consumption and Saving", N.F.Keiser ( ed. ) , *Readings in Macroeconomics Theory, Evidence, and Policy*, Prentice-Hall, Inc..

Keynes, John M. ( 1936 ) , *The General Theory of Employment, Interest and Money*, London.

Kimball, Miles S.and Weil, Philippe ( 1991 ) , "Precautionary Saving and Consumption Smoothing across Time and Possibilities", *Manuscript*. Ann Arbor: Univ. Michigan.

Kimball, Miles S. ( 1990 ) , "Precautionary Savings in the Small and in the Large", *Econometrica*, 58, January, 53 – 73.

King, Mervyn ( 1985 ) , "The Economics of Saving: A Survey of Recent Contributions", K.J.Arrow et al. (ed.), *Frontiers of Economics*, Oxford.

Klein, L.R. and H.Rubin (1949 – 50), "A Constant-Utility Index of Cost of Living", *Review of Economic Studies*, Vol.18.

Kotlikoff, Laurence J. (1988), "Health Expenditures and Precautionary Saving", in L.Kotlikoff, ed., *What Determines Saving ?* Cambridge: MIT Press.

Laumas, Prem S. (1992), "Wealth and Consumer Horizon: Evidence from A Developing Economy", *Review of Income and Wealth*, Series 38, No.1, March.

Laumas, Prem S. et al. (1992), "Wealth, Income, and Consumption in a Developing Economy", *Journal of Macroeconomics*, Vol.14, No.2, Spring.

Leland, Hayne E. (1968), "Saving and Uncertainty: The Precautionary Demand for Saving", *The Quarterly Journal of Economics*, 82, 465 – 473.

Levin (1995), "Demand for Health Insurance and Precautionary Motives for Savings among the Elderly", *Journal of Public Economics*, July, 57 (3), 337 – 367.

Lubell, Harold (1947), "Effects of Redistribution of Income on Consumer's Expenditures", *The American Economic Review*, Vol.37, pp.157 – 170, March.

Lucas, Robert E. (1987), *Models of Business Cycles*, Basil Blackwell, Oxford.

Lusardi, Annamaria (1998), "On the Importance of the Precautionary Saving Motive", *The American Economic Review*, May, Vol.88, No.2, 449 – 453.

Mankiw, N.Gregory and David Romer (Ed.1991), *New Keynesian Economics*, Vol.1, Vol.2, The MIT Press, Cambridge.

Mankiw, N.Gregory, and Stephen P.Zeldes (1991), "The Consumption of Stockholders and Nonstockholders", *Journal of Financial Economics*, XXLX, 97 – 112.

Marglin, Stephen A. (1984), *Growth, Distribution, and Prices*, Ch.17: Alternative Theories of Saving, Ch.18: Distinguishing Saving Theories Empirically, Harvard University Press.

Mayer, Thomas (1972), *Permanent Income, Wealth, and Consumption*, Berkely, CA: University of California Press.

Mayer, Thomas (1966), "The Propensity to Consume Permanent Income", *The American Economic Review*, Vol.56, December.

Mehra, Rajnish and Prescott, Edward C., "The Equity Premium: A Puzzle", *Journal of Monetary Economy*, 15, March, 145 – 161.

Menchik, Paul L.and Martin David (1983), "Income Distribution, Lifetime, Saving and Bequests", *The American Economic Review*, September, Vol.73, No.4.

Milevsky, Moshe Arye (1998), "Optimal Asset Allocation Towards the End of the

Life Cycle: To Annuitize or Not to Annuitize", *The Journal of Risk and Insurance*, Vol.65, No.3.

Mirer, Thad (1979), "The Wealth-Age Relation Among the Aged", *The American Economic Review*, LXIX, 435 – 443.

Modigliani, Franco et al. (1955), "Utility Analysis and the Consumption Function: An Interpretation of Cross-Section Data", *Post-Keynesian Economics*, ed.by Kenneth K.Kurihara, London.

Modigliani, Franco (1949), "Fluctuations in the Saving-Income Ratio", N.F.Keiser (ed.), *Readings in Macroeconomics Theory, Evidence, and Policy*, Prentice-Hall, Inc..

Modigliani, Franco (1986), "Life Cycle, Individual Thrift, and the Wealth of Nations", *The American Economic Review*, Vol.76, No.3, June.

Muth, John F. (1960), "Estimation of Economic Relationships Containing Latent Expectation Variables", in Robert E.Lucas and Thomas Sargent (ed.), *Rational Expectations and Econometric Practice*, Vol.1, Minneapolis.

Muth, John F. (1960), "Optimal Properties of Exponentially Weighted Forecasts", in Robert E.Lucas and Thomas Sargent (ed.), *Rational Expectations and Econometric Practice*, Vol.1, Minneapolis.

Paxson, Christina H. (1992), "Using Weather Variability to Estimate the Response of Savings to Transitory Income in Thailand", *The American Economic Review*, Vol.82, No.1, March.

Pindyck, Robert S.et al. (1981), *Econometric Models & Economic Forecasts*, Sec. Ed., McGraw-Hill Book Company, New York.

Podkaminer, Leon (1989), "Macroeconomic Disequilibria in Centrally Planned Economies: Identifiability of Econometric Models Based on the Theory of Household Behavior under Quantity Constraints", *Journal of Comparative Economics*, 13, 47 – 60.

Richard, Scott F. (1975), "Optimal Consumption Portfolio and Life Insurance Rules for an Uncertain Lived Individual in a Continuous Time Model", *Journal of Financial Economics*, 2, June, 187 – 203.

Romer, David (1996), *Advanced Macroeconomics*, McGraw-Hill, New York.

Sandmo, Agnar (1970), "The Effect of Uncertainty on Saving Decisions", *Review of Economic Studies*, XXX VII, 353 – 360.

Sargent, Thomas J. (1987), *Dynamic Macroeconomic Theory*, Harvard University Press.

Shapiro, Matthew D. and Joel Slemrod (1995), "Consumer Response to the Timing of Income: Evidence from a Change in Tax Withholding", *The American Economic Review*, March, Vol.85, No.1.

Sheshinski, E. and Yoran Weiss (1981), "Uncertainty and Optimal Social Security Systems", *The Quarterly Journal of Economics*, 96, 189 – 206.

Singleton, Kenneth J. (1985), "Specification and Estimation of Intertemporal Asset Pricing Models", *Manuscript*, Carnegie Mellon University.

Skinner, Jonathan (1988), "Risky Income, Life Cycle Consumption, and Precautionary Savings", *Journal of Monetary Economics*, 22, September, 237 – 255.

Smith, Krusell (1994), "The Construction of U.S. Consumption Data: Some Facts and Their Implications", *Quarterly Review of the Federal Reserve Bank of St. Louis*, 73, November, 36 – 51.

Starr-Mccluer, Martha (1996), "Health Insurance and Precautionary Savings", *The American Economic Review*, 86, 285 – 299.

Stone, R.H. (1974), "Personal Spending and Saving in Post-war Britain", in H.C. Bos et al. (eds.), *Economic Structure and Development: Essays in Honour of J. Tinbergen*.

Stone, R.H. (1966), "Spending and Saving in Relation to Income and Wealth", *L'Industria*, No.4.

Stone, R. (1954), "Linear Expenditure System and Demand Analysis: An Application to the Pattern of British Demand", *The Economic Journal*, Vol.64.

Summers, Lawrence and Chris Carroll (1987), "Why is U.S. National Saving So Low?", *Brookings Papers on Economic Activity*, 607 – 635.

Taylor, John B. (1985), "Rational Expectations Models in Macroeconomics", in *Frontiers of Economics*, ed. by K.J. Arrow et al.

—— (1970), "The Consumption-Income Hypothesis and Some of the Evidence", N.F. Keiser (ed.), *Readings in Macroeconomics Theory, Evidence, and Policy*, Prentice-Hall, Inc..

Tobin, James (1952), "A survey of the theory of rationing", *Econometrica*, 20, pp. 521 – 533.

Tobin, James (1975), *Essays in Economics*, vol.2: Consumption and Econometrics, North-Holland Publishing Company, Amsterdam.

Tobin, James et al. (1951), "The effects of rationing on demand elasticities", *Review of Economic Studies*, 18, pp. 1 – 14.

Topel, Robert (1983), "On Layoffs and Unemployment Insurance", *The American Economic Review*, 73, No.4, 541–559.

Wang, Zhi et al. (1992), "Effects of Rationing on the Consumption Behavior of Chinese Urban Households during 1981–1987", *Journal of Comparative Economics*, 16, 1–26.

Weil (1990), "Equlibrium Asset Prices with Undiversifiable Income Risk", *Discussion Paper*, No.1507, Harvard Institute of Economic Research, Harvard University, August.

Weintraub, E. Roy (1979), *Microfoundation: The Compatibility of Microeconomics and Macroeconomics*, Cambridge University Press, Cambridge.

Wilcox, David W. (1992), "The Construction of U.S. Consumption Data: Some Facts and Their Implications for Empirical Work", *The American Economic Review*, Vol.82, No.4, September.

Wirjanto, Tony S. (1997), "Aggregate consumption behavior with time-nonseparable preferences and liquidity constraints", *Applied Financial Economics*, July, Vol.7, No.1.

Yaari, Menachem E. (1964), "On the Consumer's Lifetime Allocation Process", *International Economic Review*, V, 304–317.

Zeldes, Stephen P. (1997), "Consumption and Liquidity Construction: an Empirical Investigation", *Journal of Political Economy*, July. Zeldes, Stephen P. (1989), "Optimal Consumption with Stochastic Income: Deviations from Certainty Equivalence", *The Quarterly Journal of Economics*, 104, May, 275–298.

# 再 版 后 记

这是我们20多年以前的著作,反映了我们那个时候的研究状况,虽然获得了孙冶方经济科学奖著作奖,但是不足之处显而易见。此后,我和我的团队先后承担并完成了相关研究领域的两项国家教育部重大攻关项目和一项国家社科基金重大项目,正在承担另一项国家社科基金重大项目,其研究成果凝结为多部专著和在《经济研究》等学术期刊上发表的几十篇论文,应该说,推进了这方面的研究。

现在,承蒙商务印书馆把我们的这本拙作列入"中华当代学术著作辑要"丛书再版,要感谢商务印书馆经管编辑室所作出的努力;感谢责任编辑葛紫晗极其细致的编辑校订。同时,要感谢山东师范大学经济学院副教授宋明月博士和我在山东大学、山东师范大学的博士研究生姚健、刘瀚璐、董婧璇、李清杨、韩琳琳、项泽兵、周博文、冯健康等的多遍校对书稿工作。

2022.9.22